批判性思维教程

A COURSE IN CRITICAL THINKING

批判性思维是现代素质教育的重要议题，是融理性的精神、科学的方法和逻辑的技巧为一体的思维方式。本书系统地介绍了一套具有逻辑风格的批判性思维技能培养方案，内容丰富、语言通俗朴实。

谷振诣 刘壮虎 著

北京大学出版社
PEKING UNIVERSITY PRESS

图书在版编目(CIP)数据

批判性思维教程/谷振诣，刘壮虎著. —北京：北京大学出版社，2006.9
(博雅大学堂·哲学)
ISBN 978-7-301-11012-6

Ⅰ.①批… Ⅱ.①谷…②刘… Ⅲ.①思维科学—高等学校—教材 Ⅳ.①B80

中国版本图书馆 CIP 数据核字(2006)第 102104 号

书　　名	批判性思维教程 PIPAN XING SIWEI JIAOCHENG
著作责任者	谷振诣　刘壮虎　著
责 任 编 辑	田　炜
标 准 书 号	ISBN 978-7-301-11012-6
出 版 发 行	北京大学出版社
地　　址	北京市海淀区成府路205号　100871
网　　址	http://www.pup.cn　新浪微博:@北京大学出版社
电 子 邮 箱	编辑部 wsz@pup.cn　总编室 zpup@pup.cn
电　　话	邮购部 62752015　发行部 62750672　编辑部 62750577
印 刷 者	三河市北燕印装有限公司
经 销 者	新华书店 965毫米×1300毫米　16开本　27.5印张　400千字 2006年9月第1版　2024年2月第16次印刷
定　　价	69.00元

未经许可，不得以任何方式复制或抄袭本书之部分或全部内容。
版权所有，侵权必究
举报电话：010-62752024　电子邮箱：fd@pup.cn
图书如有印装质量问题，请与出版部联系，电话：010-62756370

目录

前言/1

第一章 理性的声音:批判性思维/1

第一节 什么是批判性思维/1
一、恰当的提问与合理的论证/1
二、清晰性:澄清思维混乱/4
三、相关性:摆脱感情纠葛/6
四、一致性:避免自相矛盾/8
五、正当性:消除不可靠的信念/10
六、预见性:拒绝盲目行动/11

第二节 发展批判性思维能力/13
一、正确的态度/13
二、原则性知识/14
三、勤奋的实践/16

第三节 批判性思维课程的设计/17
一、批判性思维课程的设计风格/17
二、批判性思维教育的意义/19
三、教程内容的组织安排/21

第二章 主张与断言/24

第一节 论证的概念/24
一、什么是论证/25
二、论证与解释/25

三、论证与推理/27
　　　四、推理的有效性/28
　　　五、归谬与证伪/30
　　　六、论证的可靠性/31
　　　七、论证的谬误/33
　第二节　抓住断言/34
　　　一、语句与陈述/35
　　　二、陈述与断言/37
　　　三、断言与主张/38
　第三节　简单陈述/41
　　　一、直言陈述/42
　　　二、量化陈述/43
　　　三、矛盾陈述/43
　　　四、对当关系/44
　　　五、陈述的标准化/48
　第四节　复合陈述/51
　　　一、联言陈述及其否定/52
　　　二、选言陈述及其否定/53
　　　三、假言陈述及其否定/55
　第五节　避免自相矛盾/59
　　　一、自相矛盾的主张/60
　　　二、自相矛盾的论证/62
　　　三、悖论/65
　练习题/68

第三章　问题与主张/74

　第一节　理解问题/74
　　　一、问题、回答和预设/74
　　　二、单一问题与多重问题/77

三、责任性回答/80
第二节 恰当提问的益处/83
一、明确论证的主张/83
二、辨析争议的焦点/85
三、描述性问题与规范性问题/87
第三节 问题的谬误/90
一、误导性问题/91
二、不一致的问题/93
三、无视问题的谬误/96
练习题/100

第四章 理由与正当理由/109

第一节 辨识理由/109
一、理由的标志与面貌/109
二、辨识理由的困难/111
三、理由与原因/113
四、前提与假设/114
第二节 论证图解/116
一、单一结构/116
二、T型结构/116
三、V型结构/117
四、复合结构/118
第三节 不正当的理由/121
一、诉诸情感/122
二、诉诸权威/128
三、未确证的假设/133
练习题/140

第五章　澄清意义/156
　　第一节　语言的意义/156
　　　　一、意义理论/156
　　　　二、语言的基本功用/160
　　　　三、概念的内涵与外延/164
　　　　四、歧义与模糊/167
　　第二节　定义方法/174
　　　　一、语词定义/175
　　　　二、内涵定义/177
　　　　三、内涵定义的规则/178
　　第三节　划分方法/180
　　　　一、划分的结构和方法/180
　　　　二、划分的规则/181
　　　　三、划分、分类与分解/182
　　　　四、限制与概括/182
　　第四节　苏格拉底方法/183
　　　　一、逻辑推论与不一致的信念/184
　　　　二、反例反驳与有纰漏的定义/185
　　　　三、诘问式的益处/187
　　练习题/188

第六章　演绎论证/195
　　第一节　直言三段论/195
　　　　一、定义和结构/195
　　　　二、主词与谓词的周延性/196
　　　　三、判定有效式的规则/198
　　　　四、评估直言三段论的有效性/202
　　第二节　假言三段论/206
　　　　一、假言推理的基本式/206

二、纯假言推理的常用式/209
三、归谬法和反证法/211
四、评估假言推理的有效性/213

第三节 选言三段论/218
一、选言推理的基本式/218
二、二难推理/220
三、评估选言推理的有效性/222

第四节 论证的可靠性/226
一、关于真的理论/226
二、经验性陈述与非经验性陈述/229
三、评估演绎论证的可靠性/232

练习题/238

第七章 归纳论证/265

第一节 枚举论证/265
一、全称枚举推理/265
二、特称枚举与单称枚举/269
三、枚举论证的谬误/271

第二节 类比论证与比喻论证/276
一、类比推理/276
二、比喻论证/280
三、评估类比和比喻论证/284

第三节 统计论证/286
一、统计概括/286
二、统计三段论/291
三、统计推理的谬误/294
四、评估统计数据/296

第四节 因果解释与因果论证/304
一、解释、假说和预测/304

二、因果推论的术语/309
　　三、时间关联与统计关联/312
　　四、确立实质性因果主张/315
　　五、确立统计性因果主张/320
　　六、因果论证的谬误/325
练习题/332

第八章　批判性写作/375
第一节　分析性写作与批判性准则/376
　　一、批判性阅读与分析性写作/376
　　二、宽容原则与中立原则/377
　　三、阅读与写作的批判性准则/378
第二节　分析性写作的步骤和方法/382
　　第一步：如何发现分析性写作的
　　　　　　分论点？/383
　　第二步：如何对评估的分论点进行
　　　　　　论证？/384
　　第三步：如何组织文章结构、进行语言
　　　　　　表达？/384
第三节　批判性写作赏析/386
　　梁实秋："资本家的走狗"/386
　　鲁迅："丧家的""资本家的乏走狗"/388
　　赏析："丧家的"与"乏"/389
练习题/391

部分练习题参考答案/403

参考书目/428

前　言

该教程是在北京大学和中国青年政治学院开设"逻辑与批判性思维"课程的基础上写成的。2003年秋,"逻辑与批判性思维"作为一门通选课在北京大学首次开设,2004年纳入暑期学校课程。从2004年起,每年讲授两轮。春季的授课对象主要是"元培计划"的学生;暑期的授课对象主要是其他院系一年级的本科生。2000年秋,中国青年政治学院开始对"普通逻辑"课程进行改革,逐渐向"批判性思维"过渡,到2003年秋与北京大学同步开设"逻辑与批判性思维"课程。

该教程是北京大学哲学系逻辑教研室承担教育部"十五"规划逻辑学教材系列项目中的子项目之一。为了更好地完成这项任务,除了教学实践和理论研讨之外,在教程的设计和写作中,试图满足"趣、味、劲"这三个字的要求。

有趣,就是使人品尝到学习和训练的乐趣。无论将批判性思维理解为深思熟虑、审慎的思考态度,还是理解为自主的、自我校正的反思性思考方式;无论理解为面对相信什么或者做什么而做出合理决定的思维技能,还是理解为审验"什么是对的"的思维艺术,理解为建立良性商议交往的工具性艺术;无论理解为具有清晰性、相关性、一致性、正当性和预见性等好的思维品质的批判性思考者,还是理解为积极运用一系列批判性思维技术解决问题的思维过程,都认同批判性思维能够通过训练而得到改善和提高。理智的训练,尤其是思维基本功的训练通常是枯燥乏味的。要想使人在理智的训练中尝到乐趣,在讲解基本理论和训练方法方面要清楚准确、简洁明快和通俗易懂,在实际的训练过程中要选择有吸引力的训练材料，选择能充分发挥批判性思维技术和方法的训练项目并实施循序渐进的训练程序。最重要的是将理论和方法落实到实际的训练过程中，这样才能使学生在训练中体验到成就感，并因此而品尝到学习和训练的乐趣。

有味，就是有地道的批判性思维的风味。在国外尤其是在北美，批判性思维是一个很大的菜系，哲学家、教育家和心理学家基于不同的理念形成了对批判性思维的不同看法，编写出大量的具有不同风格的批判性思维教材。仅从哲学的角度来说，批判性思维至少有三种不同风格的课程设计：以理解和评估论辩的论证为核心，以亚里士多德的逻辑学思想为理论基础的具有逻辑风格的课程设计，这种课程设计强化了亚里士多德把对论证的研究用于"智力训练"的传统；以理解和评估说服性论证为核心，以亚里士多德的修辞学思想为理论基础的具有修辞风格的课程设计，这种课程设计强化了亚里士多德把对论证的研究用于说服和演说的传统；以理解和评估合作式论证为核心，以苏格拉底和柏拉图对话哲学中的辩证思想为理论基础的具有交际风格的课程设计，这种课程设计强化了亚里士多德把对论证的研究用于"交际会谈"的传统。在我国，批判性思维是一道进口菜，不大可能把不同风格的课程设计熔为一炉，编写出一部"高、大、全"却是"不辣、不酸、不甜"的教材。我们必须做出选择，希望写出一部有"辣"味的教材，也就是具有逻辑风格的批判性思维教程。

有劲，就是有逻辑的筋骨和理性的精神。从逻辑探究的角度发展出一套理解和评估论证的技术和方法，这是批判性思维训练的筋骨；选择好的训练项目和训练材料，实施循序渐进的训练程序，这是批判性思维训练的血肉。筋骨与血肉的有机结合蕴涵着批判的理性精神。作为知识传播对象的逻辑科学，要想变成批判性思维训练的筋骨，必须修剪那些对日常思维来说过于复杂的技术化的枝叶，吸收诸如对谬误、统计论证和因果论证等进行经验性研究的成果，逻辑是以科学研究与经验研究结合而成的工具这样一种身份，成为批判性思维训练的筋骨的。选择与日常思维密切相关而又方便易行的训练项目，贴近思维实际而又便于掌握批判性思维技术的训练材料，实施循序渐进的训练程序，这是使逻辑的观念和批判的理性精神在普通人心中扎根的途径。与无知相比,无理显得更加糟糕。大学生是职业的学习者,对于职业的学习者来说,多少具备一点理智的怀疑与反思精神,深思熟虑和严谨审慎的思考态度,追求清晰性、一致性、正当性和可靠性的思维习惯,以及独立自主和自我校正的思维技能,要比储备知识更有劲。

在批判性思维的课程建设和教程设计中,北京大学的周北海教授、陈波教授和中国人民大学的陈慕泽教授积极参加了讨论,提出了许多建设性意见。北京大学的宋文坚先生和周北海教授对书稿进行了审阅,提出了许多有价值的建议。在此致以诚挚的感谢。特别感谢张红樱老师对全书的文字所做的校正和加工,责任编辑田炜在出版过程中所做的辛勤工作,以及北京大学对该项目研究与教程出版的资助和支持。

第一章
理性的声音:批判性思维

第一节 什么是批判性思维

世界和人生给我们带来疑问,疑问引起思考,思考要问为什么,回答为什么要运用分析和推理,接受或者拒绝某种信念要依据好的理由,选择方案或者做出决定要进行审验和评估。人生充满了各种大小不同的问题,衡量我们的生活过得有多好,就看我们对生活中的问题处理得有多好。《礼记·中庸》说:"博学之,审问之,慎思之,明辨之,笃行之。"

批判性思维是面对相信什么或者做什么而做出合理决定的思维能力。就如何培养这种思维能力而言,批判性思维指的是培养和训练思维能力的一门应用性学科。这门学科引导我们树立深思熟虑的思考态度,尤其是理智的怀疑和反思态度;帮助我们养成清晰性、相关性、一致性、正当性和预见性等好的思维品质;培养我们面对相信什么或者做什么而做出合理决定的思维技能。批判性思维是帮助我们过健康的精神生活、提高学习质量和工作效率的工具。

一、恰当的提问与合理的论证

人是理性的动物,这意味着人运用他们的理智创造并形成了一种与世界打交道的方式,并注定要在这种交往的处境中生活,就如同为适应生存而进化出完美体形和结构的海豹一样,只有大海才能为它们提供称心如意的生活环境。人类擅长推理,这意味着我们只有在能够运用推理能力的场合下,才会心满意足。如果人类发现自身处在不能推理的处境,将会像树上的海豹、游泳池里的猴子一样尴尬。

在人与世界打交道的生存方式之中,包含着人们对世界或对它的某些方面所形成的一系列信念和看法,我们把这一系列信念和看法的总和叫做世界观,它意味着表达这一系列信念和看法的一组陈述被人们认为是真实的。世界观是指导人们如何生活的最普通而直接的工具,当一个人认为他所感知和确认的信念是真实的、可靠的,他就会以此来指导自己的行动。人们是按着他们所确认的"真理"来生活和工作的,这不意味着他们一定依据真正的真理而行动。世界观形成、发展与应用的模式如下[1]:

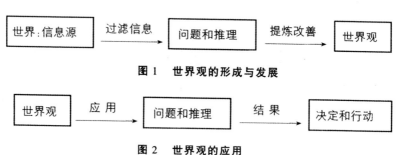

图 1　世界观的形成与发展

图 2　世界观的应用

人们的世界观不是一成不变的,而是随着经历和阅历的增加不断发展变化的。人们运用他们所形成的世界观做出选择和决定,并采取相应的行动,而且,人们通过终生的学习来不断发展和完善他们的世界观。由此,人摆脱了与世界打交道的盲目性和被动性,获得了比其他动物更加充分的自觉性和主动性。

从广义上理解,批判性思维就是发展和完善人们的世界观并把它高质量地应用在生活的各个方面的思维能力。具体一点说,批判性思维就是面对相信什么或者做什么而能做出合理决定的思维能力。从世界观的形成、发展和应用的模式中可以看到,提出恰当的问题与做出合逻辑的推理是其中的核心环节。因此,从实质上说,批判性思维就是提出恰当的问题和做出合理论证的能力。

"批判性"(critical)这个词源自希腊文"kritikos",意思是辨别力、洞察力、判断力，引申义有敏锐、精明的意思。"kritikos"源自"krinein"，意指做出决断。因而，"批判性"虽然包括发现错误、查找弱点等否定性含义，它同样有关注优点和长处等肯定性含义。"世有伯乐，然后有千里马；千里马常有，而伯乐不常有。"伯乐做的就是批判性工作，他不仅具备淘汰劣质马的能力，同样具备挑选千里马的能力。

"合理性"(reasonable)的词根是"reason"，源自拉丁文"ratio"，意思是计算、分析、估测。因而，理智(reason)被认为是运用经过训练的智力解决问题的能力，推理(reasoning)被理解为运用经过训练的智力解决问题或确定行动方针的过程。合理性决定就是通过推理对相信什么或者做什么所做出的决定。

大部分人都同意，批判性思维能力是值得发展的，也同意它是通过学习和训练来得到提高的，而不是靠天性或成熟的程度来决定的。谈到怎样培养批判性思维能力的问题，就如同教练员训练队员怎样踢球一样，会出现各种不同的意见和方案。

在如何培养批判性思维能力的问题上，我们认为引导思考者树立深思熟虑的思考态度，尤其是理智的怀疑和反思态度，这是培养批判性思维的开端；帮助思考者养成清晰性、相关性、一致性、正当性和预见性等好的思维品质，这是培养批判性思维的基础；学习面对相信什么或者做什么而做出合理决定的一系列技术和方法，并结合大量的思维训练学会如何在日常思维实际中运用这些技术和方法，这是培养批判性思维的核心。将掌握和运用批判性思维技术和方法的思维技能训练视为培养批判性思维的核心，不仅意味着思维技能训练是批判性思维这门学科或课程的主要目标，同时还意味着它是帮助人们树立并强化好的思维态度、培育并养成好的思维品质的理想途径。

批判性思维能力是建立在好的思维品质基础上的，在讨论思考者应当具备哪些态度和观念，以及如何进行思维技能训练之前，先来明确我们对思维品质的看法。我们认为，好的思考者至少应当具备以下五项品质：清晰性、相关性、一致性、正当性和预见性。这五项品质既是面对相信什么或者做什么而能做出合理决定的基础，也是评估思考者是否具有批判性思维能力的一般标准。

二、清晰性：澄清思维混乱

清晰性意味着思考问题要有层次。思考问题是要讲究层次的，比如思考"鸡和蛋谁先谁后"这个问题，我们可以对它做以下三个层面的辨析。

首先，如果在经验的层面上进行辨析，这个问题就简单了。就某一个鸡蛋所孵化出的小鸡而言，当然是先有蛋，后有鸡；就这只小鸡长大后所生的蛋而言，当然是先有鸡，后有蛋。如果在经验的层面上，仍然有人质问：你说先有蛋后有鸡，那鸡蛋又是从何而来？这显然是在玩弄混淆概念的把戏，因为孵化出鸡的那只蛋与由孵化出的鸡所生的蛋，两者辈分不同。

其次，如果从追根溯源这个根本的层面上进行分析，"先有鸡还是先有蛋"这个问题就成了一个不恰当的问题。为什么说这是一个不恰当的问题呢？因为提出这一问题，并准备对回答这个问题的人做进一步质询的人，他必须假定"蛋是由鸡生的"和"鸡是由蛋孵的"这两件事实。可是，根据生物进化论的常识，无论是鸡还是蛋，都是从非鸡非蛋的其他物种遗传、变异而来。也就是说，在追根溯源这个层面上，"鸡和蛋谁先谁后"这个问题必须依靠两个不真实的假设才能提出来，所以说它是一个不恰当的问题。

再次，如果从逻辑的层面上进行分析，"先有鸡还是先有蛋"的问题就不再是一个问题，而是指称"恶性循环"这种思维错误的代名词。比如，有这样一段议论："许多人并不了解自己，却试图去了解别人，那是不会成功的。因为连自己都不了解的人是不可能了解别人的。可是，话又说回来，要了解自己也的确十分困难，因为不了解别人对自己的评价，又怎么能做到自我了解呢？可见，了解别人是了解自我的一面镜子。"这段议论就是"恶性循环"或称"循环论证"，前面说"了解自我"是"了解别人"的前提；后面又说"了解别人"是"了解自我"的前提，这让人听了就会产生"先有鸡还是先有蛋"的困惑。

在不同的层面上思考同一个问题，得出的结论完全不同。"鸡和蛋谁先谁后"的问题，在经验的层面上是一个容易解决和不大可能引起争议的问题;在理论的层面上,它变成了一个不恰当的问题;在逻辑的层面上,它不再是个问题,而是指称"恶性循环"的代名词。可见,在不同的层面上对同一个问题展开有条理的分析是非常重要的。

清晰性意味着思考问题要有条理。让我们来看一则我与妻子的对话。我妻子是某中学的班主任,她的学生是来自全国各地的初中生,父母不在身边,班主任责任很大。一次,学生在饭馆打架要求她到场,快到晚上七点钟了,接完电话她与我有一段对话:

妻:你晚上必须在家看孩子(小孩四岁多),我有急事要去学校。

夫:不行啊,我答应学生七点钟为他们指导辩论。

妻(不悦):究竟是学生重要,还是孩子重要?

夫:当然是学生重要了。

妻(更不悦):既然你认为学生重要,那么喜欢他们,干脆跟他们去过好了!

让我们来看这段对话涉及的问题:孩子由谁来看是一个事实问题,在这个问题上,妻子的思维陷入"非黑即白"的谬误之中:"孩子不由我照看,就得由你照看,还能有什么别的办法呢?"事实上两条腿的人有的是,谁都能完成看小孩的任务。

再看谁重要的问题,这明显是一个价值问题。妻子希望我回答孩子重要,结果我却说学生重要。在通常情况下,傻子才会说学生重要。在这种特殊的情况下,学生临时另找老师指导论辩几乎是不可能的,而临时找个人替我看小孩却非常容易。从这个意义上说,我去指导辩论重要。

再看喜欢谁的问题,这明显是一个情感偏好的问题,难道因为重要就一定要喜欢吗?喜欢谁就应当跟谁过日子吗?在日常思维中,最大的条理混乱是把事实问题、价值问题和情感问题交织在一起进行讨论和思考,人们在同一时刻将太多的问题搅拌在一起思考是导致思维混乱的根源。

清晰性还意味着清楚、准确地使用概念和语言。概念是思维的细胞,语言是思维的外壳。概念和语言的使用必须遵守"公共交通"规则,也就是逻辑标准和语言规范。想清楚的事情未必能表达清楚,没想清楚的事情肯定表达不清楚。如果一定要把没想清楚的事情诚实地写出来,那就会使读者无法读懂,从而造成理解与沟通上的障碍。是否想清楚涉及概念是否明确的问题;能否说清楚涉及语言表达是否准确的问题。概念不清和语词滥用也是导致思维混乱的根源。例如:

> 什么是写作思维动力?所谓"写作思维动力",其实就是"写作动力",它主要包含两个方面的含义:从更深层的意义上讲,写作动力更是写作主体广博的写作心灵背景和思维空间的拓展而产生的一种"场"性的心灵和思维能量。心灵、思维空间的拓展之所以会产生写作思维动力、能量,这是因为,它为写作思维的运行提供了一种空间背景、环境、前提、条件、信息,总之,一种心灵背景"场"。根据系统论的思想,任何系统的背景、环境为系统本身进行着某种信息、能量、功能的交流,正是这种信息、能量、功能的交流,对系统产生了系统运行的动力。对于写作行为和写作思维来讲,这种"背景性""信息性""场性"的写作动力比以前讲的那种"价值性""功利性"写作动力的意义显得更为重要。[2]

首先,将"写作思维动力"等同于"写作动力"是不假思索的、随意的。其次,"写作动力"有哪两个方面的含义,文中并没有做出明确清楚的交代。再次,在回答"什么是写作思维动力"这个问题时,掺杂着以下几个方面的内容:"之所以……这是因为……"属于对已给出的定义的**解释**;"根据系统论的思想,……运行的动力"属于对已给出的定义的**论证**;"对于写作行为和写作思维来讲,……更为重要"属于对已给出定义**评价**。对定义的解释、论证和评价都不是对"什么是写作思维动力"这个问题的直接回答。更重要的是,如果没有对一个概念给出清晰、完整的定义,那么对这个概念定义的解释、论证和评价就会让人晕头转向。

三、相关性:摆脱感情纠葛

相关性意味着围绕手中的问题进行思考。生活中充满大小不同的问题,若要有效地解决问题,必须集中精力,一次思考一个问题,围绕问题搜集相关的信息,对问题做出有针对性的回答,或者找出有针对性的解决方案,避免将许多不相干的问题牵扯进来,或者对问题做出不相干的回答。让我们看一个通过牵扯不相干的问题,来逃避回答手中问题的例子:

> 1984 年,乔治·布什与丹·奎尔搭档竞选美国总统。当时人们攻击奎尔,说他的家族曾帮他挤进印第安纳州的国民卫队,以逃避去越南服兵役。对此,布什反驳说:"丹·奎尔曾在国民卫队服役,他的分队当时尚有空缺;现在,他却受到了爱国派们尖刻的攻击。……诚然,他没去越南,但他的分队也没有派往那里。有些事实谁也不能抹杀:他没有逃往加拿大,他没有烧掉应征卡,也肯定没有烧过美国国旗!"[3]

布什面对的问题是:奎尔的家族是否曾经帮助奎尔逃避服兵役?布什游离了这个问题,大谈奎尔是否爱国的问题,他所摆出的一大堆事实性陈述,不能为回答逃避服兵役的问题提供任何相关的信息。逃避问题绝不是政治家的专利,还记得我与妻子的对话吗?谁重要和喜欢谁的问题,与孩子由谁来照看的问题是不相关的。

相关性意味着在思考问题时诉诸逻辑推理而不是情感心理。诉诸情感是政治家惯用的逃避问题的计策,布什在煽动人们的爱国心,试图赢得人们对爱国者的尊敬,从而希望人们对逃避服兵役的问题忽略不计。这种计策经常奏效的原因之一是由于人们在考虑问题时难以切断感情的纠葛,让我们用一个自我反省的例子来检验这种看法。

有一次,我的一位好友开车带着我们一家去植物园,倒车时车尾撞上了电线杆。我妻子说:"多亏撞的是电线杆,如果撞的是人,那可就糟了!"开车的朋友自我反省说:"我昨天睡得太晚了!要是早点睡就好了。"我妻子试图用一个更严重的错误抵消当前的错误,开车的朋友试图寻找真正的原因,所找到的却是遥远的原因,一个苍白无力的假设。最具有竞争力的解释可能是驾驶技术和经验不足。对于一位有两年驾驶经验和对自己的驾驶技术很自信的人来说,认可这一点会严重伤害她的自尊心,所以,她宁愿寻求其他的解释。

要想解决问题,必须首先承认问题。我们不能解决某个问题常常是因为不承认这个问题的存在。承认问题的障碍之一是情感心理的干扰。比如,承认某个问题的存在,可能意味着你先前的思考有许多漏洞,会让你在众人面前很难堪,也可能意味着你的核心价值观受到挑战,会让你难以忍受,等等。

复杂的问题之所以复杂,是因为它需要检视和评估大量相关的资料才能找到好的解决方案。解决问题的障碍之一是懒惰和简单化的陋习。检视和评估大量相关的资料需要做十分辛苦的思考工作,可是,绝大多数人都喜欢简单,讨厌复杂。对问题做简单的处理,最大的好处是不需要劳心伤神。比如,依靠专家或大众现成的意见,将多种可能简化为不是"是",就是"否",或者干脆依靠自己的愿望和直觉来处理,等等。

在承认问题和寻求答案的问题上,需要的是理智的见解、深思熟虑和基于事实的分析与推理,如果不能摆脱对情感的依赖,不能切断感情的纠葛,就会使思考陷入快捷而劣质的选择判断之中。时过境迁之后,我们会为此感到后悔,并付出相应的代价。

清晰性是批判性思维的第一标准,如果表达思想的概念和语言是不清晰的,我们甚至不能确定一个人所讨论的问题是什么,他所做的一切是否与问题相关也就不得而知。当然,满足了清晰性的要求,不等于满足了相关性的要求,比如,上述例子中所涉及的问题和回答都是清晰的,而其中的回答却是不相关的。

四、一致性:避免自相矛盾

不一致的信念会导致人们做出错误的决定。在相信什么与做什么的问题上,不一致的信念和行为是应当避免的,因为它会导致人们做出错误的决定。

有一次,系里召开教学创新讨论会,一位讲授"艺术鉴赏"课的年轻教师说,他想在考试形式方面有所创新,认为原来课下写论文的形式过于单一,还应该允许学生以唱歌、跳舞、演奏乐器等多种形式,由老师现场打分通过考试。他还对这种考试方式的诸多优点进行了论证。有的同行还说这种考试方式挺好,我问他:"考试是谁考谁呀?"他似乎没明白我的意思。由老师给学生的表演打分,这不成了学生考老师的鉴赏水平了吗?我觉得这问题提得过于尖锐,马上对他说:"最好不这样考,有些学生虽然表演得好,可鉴赏力未必好。最主要的是这样考试没有统一的评判尺度,难以做到考试的公平和公正。"

许多成语和典故,如韩非讲的"矛与盾"的故事、南辕北辙、东施效颦、此地无银三百两、背着太阳追赶自己的影子等等,描述的都是在人们的信念或行为中所存在的不一致的现象。不一致的信念会导致人们做出错误的决定,不一致的行为会产生不良的后果。

自相矛盾是最尖锐的不一致。自相矛盾的主张必有一个是不能成立的,让我们来看苏格拉底在为自己申辩时的一个例子。苏格拉底当时面临三项指控:腐蚀青年;崇拜新神;不崇拜城邦诸神。他不太清楚第三项指控的意思,于是问美勒托:

苏:不太清楚第三项指控的意思,请美勒托澄清一下。
美:此项指控意为苏格拉底是彻底的无神论者。
苏:既然如此,那第二项指控就是不能成立的。

如果在理论系统中发现自相矛盾的观点,就等于宣告这一理论的破产。自相矛盾的观点有时也会出现在教科书中,这是令人难过的。例如:

> 因此,一篇文章可以没有对比性的写作赋形思维操作,但绝对不可以没有重复性的写作赋形思维操作。……但是,并非每一篇文章的写作中都必须运用"重复"与"对比"赋形思维的操作模型,这要看具体情况灵活而定。有时只用"重复",有时只用"对比",有时二者兼而有之。[4]

在相关性的基础上,才谈得上一致性。比如,我说:"青蛙会唱歌,总是过着快乐的生活。"你说:"歌星会唱歌,可他们有时并不快乐。"你我谈论的对象不同,因而谈不上一致或不一致。我们不在不同的对象或不同的问题之间谈论一致性,一致性总是针对同一个对象具有或不具有某种属性,或者针对同一个问题的不同回答而言的。满足了相关性的要求,不等于满足了一致性的要求,比如,在上述例子中,美勒托的回答和教科书的论述是清晰的、相关的,却是不一致的。

五、正当性:消除不可靠的信念

正当性意味着使用真实可信的理由为信念做出担保。信念与信仰不同,一个人信仰什么可能不需要讲理由,但是,一个人相信什么却需要讲理由。比如,你相信对方偷了你的钱包,你必须拿出证据来。在我们的信念系统中,有许多不可靠的信念,最典型的恐怕是对超感应能力(比如,猜出已封好的信件中的内容、梦到某件事后来果然发生了、用意念的力量让骰子滚动等)的确信。有两位社会心理学家曾做过如下试验:

> 在第一种情形中,教师把身穿紫色长袍、留着长发和大胡子的魔术师,作为不折不扣的超能力者介绍给学生,用简单的魔术技巧作为使人相信精神感应能力的证据,结果有77%的学生相信魔术师具有精神感应能力。在第二种情形中,教师告诉学生站在我们面前的是一位魔术师,不具有超感应能力,他的演示不过是一些障眼法和娴熟的技巧罢了,结果相信魔术师具有精神感应能力的学生虽然大幅度下降,仍然有58%的学生相信魔术师具有精神感应能力。[5]

试验表明,一些学生对超感应能力的确信难以置信地拒绝改变,这是为什么呢?对此做出解释的两个假设是:其一,相信超感应能力的信念显示了严重的认知偏见,也就是说,这些学生在没看到魔术师之前就相信精神感应能力。个人的特定信念一旦形成,通常不会轻易改变,即使相反的证据摆在他眼前还是固执己见。偏见在相信什么的问题上的确有相当的影响力。其二,学生过于信赖"眼见为实"的经验和直觉,缺乏批判性反应能力。学生确信超感应能力的存在,并没有得到可靠证据的支持。可靠的证据是在不受人为因素和不恰当的测量方法干扰的情况下,在不同的观察者面前能重复得到同样结论的实验结果。我们在魔术师的超能力试验中没有得到这样可靠的证据,甚至当人们被告知,你相信的超能力只是一种技巧和手法,这种技巧和手法用简单的科学道理就可以得到解释,仍然不能消除对方确信超感应能力的观念。

究竟基于什么相信呢?谁最有资格为我们的信念做出保证?当然是可靠的证据。基于个人的偏见、情感和愿望等,所获得的信念是不可靠的。

正当性意味着为信念担保的理由是强有力的。在我们的信念系统中,有的信念是非常坚实的,比如没有水生命就会死亡。有的信念不那么坚实,比如凡是儿童都爱吃冰淇淋。信念是否坚实取决于为它担保的理由是否是强有力的。如果理由是真实可信的,根据理由对信念支持程度的强弱来决定对信念的确信程度,这是正当的。如果我们对信念的确信度超出了手中所掌握的证据的担保能力,这种对信念的确信就是不正当的。根据你个人的经验,确信大多数儿童爱吃冰淇淋是正当的,确信所有儿童都爱吃冰淇淋就是不正当的,因为它超出了你手中的证据所能够做出担保的范围。

超出理由担保能力的信念是有害的。从电视上看到飞机失事的报道,你觉得乘飞机太危险了,于是强迫老伴必须坐火车从北京去深圳;你见过的女秘书个个都井井有条,可你新雇用的女秘书却偏偏不是;你可能反对增加社会保障基金,因为无论增加多少,还是会有许多穷人存在。将个人的经验和陈规陋见凌驾于推理之上,严重妨碍了良好信念的形成与改善。

清晰性、相关性和一致性不能保证信念的可靠性,由真实可信的理由和强有力的推理做出保证的信念是可靠的。

六、预见性:拒绝盲目行动

预见性意味着信念的实用性。如果你拥有的信念能帮助你对周围的世界做出较好的解释和理解,而且能够对周围世界所发生的事件做出较好的预测和控制,那么你的信念就是非常实用的。对周围世界的解释和理解似乎是人的天性,我们在很小的时候就对"事情为什么会发生"充满好奇心,向父母不断地提出"为什么"的问题。了解事情的起因会比一无所知更有安全感,还记得小时候对雷声和闪电的恐惧吗?还记得我们对原因不明的"非典"的恐惧吗?发现事情的原因之后,就会减轻这种恐惧感。我们都有解释和理解世界的愿望和能力,但是,并不是每个人在这方面都很在行。让我们来看相声《蛤蟆鼓》里的一段:

> 甲:蛤蟆的叫声为什么那么大?
> 乙:因为它嘴大脖子短。
> 甲:门后的字纸篓嘴大脖子短,它怎么不响?
> 乙:因为那是竹子做的,所以它不响。
> 甲:排箫是竹子做的,它怎么能响呢?
> 乙:那上面不是有孔嘛!有孔的才能响。
> ……

这则相声讽刺了那种基于事物的表面特征及其相互关联,来寻求事物成因的解释方式。在思考事物的原因方面,胡适先生有句名言:大胆假设,小心求证。如果大胆假设有余而小心求证不足,所得到的因果观念大多是不可靠的,基于这样的观念所做出的预见总是让人提心吊胆。

预见性意味着行动的主动性。了解事物的原因不只是为了满足好奇心和消除恐惧感,而是要引导我们的行动,知道要做些什么、什么时候去做以及如何去做,并为我们做决定提供依据。天气预报说今天有雨,你出门时会带上一把伞。分析事故的原因是为了避免重蹈覆辙。在科学史上,这类例子更是不胜枚举,著名的一个是巴斯德向当时充满疑虑的人们证明了微生物的存在,这位伟大的化学家和微生物学家通过科学实验证明微生物引起发酵和传染病,首创用接种疫苗的方法预防狂犬病,发明巴氏消毒法等。巴斯德改变了人类的生活方式,现在的小孩子从一出生就不断地接种各种疫苗,生活在今天的人们在霍乱、天花、麻风、肺结核等传染病面前,不再像过去那样束手无策,甚至包括饭前洗手的习惯都得益于巴斯德的细菌学说。

解释的预见能力同样需要真实可信的理由和强有力的推理来做出保证。寻求对事物成因的最佳解释,并对所做出的解释不断地进行检验和修正,都离不开可靠的证据和符合逻辑的推理。在这方面,任何草率的断言和鲁莽的行动都是不可取的。

第二节 发展批判性思维能力

批判性思维有程度的区分,没有人完全不具备批判性思维能力,也没有人完全拥有它而不需要改进。如何发展我们的批判性思维能力?美国著名的哲学家杜威特别强调,一位好的思考者必须能够同时把正确的态度和原则性知识结合起来,并将二者融合为一。如果非要他在二者之间选择其一的话,他会选择正确的态度。发展正确的理智态度并非轻而易举,就如同生活中做其他有益的事情一样,需要改变某些习惯和思考方式,寻找一套好的训练方法,并付诸实践贯彻执行。

一、正确的态度

在日常思维中,缺乏批判性思维的观念和理智的怀疑与反思态度是使我们的思考和论证不能尽如人意的重要根源。如果你认为自己天生就是一个糊涂虫,或者认为你的理智已经发展到无须改善的地步,那你就不会成为一位好的批判性思考者。如果在你的日常思维中,盲从、懒惰和简单模仿的陋习吞噬了深思熟虑的理智态度和怀疑与反思的理性精神,那恐怕不会取得好的思考效果。培养好的思维品质,提高批判性思维技能,必须从选择批判性思维的观念和态度开始。思考态度是一种思维倾向,它引导我们朝着好的思考者的方向不断努力。好的思考者应当具备什么样的品格特征?国外的批判性思维专家有诸多不同的看法,我们选择其中的一组作为树立批判性思维观念和态度的参考[6]:

1. 试图更好地了解世界的好奇心。
2. 能提出创造性的问题。
3. 习惯问"为什么",探求维护一种见解的理由。
4. 使用由可靠的信息来源提供的信息资料。
5. 思考问题顾及整体状况,对事物的解释顾及周围的情境。

6. 思考问题集中,不脱离主题。

7. 思路开阔,善于寻找其他可选择的方案。

8. 保持开放的思维空间,认真考虑他人的意见。

9. 依据充分的根据和理由采取或者改变一种观点或立场。

10. 在根据和理由不足的情况下,不轻易下判断。

11. 尽可能获得清晰、严谨的认知。

12. 了解所知的限度,检视其他的可能性而不是得出结论的证明本身。

13. 能意识到个人判断的局限性和认知过程中的偏见。

14. 有条不紊地处理复杂的事务,对下一步的行动步骤有所预见。

15. 从他人的表现中敏锐地觉察到他们的情感态度、知识水平和老练程度。

16. 能在广泛的领域运用批判性思维能力。

我们不必背诵这些条款,可以用它们来查验自己的思维取向,对与之相合的思维取向继续发扬,对欠缺的加以选择培养,对与之发生冲突的思维取向建议你加以调整。这就是培养批判性思维的良好开端。

二、原则性知识

正确的态度和观念必须与原则性知识结合起来,才能使批判性思维能力日臻完善。尽管在如何培养批判性思维方面存在不同的意见,在掌握逻辑探究的原则和推理方法的知识方面,却是大多数专家所认同的。

培养和训练批判性思维能力,需要掌握评估论证的一系列批判性准则,它包括对所提出的问题是否恰当、所给出的理由是否正当以及所做出的推理是否强有力进行评估的准则。它假设良好的信念和明智的决定是建立在对论证进行恰当的评估基础之上的。对论证的评估是一种反思性思考方式,**宽容原则**和**中立原则**是这种思考方式遵循的基本原则。

对给出的论证的评估必须建立在准确理解的基础之上,宽容原则用于对给出的论证的理解(分析与重构),指的是以合理性的最大限度来理解论证的原则。中立原则用于对给出的论证的评估,指的是以批判性准则来评估论证的原则。让我们以下围棋的"复盘"为例来加深对这两个原则的认识。

专业棋手下完棋后通常都会"复盘",就是对实战中的棋局一步不错地进行恢复,并对实战中双方的下法进行全面的分析和评估。像"金角银边草包肚"这类口诀,就是在"复盘"时总结出来的。专业棋手的"复盘"是满足宽容原则的典型,在恢复棋局的过程中,即使产生争议也是事实性的,非常容易解决。"复盘"阶段的评估是满足中立原则的典型,由于输赢已定,切磋的是棋艺,因而不论参加评估者的水平高低,或者这盘棋是何人所下,只要他分析透彻,评估得当,就会得到人们的认可。

复盘式反思不夹杂个人的情感偏好和价值取向,是一种纯度相当高的批判性思考模式。会思考,使人与其他动物区别开来;会反思,使人比其他动物更聪明。以反思的方式来指导如何思考是批判性思维训练的有效途径,批判性思维的原则性知识不能为你如何思考具体问题、决定哪种信念值得接受等提供现成的答案,但是,它能为你进行思考、选择和做出明智的决定提供指导和帮助,就如同"金角银边草包肚"能指导你把棋下得更好一样。

准确地理解论证需要掌握与陈述、问题、概念和推理相关的逻辑知识。日常思维中的论证大都是非标准的,使用批判性思维技术对之进行评估需要对论证进行分析与重构,比如,准确地识别论证的理由与主张、辨析争议的焦点,找出推理的线索和结构,揭示出论证所依赖的假设等。对论证进行分析和重构,一方面离不开逻辑知识的指导和帮助,另一方面也是训练我们理解论证能力的有效途径之一。对论证不能做出恰当的评估,常常是由于不能对论证做出清晰准确的理解,在阅读理解方面出现了问题。

恰当地评估论证不仅需要掌握评估论证好坏的一系列批判性准则,还需要掌握与论证的谬误相关的知识。违反推理规则无疑是一种谬误,就如同踢球时拉人犯规一样。但是,有些谬误并不这么明显,就如同踢球时的"假摔"一样,需要积累范例式的思维经验,才易于把它识别出来。

在如何培养批判性思维技能方面,人们提出了许多可供选择的方案。我们选择对论证的理解(分析与重构)与评估作为培养我们批判性思维技能的项目,从逻辑探究的角度发展出理解论证和评估论证的一系列技术和方法,结合大量的练习和实践来培养和提高综合运用这套技术和方法的能力。我们所选择的方案不是培养批判性思维技能的唯一方案,而是多种可供选择的培养方案中较有代表性的一例。

三、勤奋的实践

思维能力的训练必须注重实践。在明确批判性思维的态度和原则性知识,掌握理解和评估论证的一系列技术和方法的基础上,必须在实践中进行大量的练习和应用才能提高我们的批判性思维能力。

一般说来,任何一种能力的训练都特别注重基本功的训练,无论是弹钢琴,还是打篮球,都是如此。培养和训练批判性思维能力也不例外,深思熟虑、严谨缜密的思考态度,具有清晰性、相关性、一致性、正当性和预见性等好的思维品质,必须通过严格的基本功训练才能培养出来。

在思维基本功训练的过程中,养成批判性思维习惯最重要。习惯在人们的日常生活中起着非常重要的作用,人们对许多日常生活问题的处理是高度自动化的,这多亏有习惯帮忙。习惯是人们有效地应付周围环境和顺利生活的保障。发展批判性思维能力的重要途径是培养批判性思维习惯,培养批判性思维习惯必须选择批判性思维的观念和态度。此外,还需要有正确原则的指导和规范性知识的约束。最重要的恐怕是需要大量的实践。

尼采说:"世上本无教育者,作为一位思考者,只应该说是自我教育。"[7]基本功训练总是十分辛苦但又报酬丰厚,自觉地进行思维基本功的训练是每一位职业学习者应有的精神。

在这里,需要纠正一种错误的看法,有一种观点认为:"批判性思维是一种创新思维模式,它的一个主要目标就是打破规范性思考的条条框框,因为思维的一系列规范性准则是限制思维创新的枷锁。"的确,飞人乔丹如果按照训练篮球基本功的规范和套路打球,他就不再是飞人乔丹了。然而,成为飞人的乔丹实际上不是打破了训练篮球基本功的条条框框,而是遵守这些条条框框到了随心所欲的程度。任何一位具有创新思想的科学家、发明家和思想家,都是遵守思维规范的大师。

第三节 批判性思维课程的设计

批判性思维课程于20世纪70年代末首先在北美继而在世界范围内陆续进入大学课堂,目前已成为次于符号逻辑而与逻辑导论并驾齐驱的逻辑课程之一。"美国哲学学会制定的哲学教育大纲指出,主修哲学的学生可以学两种逻辑课程,一是符号逻辑,二是批判性思维。如果一名学生主修哲学但以后不打算以哲学为职业,则选修批判性思维足矣。据初步统计,目前在美国大学特别是哲学系中,开设批判性思维课程的占到40%以上。"[8]相比之下,在我国高校的本科生教学中,批判性思维课程的开设在近几年才刚刚起步。

一、批判性思维课程的设计风格

基于对批判性思维不同的哲学理念和假设,形成了从不同的角度对批判性思维的性质和特点所作的不同理解和解释,由此而使批判性思维课程的设计风格各具特色。这里介绍三种具有不同风格的批判性思维课程设计。

第一种是具有逻辑风格的课程设计。这种设计一方面拒绝使用形式逻辑的形式分析方法理解、分析和评估论证,另一方面主张运用逻辑的概念(如真假、有效性、可靠性、假设、内涵与外延等)和逻辑的方法(如定义、演绎、归纳、类比等),对论证做出理解和评估。设计批判性思维课程和进行批判性思维训练,首先需要把诉诸理性的逻辑论证从诉诸情感和信誉的说服论证中区分出来,否则就难以对论证进行有效的评估。[9]说服者声称的合理论断未必就是合理的,满足听众的态度和愿望而被接受的理由未必就是好的理由。基于这种指导思想而设计的课程,围绕对使用自然语言所做出的论证的理解、分析、重构与评估而展开,通过掌握一系列批判性思维方法和策略来训练学生提出和解决批判性问题的能力。

第二种是具有修辞风格的课程设计。这种设计认为,在公众论辩中,好的理由不取决于一系列真实断言的符合逻辑的安排,而是取决于听众对论证中的假设、知识和信念的接受力,在论证中能对听众产生效力的理由就是好的理由。对论证的理解、分析和评估应当回到亚里士多德《修辞学》的本质上来,声称他们使用的技术性术语只有情感(*pathos*)、信誉(*ethos*)和逻辑(*logos*)这几个经典概念。[10]这种设计以如何用好的理由进行说服为核心,展开对论证的应用型分析,重点解释针对不同的听众或读者,使用什么样的论辩风格和论辩方法、哪些文体特点或其他现象有助于改变人们的思想、态度和信念,主要围绕讲演的说服力来对论证进行有效性评估。通过对典型实例的分析示范和规范性写作训练,培养学生如何发现和运用好的理由,如何辨识听众或者读者的知识、信念和态度,选择有说服力的演说方式进行成功的说服论证。

第三种是具有交际风格的课程设计。这种设计认为,合理的或者正当的决定是在合乎道德原则的、有效的商议与对话过程中做出的,人们在商议和对话过程中,各自在思想和行为上的决定是相互影响的。论证不只是一方说服另一方的手段,更重要的是对话双方进行沟通、发现共同的目标和愿望、解决分歧和冲突的工具。批判性思维是我们建立良性商议交往的工具性艺术。[11]这种风格的课程设计把现代的批判性思维技巧和柏拉图的对话传统结合起来,认为批判性思维是处理商议交往发生"短路"(由于争议冲突而终止商议)和"交通阻塞"(由于缺乏有条理的意见交换步骤和不遵守对话规范而导致的交往混乱)的有效工具。这种风格的课程设计以构建合作式的论证和解决意见分歧为目标,把每个论据都看成是批判性讨论的一部分,无论它是明确的还是隐含的。它要求所提供的讨论规则要阐明:在讨论的各个阶段中,哪些步骤可以促进意见分歧的解决。探索在理性接受或驳斥某种观点的商议交往过程中,有哪些语言和非语言因素在发挥作用。评估论证的合理性标准是论辩和对话程序是否有助于达成这一目标。

在日常思维中,存在着三种不同的论证类型:**论辩的论证**,如法庭论辩和具有游戏性质的辩论比赛,追求单方面的获胜目标,为输赢而论辩;**说服性论证**,如政治演说、商业广告和教育中的劝服论证,单方面推销一己的主张,追求说服的可信性和接受性;**合作式论证**,如贸易谈判、政治磋商和日常的沟通与对话中的论证,以消除意见分歧、达成共识为目标,追求双赢。论证追求的目标不同,所使用的方法和策略也会有所不同。上述三种不同风格的课程设计,分别以这三种不同的论证类型作为自己所侧重的分析、评估对象,亚里士多德的逻辑学思想、修辞学思想,还有苏格拉底与柏拉图对话哲学中的辩证思想,分别成为这三种课程设计的理论依据。

二、批判性思维教育的意义

关于通识教育最早的经典文献是耶鲁大学的《耶鲁1828年报告》,1978年哈佛大学文理学院的教授以182对65票通过一项决议,为通识教育制定了五项衡量标准。20世纪80年代,斯坦福大学、哥伦比亚大学、芝加哥大学、加州大学伯克利分校等名校都受哈佛的影响,调整了本科教育战略。1993年普林斯顿大学"本科教育战略计划委员会"对本科毕业生提出的衡量标准有以下十二项:

1. 具有清楚地思维、谈吐、写作的能力。
2. 具有批判性和系统性推理的能力。
3. 具有形成概念和解决问题的能力。
4. 具有独立思考的能力。
5. 具有敢于创新和独立工作的能力。
6. 具有与他人合作与沟通的能力。
7. 具有判断什么意味着彻底理解某种东西的能力。
8. 具有辨别重要的东西与琐碎的东西、持久的东西与短暂的东西的能力。
9. 熟悉不同的思维方式(定量、历史、科学、道德、美学)。
10. 具有某一领域知识的深度。
11. 具有观察不同学科、理念、文化的相关之处的能力。
12. 具有一生求学不止的能力。

在美国,批判性思维教育的兴起与发展与上述本科教育战略的发展基本上是同步的,批判性思维能力不仅是衡量本科教育是否成功的主要标准,也是研究生入学检测的主要目标。在我国,批判性思维教育刚刚起步,令人担忧的不是学生的批判性思维能力,而是教师的批判性思维能力。例如:

> 归纳(Generalization)在本书中泛指"自上而下"的考题,即假定我们所面临的段落的推理成立,让我们从段落推理中得出一些东西。它与我们前四章所讲的假设、支持、反对、评价题型的最大差异是:归纳所面临的段落推理是肯定成立的推理,因此归纳是从上面段落中必然能得到什么,我们不能怀疑段落推理的合理性;而假设、支持、反对、评价考题所面临的段落是有待评价的推理,因此这四类考题是让我们从五个选项中选择一个选项放到段落中对段落推理起到一定作用。从这个意义上讲,在做逻辑推理题时,明晰问题目的永远是很重要的。让我们来看一个简单的推理:Only birds can fly, so XYZ can fly。如问题目的属于归纳题型,则这一推理必定成立,且我们可知其隐含假设为"XYZ is a bird";若问题目的属于假设、支持、反对或评价题型,那么这一推理不一定成立(即有待评价的推理)。因此我们只能根据问题目的的不同,选择答案对该推理的成立与否起到相应的作用。[12]

中国文化缺乏逻辑与批判性思维的传统,在人们的思维素质中,逻辑观念淡薄,缺乏批判性思维意识。俗语说:缺什么,什么就显得弥足珍贵。批判性思维教育的意义不只是表现在大学的课堂上,在改善和提高人们的思维素质方面具有重要的意义。在人们的日常思维中,针对现成答案的提问、对情感性的怀疑十分敏感而对合理性的质疑却置若罔闻、在需要做出理智决定时任凭情感愿望的参与、追求实用性强的目标而运用的却是中看不中用的手段、把自己的价值观和社会交往方式强加于人的不良习惯、海绵吸水式的学习方式和榜样式的模仿行为、弘扬一元价值观之下的宽容精神而不给多元价值观留有兼容空间的专制价值理性,如此等等的现象足以说明改善思维素质的迫切性和重要性。

批判性思维能帮助我们松软板结的思维土壤,激活僵死的思考系统,增强思维空间的兼容性。批判性思维不能代替你做出什么事情应该去做、哪种信念值得接受等具体的决定,但是,思维土壤的改善、思维空间的拓展和思考系统的优化有助于使你的思维清晰流畅、有序而又生动活泼地进行,它能帮助你进行观念的更新和做出正当合理的决定。

三、教程内容的组织安排

从本章已论述的内容中可以看到,我们选择的是具有逻辑风格的课程设计,如何理解和评估使用自然语言所做出的论证是课程设计的核心,学习和运用对论证进行理解和评估的一套技术和方法是该课程所要达到的目标。通过本课程的训练,希望能够掌握理解和评估出现在自然语言语境中的论证的批判性方法和技术,学会如何使用一般的逻辑工具处理和解决实际问题,提高辨识论证的要素、结构和方法的分析能力,以及从论证中提取综合信息的概括能力,培养提出和处理批判性问题以及评估论证可靠性的批判性思维能力。还希望学习者能够将这一套技术和方法综合应用到日常的阅读与写作之中,不断强化深思熟虑的理智态度和怀疑与反思的理性精神,养成提出恰当问题和进行合理论证的思维习惯,提高终生学习的效率。

除了本章的内容之外,该教程的其他内容由三个部分构成:

第一部分由第二章至五章组成,这部分的主要目标是掌握对论证的基础进行理解和评估的技术和方法。论证的基础除了论证的概念外,主张(结论)和理由(前提)是构成论证的基本要素。主张是对所议论的主要问题的回答,是论证的目标;理由是支持主张的根据,假设是论证中未表述的潜在理由。因而,识别、分析和评估论证的主张与理由,不能不考虑其中的问题和假设。当然,澄清概念和语言的意义也是这一部分的重要内容,无论陈述主张,还是给出理由,都必须使用概念和语言。

第二章通过明确论证的概念和学习简单陈述和复合陈述的基本知

识,掌握识别论证的主张以及与之相关的谬误的一般方法,分析主张在论证中的一致性问题,为准确地理解和评估论证奠定基础。

第三章在明确问题的特征、种类、结构及其责任性回答的准则的基础上,掌握识别问题的谬误和评估问题、使用提问的方式识别论证的主张、辨析争议的焦点的方法。

第四章通过明确理由与原因、前提与假设的区别,熟悉对论证结构进行分析的方法和步骤,掌握图解论证以及对非正当理由在论证中的使用进行识别的方法。

第五章在了解意义理论和熟悉语言用途的基础上,掌握澄清概念意义的逻辑方法。

第二部分由第六章和第七章组成,这部分的主要目标是掌握对论证的核心进行理解和评估的技术和方法。论证的核心是推理,学习演绎推理和归纳推理的知识,掌握评估推理的批判性准则,识别推理中的错误以及揭示推理的假设,构成了这部分的主要内容。

第六章在学习演绎推理方法的基础上,掌握揭示演绎推理的假设和评估演绎论证有效性的方法。

第七章在学习归纳推理方法的基础上,掌握评估枚举论证、类比和比喻论证、统计论证和因果论证的方法。

第三部分也就是第八章的内容,这部分内容将我们所介绍的批判性思维技术和方法综合运用到写作之中,通过这项综合训练希望能够为批判性阅读和写作提供有益的指导。

思维训练离不开切合实际的训练材料,我们尽力向读者奉献好的练习题。

注　释

〔1〕 Gary Jason, *Critical Thinking*: *Developing an Effective Worldview*. Belmont, CA: Wadsworth /Thomson Learning, 2001, p.2.

〔2〕 马正平主编:《高等写作思维训练教程》,第7页,北京:中国人民大学出版社,2002。

〔3〕 参见陈波:《逻辑导论》,第30页,北京:中国人民大学出版社,2003。

〔4〕 马正平主编:《高等写作思维训练教程》,第 19—20 页。

〔5〕 参见 Eugene B. Zechmeister, James E. Johnson, *Critical Thinking: A Functional Approach*. 郑锦芳译,《做个思考的生活家》,第 149—150 页,台北:小知堂文化事业有限公司,1998。

〔6〕 Bruce R. Reichenbach, *Introduction to Critical Thinking*. New York: McGraw-Hill, 2001, pp. 14-15.

〔7〕 〔德〕尼采:《人性的,太人性的》,杨恒达译,第 543 页,北京:中国人民大学出版社,2005。

〔8〕 陈波:《逻辑导论》,第 274 页。

〔9〕 参见 Tracy Bowell, Gary Kemp, *Critical Thinking: A Concise Guide*. New York: Routledge, 2002, pp. 2-5。

〔10〕 参见 Lester Faigley, Jack Selzer, *Good Reasons*. Boston: Allyn & Bacon, 2000, p. xiv。

〔11〕 参见 Josina M. Makan, Debian L. Marty, *Cooperative Argumentation: A Model for Deliberative Community*. Illinois: Waveland Press, 2001, p. 81。

〔12〕 陈向东编著:《GRE GMAT LSAT 逻辑推理》,第 221 页,新东方学校出国考试丛书,北京:世界知识出版社,2000。

第二章
主张与断言

第一节 论证的概念

会思考的人经常面临两方面的问题：一方面来自思想观念；另一方面来自行动决策。其中，有些问题属于怎么做都行的区区小事，有些问题则需要深思熟虑。对于那些需要深思熟虑的问题，只要你有意识地努力思考，就会得出一个确定的结论。比如，"我们不能解决这个问题"，或者"我们不能就这一问题达成一致的看法"，这些结论也许不是你想要的，但是，它们是确定的。

爱迪生在搞一个发明时遇到了困难，做了九百多次试验都失败了。他的一个朋友得知了这个情况，惋惜地对他说："做了这么多次试验，一点儿结果也没有，真是太遗憾了。"爱迪生则笑着说："谁说没有结果，我已经知道有九百多种东西都是不能用的了。"

这则事例说明了一个道理，不管你做什么事情，总是有结果的，尽管这个结果可能不尽如人意。思考问题也是这样，并不是思考所有的问题都能找出正确答案，但是，这并不影响我们得出一个确定的结论。"我们不能解决这个问题"本身就是一个确定的结论。认识到这一点并加以强调是重要的。如果思考者真的认为对某些问题的思考没有结论，那么思考者会由于不肯浪费时间，或者不能解决问题而使他们的思考不容易收到任何效果。

一、什么是论证

思考的努力意味着通过寻求确凿的证据和有力的推理,来为使他人或自己确信某一结论提供最大的保证。思考的效果体现在结论所表达的主张(观点、计划、选择、决定等)在一定范围内具有一定程度的实用性。使他人或自己确信结论是正确的,尤其是使结论具有一定程度的实用性,最好的方式是诉诸确凿的证据和有力的推理。

> 美国总统林肯早年当过律师。一次,他为一名被起诉有盗窃罪的被告进行辩护。原告方的证人提出一条证据:他曾在某日夜间的月光下亲眼目睹被告偷东西。林肯针对这条证据进行反驳,他指出:那一日夜间并没有月光,证人不可能在月光下看到被告人的行为,所以,证人在作伪证。林肯最终赢得了这场诉讼。

确凿的证据和有力的推理是确信结论的理由,这些理由使得进一步的质询变得多余,从而证明了结论的合理性。确凿的证据和有力的推理使得确信你所提出理由的人,不得不在一定程度上确信你的结论,否则,他就会被指责为无理取闹。与无知相比,无理更加糟糕。

一般说来,当一个人给出支持某个主张的理由时,这个人便提供了一个论证。在阅读与聆听、沟通与对话等思维活动中,面对他人或自己所提供的论证,积极的思考者会根据论证中的理由是否有足够的保证,来决定我们是否应该接受论证者的主张。要做出这样的决定,需要对所提供的论证进行清晰的理解和准确的评估。

论证是提供理由支持一个主张的说理方式。论证是由一系列陈述组成的,表达理由的陈述称为前提,表达被支持的主张的陈述称为结论。例如,针对证人的证言,林肯提出了自己的主张:证人在作伪证。为了证明这一点,他提出了两点理由:其一,那一日的夜间并没有月光;其二,证人不可能在月光下看到被告人的行为。

二、论证与解释

思考的努力还意味着通过寻求对事实和经验的解释,帮助我们获

得对周围世界的理解。理解的愿望似乎是人的天性,这种天性在小孩子身上就有明显的表现:

儿子:爷爷的鼻子为什么插着一根管子?
爸爸:因为爷爷呼吸困难。
儿子:爷爷为什么呼吸困难?
爸爸:因为爷爷得了肺癌。
儿子:爷爷为什么会得肺癌?
爸爸:因为……

只要爸爸有足够的耐心回答孩子的问题,孩子通常会有兴趣不断地问为什么。其中,爸爸的回答不是在为支持某个主张提供理由,说服孩子确信这一主张,而是在为孩子已经观察到的事实提供解释,以便使孩子获得对事实的理解。

解释与论证是有区别的。在论证中,我们提供证据证明某一主张是否真实或可信,而在解释中,我们试图表明事实之间是否有某种联系。呼吸困难不是试图证明鼻子上插着管子的证据,因为父子双方都已经确知鼻子上插着管子是一件行为事实,而是通过指出呼吸困难这个事实,试图解释鼻子上插着管子这种特殊行为的目的,而且假设插着管子能达到解决呼吸困难的目标。这种基于某种假设的解释表明的是行为与目的的关系,被称为目的论的解释。同样,肺癌不是试图证明呼吸困难的证据,而是通过指出得肺癌这个事实,试图解释呼吸困难的原因,而且假设得肺癌能导致呼吸困难。这种基于某种假设的解释表明的是原因与结果的关系,被称为因果解释。

为了看清论证与解释的区别,再看一个例子:

小王:小李,你为什么说我发胖了?
小李:看看你的腰带,都要扣不上了。还有你的衣服,比从前有点紧。
小王:还真是的,你说我为什么会发胖?
小李:最近你饮食过量,而且缺乏锻炼,所以你就发胖了。

小李的第一次回答给出的是证明小王发胖的证据,腰带要扣不上了、衣服有点紧,这是证明小王发胖的证据,不是小王发胖的原因,因而这次回答给出了一个论证。小李的第二次回答给出的是对小王发胖原因的解释,饮食过量、缺乏锻炼是导致小王发胖的原因,不是证明小王发胖的证据,因而第二次回答给出的是一种因果解释。

在日常思维中,论证与解释经常缠绕在一起,对二者做出区分是一件困难的事情。二者都是对"为什么"的直接回答,由"因为"所引导的陈述可能是一种解释,也可能是一个论证。我们只能给出区分解释与论证的粗糙准则[1]:如果上下文的语境指示 A 需要证明而 B 不需要,则"A,因为 B"型的语段表达的是论证;如果上下文的语境指示 A 至少与 B 具有同样的真实性或可信性,那么"A,因为 B"型的语段可能表达的是一种解释。

区分论证与解释的意义是为了找出评估好的理由和最佳解释的标准。对事物成因的解释常常会促使我们信念的改变,好的理由能使我们确信这种改变是正确的。

三、论证与推理

论证是诉诸推理的说理方式,推理是根据一个或一些陈述(前提)得出另一个陈述(结论)的思维过程。论证的基本问题是:如何确立结论的真实性或可信性?推理的基本问题是:结论是如何根据前提得出的?是必然地得出?还是或然地得出?回答论证的基本问题需要依赖两方面的条件:一是必须断定前提为真,假的理由不能对任何主张的真实性或可信性提供保证;二是在断定前提为真的条件下,推理在多大程度上保证了结论的真实性或可信性。回答推理的基本问题也需要依赖两方面的条件:一是只要求假设前提为真而不要求断定前提为真;二是找出从前提到结论的推理方法,并对导出结论的推理过程做出清晰的刻画。

推理有两种基本方法:演绎和归纳。请看以下这个简单的推理:

> 所有"非典"病毒的感染都是致命的。
> 杨林感染的是一种"非典"病毒。
> ——————————————————
> 所以,杨林的感染是致命的。

从推理的角度看,我们关心的问题是:如果它的前提为真,结论会如何?凭你已经具备的推理能力能够判定:如果这些前提是真的,结论也必然是真的。前提与结论之间存在的这种牢固的逻辑关系叫做演绎关系,以这种关系为特点的推理称为演绎推理。现在,让我们稍微改动一下上面的例子:

几乎所有"非典"病毒的感染都是致命的。
杨林感染的是一种"非典"病毒。

所以,杨林的感染是致命的。

这个推理与上一个有本质的不同。它的前提不能完全地保证它的结论,前提对结论的支持是有限的,所以,如果前提为真,我们只能断定结论很有可能真。然而,如果我们接受它的前提,接着又坚持认为:"杨林的感染不是致命的",那将是极端无理的。前提与结论之间存在的这种强有力的逻辑关系叫做归纳关系,以这种关系为特点的推理称为归纳推理。

从推理的角度看,我们不问这些推理的前提本身是不是真实的,如:所有"非典"病毒的感染都是致命的吗?几乎所有"非典"病毒的感染都是致命的吗?杨林真的感染上"非典"病毒了吗?推理所关注的目标是前提与结论之间逻辑关系的强弱,所断定的是前提与结论之间有必然关系,或者有或然关系。为此,推理只是假定而不是断定前提为真,论证则必须断定前提为真。这是推理和论证的主要区别。

四、推理的有效性

在演绎推理中,如果前提真,则结论不可能假。这种逻辑关系的性质被称为演绎的有效性。对演绎推理的有效性可能产生的困惑是:是什么原因使得这种推理只要前提真,结论就不可能假?这里所说的"不可能"又是什么意思?

一个大胆的解释浮现出来:有效推理的结论是否有可能只是在重复前提中隐含的某个主张?如果真是这样,就可以揭开演绎有效性的神秘面纱。在这种情况下,承认前提再否定结论,就等于通过否定结论而否定了前提,导致自相矛盾的陈述,而自相矛盾的陈述是不可能真的。让我们结合一个有效推理的例子来审查这个大胆的解释。

  关羽所求的或者是名,或者是义。
  名非关羽所求。

  所以,关羽所求的是义。

  让我们对这个推理的前提进行分析:第一个前提从根本上否定了关羽既不求名,也不求义这种情况。第二个前提否定了他所求的是名,从而排除了他不求义的可能性。否则,就违反了第一个前提——否定他不求名也不求义。排除他不求义的可能就等于承认他所求的是义,而这正是结论所要告诉我们的。再让我们看另一个有效推理的例子:

  如果小明旱冰鞋的轮轴受到摩擦,则轮轴会发热。
  小明旱冰鞋的轮轴受到摩擦。

  所以,小明旱冰鞋的轮轴会发热。

  第一个前提排除了旱冰鞋的轮轴既受到摩擦而又不发热的可能性。根据第二个前提,既然旱冰鞋的轮轴受到摩擦,旱冰鞋的轮轴就不可能不发热——这正是结论要告诉我们的。否则,就得承认旱冰鞋的轮轴既受到摩擦而又不发热,而第一个前提已经消除了这种可能性。

  上面的分析间接地指出:至少前提中的某一部分的含义就是结论的含义。正因如此,为避免自相矛盾,承认前提为真就必须承认结论为真。有人可能要问:既然结论的含义早已包含在前提之中,演绎推理对论证还有什么价值?请看下面的例子:

  你的银行存单年利率是 6.4%,每日计复利。因此,有效的年收益是 6.6%。

  从两个重要的角度来说,这个推理的结论包含了"新"知识:其一,我们清晰地知道了前提所蕴涵的内容。其二,如果前提为真,结论就是一个我们原来未发现而现在已经确信的真理。

  复杂的演绎推理的结论可能是令人吃惊的,尽管这些结论早已蕴涵在前提之中。在这样的推理中,这些结论"隐藏得如此之深",若不借助逻辑分析和演绎法,根本无法看到其中的"新"内容。有人说:数学的历史主要就是根据前提导出有效结论的方法的发展史。演绎推理的威力不可小视。

五、归谬与证伪

演绎的有效性保证由真的前提必然地得出真的结论。自然地,一个问题会冒出来:演绎的有效性是否也保证由假的前提必然地得出假的结论?答案是否定的,这有点出乎意料。

在讨论这个问题前,让我们统一一下认识:当我们说某个推理的前提是真的,表示它所有的前提都是真的。反之,即使只有一个前提是假的,这些前提从总体上考虑也是假的。看下面的例子:

所有中国人都是科学家。(假)
李四光是中国人。(真)
——————————————
所以,李四光是科学家。(真)

这个推理的第一个前提是假的,尽管这个推理在演绎上是有效的,它并没有把前提的假保送到结论中去。再看另一个例子:

所有中国人都是科学家。(假)
牛顿是中国人。(假)
——————————————
所以,牛顿是科学家。(真)

这个推理是有效的,尽管前提都是假的,结论却是真的。这些例子说明,一个有效的推理可能有假的前提,同时又有真的结论。所以,演绎有效性保送真而不保送假。对于前提为假的演绎推理,其结论可能是真的,也可能是假的。既然演绎有效性只能保证结论的真,不能保证结论的假。你是否会想到:当我们需要证明一个主张是假的时,那演绎法是不是就没有用处了呢?答案又是否定的。

有这样一种方法:为了证明某一主张为假,先假设它为真,然后有效地演绎出一个结论。接着检验这个结论而不是原有的主张,看它是真是假。如果是假的,则原主张为假。人们把这种演绎方法称为归谬法。在讨论演绎有效性时曾分析过,一个有效的演绎推理,至少前提中的某一部分的含义就是结论的含义,所以,如果它的结论假,则至少有一个前提是假的。看来,归谬法是建立在演绎有效性的基础之上的。

事实上,归谬法不只是我们用来反驳一个明知为假的主张的武器,在检验一个有真假可言,但不知道它是真是假的主张时,这种威力强大的方法才真正体现出它的价值。

可以设想:你有一个同学叫阿甘,你认为他是一个非常笨的人。加上你确信的第二个前提:北京大学从没有录取过像阿甘这么笨的人。于是,你得出结论:阿甘不可能被北京大学录取。然而,令你吃惊的事实是他被录取了。这意味着:"阿甘非常笨"或"北京大学从没有录取过这么笨的人"至少有一个是假的。如果你知道你对北京大学录取学生的看法是对的,排除腐败或录取错误等其他可能,那你就只好承认你对阿甘智力的判断是错误的。

你可能要问:为什么不从一开始就直接验证一个主张,而是要通过演绎出来的结论大费周折呢?我们还记得,演绎的结论包含在前提之中,演绎的结论通常比其前提简单得多。显然,查验一下阿甘是否被录取要比检验他的智力水平简单得多。

通过检验演绎的结论来达到证伪目标的做法,在科学领域、案件侦破和事故分析中有不可估量的价值。科学原理及其他假说可能是极为概括和抽象的,科学工作者从这些具有高度浓缩性的原理或假说中演绎出某个简单的、可用实验的方式轻而易举地进行检验的结论。如果实验证明这一结论是假的,不论该假说有多深奥复杂,它都必定存在某种谬误。我们现在不但了解了一种证明某一主张为假的方法,也应该明白演绎推理只是**假定**而不是**断定**前提为真这种思维策略的重要性。

六、论证的可靠性

前提真实而且推理有效的论证称为可靠的论证。运用演绎推理所做出的论证叫做演绎论证,运用归纳推理所做出的论证叫做归纳论证。

显然,把可靠性作为评估演绎论证的标准是恰当的,而把它作为评估归纳论证的标准则是不恰当的,因为归纳论证是不可靠的。"不可靠"的一方面意思是说:尽管前提是真实的,归纳推理并不能保证结论是同样真实的;另一方面,"不可靠"在这里并不意味着归纳论证的结论不具有任何可靠性。准确地说,归纳推理只能为结论提供一定程度的可靠性。通常把这种可靠性的程度称为**归纳强度**。

可靠的论证是论证的一种理想模式。我们在较弱的意义上使用可靠性这个术语,把理由真实可信而且具有较高归纳强度的论证也看作是可靠的。当我们谈到论证的可靠性时,总是在具有一定程度差别的意义上使用它,或者说可靠性这个术语指的是可靠性程度的大小。现在,让我们来了解归纳强度这个概念。

理解归纳强度这个概念与理解演绎有效性这个概念的一个重要差别是:演绎推理的有效性可以根据前提与结论之间的逻辑关系做出完全的判定;归纳推理的强度不能根据前提与结论之间的逻辑关系做出完全的判定。例如:

> 我尝过的 95 颗柠檬都是酸的。因此,我吃的第 96 颗柠檬也是酸的。

在这个推理中,前提强有力地支持了结论。如果前提事实上是真的,结论就有很大程度的可靠性。尽管仍然存在第 96 颗柠檬不是酸的这种可能性,但是,任何认为第 96 颗柠檬不酸的想法是不合理的,或者说是令人难以置信的。此外,即使我有第 96 颗柠檬不酸的想法,这样的想法只是显得有些荒唐,并不与我尝过的 95 颗柠檬都是酸的这一事实相矛盾。果真我吃到的第 96 颗柠檬不是酸的,而是甜的,这只能让我感到惊奇,而不能使我陷入矛盾。

让我们看另外一个例子:

> 我奶奶刚过了 95 岁的生日。因此,她将能过 96 岁的生日。

这个推理的形式与上一个相同,但是,推理本身却比较脆弱。我们知道,95 岁的老人即使十分健康,也只有少数能再活一年。这就使得我奶奶有机会庆祝下一个生日的可能性小于我吃的第 96 颗柠檬是酸的这种可能性。

判定归纳强度,除了依靠前提与结论之间的逻辑关系外,还要考虑前提与结论之间的联系有"多么紧密"。为了判定联系的"紧密程度",或者称之为相关性,需要对推理所涉及的背景知识有所了解。比如,只根据前提所提出的证据不足以判定结论的可靠性程度,还需要借助与柠檬和人的寿命相关的背景知识。再比如:

荷叶、青竹、秋菊都是近视。因此,春兰也近视。

脱离具体的语言环境和相关的背景知识,这个推理的归纳强度是不好确定的。让我们引入一些背景知识:荷叶、青竹、秋菊是春兰的亲姐姐,她们的父母也近视。我们还知道,近视有遗传性。这些背景知识大大提高了这个推理的可靠性程度。让我们引入另外一些背景知识:荷叶、青竹、秋菊和春兰是大学一年级的同班同学,她们并没有亲戚关系。这些背景知识使得这个推理的可靠性程度非常有限。

七、论证的谬误

论证的谬误指的是论证的缺陷。论证的缺陷可能发生在主张、理由、推理这三个构成要素上,也可能发生在表达论证时所使用的语言上。

在论证中对所提出的问题做不相关的议论,好似开无轨电车;论证中对主张(结论)的确信超出了其理由(前提)所保证的限度,就如同充气超过了轮胎承受的限度而使之爆裂一样。这都是论证的缺陷。论证中使用真实性或可信性悬而未决的理由为其主张提供担保,这也是论证的缺陷,就如同一个人到银行去贷款,如果他的担保人资金状况不明,担保是不会成功的。推理是理由为主张提供支持的正当的、合法的途径,它是判定理由对主张给予多大担保力度的依据,这方面出现的差错无疑是论证的缺陷。语言不只是表达论证的工具,它也控制人的心智。培根说:"人们以为心智指挥语言,但经常有这样的情况:语言控制着人们的心智。"[2] 在这个意义上,培根教导我们警惕市场偶像。论证中的大多数缺陷都与语言的使用有直接或间接的关系。

我们在谈论谬误时不牵扯论证者的不良动机和置信者的过失。但是,以下这种对谬误的看法是有趣而值得参考的。"谬误是置信者的过失,而不只是论证者的错误。""联系到诡辩者的经典定义,诡辩者是'有意地'犯谬误,问题的性质是谁犯了谬误还需重新认真考虑。'故意'一词表明诡辩者知道自己提出的论证是不合理的,也就是说,诡辩者作为论证者,心中对所提出的论证结论的置信与论证强度是一致的,不然的话,何言'故意''有意识地'?他的动机正在于利用一个他自己很了然的不合理论证,去诱使接收者置信一个实际上前提并不支持然而好像得到支持的结论。如果他成功了,则接收者犯了谬误:对结论的置信度太高。正是在这一点上,从道义上判断,犯谬误的人是无辜的、值得同情的,不犯谬误的诡辩者却是可恶的:险恶的动机利用善良人的无知得以实现。然而从逻辑立场看,接收者犯了谬误,这正是他需要提高评估能力的原因;他在愤恨诡辩者狡诈的同时,更应探究受骗的根源。"[3]正如通过分析论证者是否在进行故意的欺骗,来界定谬误是十分困难的一样,通过分析接收者的置信是否恰当,来界定谬误同样会困难重重,这两方面的分析所牵涉到的心理因素是同样复杂的。对谬误的这种看法给我们的启发是:在对论证进行理解和评估时,不能忽视心理因素对论证的种种影响。

到目前为止,人们还没有列出一份包括所有谬误在内的分类明确的清单,其中的困难之一是由于对谬误的定义不同,同一种谬误常常可以归入不同的类别;困难之二是人们还没有找到衡量所有谬误的统一标准。我们在讨论谬误时按照经验的做法,根据各章所讨论的问题,把与之相关的常见谬误分组介绍给大家。

第二节 抓住断言

提供理由支持一个主张意味着使用语言。从表达论证的角度考虑,用于表达论证的语句有陈述句和疑问句,陈述句用来表达观点和主张,疑问句用来表达论证所提出的问题。从理解论证的角度考虑,我们把有真假可言的语句称为**陈述**,对陈述的断定称为**断言**。论证被理解为通过已被断定为真的陈述来确证其真实性尚未被断定的陈述,论证的主张是一个陈述,确证这一陈述的真实性或可接受性是论证的目标。从解决问题的角度考虑,论证的主张就是作者对所提出的主要问题的直接回答,给出支持这一主张的根据和理由被理解为运用推理使人确信这种回答是正确的。

面对所提供的论证,进行理解和评估的首要任务是识别和明确论证的主张。了解表达主张的陈述句和表达问题的疑问句是识别和明确论证主张的两条较好的途径。

一、语句与陈述

在给定的语言系统中,语句是合乎语法的一串字词。语句通常被分为陈述句、疑问句、祈使句和感叹句。我们用语句表达思想、提出疑问、发出命令、抒发感情等,明确论证主张的目标使我们有必要对陈述句和疑问句进行深入的了解。

陈述是有真假可言的语句。一般说来,只有对世界有所言说、可能有所揭示的语句才有真假之辨。通常陈述句是有真假可言的,符合事实的陈述为真,不符合事实的陈述为假。"陈述"一词作动词使用,指说出或者写出语句的动作或行为,如陈述案情、述职等;作名词使用,指说出或者写出的语句所表达的思想内容,即以肯定或否定的形式对世界所做出的描述。在绝大多数情况下,我们在名词的意义上使用这个词。

疑问句、祈使句和感叹句通常无真假可言。例如:"你从哪里来?"这个问句在征询某方面的信息,没有传达有关事物情况的信息,因而无真假可言。我们一般用恰当或不恰当、好或无聊等评价所提出的问题,而不用真或假评价所提出的问题。但是,诸如:"难道世上会有无因之果吗?"这样的修辞性疑问句,实质上是以问句的形式表达的陈述,相当于说:"世界上没有无因之果。"

祈使句传达的是一项命令,对于一项命令的内容,我们可以谈论它是否明智、是否合乎道义、是服从还是抗拒等,但不直接谈论它的真假。面对将军向士兵发出的一道命令:"冲啊!"士兵通常不会说:"将军,

'冲啊'是假的。"当然,有"假传圣旨"的说法,这一说法涉及命令由谁发出的问题。命令的内容是什么与命令是由谁发出的属于两个层面的问题,命令的内容表达的是一种意愿或要求,不牵涉事实问题,因而无真假可言。命令的发出或转达涉及事实问题,因而是有真假可言的。当我们说"和珅假传圣旨"时,说出的是一项陈述,而不是在发出一道命令。

感叹句表达说话者的情感,不直接传达事物情况的信息。例如:"祖国啊,我的母亲!"表达了说话者对祖国真挚的热爱之情。我们可以谈论一个人感情的真假,比如:"文涛告诉我他热爱自己的祖国,他在谈论自己祖国的言语之间,脸上充满了激动的表情。"当我们这样谈论一个人的感情时,我们是在描述他的情感事实,基于这种描述我们了解了某人情感方面的信息。描述情感事实的陈述是有真假可言的,抒发自己感情的感叹通常是无真假可言的。有趣的是,许多感叹句意味着某个陈述。比如:"珠穆朗玛峰可真高啊!"在发出这种感叹时意味着"珠穆朗玛峰是很高的山"这个陈述,否则我们就不会发出这样的感叹。对于这类感叹句,我们说它间接地表达了一个陈述。

陈述与陈述句是有区别的:

其一,表达陈述的语句不必是陈述句。例如,"难道真理还怕批评吗?"这个反问句间接表达的陈述是:真理是不怕批评的。"他是我的长辈啊!"这个感叹句间接表达的陈述是:他是我的长辈。另外,陈述句所表达的也未必都是陈述。例如,"我问你考得怎么样。"这个语句形式上是陈述句,表达的却是一个疑问。类似地,"我命令你出去。"表达的是一项命令,"我祝你在学习上取得进步。"表达的是良好的祝愿。这类形式的陈述句都是无真假可言的语句。

其二,相同的陈述可以用不同的陈述句表达。比如,"所有的结果都是有原因的"和"没有无因之果"是两个不同的语句,表达的是相同的陈述。

其三,由于各种不同的原因,相同的语句有时会表达不同的陈述。例如:"小王在火车上画画",这个句子可能在陈述小王坐在火车的座位上画画这个事实,也可能在陈述小王把画画在火车上这个事实。结合具体的语言使用环境,通常能够识别一个语句陈述的确切含义。如果结合具体的语境,仍然不容易识别一个语句陈述的确切含义,那它就很有可能是由于对语言的误用而导致的歧义句。

二、陈述与断言

断言就是对陈述的断定。陈述对事物情况有所言说,透露了有关事物情况的信息,进而对事物的情况有所揭示。如果所揭示的内容与事实相符合,所做出的陈述就是真的,否则便是假的。例如,"毛泽东是湖南人"为真,而"毛泽东是四川人"则为假。断言则是对陈述的断定,如果断定一个真的陈述为真,或者断定一个假的陈述为假,这个断定就是正确的。如果断定一个真的陈述为假,或者断定一个假的陈述为真,这个断定就是错误的。秦二世时,赵高指鹿为马,断定"鹿是马"为真。但是,"鹿是马"是假的陈述,它不因赵高断定其为真而变成一个真的陈述。相反,正因为赵高断定了一个假的陈述为真,我们才说他的断言是错误的。

真与**假**是陈述的性质,这种性质是描述性的。有些陈述的真实性(真的性质或假的性质)是明显的或者是没有争议的,因而无需对它进行论证。在一般情况下,我们无需论证"毛泽东是湖南人""雪是白的"这类陈述的真实性。有些陈述的真实性是不明显的或者是有争议的,因而需要对其真实性做出论证。例如,"《老子》是战国晚期的作品""传染'非典'的病毒是一种冠状病毒"这类陈述的真实性就是不明显的,易于引起争议的。从逻辑上说,不可能所有陈述的真实性都是不明显的或者是有争议的,否则,我们就不能通过使用推理的手段证明某个陈述的真实性,无法为确证某个陈述的真实性提供真实的理由;也不可能所有陈述的真实性都是明显的或者是没有争议的,否则,我们就不需要论证了。

对与**错**是断言的性质,这种性质是规范性的。从实质上说,论证是通过断定一系列陈述为真,来确认某一个陈述的真实性。其中的确认依赖于担保者的合法性,即断定理由(前提)为真的合理性,以及理由支持主张(结论)的合理性。论证的主张是否正确取决于论证是否具有合理性,不取决于主张所断定的陈述是否符合事实,因为主张所断定的陈述是否符合事实或者是否可信,这正是论证需要澄清和确认的。

在使用陈述与断言这两个术语时,当我们只是使用"毛泽东是湖南人"这个语句时,这个语句表达的是一个陈述;当我们断定"毛泽东是湖南人"这个陈述时,通常有以下这样的表述:

我认为毛泽东是湖南人。
没错,毛泽东是湖南人。
毛泽东是湖南人,**这还用说**。

我们把以上这样的表述称为断言。显然,"毛泽东是湖南人"这个陈述本身也是有所断定的,否则,它就不是一个有真假可言的语句。但是,我们不在这个层面上使用断言这个词,而在被断定的陈述这个层面上使用断言这个词。

三、断言与主张

论证的主张也称论点。论证中需要提供根据或理由进行支持和维护的主要观点,在论证中它是以断言的形式存在的。设想一位作者论证的主张是:《老子》是战国晚期的作品。不同的读者可能会产生以下各自的主张:

我认为《老子》是战国晚期的作品。
我不认为《老子》是战国晚期的作品。
《老子》是战国晚期的作品,还是春秋末期的作品,**我说不准**。

这三种主张都含有"《老子》是战国晚期的作品"这一陈述,差别是他们对这个陈述的断定有所不同,因而形成他们各自不同的主张。对"《老子》是战国晚期作品"持肯定观点的人会受到该陈述的正面约束,持否定观点的人则会受其反面的制约。在这两种情况下,当主张遭到怀疑或批驳时,主张的持有者有维护各自主张的责任,除非他收回或放弃自己的主张。上述第三种持中立观点的人,对"《老子》是战国晚期的作品"这一陈述没作断定,或者说是零断定。当某人不愿意把自己约束在某一种特定的观点之中,或者他对某种特定的观点根本不知道该怎样看,就会出现零断定的情况。零断定也可能是出于这样的考虑:自己被有关《老子》成书年代的观点约束起来是不明智的,因为他还没有足够的信息和根据。也可以说,持中立观点的人没有主张,所以,他既不受陈述的正面约束,也不受其反面的制约,更谈不上有维护主张的责任。

区分陈述和断言对明确论证的主张有以下几点重要意义:

其一,便于识别论证的主张。通常我们会从推理的角度,根据引导结论的标志词来识别论证的主张。这样的标志词诸如"所以""因此""可见""显然""由此证明""由此可见""简而言之""总而言之"等等,位于这些标志词后面的陈述便是结论。然而,在许多情况下,论证的文字和语言材料会省略引导结论的标志词,尤其是那些喜欢开门见山的作者,把想要论证的东西放在开篇,这时作者若使用引导结论的标志词就显得滑稽可笑。寻找主张的另一条线索是关注断定陈述的断定词。例如:

我认为,《老子》的年代晚于孔子很久。

依我看来,浪漫的爱是为操纵女人而设计的。

我们必须承认:贫富的差别越来越大。

荀卿的名学,**完全是**演绎法。

对于"孔子以前无私人著述之事",**我深表怀疑**。

替古人的著作做"凡例",**那是很危险的事业,我想是劳而无功的工作**。

中国经济的发展会给美国带来威胁。**可是天晓得,这一观点实在一无是处**。

我们不可能通过实际的经验来决定什么是最大的、什么是最小的实际事物。

在上述表达主张的断言中,断定陈述的标志词是明显的。当然,这些标志词也常被省略,在此情况下,通常借助于上下文的语境可以使中心论点变得明朗。总之,区分陈述和断言会为我们识别论证的主张带来更多的线索。

其二，便于澄清某一主张的确切意义。区分陈述和断言能够使我们对陈述进行独立的研究，通过分析哪些陈述之间具有矛盾关系、哪些陈述之间具有蕴涵关系、哪些陈述之间具有等值关系等，澄清某一主张的确切意义以及不同的主张对立或一致的程度。对陈述的断定有肯定和否定两种形式，如果不考虑断定的程度问题和其他语境因素，对陈述持肯定的观点就等于陈述所表达的观点，而对陈述持否定的观点则会产生较大的变化。例如："说《老子》是春秋末期的作品，并且是老子所作，这是荒唐的。"这一断言的确切意思是什么？

(1)《老子》既不是春秋末期的作品，也不是老子所作。
(2)《老子》是春秋末期的作品，但是，它不是老子所作。
(3)《老子》不是春秋末期的作品，但是，它是老子所作。
(4)《老子》不是春秋末期的作品，或者，它不是老子所作。

陈述(1)、(2)、(3)都是这一断言的含义，而陈述(4)则囊括了前三个陈述的含义，它所表达的是这一断言的准确含义。有趣的是，前三种主张各自所需要提供的理由，要比主张陈述(4)强得多。陈述(2)和陈述(3)表达的观点正相反，持这两种主张的人需要提供截然不同的证据来支持他们各自的主张。

其三，便于我们明确主张的断定程度。在论证中，对陈述的断定有不同的方式。从断定程度上看，有较强的断定方式，例如："顾先生(顾颉刚)说《吕氏春秋》'简直把《老子》五千言的三分之二都吸收进去了'，**这是骇人听闻的控诉**！"也有相对较弱的断定方式，例如："这样看来，颉刚说的《老子》五千言有三分之二被吸收在《吕氏春秋》里，**这是不能成立的**。"[4]从论证策略上说，对主张的断定程度制约着根据和理由的强弱，对主张的断定程度越强，对维护这一主张的理由的要求就越高。这就好比到银行去借钱，贷款15万元，以价值20万元的房子做抵押可能是恰当的，若同样以这套房子做抵押提出借贷150万元的要求，不但不会达成协议，恐怕还会被银行的人士耻笑。

明确主张的断定程度和范围对评估论证的合理性有战略意义。在同一论证过程中，尤其是那些长篇大论，论证的主张不止在开头或结尾说一遍,经常在论证过程中重申其论点。重申论点时,主张的力度以及主张所涉及的范围可能会有微妙的变化,尤其是作者在为当初设立的论证目标提供理由而感到力不从心的时候,常常会对他或她所坚持的主张进行修正。如果这种变化较大,就会破坏论证的同一性。

第三节 简单陈述

在论证中,主张的真实性需要通过使用推理的手段依赖理由的真实性而得到间接的确认。推理是建立在陈述有真假可言的性质以及陈述之间的真假关系的基础上的。明确陈述真与假的性质,以及在此基础上确定前提与结论之间的真假关系,需要从区分陈述的类别开始。基于陈述的结构,可以把陈述分为简单陈述和复合陈述。**简单陈述**是不包含与自身不同陈述的陈述。例如:

> 鲸是肥胖的动物。
> 有些海洋动物是胎生的。
> 曹丕和曹植是兄弟。

对这些陈述的结构仍然可以继续分解,比如,可以从中分解出"有些""海洋动物""是""胎生的",但这些成分已不再是陈述了。因此,简单陈述是陈述的最小单位。**复合陈述**则是包含着与自身不同陈述的陈述。例如:

> 鲸是水生动物,并且是哺乳动物。
> 胜者或因其强,或因其指挥无误。
> 如果物体受到摩擦,则物体生热。

构成复合陈述的陈述称为子陈述。以上陈述是由两个子陈述构成的复合陈述,称为二元的复合陈述,如"如果物体受到摩擦,则物体生热"是由"物体受到摩擦"和"物体生热"这两个子陈述构成的。当然,复合陈述也可以是多元的。例如:

> 这些藻类不仅可以吃,而且可以做工业原料,甚至可以从中提

取某些贵重的金属元素。

这只蜜蜂或者是蜂王,或者是雄蜂,或者是工蜂。

如果统计资料的来源是可靠的,而且计算没有错误,那么这份统计结果就是准确的。

一、直言陈述

直言陈述指的是揭示对象具有或不具有某种属性的陈述。比较以下两组陈述:

A 组:
鲁迅是文学家。
张兰不是汉族人。
这件西汉瓷器是珍贵文物。
今年的国庆在周五举行。

B 组:
有些人是文学家。
许多人都不是汉族人。
每件西汉瓷器都是珍贵文物。
每年的国庆都在十月一日举行。

A 组陈述都是对某一个体对象的描述,对某一个体对象有所言说不牵涉个体数量的多少问题,我们把这类对独一无二的对象有所揭示的陈述称为**单称陈述**;B 组陈述则是对一组个体对象的描述,涉及所言说的对象数量问题,我们把这类涉及描述对象数量多少的陈述称为**量化陈述**。

就陈述是有所言说、有所揭示的语句而言,它或者表明事物具有某种属性,或者表明事物不具有某种属性。表明事物具有某种属性的陈述称为肯定陈述,表明事物不具有某种属性的陈述称为否定陈述。前面我们曾讲过,如果不考虑对陈述断定的程度和其他语境因素,对陈述持肯定的观点,就等于陈述所表达的观点。现在,让我们把讨论的焦点对准断言的另一种形式:对陈述的否定。

由于单称陈述不牵涉对象数量的多少问题,对单称陈述的否定就等于相应的否定陈述。例如:"我不认为鲁迅是文学家"等同于"鲁迅不是文学家"。对量化陈述加以否定,情况就会有所不同。例如:"我不认为有些人是文学家",其准确含义是"所有人都不是文学家",而不是"有些人不是文学家"。下面让我们集中精力讨论量化陈述及其否定。

二、量化陈述

上述 B 组陈述具有如下共同的结构：

[量词] + [主词] + [系词] + [谓词]

量词有两种："所有"和"有的"，用来约束主词所表示的对象的数量。"所有"叫做全称量词，主词受它约束的陈述叫做全称陈述。"有的"叫做特称量词，主词受它约束的陈述叫做特称陈述。

系词有两个："是"和"不是"。"是"叫做肯定系词，由它联结主词和谓词形成的陈述叫做肯定陈述。"不是"叫做否定系词，由它联结主词和谓词形成的陈述叫做否定陈述。

我们把量词、系词、主词和谓词统称为词项，用大写字母 S 表示主词，用大写字母 P 表示谓词，根据量词和系词可以区分出直言陈述的四种标准形式：A、E、I、O。

名称	陈述	陈述形式	简写	简称
全称肯定	所有天鹅是白的。	所有 S 是 P	SAP	A
全称否定	所有天鹅不是白的。	所有 S 不是 P	SEP	E
特称肯定	有的天鹅是白的。	有的 S 是 P	SIP	I
特称否定	有的天鹅不是白的。	有的 S 不是 P	SOP	O

三、矛盾陈述

对陈述的否定与否定陈述不是同一个层面上的概念。否定陈述（全称否定和特称否定）属于陈述的层面，而对陈述的否定属于断言的层面。对陈述的否定，既包括对简单陈述的否定，也包括对复合陈述的否定，或者说，它包括对任何陈述的否定。我们把被否定的陈述称为原始陈述，把对原始陈述的否定称为原始陈述的矛盾陈述。

正如我们曾经分析过的那样，当我们对"《老子》是春秋末期的作品，并且是老子所作"持否定的观点时，其确切含义不是直观的。在理解和评估论证时，经常需要把通过对陈述的否定而形成的否定观点展开，以更加简明清晰的陈述展示这种否定观点的准确意义。

让我们看对量化陈述的否定和展开它们所得到的简明清晰的陈述:

C 组:
并非所有的歌星都是快乐的。
并非所有的歌星都不是快乐的。
并非有的歌星是快乐的。
并非有的歌星不是快乐的。

D 组:
有的歌星不是快乐的。
有的歌星是快乐的。
所有的歌星都不是快乐的。
所有的歌星都是快乐的。

首先,凭直观我们能确定 D 组陈述比 C 组简明,而且 D 组陈述与 C 组相应的陈述具有相同的意思。

其次,无论是 C 组还是 D 组,各个陈述只是形式不同,主词指示的对象是相同的,谓词描述的性质也是相同的。这一点对识别或判定主张的一致性是重要的。在论证中,通常需要对"歌星是快乐的"与"有的歌星是快乐的"或"有的歌星不是快乐的"等所表达的观点进行比较,因为它们都是对"歌星是否快乐"这一问题的回答。通常不去比较诸如"歌星是快乐的"与"歌星是肤浅的"或"青蛙是快乐的"等所表达的观点的异同,除非我们想指出论证者犯了不相关的谬误,因为"歌星是否快乐"与"歌星是否肤浅"或"青蛙是否快乐"分别属于不同的问题。

现在,让我们来关注矛盾陈述。"并非所有的歌星都是快乐的"是"所有的歌星都是快乐的"的矛盾陈述,由于"有的歌星不是快乐的"与"并非所有的歌星都是快乐的"意思相同,所以,"有的歌星不是快乐的"与"所有的歌星都是快乐的"是相矛盾的。这里的"矛盾"是什么意思?是否意味着:相矛盾的两个陈述,如果其中的一个为真,另一个就必然假。而且,如果其中的一个为假,另一个就必然真。果真如此,是否有更加直观的方法来展示这种真假关系的必然性?

四、对当关系

就量化陈述的四种标准形式而论,在具有相同的主词和相同的谓词的情况下,借助瑞士数学家欧拉的图示法,不仅能帮助我们看清相矛盾的陈述之间的真假关系,而且能帮助我们看清 A、E、I、O 这四种陈述形式之间可能具有的各种真假关系。

从标准陈述的形式上看,我们可以把主词所表示的对象与谓词所描述的性质之间的关系理解为主词所表示的对象类和谓词所描述的对象类之间的关系。例如,"所有的金属是有重量的"这个陈述,表示"金属"指示的对象类的分子全部包含在"有重量的东西"所描述的对象类的分子之中。

所有 S 是 P:表示 S 类的分子都是 P 类的分子。
所有 S 不是 P:表示 S 类的分子不是 P 类的分子。
有的 S 是 P:表示有 S 类的分子是 P 类的分子。
有的 S 不是 P:表示有 S 类的分子不是 P 类的分子。

这里,我们把陈述形式中的 S 与 P 之间的关系,理解为 S 类分子与 P 类分子的相容或不相容的关系。现在,让我们考虑 S 类分子与 P 类分子可能具有的相容或不相容的关系。这种关系总计有五种,瑞士数学家欧拉用如下这样的图形表示这五种关系:

(1) 全同关系　(2) 种属关系　(3) 属种关系　(4) 交叉关系　(5) 全异关系

主词和谓词具有全同关系的陈述如:商品是为交换而生产的劳动产品。具有种属关系的陈述如:所有青蛙都是动物。具有属种关系的陈述如:有些动物是哺乳动物。具有交叉关系的陈述如:有些科学家是诗人。具有全异关系的陈述如:所有奇数都不是能被 2 整除的数。假如在四种标准陈述形式中,S 代表的主词是相同的,P 代表的谓词也是相同的,根据欧拉图,就可以直观地确定四种陈述形式的真假值及其相互间的真假关系。

真假情况 类的关系 陈述形式	S P (外离)	(S) P (S在P内)	S (P) (P在S内)	S∩P (相交)	S P (相离)
A	真	真	假	假	假
E	假	假	假	假	真
I	真	真	真	真	假
O	假	假	真	真	真

根据以上图表所反映的真假情况，在 A、E、I、O 之间存在着以下四种有规律的联系：

矛盾关系，即 A 与 O、E 与 I 的关系。具有矛盾关系的两个陈述，它们之间不能同真，也不能同假，因而同时断定二者为真会导致矛盾。矛盾关系的规律是：在两个陈述中，如果断定其中的一个为真，可以推出另一个必然假；如果断定其中的一个为假，可以推出另一个必然真。

根据这一规律，对矛盾陈述的一端进行否定，就可以得出以下等值式：

"SAP"等值于"并非 SOP"

"SEP"等值于"并非 SIP"

"SIP"等值于"并非 SEP"

"SOP"等值于"并非 SAP"

从属关系，又称差等关系，即 A 与 I、E 与 O 的关系。具有从属关系的两个陈述，一个是全称陈述，一个是特称陈述。从属关系的规律是：如果断定全称陈述为真，可以推出特称陈述必然真；如果断定特称陈述为假，可以推出全称陈述必然假。从属关系是蕴涵关系的标准形式之一。

根据这一规律可以得出以下蕴涵式：

"SAP"蕴涵"SIP"

"SEP"蕴涵"SOP"

"并非 SIP"蕴涵"并非 SAP"

"并非 SOP"蕴涵"并非 SEP"

蕴涵式不能逆推,也就是说,我们只能由"所有 S 是 P"的真推出"有些 S 是 P"为真,不能反过来,由"有些 S 是 P"的真推出"所有 S 是 P"为真,因为当"有些 S 是 P"取值为真时,"所有 S 是 P"的真假是不确定的。同样,我们只能由"有些 S 是 P"的假推出"所有 S 是 P"为假,反之,则不能成立。这是蕴涵式与等值式的主要区别。

反对关系,即 A 与 E 的关系。具有反对关系的两个陈述,两者不能同真,却可以同假。反对关系的规律是:在两个陈述中,如果断定其中的一个真,则另一个必然假;但是,如果断定其中的一个假,则另一个的真假是不确定的。

根据这一规律可以得出以下蕴涵式:

"SAP"蕴涵"并非 SEP"

"SEP"蕴涵"并非 SAP"

反对关系与矛盾关系的主要区别是:矛盾关系,如 A 和 O 之间,不存在第三种可能。或者"所有的人是动物",或者"有些人不是动物",二者必居其一。反对关系,即 A 和 E 之间,则存在第三种可能。如"所有的人是勤劳的"和"所有的人不是勤劳的",这两个陈述可能都是假的,而"有的人勤劳"或"有的人不勤劳"这样的第三种可能是存在的。因此,不能根据一个陈述为假,而推出另一个陈述假。然而,可以根据一个陈述的真,推出另一个陈述的假。如可以由"所有的人是动物"的真,推出"所有的人不是动物"为假。

下反对关系,即 I 和 O 的关系。具有下反对关系的两个陈述,二者可以同真,不能同假。下反对关系的规律是:在两个陈述中,如果断定其中的一个为假,可以推出另一个必然真;但是,如果断定其中的一个为真,则另一个的真假是不确定的。

根据这一规律可以得出以下蕴涵式:

"并非 SIP"蕴涵"SOP"

"并非 SOP"蕴涵"SIP"

由于 I 与 E、O 与 A 具有矛盾关系，所以，下反对关系与反对关系正好构成相反的关系，即具有反对关系的两个陈述不能同真，可以同假；而具有下反对关系的两个陈述则可以同真，不能同假。因此，具有下反对关系的两个陈述虽然不能由断定其中的一个为真，去推断另一个的真假，但是，却可以由断定其中的一个为假，而推出另一个必然真。

在传统逻辑中，为了便于掌握上述 A、E、I、O 之间的各种真假关系，尤其是其中有规律性的联系——对当关系，通常用如下图形直观地表示出来，称之为"对当方阵"。

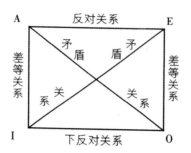

五、陈述的标准化

日常思维使用的自然语句是没有经过任何逻辑加工的语句，为了能够对推理和论证进行逻辑的理解，有必要对自然语句进行加工，把不具有明确陈述形式的自然语句翻译为标准形式的陈述。

1. 正确区分主词和谓词

主词省略和谓词名词化：在日常语言中，主词常省略，需要从具体的语境来判断。如"昨天来到北京"，这个句子的主词不是"昨天"，而是"我"或"我们"，可改写成"我昨天来到北京"，或者"我们昨天来到北京"。关于谓词，无论使用的是形容词还是动词，都可以改写为名词，这就是所谓的名词化。如"蜂是小的"改写成"蜂是小的动物""青蛙会跳舞"改写成"青蛙是会跳舞的动物"等。

复合主词与复合谓词：在日常语言中，要注意区分由多个主词和一个谓词构成的陈述。例如："水星、金星、地球、火星、木星、土星、天王星、海王星和冥王星是太阳系的行星"。这种陈述可以看作是直言陈述的压缩形式,可分解成"水星是太阳系的行星","金星是太阳系的行星"等。但是,如果说"水星、金星、地球、火星、木星、土星、天王星、海王星和冥王星是太阳系的九大行星",就不能进行上述的分解。因为在这个陈述中,主词其实只有一个,它是由"水星、金星、地球、火星、木星、土星、天王星、海王星和冥王星"这个复合概念构成的。

复合谓词也存在类似的情况。例如:"长征是宣言书、是宣传队、是播种机"。这种陈述也可以分解为几个简单陈述。但是,"直言陈述是由量词、主词、系词和谓词组成的"这样的陈述,就不能分解。因为谓词中任何一个单独的要素都不能成为主词的独立谓词,所以,这样的谓词也可以看作是由复合概念构成的独立的谓词。

2. 全称陈述

在日常语言中,下面这些语句表达的是全称陈述:

> 凡是商品都是为交换而生产的。
> 心理过程为任何高等动物所具有。
> 每一位公民都享有生存权。
> 个个正方形都是四边相等的。
> 人人是英雄。

全称量词"所有"在自然语言中常被省略。另外,凡具有"个个……""人人……"等句型的语句,所表达的对象常有一个适用的范围,如"人人是英雄",显然不是对古往今来所有人的全称概括,而是在某一范围内的全称概括。但是,"个个正方形都是四边相等的"却不限定于某个范围。

3. 特称陈述

在日常语言中,下面这些语句表达的是特称陈述:

> 绝大多数天鹅都是白的。
> 大多数新入学的本科生都是独生子女。

有少数的鸟是不会飞的。

极少数哺乳动物是卵生的。

出席逻辑研讨会的人不都是逻辑专家。

特称量词"有的"在自然语言中不能被省略。对特称量词"有的"，还需要进一步明确它的逻辑用法："有的"表示至少是有，其数量至少是有一个，多则可至全部。这种用法与日常用法有一定的出入。例如，在日常语言中，当人们说"有些人吸烟"时，意思是指有些人抽烟，而不是所有人都抽烟。因而，这句话的言外之意是有些人不抽烟。但是，逻辑的用法则意味着："有的"涵盖了从至少有一个直至全部的数量范围，其中，不但"极少数""大多数""绝大多数"等量的差别被忽略了，而且，还意味着：从"有的 S 是 P"这种形式的陈述推不出"有的 S 不是 P"这种形式的陈述，因为从我们对"有的"所规定的逻辑含义来看，"有的 S 是 P"并不禁止"所有的 S 是 P"这种可能性的存在。

对"有的"采取这样简单而从宽的规定，主要是一种逻辑策略，它能帮助我们对直言陈述之间的关系做简明的逻辑分析。

4. 否定陈述

否定词"无""不""没有""并非"等出现在陈述中，要注意区分以下各种不同的情况：

否定量词：天鹅不都是白色的。

否定主词：没有人是救世主。

否定系词：皇亲国戚不是好惹的。

否定谓词：侵略战争是非正义战争。

双重否定：无坚不摧。

上述各种对陈述的某个成分的否定，与对整个陈述的否定是有区别的。在理解论证时，要注意把握各种否定语句的准确含义。

5. 除外语句

除外语句指的是具有"除 S 外都是 P"或者"除 S 外都不是 P"这种

形式的语句。

先来看具有"除S外都是P"形式的语句。例如："除回族学生外都到二楼餐厅就餐。"它的准确翻译是："所有不是回族的学生都到二楼餐厅就餐,并且所有回族学生都不到二楼餐厅就餐。"也就是说,具有"除S外都是P"形式的语句,可以翻译为具有"所有非S是P,并且所有S不是P"这种形式的陈述。

再看具有"除S外都不是P"形式的语句。例如："除了有书生卡的读者外都不是书生数字图书馆的免费读者。"它的准确翻译是："所有书生数字图书馆的免费读者都有书生卡。"也就是说,具有"除S外都不是P"形式的语句,可以翻译为具有"所有P是S"这种形式的陈述。

6. 只有语句

只有语句指的是具有"只有S才(是)P"或者"只有S才不(是)P"这种形式的语句。

具有"只有S才(是)P"形式的语句,如"只有小轿车才准超车",它的准确翻译是:"所有准许超车的都是小轿车",或者"所有非小轿车都不准超车",这两个陈述是等值的。也就是说,具有"只有S才(是)P"形式的语句,可以翻译为具有"所有P是S"或者"所有非S不是P"这种形式的陈述。

具有"只有S才不(是)P"形式的语句,如"只有少年儿童才不能观看惊险恐怖片",它的准确翻译是:"所有非少年儿童能观看惊险恐怖片。"也就是说,具有"只有S才不(是)P"形式的语句,可以翻译为具有"所有非S是P"这种形式的陈述。

<h2 style="text-align:center">第四节 复合陈述</h2>

论证的主张经常使用复合陈述来表达。例如:

新文学运动的特点是推崇情感轻视理性,主张皈依自然并侧重独创。

除非找到"非典"的病毒和杀死这种病毒的有效药,否则"非典"对死亡的威胁就依然存在。

复合陈述是由诸如"并且""或者""如果,则"等联结词联结简单陈述构成的。让我们来了解论证中常用的几种二元的复合陈述。

一、联言陈述及其否定

联言陈述是由"并且"以及相当于"并且"的联结词,联结两个子陈述而构成的复合陈述。"并且"的逻辑含义是:它肯定了两个子陈述都是真的。以下语句表达的是联言陈述:

> 产品加工既要省工,又要省料。
> 革命既不能输出,也不能输入。
> 旧的矛盾解决了,新的矛盾又出现了。
> 他发了一通脾气,然后离开了房间。
> 鲸鱼是水生动物,并且是哺乳动物。
> 劳动不但创造物质财富,而且创造精神财富。
> 困难不但没有吓倒我们,反而激发了我们的斗志。
> 虽然销量上升了,利润却下降了。
> 自然是伟大的,然而人类更加伟大。

在语法书中,上述语句被分为并列复句、承接复句、递进复句和转折复句,这些区分对于我们准确地理解语句陈述的观点是有帮助的。这里,我们关注的是这些语句所具有的共同的逻辑含义,就这些复合陈述的子陈述都必须为真而言,它们属于同一类陈述——联言陈述。所以,上述语句都可以被看作是由"并且"联结的联言陈述。联言陈述的标志词也可以省略,例如:

> 虚心使人进步,骄傲使人落后。
> 言者无罪,闻者足戒。
> 偷鸡不成蚀把米。

对联言陈述的否定:由于原始陈述与对原始陈述的否定,二者之间具有矛盾关系,假设原始陈述为真,"对原始陈述的否定"就相当于问:

在什么情况下原始陈述为假？我们用小写英文字母 p、q 等表示子陈述。同样，设"p 并且 q"为真，"并非(p 并且 q)"就相当于问：在什么情况下，"p 并且 q 是假的？"回答是：当 p 假(即"非 p")或者 q 假(即"非 q")时，"p 并且 q 是假的。"于是，得出以下等值式：

"并非(p 并且 q)"等值于"非 p 或者非 q"

这就是说，具有"p 并且 q"与"非 p 或者非 q"这两种形式的复合陈述是互相矛盾的。以下是展开对联言陈述进行否定的例子：

"并非物美价廉"，等值于"物不美，或者价不廉"。

"既要母鸡生蛋，又不给它米吃，这是办不到的"，等值于"母鸡不生蛋，或者给它米吃"。

二、选言陈述及其否定

选言陈述是肯定两个子陈述至少有一个为真的复合陈述。选言陈述有两种：如果一个选言陈述还可以同时肯定两个子陈述为真，我们就称它为相容的选言陈述；如果一个选言陈述不可以同时肯定两个子陈述为真，我们就称它为不相容的选言陈述。

相容选言陈述是由"或者"以及相当于"或者"的联结词，联结两个子陈述而构成的复合命题。"或者"的逻辑含义是：它肯定了两个子陈述至少有一个为真，也可能都真。以下语句表达的是相容的选言陈述：

降低生产成本的方式是节约原材料，或者是提高劳动生产率。

造成统计错误的原因，可能是原始材料有误，也可能是计算有误。

说这种话的人，也许是幼稚无知，也许是别有用心。

对相容选言陈述的否定：设"p 或者 q"为真，"并非(p 或者 q)"就相当于问：在什么情况下，"p 或者 q 是假的？"由于"或者"肯定了两个子陈述至少有一个为真，也可能都真，因而，当 p 假(即"非 p")并且 q 假(即"非 q")时，"p 或者 q 是假的。"由此，得出以下等值式：

"并非(p 或者 q)"等值于"非 p 并且非 q"

具有"p或者q"和"非p并且非q"这两种形式的复合陈述是互相矛盾的。以下是展开对相容选言陈述进行否定的例子：

"并非我听错了或者你说错了"，等值于"我没听错并且你也没说错"。

"香草认为，春雨不爱她是因为她学历低，或者是因为她不漂亮。事实并非如此"，等值于"春雨不爱她既不是因为她学历低，也不是因为她不漂亮"。

不相容选言陈述是由"要么，要么"以及相当于"要么，要么"的联结词，联结两个子陈述而构成的复合陈述。"要么，要么"的逻辑含义是：它肯定了两个子陈述至少有一个为真，但不能都真。以下语句表达的是不相容的选言陈述：

东渡日本，或者坐船，或者坐飞机。
物质要么是混合物，要么是纯净物。
不是鱼死，就是网破。

需要注意的是："或者"有时也用来表达子陈述之间不相容的关系，这样使用时一般会增加诸如"二者必居其一"，或者"二者不可兼得"这样的限制。如果这样的限制被省略，则需要依据具体的语境来辨别。

对不相容选言陈述的否定：设"要么p，要么q"为真，"并非（要么p，要么q）"就相当于问：在什么情况下，"要么p，要么q是假的？"由于"要么，要么"肯定了两个子陈述只能有一个为真，因而，当p假（即"非p"）并且q假（即"非q"），或者p真（即"p"）并且q真（即"q"）时，"要么p，要么q是假的。"由此，得出以下等值式：

"并非（要么p，要么q）"等值于"（非p且非q）或者（p且q）"

具有"要么p，要么q"和"（非p且非q）或者（p且q）"这两种形式的复合陈述是互相矛盾的。以下是展开对不相容选言陈述进行否定的例子：

"并非要么选择抵抗，要么选择投降"，等值于"既不选择抵抗也不选择投降,或者既选择抵抗又选择投降"。

"《老子》不是老子所作,就是老子的门徒所作,这种看法是不能成立的",等值于"《老子》既不是老子所作,也不是老子的门徒所作,或者《老子》既是老子所作,也是老子的门徒所作"。

需要注意的是:当对不相容选言陈述进行否定时,其否定含义通常是有选择倾向的。如上述的第一例,否定的确切含义是"既不选择抵抗也不选择投降",意在指出有第三条道路可走,如"和谈"。显然,"既选择抵抗又选择投降"这种矛盾的观点不是否定的意图。

在语法书中,选择复句被分为无取舍和有取舍两类。无取舍的选择复句表达的是选言陈述,有取舍的选择复句不止是表达了选言陈述,同时也表达了一个明确的断言。例如:

我的这个发言,与其说是一个老科学工作者的心声,毋宁说是对一部巨著的希望。

与其指望别人,不如依靠自己。

宁可将可作小说的材料缩成速写,决不将速写材料拉成小说。

宁为玉碎,不为瓦全。

三、假言陈述及其否定

假言陈述是肯定两个子陈述之间具有某种真假条件关系的复合陈述。假言陈述又称条件陈述,在前的第一个子陈述称为前件,在后的第二个子陈述称为后件。假言陈述分为充分条件假言陈述、必要条件假言陈述和充分必要条件假言陈述三种。

充分条件假言陈述是由"如果,则"以及相当于"如果,则"的联结词,联结两个子陈述而构成的复合陈述。"如果,则"的逻辑含义是:当前件真时,后件也一定真。或者说,"前件为真"这个条件是保证"后件为真"的充分条件。以下语句表达的是充分条件假言陈述:

如果摩擦物体,则物体生热。

如果他患了肺炎,那么他会发烧。

如果所有的新生都体检了,那么中文系的新生也体检了。

如果你能把河水与海水分开,我就能把海水喝干。

如果语言能生产物质资料,那么夸夸其谈的人就会成为富翁。

在日常语言中,当使用"如果……则……"时,可以形成联结不同条件关系的语句。常见的有因果关系,如"他患肺炎"是"他发烧"的原因;推理关系,如从"所有的新生都体检了"可以推出"中文系的新生也体检了";虚拟关系,如"语言能生产物质资料"与"夸夸其谈的人会成为富翁"。这些具有不同条件关系的语句,就"前件为真"这个条件是约束"后件为真"的充分条件而言,它们属于同一类陈述——充分条件假言陈述。

充分条件假言陈述,它的前件只是被假定为真,而没有被断定为真。假定"前件"为真,不意味着作为前件的子陈述一定是符合事实的真陈述,也可以是不符合事实甚至是反事实的假陈述。只要"前件为真"这一假定是保证"后件为真"的充分条件,即使作为前件和后件的两个子陈述都是假的,其中的条件关系仍然成立。例如,假定"语言能生产物质资料"为真是保证"夸夸其谈的人会成为富翁"为真的充分条件,借助这一充分条件关系旨在肯定:语言不能生产物质资料。

识别充分条件假言陈述的标志词还有"只要……就……""一旦……就……""倘若……就……"等,标志词也可以省略。例如:

只要功夫深,铁杵磨成针。

一旦爆发战争,就会有流血牺牲。

倘若没有水,生命就会死亡。

兼听则明,偏听则暗。

对充分条件假言陈述的否定:设"如果 p,则 q"为真,"并非(如果 p,则 q)"就相当于问:在什么情况下,"如果 p,则 q 是假的?"既然"当前件真时,后件也一定真",这就意味着当出现"前件真而后件假"的情形时,"前件为真"就不是约束"后件为真"的充分条件了,因而,当 p 真(即"p")而 q 假(即"非 q")时,"如果 p,则 q 是假的。"由此,得出以下等值式:

"并非(如果 p,则 q)"等值于"p 并且非 q"

具有"如果 p,则 q"和"p 并且非 q"这两种形式的复合陈述是互相矛盾的。以下是展开对充分条件假言陈述进行否定的例子：

"并非如果出现彗星,就会发生灾变。"等值于"出现彗星,但没有发生灾变"。

"如果我数学考满分,您就奖励我一台电脑。可是,您并没有遵守诺言。"等值于"我数学考了满分,但并没有得到所奖励的电脑"。

肯定的理解与否定的理解："当前件真时,后件也将是真的",这是从肯定的方向对充分条件关系的理解。从否定的方向理解,充分条件关系意味着"当后件假时,前件一定假"。否则,就会与肯定方向的理解发生矛盾,即"非 q 并且 p"(后件假且前件真)与"如果 p,则 q"相矛盾。根据对"如果,则"的肯定和否定的理解,可以得出以下等值式：

"如果 p,则 q"等值于"如果非 q,则非 p"

以下是具有这种等值关系的例子：

"如果摩擦物体,则物体生热",等值于"如果物体没生热,则物体没有受到摩擦"。

"如果所有新生都体检,那么中文系的新生也进行了体检",等值于"如果有些中文系的新生没有体检,则并非所有的新生都进行了体检"。

必要条件假言陈述是由"只有,才"以及相当于"只有,才"的联结词,联结两个子陈述而构成的二元复合陈述。"只有,才"的逻辑含义是：当前件假时,后件也一定假。或者说,"前件为真"这个条件对于"后件为真"来说是必不可少的。以下语句表达的是必要条件假言陈述：

只有年满 18 岁,才有选举权。
必须提高产品的质量,才能打开产品的销路。
除非通过考试,否则不能被录取。

对必要条件假言陈述的否定：设"只有 p,才 q"为真,"并非(只有

p,才 q)"就相当于问:在什么情况下,"只有 p,才 q 是假的?"既然"当前件假时,后件也一定假",这就意味着当出现"前件假而后件真"这种情形时,"只有 p,才 q"便是假的。因而,当 p 假(即"非 p")而 q 真(即"q")时,"只有 p,才 q 是假的"。由此,得出以下等值式:

"并非(只有 p,才 q)"等值于"非 p 并且 q"

具有"只有 p,才 q"和"非 p 并且 q"这两种形式的复合陈述是互相矛盾的。以下是展开对必要条件假言陈述进行否定的例子:

"并非只有接到邀请,我才去参加宴会",等值于"没有接到邀请,我也去参加宴会"。

"只有受过高等教育,才能成为科学家。事实并非如此",等值于"没有受过高等教育,也能成为科学家"。

充分条件与必要条件的关系:如果前件是后件的必要条件,那么后件就是前件的充分条件;如果前件是后件的充分条件,那么后件就是前件的必要条件。根据"如果,则"和"只有,才"的逻辑含义,可以得出下列等值式:

"如果 p,则 q"等值于"只有 q,才 p"

"只有 p,才 q"等值于"如果 q,则 p"

"只有 p,才 q"等值于"如果非 p,则非 q"

基于以上等值式,可以把同一语句翻译成不同形式的条件陈述。比如,对"不入虎穴,焉得虎子"和"除非得到君王的信任,否则不能受到君王的重用",可以分别翻译如下:

只有入虎穴,才能得虎子。

如果不入虎穴,则不能得虎子。

只有得到君王的信任,才能受到君王的重用。

如果受到君王的重用,则得到了君王的信任。

充分必要条件假言陈述是由联结词"当且仅当"联结两个子陈述而构成的二元复合陈述。"当且仅当"的逻辑含义是:当前件真时,后

件也为真;当前件假时,后件也为假。以下语句表达的是充分必要条件假言陈述:

两个三角形全等,当且仅当它们的三条对应边相等。
如果某个数是2的倍数,则这个数是偶数。
人不犯我,我不犯人;人若犯我,我必犯人。

"当且仅当"是一个在数学和逻辑中通用的联结充分必要条件假言陈述的联结词。在日常语言中,要表达"人犯我"是"我犯人"的充分必要条件,通常采用的形式是:"(只有 p,才 q)并且(如果 p,则 q)"。有时也用"如果……则……"表达充分必要条件,这时需要根据语境把它与只是表达充分条件的"如果,则"区分开。

对充分必要条件假言陈述的否定:在什么样的情况下,"p 当且仅当 q 是假的?"当出现"前件真而后件假"或者"前件假而后件真"这种情形时,"p 当且仅当 q 是假的。"由此,有以下等值式:

"并非(p 当且仅当 q)"等值于"(p 且非 q)或者(非 p 且 q)"

具有"p 当且仅当 q"和"(p 且非 q)或者(非 p 且 q)"这两种形式的复合陈述是互相矛盾的。以下是展开对充分必要条件假言陈述进行否定的例子:

"并非当且仅当三角形等边,它才是等角的",等值于"三角形是等边的,但它不是等角的,或者三角形是等角的,但它不是等边的"。

第五节　避免自相矛盾

可靠论证的一个最重要的因素是保持论证的一致性。论证的各个部分之间必须保持思想的一致性,使论证中所确信的观点彼此一致,正如亚里士多德所说:"对于同一事物相反的主张决不能是真的。"论证的一系列陈述之间必须保持逻辑上的一致性,对此亚里士多德说:"对立的陈述不能同时为真。"[5]相反,如果论证中出现思想或逻辑上的矛盾,就会瓦解论证的基础并使论证的可靠性丧失殆尽。

推理的一个基本原则被称为矛盾律,准确的说法应当是避免自相矛盾的思维法则。其内容是:两个相互矛盾或相互反对的陈述不能都真,必有一假。其逻辑要求是:对于相互矛盾或相互反对的两个陈述,不能同时断定它们为真,否则就会导致自相矛盾。以下让我们从不一致的主张和不一致的论证这两个角度来了解自相矛盾的错误。

一、自相矛盾的主张

在论证中不能同时断定两个互相矛盾或互相反对的陈述为真,否则,就会产生自相矛盾的观点。这里介绍以下两类常见的自相矛盾的观点。

1. 自相矛盾的陈述

我们把具有矛盾关系或反对关系的陈述称为自相矛盾的陈述。请看下列几对陈述:

(1)"韩非是韩国人"与"韩非是赵国人"
(2)"韩非是韩国人"与"韩非不是韩国人"
(3)"所有的花都是香的"与"所有的花都不是香的"
(4)"所有的树都是长青的"与"有些树不是长青的"
(5)"你去但我不去"与"你不去,我也去"
(6)"如果天下雨,则地湿"与"天虽下雨,但地不湿"

陈述(1)、(3)、(5)中的各组陈述是反对关系,具有"不能同真,可以同假"的逻辑特征;(2)、(4)、(6)中的各组陈述是矛盾关系,具有"不能同真,也不能同假"的逻辑特征。由于这两类陈述都具有"不能同真,必有一假"的共同特征,所以,在论证中同时断定相互反对或相互矛盾的陈述为真,就会导致自相矛盾。

2. 自相矛盾的观点

在论证中同时断定具有矛盾关系或反对关系的陈述所表达的观

点,就会导致自相矛盾的观点。有些自相矛盾的观点是滑稽可笑的,例如:

(1) 我在就寝前是从来不吃任何东西的,可是,当我在外面跑得很晚才回家时,由于实在太饿的缘故,倒在床上之前,我总是找到什么就吃什么。

(2) 妈妈,请您从中间把馅饼切开,把大一点的那一半给我。

(3) 亲爱的,如果没有收到这封信,请你务必写信告诉我。

3. 绝对判断

同时断定两个互相矛盾或互相反对的陈述为真,这种自相矛盾十分明显。另一种自相矛盾发生在对一个陈述的断定中,如果在论证中把表达某种观点的陈述绝对化,就会产生**绝对判断**的谬误。例如:

给编辑的信:这个节日期间,我们应努力恢复真正的奉献精神,每个人应该赠送礼物而不是期望得到礼物,如果有人送给我们礼物,我们应该拒绝它并建议把它送给别人。这样,我们就会充分体验到完全奉献的感受。

如果每一个人都拒绝接受礼物,那么赠送礼物将会成为不可能的事情。"赠送"与"接受"是相对的,片面地将一方面的观点绝对化,会导致反例。

绝对判断的错误实质是:断言本身导致了与所断定的陈述相矛盾的事例产生。我们把否定一个陈述为真的事例称为**反例**。反例一般不会在断定者的文本中表达出来,需要理解者把它揭示出来,因而这种矛盾是潜在的。例如,断定以下陈述为真会导致反例:

(1) 所有机动车都应该禁止驶入市中心。

(2) 如果我们缺乏能源,唯一能做的事情就是多建一些核电站。

(3) 如果生活费用提高10%,会让人无法养家糊口。

(4) 别吸烟了,否则你会得肺癌。

（5）法国人都很浪漫。

（6）政治家只对权力感兴趣。

陈述（1）和（2）所表达的主张忽视或遗漏了某些重要情况,如公共汽车和为商店运货的卡车;如利用太阳能和风能,或者考虑万一出现核废料辐射事故所带来的危险。坚持某种主张如果只看到事情的一个方面,就很有可能会把那些方面当成对的东西,而把忽视和遗漏的方面当成错的东西加以断定。

陈述（3）和（4）所表达的主张存在相当程度的夸张,生活费用提高10%会对生活造成一些影响,但是它的影响还不至于达到无法养家糊口的地步;同样,吸烟者并不一定都会得肺癌。很多论证争议的不是某种影响是否存在的问题,而是它有多大或多重要的问题,这时由于夸张的作用而容易把某种主张推向极端。

陈述（5）和（6）所表达的主张被称为偏见,否定这些偏见为真的事例是不难发现的,比如不是很浪漫的法国人以及对其他事物感兴趣的政治家。偏见是那些不能作为正确思维结果的固有的观点。论证中若以某种偏见为根据,这种偏见的反面事例越多,使用这种偏见进行论证所犯的错误就越严重。

二、自相矛盾的论证

论证中所提供的理由不能与所坚持的主张发生矛盾,否则会导致论证的破产。具体的情况有两类:一类是论证的理由与主张直接发生矛盾;另一类是由于论证中使用了绝对化的理由而使论证失去了可靠性。

1. 理由与主张的矛盾

相互矛盾是理由与主张之间最严重的不一致,如果论证所提供的理由不但不能成为支持主张的证据,反而成为削弱甚至否定其主张的证据,这无疑是论证中出现的最糟糕的错误。例如:

具有高效发动机的天蝎座节油型汽车的价格高于普通的天蝎

座汽车。以目前的油价计算,购买这种节油型汽车,需要开6万公里才能补足与买普通型汽车的差价。因此,如果油价下跌,在达到不亏不盈之前就可以少走一些路。

如果油价下跌,节油省下来的钱就少了,要弥补购车的差价,则要多走路而不是少走路。再如:

> 按当前消费计算,每公升汽油增收1分钱的汽油税,国家每年会增加10亿元的收入。如果每公升征收50分的汽油税,每年就会增加500亿的收入,这看起来是解决财政赤字的一个好办法。这样做还可以降低汽油的需求,以保护生态,它还可以使国家不至于过分依赖外国石油的进口。

要想多收汽油税,就需要鼓励大众多消耗汽油;而降低对汽油的需求、保护生态等,又需要鼓励大众少消耗汽油。

据说,萧伯纳先生说过如下这句令人迷惑不解的话:"经验告诉我们:我们从经验当中学不到任何东西。"这句话包含一个简短的推理,它的结论是:我们从经验当中学不到任何东西。他给的理由是:经验告诉了我们一些东西。基于他给出的理由,我们理应认为:我们从经验中学到了一些东西。这样,萧伯纳的话就可以理解为:(1)我们从经验中学到了一些东西;(2)我们从经验中什么也学不到。这是自相矛盾的。

2. 绝对化的理由

若要为自己坚持的主张提供万无一失的保证,一个简单而荒谬的做法就是为之寻找一个绝对化的理由。例如:

> 如果我们缺乏能源,唯一能做的事情就是多建一些核电站。
> 毫无疑问,我们早已陷入能源危机。
> ——————
> 所以,建设核电站迫在眉睫。

由于绝对化的理由的荒谬性是明显的,包括使用者也经常能够认识到这一点,所以,乖巧的使用者会在论证中把它隐藏起来,将它巧妙地加以省略。例如:

近年来，许多精细木工获得艺术家的美誉。但是，由于家具毕竟是实用的，精细木工的制作工艺必须兼顾其产品的实用性，因而，细木工艺并不是艺术。

若使上述论证成立，需要补充一个被省略的大前提："如果一件物品的制造者关注这件产品的实用性，那么这件物品就不是艺术品。"这显然是一种绝对化的观点。再比如：

在政府部门，所有的决定都是通过一道道的程序做出的，其中要包括许多人。没有单个的人有权决定一项议案是否实行。所以，在政府部门中，危险的议案是从不会被采纳的。

该论证通过强调"没有单个的人有权决定一项议案是否实行"来暗示"单个人做出决定的议案可能是危险的"，由此并不能推出"由许多人通过一道道的程序所决定的议案就一定是不危险的"。因而，若使论证成立就必须假设："如果决定是由许多人通过一道道的程序做出的，就不会有危险的议案被采纳"，或者"只有由单个人做出的决定，才会有危险的议案被采纳"。以便排除"即使是由许多人通过一道道的程序所决定的议案也可能是危险的"这样的反面事例。

3. 互相矛盾的理由

论证中的理由一般不只是一个，不同的理由之间不能互相矛盾，因为相互矛盾的理由可以支持任何主张。据说，古希腊智者普罗泰哥拉在招收欧提勒士为徒时，两人订有如下合同：普罗泰哥拉向欧提勒士传授如何打赢官司的技巧，欧氏先付给普氏一半学费，另一半学费等欧氏学成后第一次出庭打赢官司时付清。但是，欧氏毕业后很长时间没有从事律师业务，普氏等得不耐烦，就向法庭起诉，要求欧氏付清另一半学费。在开庭审理前，普罗泰哥拉逢人便说：

无论法庭如何判决，我都能要回那一半学费。如果法庭判我胜诉，根据判决他应该支付另一半学费；如果法庭判我败诉，那么他打赢了第一场官司，根据协议他也应该支付另一半学费。总之，他得付钱。

欧氏听了之后并不示弱,他也逢人便说:

> 无论法庭如何判决,我都不必支付那一半学费。如果法庭判我胜诉,根据判决我当然不必付钱;如果法庭判我败诉,那么我并没有打赢第一场官司,根据协议我也不必支付另一半学费。总之,我用不着付钱。

普罗泰哥拉和欧提勒士的问题出在他们推论的根据上,也就是论证的理由是互相矛盾的。在"法庭判决"与"合同规定"之间存在这样的矛盾:法庭判决欧氏交付另一半学费,这件事本身为履行合同——不交付另一半学费,提供了充分的根据;法庭判决欧氏不交付另一半学费,这件事本身为履行合同——交付另一半学费,提供了充分的根据。在这里,问题并不在于双方都同时采用了两个不同的标准,而在于所采用的双重标准存在着相互否定的因素。[6]这说明,如果推论的根据是互相矛盾的,它们就能支持完全相反的结论。

三、悖论

悖论是具有如下模式的推论:如果承认陈述 A 为真,就会推出陈述 A 为假;如果承认陈述 A 为假,就会推出陈述 A 为真,于是就陷入了悖论。悖论的特征是:推理过程符合逻辑;已表述前提的意义是清晰一致的;推理的结论是相互矛盾的。让我们来介绍几个常见的悖论。

1. 说谎者悖论

公元前 6 世纪,有一个克里特岛人曾说:"所有的克里特岛人说的每一句话都是谎话。"由此产生了一个悖论:如果他说的是真话,由于这句话也出自一个克里特岛人之口,那么至少有一个克里特岛人说了一句真话,由此可以推断:"所有的克里特岛人说的每一句话都是谎话"就是一句假话。因此,由这句话的真可推出它为假。但是,反过来假设这句话为假,则不会导致矛盾,除非假设在这个克里特岛人说这句话之前,每一个克里特岛人说的每一句话都是假话。不过,仅就这句话的真可推出它为假这一点而言,就足够引人注目了。这就是著名的说

谎者悖论,这个悖论的严谨形式是:

> 写在此页此行的这句话是假话。

试问上面这句话是真话,还是假话?假如它是真话,那么它本身说的是一句假话;假如它是一句假话,那么它本身就说了一句真话。可见,这句话是自相矛盾的。

2. 罗素悖论

罗素在1902年发现了集合论悖论。集合可分为两种:一种是本身分子集。例如,一切概念所组成的集,由于它本身也是一个概念,所以必为该集自身的一个元素。又如一切集合所组成的集合也是一个本身分子集。另一种是非本身分子集。例如,自然数集合 N 绝不是某个自然数 n。这样,任意给出一个集合 M,它不是本身分子集就是非本身分子集,不应有其他例外。现在考虑由一切非本身分子集所组成的集合 Σ,试问 Σ 是哪一种集合?若设 Σ 为本身分子集,则 Σ 为自身的一个元素,而 Σ 的每一元素皆为非本身分子集,故 Σ 也应是一个非本身分子集;再设 Σ 为非本身分子集,而一切非本身分子集皆在 Σ 之中,故 Σ 也应在其中,因之 Σ 又是一个本身分子集。无论哪种说法都不通,这就是著名的集合论悖论。

罗素在1919年把他发现的集合论悖论改写为理发师悖论:萨维尔村每一位有刮胡子习惯的人可分为两类:一类是自己给自己刮胡子的人,另一类是自己不给自己刮胡子的人。萨维尔村中有一个有刮胡子习惯的理发师自己约定:"给而且只给村子中自己不给自己刮胡子的人刮胡子"。现在问:这个理发师属于哪一类人?如果说他是属于自己给自己刮胡子的一类人,则按他的约定,他不应该给他自己刮胡子,因此,他便是一个自己不给自己刮胡子的人;再假设他是属于自己不给自己刮胡子的一类人,则按他的约定,他必须给他自己刮胡子,因此,他又成了一个自己给自己刮胡子的人了。两种说法都不通,这就是理发师悖论。

3. 格瑞林悖论

格瑞林(Kurt Grelling)在1908年发现的悖论又称"非自状形容词"悖论。形容词可以分为两类:一类形容词可以用来形容这个形容词自身,称为自状的。例如,形容词"中文的"就是自状的,它不仅可以形容任何用中文写的字、词、句子等,也可以用来形容它自身,因为"中文的"这三个字也是中文的。再如形容词"四个字的"也是自状的,它可以形容"兴师动众"这类的短语,也可以形容它自身,因为"四个字的"正好也是四个字的。另一类形容词则不能用来形容它自身,称为非自状的。例如,形容词"英文的"就是非自状的,它本身不是英文而是汉语。再如,"漫长的"也是非自状的,因为它本身只有三个字,谈不上是漫长的。由于"非自状的"也是一个形容词,现在要问它属于哪一类?假设"非自状的"是非自状的,则正好与它自身相符合,那么按定义它应该是自状的;假设"非自状的"是自状的,既然是自状的,就应与它自身相符合,而它本身正是非自状的。

4. 鳄鱼悖论

一条鳄鱼抢走了一位母亲的孩子,鳄鱼说:"你说我会不会吃掉你的孩子?你若答对了,我就把孩子还给你;你若是答错了,我就把孩子吃掉。"这位母亲回答说:"你会把我的孩子吃掉。"鳄鱼听了母亲的回答后陷入了困境:如果它把孩子吃掉,母亲就回答对了,它就应该把孩子还给母亲;如果它不吃掉孩子,把孩子还给母亲,母亲就回答错了,它又应该吃掉孩子。据说鳄鱼悖论是古希腊斯多噶学派提出的。

5. 唐·吉诃德悖论

在《唐·吉诃德》第二卷的第51章描写过一个国家,它有一条非常奇怪的法律,凡来本国的游客都要回答一个问题:"你来这里做什么?"如果说真话,就放行;如果说假话,就会被绞死。某日,一个旅行者回答说:"我是来该国上绞刑架的。"执法卫士如同鳄鱼一样陷入了困境:如果他们不把这位游客绞死,这位游客就回答错了,按着法律就该把他绞死;如果他们把这位游客绞死了,这位游客就回答对了,按着法律就不能将他绞死。唐·吉诃德悖论与鳄鱼悖论非常相似。

悖论是一种什么性质的矛盾？它是一种不能容忍的思维错误,还是可以与之和平相处的思维现象？它是怎样产生的？如果它是一种错误,那么究竟错在哪？是否存在克服或者避免悖论的方法？自从悖论被发现以来,这些问题就一直是摆在哲学家、数学家和逻辑学家面前的富有挑战性的问题,迄今为止,对这些问题仍然没有得出公认的一致看法。

练习题

一、准确概括以下各段论证的主张。

01. 直到今天,还没有任何人的研发成就能和王选的激光照排技术相比。只要你读过书、看过报,你就要感谢他,就像你每天用电灯时要感谢爱迪生一样。

该论证的主张是：_____

02. 由于法律职业变得越来越专业化和复杂化,书记员的工作也变得更加专业化。一位法律秘书可能是破产法专家,另一位则可能是刑事诉讼方面的专家。

该论证的主张是：_____

03. 湖北长江出版集团战略研究所新近的一项调查发现,图书定价高、消费者收入偏低,图书价格与消费者需求错位;信息供求渠道不畅,信息不对称;不同书店之间同质化竞争,特色不明显。这是该地区图书市场所呈现的三大突出问题。由此可见,武汉的高知人群对图书消费的总体满意度不高。

该论证的主张是：_____

04. 机械化和技术的进步改变了人们面临的一系列选择。比如,记时钟表尽可能使人类的事务严格守时,其结果是提高了生产效率。然而,它在给人们带来方便的同时,也给人们带来诸多的限制。记时钟表使人们的生活越来越劳累,除了争分夺秒以外而无其他的选择。

该论证的主张是：_____

05. 根据全国第五次人口普查资料显示,海南省出生婴儿男女性别比为 135.64:100,居全国最高水平。海南出生人口性别比居高不下的原因是,在部分城镇和农村,至今还残留着重男轻女的封建观念。有的家庭因为没生男孩,导致夫妻反目、家庭破裂。因此,有的人非法进行胎儿性别鉴定,是男性就生下来,是女性就终止妊娠。这已经成为海南社会一大"顽症"。

该论证的主张是：_____

06. 有人认为用电池驱动的电动车是解决未来空气污染问题的一个潜在方案,但是,他们忽视了电池是要充电的,而我们的多数电力都是通过燃烧煤产生的,使用的电动车越多,就需要建更多的电厂,因为目前所有的电厂都在以最大的负荷运转。纵使所有的汽车都被电动车替代,也不过是由燃烧一种燃料替代另一种燃料而已。

该论证的主张是：_____

07. 私有化的制度是建立在拥有私有财产的合法权力的基础上的。在国内,私有化的概念说起来好像就是把国有资产分掉,而实质上则是对拥有私有财产的保护问题。如果没有对这个权力进行保护的法律基础,国有资产能够被分掉,也随时可以被没收。

该论证的主张是：_____

08. 某评论家的评论不合情理。他建议所有的芭蕾界人士都应该去看由罗宾斯编导的桑德斯芭蕾独舞表演会,因为,尽管罗宾斯尚未达到巴兰钦的水平,但它对现代舞的表演和风格仍然有巨大影响。拿破仑对我们这个时代的事件有巨大的影响,但那不意味着我们应该草率地对他的死亡表示敬意。

该论证的主张是：_____

09. 领导者的功过是不对称的。事业的成功主要归功于领导集体,事业的失败则主要是第一把手的罪责。太平军从金田村打到南京城的时候,天王和东、南、西、北王等共同努力,靠集体的力量争得半壁江山。到了南京以后,天王听不得不同的意见,排斥异己,独断专行,最后导致整个事业的失败。

该论证的主张是：_____

10. 在报道内战或冲突的背景情况时,平衡(不偏不倚)的立场特别重要。一定不能蓄意地操纵事实以有利于一方的观点来显示另一方,每一方的观点都应该公正地报道。然而,这种平衡的概念,并不意味着尽量以一种公正的方式去隐藏或掩饰某种不公正是正当的。如果所有的媒体都接受这种对平衡报道的不正当解释,那么公众将会得到这样一种印象,就是冲突的每一方都有基于其自身的平等的衡量公正的标准,这是和我们的生活经验与常识相矛盾的。

该论证的主张是：_____

二、在下面给出的各项陈述中,哪一对陈述具有矛盾关系？哪一对陈述具有等值关系？哪一对陈述具有蕴涵关系？哪一对陈述不能确定具有这三种关系之一？

01. "凡能言善辩的人都不是老实人。"//"有些能言善辩的人不是老实人。"（ ）

02. "不能说所有的公务员都称职。"//"有的公务员不称职。"（ ）

03. "昂贵商品的质量都是好的。"//"有些昂贵商品的质量并不好。"

04. "最彻底的私有制是最好的公有制。"//"最彻底的公有制是最坏的私有制。"（ ）

05. "凡是植物都开花。"//"有的植物不开花。"（ ）

06. "绝大多数离异父母的子女不幸福。"//"少数离异父母的子女是幸福的。"（ ）

07. "有些商人的品格令人敬佩。"//"有些商人的品格让人厌恶。"（ ）

08. "所有的人都有十根手指。"//"只有极少数人有十一根手指。"（ ）

09. "没有司机在监视器下超速不被曝光。"//"多数司机在监视器下超速被曝光。"（ ）

10. "并不是所有的执行董事都是独立的。"//"有些执行董事不是独立的。"( )

11. "要想知道梨子的味道,就得亲口尝一尝。"//"只有亲口尝一尝,才能知道梨子的味道。"( )

12. "不经一事,不长一智。"//"经一事,则长一智。"( )

13. "如果没有有效的信息沟通,就不会有一个有效的内部控制机制。"//"除非具有有效的信息沟通,否则不会有一个有效的内部控制机制。"( )

14. "如果所有的思想都是清楚的,就没有思想需要解释了。"//"如果没有思想能够解释清楚,就没有思想是清楚的。"( )

15. "如果患有肝炎,就会出现厌食和疲倦的症状。"//"没有厌食的现象或者没有疲倦的症状,就没有得肝炎。"( )

16. "如果张三不主动辞职,就会被开除。"//"既然张三被开除了,他肯定没有主动辞职。"( )

17. "没有鸦片战争,中国也会发展到资本主义。"//"没有鸦片战争,中国不会发展到资本主义。"( )

18. "如果只有保护专利权的制度,而没有保护剩余权的制度,工业革命就不可能发生。"//"没有保护剩余权的制度,工业革命也会发生。"( )

19. "如果你不答应她的请求,会使她伤心。"//"或者答应她的请求,或者使她伤心。"( )

20. "除非发明专利的人同时也是企业家,否则专利就无法商业化。"//"如果专利要商业化,发明专利的人必须同时是企业家。"( )

三、在以下给出的各段陈述中,是否存在不一致之处?如果存在不一致之处,请简要说明理由。

01. 《执裁水平该打零分》一文说:"该报认为比赛前十分钟的两个点球是'子无虚有'的,完全没有理由判罚。"(《新民晚报》,1998年7月2日,第8版。)

02. 一位读者在给编辑的信中说:"在某些社会的选举办法中,公民可以直接向候选人问问题。这看起来要比我们的选举制度更可靠,因为它准许人们系统地阐述他们自己对候选人的看法,而在我们的选举制度中,那种可以当面系统地阐述自己对候选人的观点的做法,看起来已经被只是用来衡量候选人竞选效果的民意调查所取代。"

03. 在《KTV 的肉包子》一文中说:"KTV 究竟该不该为歌曲使用付费,到底是'使用'该付钱,还是免费做了唱片公司乃至歌手的宣传从而'扯平'了,有点像鸡生蛋还是蛋生鸡,双方各执一词。"(《新京报》,2006 年 7 月 28 日,C02 版。)

04. 一位政治家在演讲时说:"从差不多四年前我们党开始执政时起,城市范围内失业人数的增长率没有超过 20%,反对党在前一个四年的执政期间,城市居民失业人数的增长率超过了 20%。所以,在我们的领导之下,发现他们自己属于失业行列的人越来越少。"

05. 《惯犯不思悔改,出狱"旧病复发"》一文说:"据审查,张某是一个惯犯,在杭州抢劫时被判劳教 3 年;去年 6 月出狱后,仍不思悔改。"(《绍兴日报》,1998 年 4 月 12 日,第 4 版。)

06. 有一则广告说:"用 R 牌沥青比用价钱较低牌号的沥青能使修路工人用更短的时间修完 1 公里被损坏的公路。尽管 R 牌的价格较高,但是,减少施工人员所省下的钱可以补足沥青价格的差额。所以,在劳动力价格低廉时,选择 R 牌沥青更有优势。"

07. 《我看"郭德纲现象"》一文说:"总而言之,郭德纲和他的'德云社'炙手可热,'郭德纲现象'已经呼之欲出了!"(《中华读书报》,2006 年 2 月 15 日,头版。)

08. 历史学教授说:"我们不应该用现在的观念来评价亚历山大大帝,作为一个古代的英雄人物,应该用他当时的文化标准来对他进行评价。也就是说,他是否达到了当时领导者的理想水平?亚历山大大帝是否提高了当时人们对公正的理解?"学生说:"可是,如果不使用其他时期的文化价值标准进行评价,也就不能够判断亚历山大大帝是否提高了当时人们对公正的理解。"

09. 在"从《蓝》到《百年孤独》"一文中说:"更令人惊讶的是,马尔克斯居然在获得诺贝尔文学奖以后还能写出《一场事先张扬的人命案》那样一个叙述极其紧凑、相当引人入胜的故事,一部真正的悲剧作品,这实在令人吃惊。"(《读书》,2006 年第 6 期。)

10.《两书生闯商界十年苦磨剑　段永平杨元庆成千禧英雄》一文说:"柳传志很喜欢和别人讲小仲马与大仲马的一段轶事,小仲马刚完成《茶花女》,高兴之余打电话给大仲马问:父亲最近有什么杰作？大仲马说:我的杰作就是你。柳传志慧眼识荆,杨元庆终成大器,这是业界的一段佳话。"(《南方周末》,1999 年 7 月 16 日,头版。)

注　释

〔1〕 参见 Gary Jason, *Critical Thinking: Developing an Effective Worldview.* p.49。
〔2〕 参见〔英〕培根:《新工具》,许宝骙译,第 30—31 页,引自陈嘉映,《语言哲学》,第 1 页,北京:北京大学出版社,2003。
〔3〕 武宏志,马永侠:《谬误研究》,第 68—70 页,西安:陕西人民出版社,1996。
〔4〕 姜义华主编:《胡适学术文集》,第 761,765 页,北京:中华书局,1991。
〔5〕 苗力田主编:《亚里士多德全集》,第 7 卷,第 248,106 页,北京:中国人民大学出版社,1993。
〔6〕 刘润泽:《趣味论辩学》,第 113—118 页,北京:中国统计出版社,1993。

第三章
问题与主张

第一节　理解问题

　　明确论证主张的另一条较好的途径是抓住论证中所议论的主要问题。论证的主张是作者对所议论的主要问题的一种直接回答。这种回答通常具有一定程度的挑战性,需要对它加以论证。如果一种回答没有挑战性,或者说不具有争议性,对其进行论证就会变得多余和矫揉造作。

　　论点一词的狭义用法专指论证的主张;广义的用法还包括支持或维护主张的分论点。我们只在狭义上使用论点一词,用次要论点或分论点指示论点的广义用法。我们不在论点的意义上使用"论题"这个词。从问题的角度考虑,论题属于提出问题的领域,论点属于回答问题的领域。

　　从理论上说,对某些问题可能做出的回答,可能会多得数不过来,比如:人生的意义是什么？古今中外的人们对这个问题有各种各样的回答,而且还会不断出现新的答案,数也数不清。但是,就某一段或某一篇论证所涉及的主要问题而言,对这个问题可能做出的回答通常只是很有限的几种,而作者的主张则是这几种可能回答中的一种。

一、问题、回答和预设

　　问题是一种征询答案信息的请求。一个人提出问题通常是向别人或自己征询答案信息,那些只是表示怀疑或疑问,而不是真的要求回答的提问,不在我们讨论的范围之内。

问题通常用问句来表达,不过,问题与问句是有区别的。其一,并不是所有的问句表达的都是问题。比如:"青年人怎么能虚度年华呢?"这类无疑而问的反问句,表达的是陈述而不是问题。再如:"请把醋瓶递过来好吗?"这是以问句的形式传达的一种请求。其二,表达问题的语句不都是问句。比如:"我猜你一定是饿了。"这种较含蓄的陈述表达的意思相当于问:"你是不是饿了?"其三,同一个问句可以表达不同的问题。比如:"我过得好吗?"对不同的人而言,这个问句所表达的问题是不同的。

问题有两个基本的方面:**直接回答**和**预设**。对问题的了解需要结合对它的回答来进行,对问题的回答有多种方式,其中最重要的是直接回答。直接回答是一个陈述,这个陈述的内容不多不少恰好满足问题征询答案信息的请求。例如,对"水在标准条件下的冰点是几华氏度?"的直接回答(假如只要求考虑整数度)是:

(1) 水在标准条件下的冰点是32华氏度;
(2) 水在标准条件下的冰点是4华氏度;

等等。而下列的回答都不是对上述问题的直接回答:

(3) 水在标准条件下的冰点可以在《理化手册》中查到;
(4) 在标准条件下水的冰点高于氯的冰点211华氏度;
(5) 水在标准条件下的冰点是32华氏度,其沸点是212华氏度;

上述回答或者不能使人立即知道水在标准条件下的冰点究竟是几华氏度,或者超出了问题所要求回答的内容,因而都不是对上述问题的直接回答。下表列出的是对一些问题的某些直接回答。

问题	直接回答
谁是现任的北京大学校长?	许智宏是现任的北京大学校长。 蔡元培是现任的北京大学校长。
世界上有独角兽吗?	有独角兽。
春兰说她本人何时到达?	她说她下午2点到达。 她说她下午2点30分到达。
哪种轿车是迷你型的?	奇瑞QQ是一种迷你型轿车。 雪佛兰SPARK是一种迷你型轿车。

预设是一个或一组陈述,这些陈述的真是使一个问题有任何真实答案的必要条件。预设是问题被提出的潜在条件。在问题的预设中,如果有一个陈述是假的,对这个问题试图做出任何真实的直接回答都将是徒劳的。例如:谁是当今中国的皇帝?由于这个问题的预设"当今中国有皇帝"是一个假的陈述,因而试图寻找这个问题的正确答案等于白费功夫。大多数问题都有预设,少数问题没有预设。参见下表:

问题	预设
谁是现任的北京大学校长?	存在北京大学,并且有一个现任的北京大学校长。
有独角兽吗?	没有预设。
春兰说她本人何时到达?	有一个叫春兰的人,并且春兰说过她本人将要来这里。
哪种轿车是迷你型的?	存在迷你型轿车。

现在,让我们来考虑一个经典的问题:你是否不再欺骗你妻子了?对此可以做出以下两种直接回答:是的——我不再欺骗我妻子了;不是的——我仍在欺骗我妻子。这两种可能的回答都可能是不真实的,除非我有妻子而且曾经欺骗过她。一个问题所基于的预设是假的,或者是有争议的,这个问题就被称为**误导性问题**。

辨析一个问题的预设,能帮助我们确认一个问题是否属于误导性问题。对于误导性问题,可以针对问题的预设进行**修正性回答**。例如,对"你是否不再欺骗你妻子了?"的一个修正性回答可以是"我从未结过婚",也可以是"我从未欺骗过我妻子"。

二、单一问题与多重问题

类似简单陈述与复合陈述的区分,单一问题是不以其他问题或陈述作为自己组成部分的问题。比如"令尊可好吗?"多重问题是至少以一个其他问题或陈述作为自己组成部分的问题。比如,"令尊和令堂可好吗?"它是由"令尊可好吗?"和"令堂可好吗?"组成的多重问题。

1. 单一问题的结构

单一问题的结构由两部分组成:问式和题设。就已经说出的问句而言,**问式**由问号和疑问词来指示,诸如"吗""呢""谁""什么""怎样"等语词就是疑问词。一个问句除了问号和疑问词以外的其他部分表达的是**题设**。下表列出的是某些单一问题的题设:

问题	题设
谁是现任的北京大学校长?	某人是现任的北京大学校长。
有独角兽吗?	有独角兽或者没有独角兽。
春兰说她本人何时到达?	春兰于某时到达。
哪种轿车是迷你型的?	某种轿车是迷你型的。

从问题的角度考虑,题设与预设有所不同。预设是问题得以提出的必要条件,它是判定一个问题是否可能有真实的直接回答的根据。题设呈现给应答者借以做出直接回答的选择对象,或者指示了征询答案信息的内容和范围,它是判定应答者是否做出了直接回答的根据。所有的问题都有题设,但并不是所有的问题都有预设。

从问题的角度考虑,问式对题设所呈现的选择对象的数量或范围做出了限制,对回答者从选择对象中选择几个进行直接回答提出了要求。例如,"你有孩子吗?"疑问词"吗"和问号"?"在指示该问句属于是非问句的同时,限定了对该问题的直接回答只能有"你有孩子"和"你没有孩子"这两种相矛盾的选择对象,而且要求回答者选择其一做出直接回答。

2. 单一问题的种类

在语言学中，通常把问句分为是非问句、选择问句和特指问句。相应地，也可以把问题分为是非型问题、选择型问题和特指型问题。

是非型问题通常由一个陈述句加上语气词"吗"和问号组成的问句来表达。例如，"你是教师吗？"是非型问题只能有诸如"我是教师"或"我不是教师"这样两种相矛盾的选择对象可供选择，而且要求回答者选择其一做出直接回答。

选择型问题通常由"还是"联结两个或两个以上的陈述句或同类结构成分，再加上"呢"和问号组成的问句来表达。"还是"和"呢"都可以省略。例如，"开车去，还是打车去呢？""文涛是汉族人、满族人，还是回族人？"选择型问题明确呈现了选择对象的个数，要求回答者选择其一做出直接回答。

特指型问题通常由含有"谁、哪、几、多少、什么、怎样、为什么"等疑问词构成的问句来表达。例如：

　　谁是冠军？
　　哪些国家濒临红海？
　　现在几点了？
　　来了多少客人？
　　什么是哥德巴赫猜想？
　　"非典"为什么会传染？
　　你为什么说春兰过得不幸福？
　　怎样使用这种软件？

特指型问题没有明确呈现选择对象的个数，只是对可供选择的对象范围提出了某些条件限制。与是非型问题和选择型问题不同，特指型问题的题设不能分析为由一系列陈述构成的选择对象，它类似代数方程式，其中有一个未知数 x。例如，"某人是冠军"中的"某人"就是一个未知数 x，x 的语言表达是一个疑问代词或疑问副词。因此，有专家也把特指型问题称为"x 问题"。

从理论上说，x 代表的选择对象可以多到无穷多个，例如，抽象地理解"某人是冠军"中的"某人"，可以指任何一个人。但是，在具体的语言环境中，"某人"的所指范围通常是屈指可数的几个。无论如何，特指型问题没有明确列出选择对象的个数，但它与其他两类问题一样，要求回答者从可选择的对象中选择其一做出直接回答。

在特指型问题中，有两种问题类型需要加以强调：**为什么型**和**怎样型**。

"为什么"要求给出解释或论证。在用"为什么"寻问原因时，问题要求回答者解释造成某个事实的原因。例如：狗为什么在叫？光线为什么会弯曲？什么原因导致食用油价格的大幅上涨？等等。我们把对这一类问题的直接回答称为因果性解释。

在用"为什么"寻问根据或理由时，问题要求回答者给出坚持某一主张的论证。例如：你为什么说是小华偷了你的钱包？凭什么要开除他的学籍？她有什么理由要求索赔？等等。我们把对这一类问题的直接回答称为论证。

"怎样"要求对完成一项任务的方法、技术或程序等做出说明。例如：怎样做馅饼？如何打开门锁？新生报到时怎样注册？怎样安装这套组合沙发？等等。我们把对这一类问题的直接回答称为说明性解释。

3. 多重问题的种类

多重问题是至少以一个其他问题或陈述作为自己组成部分的问题。我们可以根据多重问题是由问题与问题联结而成的，还是由问题和陈述联结而成的，把它具体分为两种。由问题与问题联结而成的多重问题如：

（1）那个戴着面具的人是谁？她为什么要戴面具？
（2）我们在何时、何地举行会议？
（3）张夫人生了吗？生的是男孩还是女孩？

另一种多重问题是由问题和陈述联结而成的。例如：

(4) 已知一个三角形的两个直角边分别是 3cm 和 4cm,此三角形的斜边是多长?

(5) 张兰可能会辞职,不过,假如她不辞职,老板是否还会用她?

(6) 如果周玉洁想买车,她到哪儿去弄钱?

例(4)确定了一个前提,要求回答者根据这个前提来回答问题,这样的问题称为**给定型问题**。例(5)提出了一个假设,无论这个假设是真是假,都要求回答者根据这个假设来回答问题,这样的问题称为**假设型问题**。例(6)提出了一个条件,要求回答者先判定该条件是否成立,然后再对后面的问题做出回答。如果该条件不成立,就以该条件的否定来回答,如"周玉洁并不想买车"。如果该条件成立,则要求在该条件下做出直接回答。这样的问题称为"条件型问题"。

三、责任性回答

对问题的回答多种多样,这里试图从逻辑形式方面,给出区分或者判定对问题的正确回答的规则。为此需要界定两个术语:对某个问题的可能回答被视为一系列陈述,如果一个陈述具有一种可能回答的恰当的逻辑形式,这一陈述就是对所给出问题的**责任性回答**。如果一个陈述是责任性回答而且是真实的回答,这一陈述就是对所给出问题的**正确回答**。下列规则提出了回答者应当满足的逻辑要求,满足这些要求并不能保证找到问题的正确答案,但是,违背这些要求,则不能找到问题的正确答案。

规则1. 对单一问题的回答必须是直接的、修正性的或者承认自己不知道。

对于所给出的问题,回答者的责任是对它进行直接的或者修正性的回答,或者承认自己不知道。例如,"老王戒烟了吗?"对它的下列回答都是责任性回答:

是的,他戒了。(直接回答)

不,他还没戒。(直接回答)

老王从不吸烟。（修正性回答）

我不知道。

下列回答违背了规则1的要求，不是对上述问题的责任性回答：

老王是否戒烟与你有什么关系？

我不在乎老王是否戒烟。

老王的烟瘾不是很大。

老王早就应该戒烟了。

对规则1还需要进一步加以限定，因为我们还不清楚怎样的回答才算是对一个问题的直接回答。接下来的两条规则对直接回答做出了限定。

规则2. 对单一的是非型或选择型问题的直接回答必须是题设所呈现的可选择对象之一。

是非型或选择型问题明确呈现了可选择回答的对象个数，要求回答者从中选择其一做出直接回答。例如，"今天会下雨吗？"直接回答有"会的"或者"不会"，下列回答不是对这个问题的直接回答：

今天降雨的概率是50%。

我喜欢下雨。

会不会下雨只有老天爷知道。

再如，"我们去动物园、植物园，还是去圆明园？"可供做出直接回答的只是以下三种选择之一：

我们去动物园。

我们去植物园。

我们去圆明园。

显然，"我哪儿也不去"不是对上述问题的直接回答，但是，它是对上述问题的责任性回答，因为它是对上述问题的修正性回答。

规则3. 对单一的特指型问题的直接回答必须是符合题设所描述的对象之一。

特指型问题没有明确呈现出可选择的对象个数，但是，它描述了可选择对象的某方面特征,限定了回答者可选择的范围。例如,"老张何时到达?"题设"老张在某时到达"对时间特征给出了描述,符合这一描述的直接回答如:

> 老张将于下午 6 点到达。
> 老张将在一刻钟内到达。
> 老张将在晚饭前赶到。

下列回答不是对上述问题的直接回答:

> 老张不久前去世了。
> 我不在乎他什么时候来。
> 要是老张来了,谁和这个烟鬼住一屋?

规则 4. 对多重问题的回答是由对组成多重问题的单一问题分别做出责任性回答而形成的复合陈述。

前三条规则是对回答单一问题的限定,规则 4 是对回答多重问题的限定。例如,"我们晋升谁为销售部经理,决定付他多少年薪?"其中的两个子问题是:"我们晋升谁为销售部经理?"和"我们决定付他多少年薪?"对这个多重问题的责任性回答如:

> 我们晋升张明为销售部经理,付他 10 万元的年薪。(直接回答)
> 我们决定以 10 万元年薪的条件,公开招聘销售部经理。(修正性回答)
> 销售部暂时不需要经理。(修正性回答)

需要指出的是:责任性回答的规则只是为我们寻找正确的回答提出了一般的逻辑要求,要确定哪一个责任性回答是正确的,还取决于这个责任性回答是否为真。例如,"《西游记》的作者是吴承恩、施耐庵,还是吴敬梓?"对这个问题的直接回答"《西游记》的作者是吴承恩",既是责任性回答,也是一个真的陈述,因而它是正确的回答,或称正确答案。

第二节　恰当提问的益处

从解决问题的角度考虑，论证的主张就是作者对所提出的主要问题的直接回答，给出支持这一主张的根据和理由被理解为运用推理使人确信这种回答是正确的。明确论证的主张是理解和评估论证的第一步，与这一步相关的问题是：作者议论的主要问题是什么？作者想要论证什么？

一、明确论证的主张

在识别论证的主张方面，通过提炼论证中所议论的主要问题，基于对这一问题所能做出的可能回答，探查作者论证的主张、意图以及争议的焦点，这是一种参与作者思考、发挥读者主动性的方法。例如：

> 诗要押韵脚。这是因为诗是以抒情为特征的（不管是抒情诗或叙事诗都如此）。而要抒情，就需要有音乐性，音乐性是大有助于抒情的。诗终究是语言艺术，音乐性就附着在语言上面。音乐性在诗中体现在许多方面，其中最起码的，也是最重要的，要算押韵。

主要问题与次要问题：这段论证议论的主要问题是：诗是否要押韵？对此问题可能的回答是：诗要押韵，或者，诗无须押韵。作者的主张是：诗要押韵。此外，这段论证还涉及以下问题：诗是否以抒情为特征？有助于抒情的音乐性是否一定要在诗中有所体现？这些问题并不是作者议论的主要问题，对这些问题的回答也不是作者的主要观点，而是支持其主要观点的次要观点。与作者的主张直接相关的问题是论证的**主要问题**；与支持主张的根据和理由相关的问题是论证的**次要问题**。再如：

> 吸烟的害处很大。科学的实践告诉我们，吸烟时的高温可以使香烟的热解产物多达四千种，其中五百种对人体有害。……烟尘颗粒中含有四十多种致癌物质，包括致癌能力极强的苯并芘、甲

基苯蒽等等。据国外统计,三十一个患肺癌的病人中有三十人是吸烟的。香烟中的尼古丁和一氧化碳造成的心血管损害远比癌症的危害还要广泛。

这段论证议论的主要问题是:吸烟是否有很大的害处?这其中包含两个问题:吸烟是否有害处?害处是否很大?作者的回答是:吸烟不仅有害而且害处很大。此外,与香烟热解产物中的有害物质多达四千种等科学事实相关的问题,以及与"三十一个患肺癌的病人中有三十人是吸烟的"这一统计数据相关的问题,不是作者议论的主要问题,对这些问题的回答也不是作者的主要观点,而是维护其主要观点的其他观点。

提出问题与解决问题:作者议论的主要问题是论证试图解决的问题,属于提出问题的层面;作者想要论证的是对这个问题的一种直接回答,属于回答问题或解决问题的层面。许多作者会让他议论的主要问题或者坚持的主张清晰可辨。比如,人的正确思想是从哪里来的?是革命派,还是反革命派?文章的标题以问句的形式表达了作者议论的主要问题。再比如:

> 饿死呢,解散呢,还是自己动手?饿死是没有一个人赞成的,解散也是没有一个人赞成的,还是自己动手吧——这就是我们的回答。

不幸的是,问题和主张并不总是这样清楚明确。有时,你必须绞尽脑汁才能替作者把他的问题和主张提炼成清晰可辨的形式。例如:

> 诗歌的翻译必须实现字与字的对译,这在任何语言中都是不存在的,正如钢琴的旋律不可能发生在小提琴的演奏中一样。当然,小提琴可以演奏与钢琴同样的作品,但是,只有小提琴演奏者按着小提琴固有的、内在的风格演奏,才可以完美地表现原作的精神。

这段论证议论的主要问题是:诗歌应该怎样翻译?对这个问题的一个直接回答是:"诗歌的翻译必须实现字与字的对译。"这是作者引述用以反驳的主张；另一个直接回答是："诗歌的翻译应该体现原作的精神并且刻画出原作在语言上的风格。"这是作者没有明确表达的而想要论证的主张。对这段论证议论的主要问题更准确的概括是：诗歌的翻译应该机械地忠实原意，还是应该重点体现原作的精神和风格？

二、辨析争议的焦点

争议指的是在同一个问题上所存在的相互矛盾或相互反对的主张，而且这两种主张都是对这个问题的责任回答。

例如："珊瑚是一种植物吗？"如果既有人主张"珊瑚是植物"，也有人主张"珊瑚是动物"，那么这个问题就是一个有争议的问题，相应地，把"珊瑚是植物"和"珊瑚是动物"所表达的观点称为有争议的观点。同样，"珊瑚是植物"和"珊瑚不是植物"所表达的观点也是有争议的观点。但是，"珊瑚是植物"与"珊瑚有各种各样的颜色"所表达的观点不是有争议的观点，因为"珊瑚有各种各样的颜色"不是对上述问题的责任回答，或者说，"珊瑚是不是一种植物"与"珊瑚有什么样的颜色"属于性质不同的两个问题。

对一种主张进行论证，意味着这种主张的真实性或者可信性受到了怀疑。人们进行论证是因为他们的主张的确遭到了反对，或者是因为怕别人怀疑他们的主张。论证的目的是企图打消他人的疑虑，或者使对方接受自己的主张。在明确论证的主张时，不可避免地会受到争议双方各自的主张以及他们所讨论问题的相互纠缠，通过提出恰当的问题来明确双方争议的焦点，是解决这类纠缠的好方法。

争议的焦点：争议的焦点实质是一个问题，它好比两个不同水域的分水岭，在这个问题上争议双方做出了相互矛盾或者相互反对的责任回答。例如：

老李：目前，杂种动物不受国际珍稀动物保护条例的保护。新的基因研究技术表明，一直被认为是独立物种的红狼实际上是山狗和灰狼的杂交种，由于红狼明显需要保护，所以条例应当修改，以便保护某些杂种动物。

老刘：杂种动物不需要保护，如果一种动物是由其他独立物种之间杂交而成的,这种动物灭绝后,还可以通过独立物种的再交配来获得它。

老李和老刘议论的主要问题是:国际珍稀动物保护条例是否应当保护某些杂种动物?这一问题也是双方争议的焦点。

观点之争与理由之争:我们把发生在主要问题上的争议称为观点之争,把发生在主要根据上的争议称为理由之争。老李和老刘的争议主要是观点之争。但是,所议论的主要问题并不总是双方争议的焦点,也就是说,双方争议的焦点也会发生在支持同一种主张的不同理由方面。例如:

> 老周:由于许多对农业和医学有用的化学制品都取自稀有的濒临灭绝的植物,因此,很可能许多已经绝种了的植物本来可以提供给我们有益于人类的物质。所以,如果我们想要确保在将来也能使用从植物中提炼的化学制品,就必须更加努力地去保护自然资源。

> 老吴:但是,有生命的东西并非我们的"资源",你所说的是一种出于自私的保护措施。我们应尽力保护活的物种,因为它们应当生存,而不是因为它们对我们有用。

老周和老吴议论的主要问题是:我们是否应该努力保护自然资源?两人发生争议不是因为在这个问题上的主张不同,而是因为各自所坚持的理由不同。应该努力保护自然资源是双方的共识点,通过开发人以外的物种以使我们获益,这是否为保护自然物种提供了一个良好的理由?这才是双方争议的焦点。

观点与理由之争:争议双方一旦在主要问题上发生观点之争,通常不会只停留在不同立场的对抗上,而会把争议引向深入,从而导致多重争议。除了导向理由方面的争议外,还可能包括对概念、事实或原则的理解、对争议双方话语的误解等多方面。例如:

> 老郑:霍光承认自己能够影响高层政府官员,并承认他把这种影响力出售给了环保组织。这种不道德的行为是没有正当理由的。

老王：我不认为他的行为是不道德的。得到霍光帮助的组织是防止水污染的组织，霍光在为这个组织谋利的同时，也是在为公众谋利。

老郑和老王不但在霍光的行为是否合乎道德的问题上看法不同，而且各自所持的理由也不同。争议所涉及的基本事实是"霍光的行为"，核心概念是"道德行为"，一般原则是"评判道德行为的标准"。一般来说，评价某种行为是不是道德的，要从行为的动机和效果两方面进行判断。老王只从霍光的行为效果方面来进行判断，这说明他对道德准则的理解是："某种行为只要产生利他的客观效果，它就是道德的"。这种理解是易于引起争议的。再如：

老赵：二战期间，在东南亚作战的每一位士兵都遭受过战争疲劳症的折磨。

老钱：这不是真的，许多二战期间在欧洲作战的老兵也遭受过这种痛苦。

显然，老钱误解了老赵的看法，老赵只是说在东南亚作战的士兵都遭受过战争疲劳症的折磨，至于在其他战场上如何，老赵没有肯定，也没有否定。如果老赵的意思是："二战期间，只有在东南亚作战的士兵才遭受过战争疲劳症的痛苦。"老钱的议论才有道理。由此可见，老钱通过把老赵的观点绝对化而误解了老赵的看法。

三、描述性问题与规范性问题

在论证所争议的问题当中，会遇到性质不同的两类问题。其中的一类诸如：

直角三角形的勾边是3、股边是4，弦边一定是5吗？

吸烟的害处是否很大？

"非典"的病因是什么？

曹丕和曹植是朋友，还是兄弟？

2008年奥运会将在哪座城市举行？

这类问题有一个共同点，那就是它们所征询的是事物是什么、世界是怎样的问题，答案是对世界怎样或者事物是什么的描述，因而称之为描述性问题。让我们来看另一类问题：

对于超生的父母，是否应该处以罚款？
写诗是否必须押韵？
"非典"患者是否应该被强行隔离？
兄弟之间是否应当骨肉相残？
办好 2008 年奥运会，我们应该做些什么？

这类问题所征询的是世界应该如何的问题，涉及的是人类行为和价值观念的选择问题，它们询问的是何为正确，何为错误；何者当立，何者当废；何者为好，何者为坏。它们要求给出规范性的回答，所以称这类问题为**规范性问题**。

在日常思维的论证中，与发生在描述性问题上的争议相比，发生在规范性问题上的争议更加不易于澄清。为了看清楚这一点，需要对思考这两类问题所具有的不同特征加以简要的了解。

首先，我们来了解对描述性问题进行思考的特征。让我们来思考"勾 3 股 4 弦 5"的问题，对这条几何定理进行思考辨析，会提出这样的问题：对于任意一个直角三角形，勾边为 3 且股边为 4，弦边就一定是 5 吗？果真如此，用加法各边分别增加等量的长度，比如"勾 4 股 5 弦 6"或者"勾 5 股 6 弦 7"等，能否成立？显然不能成立；再用乘法于各边分别增加等量的倍数看看能否成立？比如"勾 6 股 8 弦 10"或者"勾 9 股 12 弦 15"等，结果发现：用加法不成立；用乘法成立。再经过一系列复杂深入的分析，人们发现了"勾的平方加股的平方等于弦的平方"这样的规律性。发现这一规律性，只完成了一半的任务，另一半的任务是对这种规律性做出严格的逻辑证明，只有经过严格的逻辑证明，才能打消人们对它可能产生的疑虑，成为一条无可争议的几何定理。比如"哥德巴赫猜想"，到如今我们仍然称它为猜想，而不称它为定理，就是因为它还没有得到完全的证明。

其次，我们来了解对规范性问题进行思考的特征。让我们考虑

"继续生第三胎,是否应该给予处罚"的问题,对这个问题进行思考会牵涉到诸多价值观念或价值准则的冲突,比如,"不孝有三,无后为大""重男轻女"这种传统价值观念,与"男女平等""生男生女都一样"这种现代价值观念的冲突,个人责任与集体责任的冲突等。对于坚持"一对夫妇只生一个孩子"的立场的人来说,他们有诸多理由来论证奉行"不孝有三,无后为大"的伦理原则是荒谬的。比如,照这个伦理原则,男女的出生比率大约按1:1算,那些只生一个孩子的父母约有一半会成为不孝之大者,这不是太荒唐了吗?我们再想一想那些不生个男孩绝不罢休的父母会怎么为自己的行为辩护,他们可能会说:"你们这些城里人老了有退休金,生病有公费医疗,我们这些乡下人不指望自己的儿子,又能指望谁呢?"而对于一位连续四胎生女儿、罚款数额足够支付夫妻二人养老保险的妈妈来说,她可能会说:"爷爷盼孙子、老子盼儿子都盼红了眼,我要是不生个儿子,在这个家就永远抬不起头来。"正因为坚持这类看法的人为数众多,农村的计划生育工作至今仍然具有很大的挑战性。

现在,让我们来看思考这两类问题的不同特征:

对描述性问题进行思考有如下三个明显的特征:其一,对描述性问题进行思考辨析是一个由已知求未知的思考过程。其二,在思考过程中,解决问题的分析方法和确证结论的证明方法起着关键的作用。其三,经过严密的思考而确证的结论具有无可争议的性质。

对规范性问题进行思考也有三个明显的特征:其一,对规范性问题进行思考无法得出像"勾的平方加股的平方等于弦的平方"这样公认的、唯一正确的答案,思考的结论,也就是所主张的观点,通常具有较大的争议性;其二,对所主张的观点进行辩护性解释和说服性论证是维护这一观点的主要说理方式;其三,思考的最终目标不是为了证明或确证一个科学的定理或定律,而是为了鉴别或选择一个最佳的价值观念或行动准则。

区分描述性问题与规范性问题的一个战略意义是:如果论证中争议的主要问题是规范性的,则澄清争议的关键在于明确理由之争,也就是在大前提的选择问题上所存在的争议。例如:

教师对一名学生说:"你也认为违背承诺是一件不好的事,但是,当我们相互谈话时,我们都默认了向对方说真话的承诺,并且说谎是一种违背承诺的行为。所以,即使你曾向王华承诺过你会告诉我他在家生病了,如果你确实知道他并未生病的话,你也不应该这样说。"

这段议论所争议的主要问题是:学生应该向老师讲实话,还是向老师说谎?如果脱离具体的语言环境,一般地说,"学生应该向老师讲实话"是不容易引起争议的回答。可是,在这种特殊情况下,教师的主张之所以需要论证,是因为在理由方面存在严重的分歧:学生应该遵守对老师默认的承诺,还是应该遵守对同学明确做出的承诺?或者,当学生面对遵守这两种承诺而产生冲突的时候,应当优先选择遵守哪一种承诺?教师的主张正确与否取决于对这个问题的回答。

在以规范性问题为主要问题的论证中,"理由之争"与"观点之争"的联系十分密切,对大前提(主要的根据或理由)的不同选择会导出不同的结论。罗素说:"我们无法对自己所追求的目标,或对自己所采纳的伦理原则做出科学的证明。只有从一开始就承认某些伦理前提,才能够着手论证。……无论其伦理前提是什么,基于这个基础都有可能产生出种种论证,以表明为什么应当采取这样或那样的行动步骤。需要注意的重点是,如果没有一个含有'应当'的前提,就不可能推导出一个告诉自己应当做些什么的结论。"[1]牢记这一点,在理解和评估这类论证时,会把我们关注的焦点从对方的立场或主张转向对方的根据或理由,培养好的思维习惯。相反,过分关注对方的立场或主张,轻视甚至无视对方的根据或理由,这种不良的思维习惯不但无助于澄清争议,反而会引起更多的争议甚至误解。

第三节　问题的谬误

谬误指的是论证中的缺陷。论证的主张是作者对所议论的主要问题的一种直接回答,给出支持这一主张的根据和理由被理解为运用推理使人确信这种回答是正确的。在提出问题和回答问题中出现的某些谬误属于论证的缺陷,我们从提出问题与回答问题这两个方面来考查这类谬误。

一、误导性问题

一个问题的预设是假的,或者是有争议的,这个问题就被称为**误导性问题**。当我们说某个问题的预设是真的,表示它所有的预设都是真的。反之,即使只有一个预设是假的,这些预设从总体上考虑便是假的。类似地,只要有一个预设的真实性或合理性是可疑的、有争议的,这些预设从总体上说就是有争议的。例如:

(1) 贵公司在聘用雇员方面是否终止了歧视女性的做法?
(2) 斑马是白色的,还是黑色的?
(3) 你是惯于说谎呢,还是才学会说谎?
(4) 你是听老师的话,还是听妈妈的话?
(5) 飞碟是从哪里来的?
(6) 为什么大的物体比小的物体下落速度快?
(7) 当一个不可抗拒的力作用到一个不可移动的物体上时,结果会怎样?
(8) 大家都赞成春游的方案,你的看法呢?

例(1)的预设"该公司在聘用雇员方面曾经存在歧视女性的做法"具有高度的争议性;例(2)的预设"斑马要么是黑色的,要么是白色的"提供了一组假的二难选择;例(3)的预设"你要么惯于说谎,要么刚学会说谎"提供了一组具有高度争议性的二难选择;例(4)的预设"听老师的话,或者听妈妈的话"不必是非此即彼的;例(5)的预设"飞碟是存在的"具有争议性;例(6)的预设"大的物体比小的物体下落速度快"是假的;例(7)的预设假定:既存在一个不可抗拒的力,又存在一个不可移动的物体。这种自相矛盾的假定不可能真,它使回答者无论选择哪一种直接回答都会陷入矛盾;例(8)的预设"大家都赞成春游的方案"具有争议性,提问者试图以大家的意见来要挟回答者做出肯定的回答,暗示回答者不要选择与大家相背的看法。

误导性问题的错误实质是试图借助对方认可的主张携带或者"走私"未认可的或者有争议的主张。例如:"愿意做个好市民并参加周末义务植树的同学请举手?"有些同学可能愿意做个好市民,但是不想参加周末义务植树,显然,要做一个好市民还有许多其他选择方式。这个误导性问题的提出试图借助人们都愿意做个好市民这一半不大可能有争议的回答,来"走私"另一半可能有争议的回答。

更糟糕的是:如果你不举手,它反映的可能情况有三种:(1)既不愿意做好市民,也不愿意植树;(2)不愿意做好市民,但是愿意植树;(3)愿意做好市民,但是不愿意植树。其中前两种可能与"人们都愿意做个好市民"这一主流价值观发生冲突,只有后一种可能与之保持着微弱的一致性,微弱的意思是说,这种一致性仍然要受到"不参加植树就不是一个好市民"这种潜在的、不合理的假设的威胁。不举手所面临的误解和威胁经常为这种"走私"开绿灯。

处理误导性问题的常规方法是对它做出修正性回答。修正性回答就是针对问题的预设,将一个多重问题拆分成单一问题,分而击之。比如:我愿意做个好市民,但不愿意参加周末义务植树。

非常规的方法指的是对问题的回避和回问。据说宋朝的几位哲学家在一起论道时,一位哲学家问另一位哲学家:"雷从何处起?"另一位回答说:"雷从起处起。""雷从起处起"只是对问题预设的重述而没有表达其他内容,它不是对问题的回答,而是对问题的回避。

回问就是针对假的或者有争议的预设提出质疑。比如,世界上存在非黑即白的斑马吗?只有参加周末义务植树,才能成为一个好市民吗?

不过,回避和回问不符合责任性回答的要求,在严肃的场合中,面对正当的提问,使用这种方法会犯不相关回答的错误;而面对诸如诱导性问题等不正当的提问以及在政治外交等特殊场合中,这种"以毒攻毒"的方法是适用的。

误导性问题的企图时常通过提问者所借助甚至精心制造的回答问题的环境而得逞。比如,面对老师提出的问题:"愿意做个好市民并参加周末义务植树的同学请举手?"设想一下,你除了举手或不举手,还有什么可做的吗?假如你想用修正性回答或回问的方式申辩,那会怎样呢？可能会遭到老师的批评——你需要做的是举手或不举手，而不是对问题本身说三道四、无理取闹；其他同学也可能会认为你"爱认死理""不正常"等。再比如，在一份问卷中你遇到的问题是："有人认为，应该提高食堂的饭菜质量并适当提高饭菜的价格，您同意吗？"可选择的答案是"同意"或"不同意"，要求单项选择。你有申辩的机会吗？也就是说，尽管我们有处理误导性问题的方法，有时提问者却不给你使用它的机会。误导性问题好比思维中的"病毒"，是一种难以清除的谬误。

二、不一致的问题

如果一个问题的预设本身存在思想的冲突甚至矛盾，或者问题与责任性回答之间存在不协调之处，这个问题就被称为**不一致的问题**。在讨论误导性问题时，我们已经见到了一些不一致的问题，比如，问题(2)的预设和事实相矛盾；问题(7)的预设自相矛盾。这类问题的谬误是明显的。

这里，我们集中讨论问题与责任性回答之间的不一致。问题的提出可以分为**开放式问题**和**封闭式问题**两类。所谓开放式问题，就是不为回答者提供具体答案，而由回答者自由回答的问题。所谓封闭式问题，就是在提出问题的同时，给出若干个备选答案，由回答者根据自己的情况从中选择一项或多项来做出回答的问题。现在让我们来看在封闭式问题中不一致的几种表现，它们是问卷设计中经常出现的错误。

1. 多重问题中的不一致

多重问题是至少以一个其他问题或陈述作为自己组成部分的问题。例如："有人认为，应该提高工资待遇，降低福利待遇。您同意吗？"这个问题被认为是不一致的，除非回答者对"提高工资待遇"和"降低福利待遇"的态度是一样的，否则难以做出一致性的回答。再比如：

实行责任制以来，您觉得您的文化水平和生产技术能否满足生产需要？

(1) 能满足 □　(2) 不能满足 □　(3) 不知道 □

这里同时询问了两个问题:一是文化水平能否满足生产需要的问题;二是生产技术能否满足生产需要的问题。那些认为自己的文化水平能满足生产需要,而在生产技术方面还不能满足生产需要的被调查者,或者自己的生产技术能满足生产需要,而文化水平不能满足生产需要的被调查者,就无法回答这一问题。所以,在提出问题时,一个问题最好只问一件事情。如果一个问题中同时问了两件或更多的事情,就可能会由于所提出的问题缺乏一致性,而导致回答者无法做出回答,或者无法做出准确、恰当的回答。

2. 问题与答案选择之间的不一致

对于封闭式问题,问题的提出与答案选择必须协调一致,在提出问题的同时,还应该为这个问题的回答提供协调一致的答案选择,不能出现答非所问或者不恰当的答案选择。例如:

您常看哪一类报刊书籍?

	经常看	偶尔看	从不看
(1) 文学艺术类	□	□	□
(2) 趣味常识类	□	□	□
(3) 政治理论类	□	□	□

提出的问题是常看哪一类,相应地,答案选择中除了类别之外就不应有与类别不一致的内容,否则就会出现答非所问的情况。"经常看""偶尔看"和"从不看"属于对报刊书籍的阅读情况,不属于报刊书籍的类别。您常看哪一类报刊书籍? 若选择"我从不看趣味常识类报刊书籍"等答案,就会出现答非所问的情况。如果把问题修改为:"您对不同报刊书籍的阅读情况如何?"这类回答才是恰当的[2]。

再比如,在一份以学生为被调查者的问卷中提出了以下问题:

教师是否擅自调、停课?

(1) 优 □ (2) 良 □ (3) 中 □ (4) 差 □

首先,教师调、停课是不是擅自的? 学生通常是不清楚的,这个问题应该问教务管理人员。其次,"擅自调课"与"擅自停课"有实质的区别,对两者不可等量齐观。最后,即使学生对教师擅自调、停课的情况是清楚的,也难以对之做出优、良、中、差的准确区分。比如,针对"擅自调课"的现象,问题的答案选择修改为"经常""偶尔"和"没有",就会更加恰当。缺乏针对性的问题和不恰当的答案选择,会大大削弱问题与答案选择之间的一致性或协调性程度。

3. 答案设计中的不一致

封闭式问题的答案设计要讲究层次性,对同一个问题在不同层次上的回答,不能并列出现在同一组答案选择之中。例如:

单项选择:
您认为目前人们应该主要致力于:
(1) 缔造人类未来的美好生活　□
(2) 改善人们今天的生活和福利　□
(3) 继承和发扬过去的优良传统　□

在这组答案选择中,三个选项在内容上所处的层次不一,第三个答案与前两个不能并列。也就是说,人们只能在"缔造人类未来的美好生活"或"改善人们今天的生活和福利"等行动之中,而无法在这些行动之外,来"继承和发扬过去的优良传统"。另外,所给出的三项选择并没有穷尽人们各种不同的行为目标,应在后面加上"其他____"这样的选项。再比如:

多项选择:
您认为以下哪些是一个合格厂长所应具备的素质?
(1) 决策能力　□　　(6) 指挥协调能力　□
(2) 任贤能力　□　　(7) 管理科学知识　□
(3) 业务能力　□　　(8) 马列理论水平　□
(4) 谋略能力　□　　(9) 综合分析能力　□
(5) 创新能力　□　　(10) 实际生产知识　□

在这组答案设计中,包含着诸多不同层次的答案并列在一起的错误。比如,"业务能力"包括"决策""任贤""谋略""创新"等方面的能力,如果回答者选择(3),而不选择(1)、(2)、(4)、(5)、(6)、(7)、(9)和(10)中的任意一项,都会导致答案选择的不一致。将不同层次的答案选择并列在一起,等于为回答者设置了一个做出不一致回答的陷阱。

三、无视问题的谬误

论证的主张是对所议论的主要问题的直接回答,论证的目的是为这种回答提供强有力的支持,以便打消人们对这种回答所产生的异议。面对所议论的主要问题,如果议论者不给出责任性回答,或者提供理由支持的主张不是对这个问题的责任回答,那么这个议论者就犯了无视问题的谬误(fallacies of ignoring the issue)。请看《孟子·梁惠王下》的一段对话:

> 孟子:您的一位大臣把妻子儿女托付给一位朋友照顾,去楚国访问回来时,妻子儿女却挨饿受冻,对这样的朋友该怎么办呢?
> 宣王:应该断绝与他来往。
> 孟子:您的执法官员管不好他的下属,该怎么办呢?
> 宣王:应该将他撤职。
> 孟子:一个国家的政治搞不好,又该怎么办呢?
> 宣王顾左右而言他。

宣王不是不知道问题的答案,而是由于做出回答对自己不利,才通过谈论别的事情来逃避当前的问题。孟子没有记述宣王"言他"的内容,我们猜想可能是说了一个笑话,讲了一则趣闻轶事,开了一个玩笑,或者谈起了另一个颇具吸引力的话题。

1. 熏鲱

在议论中通过引入一个新的不相干的问题来转移人们对所议论的主要问题的注意力,这种转移论题的错误称为"熏鲱"(red herring)。"熏鲱"这个名称的意思是通过拖一条熏过的鲱鱼来引开猎犬,使之不循迹追寻猎物。

例如,原告指控被告犯有谋杀罪,当原告慷慨激昂地讲述被害者是多么的无辜、谋杀是多么令人发指,并没有证明这个罪行是被告所犯的时候,原告就犯了熏鲱的错误。"谋杀是否可怕"与"谋杀是不是被告所为"是两个不相干的问题。

再如,在讨论一门新课有无必要开设时,持反对意见者问道:"我们准备用偶尔碰到的每一个新念头塞满学生的课程表,还是准备扎扎实实地讲好传统的课程?"提问者试图将大家的注意力,从所建议的新课是否有必要开设移开,用来转移注意力的问题是:我们是否有必要为了塞满课程表而跟着每一个偶然的念头开设新课?对此没人会回答"是"或"有必要"。类似如下的议论是我们经常听到的:

老张:老王,你若不在办公室而是到外面去吸烟,那不是更好吗?

老王:吸二手烟没那么糟糕,每天骑车上班吸汽车尾气的油烟,那才糟糕呢。现在不比从前了,从前骑车上班能锻炼身体,现在骑车上班会减少寿命。听说有一位每天在马路上跑步锻炼的小伙子,烟酒不沾,却得了肺癌,年纪轻轻的就死了。

老王明显地在拖熏鲱,相关的问题是老王出去抽烟是否对其他人来说更好,而不是吸二手烟和吸汽车尾气哪个更糟糕。

有一则近似笑谈的故事:一位律师想冲淡对方律师有分量的论辩效果,就在对方律师向陪审团作总结陈述时,拿出雪茄烟来抽。这位律师事先在雪茄烟中心竖着插入了一枚大头针,烟抽了一半,烟灰被大头针撑住而掉不下来。烟灰越来越长,陪审员们都惊异地观察着这种违反重力规律的现象,忘记了听对方律师发言,结果抽雪茄烟的律师打赢了官司。

熏鲱能轻而易举地转移我们注意力的原因是:其一,引入的不相干的论题表面上好似原来的论题,比如都谈到"谋杀"等。其二,不相干的论题是一个"很合理"的论题,议论者容易有理有据地把它讲的头头是道,并能赢得人们一致的赞同。其三,不相干的论题好似雪茄烟中的那枚大头针,通常都有一定的吸引力,有趣的、新奇的或者是令人担忧的。

熏鲱不仅能分散人们的注意力,使人不知不觉地跳到另一个问题上去,而且会使人相信原来的问题已经解决,甚至干脆忘记了原来的问题。熏鲱是制造思维错觉的常用手段之一,将议论拉回正题的简单方法是对拖熏鲱的人说:"你说的虽然一点不错,但是毫不相干!"

2. 稻草人

在论证中,通过歪曲对方的主张来削弱对方观点的错误,犹如绑扎一个容易被击倒的稻草人,用攻击稻草人的做法替代对论敌的反驳,使论证失去了真正的目标。歪曲对方观点的手法有限制、概括、简化、夸张、虚构等。例如:

> 创作的基础是生活经验,生活经验除了所做之外,也包括所遇、所见、所闻的事情。作者写出作品来,对于其中的事情,虽然不必亲历过,最好是经历过。有人对此责难说:"难道写杀人还得去杀人,写妓女还得去卖淫吗?"

责难者把生活经验只限制在"亲历"的范围内,将"经历"等同于"亲历",并把原论点"创作的基础是生活经验"虚构为"创作的基础是亲身经历",把显然愚蠢的观点加给对方,然后再加以责难。

以概括的手法将对方的观点普遍化,是稻草人谬误的另一种常用的手法。

> 妈妈:我多次提醒你把东西放回原处,免得再用时不好找,可你总是做不到。
>
> 女儿:妈妈,在您眼里,我就没有作对的时候,难道我就真得像您说的那样一无是处吗?

妈妈只是多次指出女儿不把东西放回原处这一个缺点,女儿却说妈妈把她看得一无是处,将一点错误概括、夸大为一无是处,然后就容易把它打倒,女儿随便举出一两件做得对的事情,就能把被夸大的观点打倒。

虚构对方论点的一种常见手法是提及对方所属的群体,并把虚构的论点和对方所属的群体捆绑在一起。比如:"作为父亲,他肯定会护着自己的儿子"。再如:"作为教师代表,他肯定会赞成对行政管理人员不利的分配方案"。由于群体的思想已被当作既成事实,而个人的思想又被假定为与群体一致,于是,当把虚构的论点同对方的群体相联系时,就很容易把虚构的论点强加给对方。这种手法的强加效应是很大的,它使受害者较难摆脱被归咎的虚构论点。

通过强调一种强有力的主张,来暗示与之相反的主张是荒谬的,这也是稻草人谬误的常用手法之一。比如,某人强调说:"我认为提高产品质量才是改进我们企业的头等大事。"这是在暗示对方主张:"提高产品质量不是改进我们企业的头等大事。"假如对方没有立刻声明他也同样把提高产品质量看作重中之重,人们就会怀疑他对提高产品质量漠不关心。当所强调的论点含有否定的成分时,造成的暗示效果更强。比如,某人说:"我们不能压制和打击理论观点的创新。"请问:有谁在压制和打击理论观点的创新? 如果的确有人如此,需要给出证据,否则,这实际上只不过是说话者心目中的"稻草人"。

除此之外,在引述对方的观点进行攻击时,脱离上下文或者死抠原文,断章取义或者将对方的观点教条化,避开对方强有力的论证而专攻对方的薄弱之处等,也是歪曲对方论点的常见手法。

3. 反唇相讥

反唇相讥,又称"两个错误"(two wrongs)或者"你也是"(*tu quoque*),指的是以对方也有类似或更严重的过错为理由,来转移人们的注意力,试图逃避对方的批评。例如:

> 妈妈:香草,不许你这样对我说话,我是你妈妈!
> 香草:妈妈,想想您是怎样跟姥姥说话的呢?
> 大姐:香草,妈妈对姥姥的态度也许是错的,但是,这怎么能表明你对妈妈的态度就是对的呢? 难道两个错加起来就成为一个对了吗?

事实上,如果按着香草所说的那样,妈妈对姥姥的态度是错的,那么香草就不得不承认自己也是错的。香草为什么要搬出两个错误的战略来? 香草的错误推理为什么会让人感到信服? 原因是香草在指责对方虚伪：如果事实上你自己一直在这么做，怎么能反对别人这样做呢？但是，无论妈妈是否虚伪，妈妈的行为与香草行为的对错没有关系。

两个错误的实质是无视错误的存在。如果还有一个错误没有解决，很可能是因为另一个更严重的错误没有得到纠正。这种认识上的错觉会使人心安理得地犯这种错误。例如，伐木工人把整座森林都砍光了，何必在乎我们多砍一棵树呢？小偷小摸有什么可怕的？武装抢劫才可怕呢！

当人们试图通过提请注意另一个更严重的错误时，它能缩小当前所犯的错误，就如同任何一种颜色被放在一个色饱和度更大的背景中去看一样，它的颜色都会"黯然失色"。而且，它还能给犯错误的人以安慰，当我们苦于某种不公平时，无论多么难受，总能找到一个更严重的不公平来安慰自己，并使我们放弃对不公平采取行动的责任。因此，"那又怎么样呢？还有更糟的呢！"这种形式的谬误是一种不相关的但强有力的心理欺骗策略，它能阻碍人们在最迫切事情上采取行动。

误导性问题属于提问者所犯的错误，即提出问题时产生的谬误；无视问题属于回答者所犯的错误，即回答问题时产生的谬误。这两种谬误也可能会一起发生，例如：

小张：你是否改掉了你那好偷东西的恶习？

小李：你应该回家问你爸爸这个问题！

小张提出了一个误导性问题，这是一个谬误，小李是否有好偷东西的恶习是有争议的；小李并没有针对这个问题做出直接回答或者修正性回答，他犯了无视问题的错误，这是另一个谬误。

练习题

一、辨析争议的焦点。 对给出的问题，选择一个最佳答案，也就是对问题最准确而完整的回答。

01 题：

S：现在科学家一致认为香烟中的尼古丁是令人上瘾的，试图戒烟的吸烟者要忍受"断瘾症状"的痛苦。单就这个理由而论,就像对待其他危险的麻醉药一样,全世界的政府部门都有责任限制香烟的生产和销售。

F:照你这样说,"上瘾"这个词广泛适用于其他含咖啡因的消费品,譬如咖啡和软饮料之类的普通消费品。但是,这些消费品的生产和销售肯定是不受限制的。

以下哪项陈述最恰当地表达了S和F争议的焦点?

(A) 含咖啡因的咖啡和软饮料的生产和销售是否应该由政府掌管。

(B) 科学家对上瘾性物质的看法,能否作为证明政府对含有这种物质的产品进行限制的正当理由。

(C) 在某种给定物质是否具有上瘾性的问题上,科学家是否具有恰当的权威性。

02题:

L:在最近10年,低收入群体平均收入增长的比例,要比高收入群体平均收入增长的比例大得多。因此,他们经济收入的增长相对于高收入群体来说是提高了。

M:我不同意这种看法。低收入群体的平均收入可能得到了更大比例的增长,但是,在平均收入的绝对增长量方面肯定是高收入群体要高一些。

L和M的分歧在于:

(A) 低收入群体在平均收入方面的变化是否应该与高收入群体在平均收入方面的变化进行比较。

(B) 低收入群体相对于高收入群体在经济收入方面的变化,是否能以在平均收入上的百分比变化的比较来加以准确的衡量。

(C) 与高收入群体相比,低收入群体在经济收入方面的变化是否比只与低收入群体自身相比更能准确地衡量经济收入方面的变化。

03题:

G:许多报纸只关注转瞬即逝的小事件而忽视了重大的社会变革,所以,过期的报纸对业余爱好者和专业的历史学家都没有什么用处。

D：但是，新闻故事和一些大众艺术都是人们了解该地区民众所思所感的较好的信息途径。

以下哪项陈述最恰当地表达了 G 和 D 争议的焦点？

（A）新闻报纸是否应该着重报道社会中发生的重大变革。

（B）新闻故事和大众艺术能否很好地反映当时人们的所思所感。

（C）过期的报纸是不是用来理解当时状况的很好的资料。

04 题：

R：新的被称为"远程医疗"的技术起码可以持续改善对乡村病人的治疗，因为这一技术使乡村医生通过远程电视信号将医疗检查的情况传输给遥远地区的专家，专家因而能给乡村病人提供在其他情况下得不到的建议。

K：远程医疗在开始的时候可能会对乡村病人的医治有帮助。但是，小医院很快会认识到，用远程医疗技术将医疗检查传输到大型医疗中心会取代许多医护人员而减少治疗成本，结果造成病人获得传统的、直接的医疗检查的机会少了。最终，只有很少的人能得到真正的人工看护，乡村和城市中的医疗情况都会受到损害。

以下哪项陈述准确地描述了 J 和 K 争议的焦点？

（A）大型医疗中心的专家能否提供比乡村医生更好的建议。

（B）从长期来看，远程医疗技术能否造福于乡村病人。

（C）病人是否愿意通过远程医疗技术获得专家的建议。

05 题：

Q：就新闻工作者可能遇到的绝大多数道德困境而言，传统的新闻职业道德是明晰的、自足的，而且本质上是正确的。例如，当新闻工作者得到未公开的有新闻价值的消息时，他们应该尽快地去把它付印，由于新闻工作者个人或职业利益的驱使而造成的耽搁是不允许的。

R：当然，新闻工作者的工作就是把有趣的和重要的信息带给公众。但是，在一种典型的事例中——当一位新闻工作者掌握了一些信息却因无法判断它是否重要或者具有新闻价值而左右为难时，这种指导原则就是不充分的了。

以下哪项陈述准确表达了 Q 与 R 争论的焦点？

（A）Q 所引述的传统的新闻职业道德对绝大多数道德困境而言是否是自足的。

（B）Q 所引述的传统的新闻职业道德对绝大多数道德困境而言本质上是否是正确的。

（C）R 所引述的事例是否能构成 Q 所引述的传统的新闻职业道德原则的一个例外。

06 题：

T：你说政府官员张三接受了游说者的礼物是不对的，这只是由于你的个人好恶而使你只批评政府官员张三，而事实上其他的一些政府官员也这样做了。

V：的确，我不喜欢政府官员张三，但是，我没有批评其他政府官员并不代表你可以借此来开脱张三的错误。

如果 T 和 V 说的都是真的，以下哪项陈述所表达的见解是他们共同认可的？

（A）政府官员张三应当为接受礼物而受到批评。

（B）V 对政府官员张三的批评源于个人的好恶。

（C）有一个以上的政府官员接受了游说者的礼物。

07 题：

H：司机血液中允许的酒精含量应当减半。一旦降低了限量，聚饮者就会因受到法律的威慑而不再酒后开车。由此，高速公路上的安全程度也将大大提高。

N：不是这样的，降低现行血液中允许的酒精含量标准对提高高速公路上的安全程度起不了多少作用，因为它忽视了酒后开车问题最重要的一个方面——对公共安全造成严重危害的是那些饮用量超过法定限量一倍以上的重度酗酒者。

H 和 N 的分歧基于的共识点是：

（A）聚饮者酒后开车对公共安全造成相当大的威胁。

（B）司机的血液酒精含量与其安全驾驶的能力之间存在直接的关联。

（C）血液酒精含量超过现行法定限量的司机对社会造成相当大

的危害。

08 题：

Q：如果你想找一份体面的工作，就应该去上大学。

D：你说的不对，上大学不只是为了找一个好工作。

D 的回答表明他把 Q 的论述理解为：

（A）只有上过大学的人才能找到体面的工作。

（B）想找个体面的工作是上大学的唯一原因。

（C）所有想找体面工作的人都应当去上大学。

09 题：

W：有人抱怨这个城市缺乏休闲场所，一些人提议把废弃的铁路改造成散步的小路，但是，另外也有些人认为这块地更适合于生产方面的用途。

M：我认为把废弃的铁路改造成散步的小路是非常理想的，市民们长久以来一直没有合适的休闲场所，我们应当支持把废弃的铁路改造成散步小路的提议，而不应当让它流产。

M 的评论表明他把 W 的意思理解为：

（A）更希望把废弃的铁路改造成其他休闲场所，而不是散步小路。

（B）认为人们对这个城市缺乏休闲场所的抱怨是毫无道理的。

（C）应当阻止和废除把铁路改造成散步小路的提议。

10 题：

S：人们日常饮食中的脂肪摄入量不应超过人体所需要的总热量的 30%，而不是 37% 这个全国的平均水平。

L：如果这个国家的每一个人一生都遵从你的建议，只有 0.2% 的人会延长寿命，并且平均仅延长 3 个月。牺牲一辈子的时间去吃不可口的低脂肪食物，去延长那 3 个月的寿命，代价未免太高了。

S：倘若不是每个人由于摄入高脂肪而早逝，那么更多的人会由于吃高脂肪食物而患严重的慢性疾病。

针对 L 的评论，S 的回答表明了：

（A）L 考虑的因素不是唯一的与评价他的建议相关的因素。

（B）L 用来为他的建议作辩护的统计数字是不精确的。

（C）L 的论证假定了一个恰恰需要证实的陈述为真。

二、对下列问卷调查表中给出的问题进行评估，分析其中哪些问题在一致性方面存在缺陷？哪些问题在可行性方面存在缺陷？简要说明评估的理由。

提示 1：问题自身以及问题与答案选择之间应当有一致性，其一致性程度越高越好。如问卷 1 中的第 7 条："本课程教材质量好，适合教学要求，满足自学需要。"首先，"适合教学要求"与"满足自学需要"之间缺乏一致性，一般说来，既适合教学要求，又满足自学需要的教材是少见的。其次，"适合教学要求"与"满足自学需要"必须受到同等程度的认可，否则，被调查者无法在回答中做出准确的单项选择。然而，二者受到同等程度认可的可能性太小了。

提示 2：可行性指的是被调查者面对问题和选项的可判定性，有些问题和选项易于判定，有些则不易判定。例如，问卷 1 中的第 27 条："关于出勤率，您认为同学们是不是经常缺课？""如'不是'，主要是因为"；"如'是'，主要是因为"。这则问题是不易判定的，可行性差。学生知道自己是否经常缺课及其原因，而对其他同学在这方面情况的了解需要依赖许多假设，比如，被调查者几乎是全勤的学生，全勤的学生对同学缺课的原因做过抽样调查等。一般说来，缺乏一致性的问题都是难以做出准确判定的问题。但是，具有一致性的问题不一定具有可行性。比如，第 27 条符合一致性的要求，但不符合可行性的要求。

问卷1：W大学学生课程评估问卷（学生用）

课程名称：		第一部分　（单项选择）	很不同意	较不同意	同意	比较同意	非常同意
教师姓名：		1 总的来说，我认为这是一门不错的课程。	[1]	[2]	[3]	[4]	[5]
您所在系及年级专业：		2 我觉得本课程增进了我的知识和能力。	[1]	[2]	[3]	[4]	[5]
注意事项	关于课程	3 我认为本课程学时合理。	[1]	[2]	[3]	[4]	[5]
(1)请根据你的观察认真地实事求是地回答评价表中的问题；		4 我感到本课程难度很大。	[1]	[2]	[3]	[4]	[5]
(2)用蓝色或黑色的笔涂满相应的方框；		5 我感到本课程进度太快。	[1]	[2]	[3]	[4]	[5]
(3)请答全所有的题目，不要遗漏；		6 我觉得本课程负担太重。	[1]	[2]	[3]	[4]	[5]
(4)修改时请用橡皮擦干净；		7 本课程教材质量好，适合教学要求，满足自学需要。	[1]	[2]	[3]	[4]	[5]
(5)请不要折叠或弄损评价卡。		8 本课程所需参考书获取容易，对学习很有帮助。	[1]	[2]	[3]	[4]	[5]
正确填涂 ■　错误填涂 ✓		9 我认为开设这门课很有必要。	[1]	[2]	[3]	[4]	[5]
教师编号		10 老师给我的整体印象是敬业勤勉。	[1]	[2]	[3]	[4]	[5]
		11 老师的言传身教使我受益匪浅。	[1]	[2]	[3]	[4]	[5]
		12 很明显，老师的授课经过了精心准备。	[1]	[2]	[3]	[4]	[5]
		13 开课前，老师发给学生一份有用的教学进度表。	[1]	[2]	[3]	[4]	[5]
		14 讲授十分清楚。	[1]	[2]	[3]	[4]	[5]
[0][0][0][0][0][0]		15 上课条理分明，重点/要点突出。	[1]	[2]	[3]	[4]	[5]
[1][1][1][1][1][1]		16 对授课内容及相关领域十分熟悉，游刃有余。	[1]	[2]	[3]	[4]	[5]
[2][2][2][2][2][2]	关于老师	17 能有效地利用一些实例来讲解。	[1]	[2]	[3]	[4]	[5]
[3][3][3][3][3][3]		18 能吸收该学科新成果，对学前给予评介。	[1]	[2]	[3]	[4]	[5]
[4][4][4][4][4][4]		19 讲授富于启发性，能激发学生的求知欲。	[1]	[2]	[3]	[4]	[5]
[5][5][5][5][5][5]		20 注重对学生思想方法的培养。	[1]	[2]	[3]	[4]	[5]
[6][6][6][6][6][6]		21 鼓励学生表达自己的观点。	[1]	[2]	[3]	[4]	[5]
[7][7][7][7][7][7]		22 能耐心认真地对待学生课内外提出的问题。	[1]	[2]	[3]	[4]	[5]
[8][8][8][8][8][8]		23 能有效地调节课堂气氛，避免单调乏味。	[1]	[2]	[3]	[4]	[5]
[9][9][9][9][9][9]		24 能有效地利用课程时间。	[1]	[2]	[3]	[4]	[5]
		25 总的来说，我认为这是一个优秀的老师。	[1]	[2]	[3]	[4]	[5]

第二部分　（多项选择）

26 关于学习效果，通过一学期的学习，您的总体感觉是：　[A] [B] [C] [D] [E] [F]
　[A] 我对本门课程涉及的事实性材料有了一定理解　　　[B] 我对本门课程涉及的一些概念/原则/原理有了一些掌握
　[C] 我可以比较自如地运用本课中学到的内容/方法/原则/原理　[D] 我对本课程及相关领域有了一个大略的了解
　[E] 我受到了较为系统的训练，思维能力和分析能力得到了提高　[F] 没感觉

27 关于出勤率，您认为同学们是不是经常缺课？　　　　　不是[1]　　是[2]
　如"不是"，主要是因为：　　　　　　　　　　　　　　　[A] [B] [C] [D] [E]
　[A] 这门课很重要；　　[B] 教师讲得很精彩；　　[C] 教师考勤抓得紧；
　[D] 这门课较难，怕难以跟上进度；　　[E] 其它。
　如"是"，主要是因为：
　[A] 这课太枯燥无味，用处不大，早该砍掉；　[B] 教学效果不佳，还不如自学；　[C] 老师很善良，考试抄抄笔记，想必能通过；
　[D] 课程太容易，缺几节课照样能赶上课；　　[E] 其它。

28 在本门课的学习中，您认为还需要：　　　　　　　　　　[A] [B] [C] [D] [E] [F]
　[A] 一份详细的课程进度表和大纲；　　　[B] 不仅仅在考前，平时也安排课外辅导(答疑)时间；
　[C] 指导大家理论联系实际，提供尽量多的实践(如实验、调查、参观等)机会；
　[D] 提供一些适合学习的教材或材料；　　[E] 鼓励大家读参考书，并予以适当引导；
　[F] 其它。

问卷2：M大学课堂教学评估问卷(学生用)

教师姓名：＿＿＿＿＿＿＿＿ 课程名称：＿＿＿＿＿＿＿＿

学生所在系：＿＿＿＿＿＿
专　　业：＿＿＿＿＿＿
年　　级：＿＿＿＿＿＿

学生性别　男□　女□

能正确地评价教师的教学质量，是您成熟的表现，为了近一步提高教学质量，请您认真公正地作出评价，谢谢您的合作。

填写要求：
1. 各项都必须用2B铅笔填写或涂黑。
2. 此卡不准弄脏、弄皱或弄破，严禁折叠。
3. 修改时用橡皮擦干净。

正确填涂　■
错误填涂　✓ ✗ ○ ●

课程	评估项目	你的评价 优 良 中 差
各课统一要求	1. 上课精神饱满，尽心、尽力、尽责	[5] [4] [3] [2]
	2. 课内时间利用充分且有效	[5] [4] [3] [2]
	3. 讲课思路清晰，重点突出	[5] [4] [3] [2]
	4. 注意讲课艺术，能激发对本课的学习兴趣	[5] [4] [3] [2]
	5. 通过各种方式提出问题启发学生思考	[5] [4] [3] [2]
	6. 能认真及时批改作业	[5] [4] [3] [2]
	7. 能耐心解答学生的作业	[5] [4] [3] [2]
	8. 主动关心学生学习，处处为人师表	[5] [4] [3] [2]
	9. 注意因材施教	[5] [4] [3] [2]
	10. 不擅自停、调课	[5] [4] [3] [2]
高等数学	11. 能对每次作业讲评，帮助学生掌握教学内容	[5] [4] [3] [2]
	12. 习题课针对性强且有效	[5] [4] [3] [2]
	13. 注意培养分析问题、解决问题的能力	[5] [4] [3] [2]
计算机	11. 能认真指导学生上机	[5] [4] [3] [2]
	12. 对习题和上机过程中的问题能认真讲评	[5] [4] [3] [2]
	13. 学生上机操作的能力有明显提高	[5] [4] [3] [2]
英语	11. 能较好地使用英语讲课	[5] [4] [3] [2]
	12. 教学内容充实、不夸夸其谈	[5] [4] [3] [2]
	13. 注意培养学生应用英语的能力	[5] [4] [3] [2]

以下问题可以多项选择

1. 通过教师的教学
   (1) 你认为自己掌握了一些颇有价值的东西　□
   (2) 你认为自己在这一领域中的知识和能力有所提高　□
   (3) 你认为自己掌握了该教师所讲授的内容　□
   (4) 你认为自己对本课程的兴趣得到进一步提高　□

2. 请预测你在这门课程考试中，将获得
   (1) 非常差的成绩　□
   (2) 较差的成绩　□
   (3) 中等成绩　□
   (4) 非常好的成绩　□

3. 你认为该教师在教学同时，还注重对学生进行
   (1) 科学世界观的教育　□
   (2) 道德品质的教育　□
   (3) 爱国主义的教育　□
   (4) 优良治学风气的教育　□

4. 你认为，该教师在教学的同时，还
   (1) 关心学生，对学生遇到的困难给以真诚的帮助　□
   (2) 帮助学生明确学习目的，增强学习的信心，培养学生克服困难的毅力　□
   (3) 富有对学生的爱心、耐心　□
   (4) 时常鼓励学生　□

注 释

〔1〕 〔英〕罗素:《西方的智慧》,崔权醴译,第682页,北京:文化艺术出版社,1997。

〔2〕 参见袁方主编:《社会研究方法教程》,第261—262页,北京:北京大学出版社,1997。

第四章
理由与正当理由

第一节　辨识理由

理由是支持主张的一个或一组陈述,断定这些陈述为真共同构成了支持某一主张的基石。理由又称论据,它是论证的重要因素,论证的好与坏取决于理由是否坚实,以及理由对主张的支持是否有力。

从批判性思维的角度说,一个主张是否成立或可信,不取决于这个主张本身如何,取决于支持这个主张的理由如何。在理解论证时,对待不同的主张要有兼容精神,在没弄清理由之前,对主张的对错不轻易下判断。掌握评估理由是否坚实的技术,以及评估理由对主张的支持力度的技术,会把我们理解论证的注意力从过分关注作者的立场和主张移开,将关注的焦点引向支持某种主张的根据和理由。

理解的快乐不在于发现一个与自己不谋而合的看法,而在于找到一个支持某一主张的强有力的理由;批判的乐趣不在于宣称一个与自己所认知的真理相悖的看法是荒谬的,而在于发现一个使自己放弃某种偏见的强有力的理由。

一、理由的标志与面貌

识别理由的简单方法是关注引导理由的标志词。有一些典型的词语表示随后出现的陈述是论证的理由。这些标志词诸如"因为""由于""鉴于""其理由是""其根据是""举例说来"等。

识别理由的另一个方法是熟悉理由的相貌特征。就论证的理由而言,论证就是摆事实,讲道理。论证中对数据、图表、实例、实验等的陈述是以事实为理由的相貌特征。例如:

> 在过去的10年中,科学家每年都在金蟾蜍的主要繁殖地统计它们的数量。近10年来,那里金蟾蜍的数量从1500只下降到200只。由此可见,金蟾蜍的数量在急剧下降。

这段论证的理由有明显的相貌特征:由统计数据所陈述的统计事实。

论证中对科学定律、假说、价值准则、专家意见、个人意见等的陈述是以道理为理由的相貌特征。例如:

> 企图把从发热器中输出的热量全部变成有用的功,制造第二类永动机。这是十分荒谬的。热力学第二定律表明:一切可以实现的热机,都是从发热器(高温热源)中获取热量的,其中一部分热量变成了有用功,另一部分必须传递给冷却器(低温热源)。因此,第二类永动机是没有的。

这段论证以科学的道理为依据,表现为一条抽象的物理定律。

事实和道理是两种不同类型的证据。事实具有普遍的实用性,作为论证的理由易于被人们所接受。道理的实用性则比较复杂,诸如科学原理和其他经过验证的理论观点,它们与事实一样具有普遍的实用性。但是,我们无法禁止以个人的信念、价值观、偏见或猜测为理由的论证出现,这类私有的道理通常具有较强的个性化特征,不具有普遍的实用性。例如:

> 人们认为,当今的时代是一个具有被自私的个人主义破坏了社会凝聚力的时代,但是,这一时代特征在任何时代都有。在整个人类历史发展过程中,所有人类行为的动机都是自私的,从人类行为最深的层次看,即使是最无私的行为,对人类自身的存在来说也可以被看作是自私的。

这段论证的理由是作者在理解"自私"这个概念时所拥有的偏见。

根据常识性的观点,理解"自私的个人主义"应当从动机与效果两个方面来考虑。作者将人类自私的动机等同于自私的个人主义,这是偏见之一;概念的应用通常都有一定的层次和界线,"自私"与"无私"是在比较人类的个体行为和群体行为时经常使用的一对概念,当我们把人类自身的存在与其他物种的存在相提并论时,这对概念就未必适用了。作者把相对某个群体来说最无私的行为当作这个群体本身的自私行为,这是偏见之二。这种偏见在取消人类个体行为和群体行为的界线的同时,将人类的个体行为与其他物种的总体放在同一个层面上进行比较,混淆了概念运用的层次。

表明一种理由属于某种偏见是非常困难的事情。从哈佛大学所做的一个实验了解到,思考的偏差80%是由理解的偏差引起的[1]。纠正理解的偏差虽然困难重重,但是意义重大。

区分事实和道理不只是为了便于识别理由,更重要的是为了查验事实是否如此,看它在论证中是否被正确地使用。有时会出现这样的情况:某些事实本身是没有问题的,由于在论证中断章取义,究其细枝末节,便酿成了错误。在许多情况下,作者必须依赖其他的道理来论证自己的主张,于是作者的信念和偏见也会接踵而至。区分事实和道理的另一个重要意义是便于检查作为理由的道理是否个性化太强,或者是否有普遍的实用性。

二、辨识理由的困难

在日常的阅读理解中,辨识理由的困难之一是论证中的理由通常与定义、说明、解释、背景知识介绍等交织在一起,提炼论证的理由并非易事。

首先,在处理这个问题时,应该明确诸如定义、说明、解释和背景知识介绍等,对于做出和理解论证都是有益且必需的,但是,定义、说明、解释和背景知识介绍等不是论证的主干,而是构成和理解论证的辅助性内容。例如:

"网络钓鱼"是指攻击者利用欺骗性的电子邮件和伪造的网站进行的诈骗活动。"网络钓鱼"比较典型的做法是通过发送垃圾邮件,来诱骗用户访问一个伪造的钓鱼网站,这种网站做的与电子银行或电子商务的网站几乎一模一样,某些粗心的用户由于不辨真假,下载木马程序或者填写个人的登陆账号和密码,从而导致个人信息和财务数据失窃。

这段陈述回答的问题是:什么是"网络钓鱼"?"网络钓鱼"是怎样进行诈骗活动的?对这两个问题的回答构成的是定义和程序性解释,而不是论证。该段陈述没有提出结论性的主张,给出的说明和解释不是为支持某一主张所提供的根据或理由。

其次,应该明确论证的两个基本要素是理由与主张,抓住理由与主张,关注理由对主张的证据支持关系,这是使论证的理由从定义、说明、语义解释和背景知识介绍中凸显出来的简易方法。例如:

形象设计就是运用各种专业的科学的设计方法,对人的整体形象进行再塑造。通俗地说:形象设计就是教你绝招儿,教你怎么去找到你最适合的那些颜色,教你怎么能够快速、准确、非常有效地找到适合你的那身衣服。说白了就是教你找到适合你自己的穿衣打扮的诀窍。

"形象设计"这一概念源自舞台美术,后来被时装表演界人士使用,用于时装表演前为模特设计发型、化妆、服饰的整体组合,后来又发展成为特定消费者所作的相似性质的服务。

说到形象设计,许多人都认为那是为爱美的女性准备的,与男性无关。这是一个错误的看法。形象设计没有性别之分,并不为女性所独享。生活中,男士的打扮受色彩、款式的限制比较多,导致形象单一,因此,就更需要借助色彩、搭配等手段来改变单一、单调的形象。工作中,竞争日益加剧,人与人之间的竞争不仅表现在专业知识、业务能力、沟通能力方面,良好的个人形象、合理的服饰搭配也是提升竞争力的一大法宝。因此,男士同样需要打造自己的职业形象,增加自己的魅力指数。

上述议论的主张是什么?男士同样需要打造自己的职业形象,增加自己的魅力指数。坚持这一主张的理由是什么?其一,生活中男士的打扮形象单一；其二，工作中的良好形象是提升竞争力的一大法宝。理由是对男士为什么需要形象设计的回答。第一段是对形象设计是什么的定义和阐释，第二段是对形象设计的来源所做的介绍和说明，它们是提出主张和理由的知识背景，其本身并不是论证的主张或理由。

在论证中，对词义或概念的定义、说明、阐释，或者对抽象的原则所作的通俗解释，它们与理由的差别通常是容易辨认的。有一种解释与理由的界线是难以辨别的，这种解释就是对事物产生原因的解释。

三、理由与原因

在论证中，"因为"是常见的引导理由的标志词，但是，由"因为"所引导的陈述表达的未必是支持某个主张的理由，也可能是解释某一事实产生的原因。比如，为什么我的仙人掌萎蔫了，因为该给它浇水了。因果解释是对询问为什么的直接回答。问句中表达的事项称为被解释项，如仙人掌萎蔫了。对问题的直接回答称为解释项，如仙人掌缺乏水分。解释项与被解释项表明的是因果关系，理由与主张表明的是证据支持关系，也就是逻辑推理关系。

这里要澄清的第一个问题是：在因果解释中是否存在推理关系？就因果解释的提出总是基于一定的理由而言，其中存在推理关系，尽管这方面的理由在实际中经常被省略。上述解释作为实际的推理是这样的：

我的仙人掌萎蔫了（观察到的事实）。
植物缺乏水分通常会萎蔫（被省略的因果律）。

所以，缺乏水分导致仙人掌萎蔫（因果解释）。

需要注意的是在这个推理中，因果解释是表达某种因果关系的主张，是推理的结论，其前提（理由）是所观察到的事实和被省略的因果律。另外，这个推理不是演绎有效的，结论不是必然真的。仙人掌萎蔫可能是由于浇水太多了，也可能是由于虫害，或者得了某种植物枯萎症，这些可能的解释并没有在上述推理中被排除。

第二个需要澄清的问题是：因果解释在什么条件下能够作为论证

因果主张的理由？在有证据表明某种因果解释是对所观察到的事实的最佳解释的条件下，因果解释能够作为论证的理由，其中包括证实最佳解释和排除其他可能解释的证据。考虑到因果解释通常不是为解释而解释，正如一种解释的给出总是基于某种理由一样，对原因的某种解释一旦给出，它通常会成为论证下一个主张或决策的理由，或者成为进一步解决问题的根据，因此我们必须审查某种因果解释作为理由的资格[2]。

四、前提与假设

辨识理由的另一个困难是如何揭示论证中那些藏而不露的理由。论证的理由有两种表现形式：一种是明确表达出来的理由，称之为前提；另一种是未明确表达出来的理由，称之为假设。论证的假设，也许是因为作者理所当然地认为它是真的，或者认为大家都相信它为真，在论证中略而不谈；也许是因为作者不愿意使自己的根本信念受到挑战或者考验而把它从论证中抹去。无论如何，假设都是论证中隐而不说的、被论证者默认为真的前提之一。

坎纳沃教授在谈到论证的假设时讲了一个有趣的故事。[3]

有一次，我的一个朋友去拜访他住在北达科他州大福克斯县的姨妈。他已经有三年多的时间没有去那里了。当他喝了姨妈给他泡的咖啡后，说咖啡尝起来有点变味。他姨妈对他说："噢，怎么会呢？你知道，我们自己是很少喝咖啡的，这咖啡还是你上次来的时候喝过的呢。"

这位姨妈天真地认为：一盒咖啡不论放多久，它都不会变味。

事实上，所有的论证都需要假设的支持，这些假设是从个人的信念系统或广泛认可的基本知识中得来的。即使在科学的基本理论中，重要的假设也是随处可见的。例如：

地球是宇宙的中心。
物体要么处在绝对的静止之中，要么处在绝对的运动之中。
物体越重下落的速度越快。

能量的转换总是均衡的和连续不断的。

光在真空中是直线传播的。

这些陈述在历史上曾经是被科学家长期默认的假设,当一位天不怕地不怕的思想者,向科学界默认了几百年甚至几千年的假设提出强有力的质疑时,科学史上最耀眼的成就便出现了。

对于理解和评估论证而言,揭示隐含的假设是非常重要的,它是解开论证中诸多纠缠不清的问题的一把钥匙。即使在一个简单的论证中,也可能会暗含许多假设,我们需要揭示和把握的只是其中的一小部分。我们需要牢记论证可见结构中的理由和主张两部分,只关注那些足以影响理由支持主张的力度的假设。例如:

在一小时内,一部自动摄影机拍下了100辆在一条单行线上超速的汽车,一公里以外的警察只拍下了49辆超速的汽车。由于在这一小时中,每一辆经过自动摄影机的汽车都从警察身边经过,所以,警察只拍下了经过他身边的不到一半的超速汽车。

请关注作者的理由与结论,站在为作者着想的角度考虑,怎样才能使论证中已表述的前提成为支持其结论的强有力的理由?若使已表述的前提成为支持其结论的强有力的理由,他就必须假设:"绝大多数在经过自动摄影机时超速的汽车,在经过警察身边时仍然保持超速的状态。"如果这一假设不能成立,上述论证就宣告破产。

显然,该论证也需要依赖以下的假定:警察的摄影机与自动摄影机具有同样的功能、警察与自动摄影机同样忠于职守等,这类假定属于对文中陈述的理由是否真实可靠的质疑,通常我们把这类假定称为预设。假设是针对已陈述的前提不足以支持其结论的缺口,加以恰当的补充,使原论证从逻辑上能够说得通。

请记住:揭示假设的原则之一是假定已表述的前提为真,然后查看这些前提若能使其结论成立,至少还需要得到什么样前提的支持,这样的前提就是该论证的假设。另外,不要把文中已经陈述的难以成立的理由当作假设。

第二节 论证图解

论证的结构能告诉我们前提是怎样支持结论的,能为我们提供评估论证的有用信息。看清论证结构的一种简明方法是用树状草图将论证结构标示出来,画这种草图需要一些标记:结论,用 C 表示;被省略的结论用 MC 表示;前提,用 P,P1,P2 等表示;未陈述的前提用 MP,MP1,MP2 等表示;所以,用→表示。一个论证的结构实际上可能很复杂,通常是由以下三种基本的结构经过不同的组合构成的。

一、单一结构

由一个前提和一个结论组成的论证具有单一的结构。例如:

P:小文正在读《水浒传》。

C:所以,小文不能把他的《水浒传》借给小伟。

这个简单论证的结构图示如下:

二、T 型结构

当一个论证有两个或两个以上的前提时,它的结构可能是 T 型的,也可能是 V 型的。让我们来看 T 型结构,例如:

P1:肿瘤科医生都不情愿告知患者得了癌症。

P2:李光是肿瘤科医生。

C:所以,李光不情愿告知患者得了癌症。

上述论证的结构图示如下:

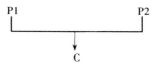

上述论证的两个前提必须都真,它们才能为结论的真提供强有力的支持。其中只要有一个是假的,另一个几乎不能为结论提供任何有力的支持。我们把这样的结构称为 **T 型结构**,因为在这种论证结构中,前提与结论的联结形式像英文字母 T。这类论证的前提有时会有三个或者更多。例如:

P1:每一位求职的残疾人都遭受过被拒绝的痛苦。

P2:大鹏在一次不幸的事故中失去了右腿。

P3:大鹏伤愈后曾多次寻找工作。

C:所以,大鹏遭受过求职被拒绝的痛苦。

以上论证的结构图示如下:

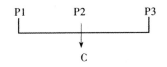

三、V 型结构

论证的第三种基本结构是 V 型结构。例如:

P1:张伟在事业上很成功。

P2:张伟的婚姻十分美满。

C:所以,张伟是个幸福的人。

以上论证的结构图示如下:

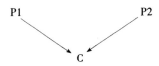

请注意 V 型与 T 型结构的差别。在 V 型结构中,每一个前提都能相对独立地为结论提供一定程度的支持。比如,"张伟在事业上很成功"作为支持"张伟是个幸福的人"的理由,并不依赖张伟的婚姻是否美满。换句话说,即使张伟的婚姻不美满,"张伟在事业上很成功"仍然为结论提供了一定程度的支持。我们称这种结构为 **V 型结构**,因为前提与结论的联结形式像英文字母 V。当然,V 型结构也可以由三个或更多的前提组成。比如,在上述论证的基础上再加 P3:张伟曾经有一个快乐的童年。其结构图示如下:

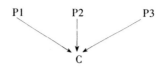

这个结构图示看起来更像 W 而不像 V,我们仍然称这种结构为 V 型结构,因为它不过是两个 V 的组合。

区分 V 型与 T 型结构对论证的理解与评估是非常重要的。在 T 型结构中,所有的前提必须联合起来,才能给结论以强有力的支持,任何一个前提都不能独立地发挥作用,其中只要有一个是假的,就会使所有的前提失去对结论的支持作用。然而,在 V 型结构中,每个前提对结论的支持方式是相对独立的,其中的一个前提为假,会影响前提在总体上对结论的支持力度,但是,不会影响其他前提对结论的支持力度。

如果 T 型论证的某一个前提为假,尽管其他的前提都是真的,这个论证的前提对其结论的支持是相当弱的。

如果 V 型论证的某一个前提为假,而其他的前提均为真,这个论证的前提对其结论的支持有可能仍是很强的。

四、复合结构

复杂的论证结构通常是由上述三种基本的结构组合而成的。例如:

> 扎布的父母都是藏族(P1),所以,扎布是藏族人(P2)。由于藏族考生的高考成绩享受加分的待遇(P3),所以,扎布被录取的分数不是他参加考试的卷面分数(C)。

这段论证实际上包含三个子论证:首先,由 P1 证明 P2;其次,由 P2 和 P3 证明 MC:扎布的高考成绩享受了加分的待遇。最后,由 MC 证明结论 C。整段论证的结构图示如下:

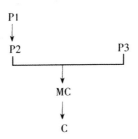

当一段论证包含两个以上的子论证时,也会有两个以上的结论。在辨识论证结构时,除了注意补充被省略的结论外,还要注意区分主要的结论和次要的结论。在上述论证中,作为中间结论的 P2 和 MC 都是次要的结论,它们都是支持主要结论 C 的前提。

如果论证有两个以上的结论,可以通过提出以下这样的问题来区分结论的主次:C1 **所以 C2,还是 C2 所以 C1**？根据具体的语境和尽量使论证合理的理解原则,看一看哪种回答比较恰当,便能对主要结论和次要结论做出区分。

让我们来看一篇较复杂的论证:

市面上出现了假币的新"变种"——更容易迷惑人的"变造币"。所谓变造币,就是指通过拼接、粘补等方式制造出来的非法货币。目前,市面上见到的"变造币"有以下几种:

第一种是拼凑币。不法分子将一张真币一分为二,将一半真币和一半假币拼凑粘接在一起,制造出两张半真半假的变造币。市民在观察此种假币时,可注意其左右两边的编号,若不同,肯定是假币。

第二种是双面贴。不法分子将一张真币的正反面劈开,与一张假币的正反面分别组合,制造出两张半真半假的变造币。此种假币在昏暗的夜晚较难辨认,对大面额纸币要正反面同时鉴别。

第三种是"全真纸币"。与真币比较,这种假币几乎可以乱真。不法分子将多张真币进行裁剪、抽条,再重新拼接,一般可以将 9 张真币变成 10 张或 11 张变造币。此种假币的尺寸肯定比正常同面值币种小,市民对黏合痕迹明显而且显得破旧的纸币要多加注意。

第四种是挖补变造币。由于新版100元纸币右下角的变色荧光数字难以仿造，不法分子便将真币的变色荧光数字挖掘下来，再粘补在假币的同一位置上，以期蒙混过关。市民在观察荧光数字的同时，还要注意配合其他鉴别方式。

与假币相比，变造币更加难以辨别。这主要是因为变造币有了与假币完全不同的新特征。以往的假币完全是假的，变造币则不同，有的变造币是由多张真币拼凑而成的全真型纸币，有的变造币是由真假难辨的多部分混合而成的。因此，"变造币"的出现给假币的识别带来了更大的麻烦。

让我们按照以下的步骤来理解上述论证。

第一步，识别主要结论C："变造币"的出现给假币的识别带来了更大的麻烦。提问：为什么说"变造币"的出现给假币的识别带来了更大的麻烦？

第二步，寻找回答上一步提问的答案，因为P1：市面上出现了假币的新"变种"——"变造币"；P2：变造币更加难以辨别。提问：市面上果真有"变造币"吗？变造币为什么更加难以辨别？

第三步，寻找回答上一步第一问的答案，因为P3：拼凑币；P4：双面贴；P5："全真纸币"；P6：挖补变造币。再寻找回答上一步第二问的答案，因为P7：变造币不完全是假的。提问：为什么说变造币不完全是假的？

第四步，寻找回答上一步提问的答案，因为P8：有的变造币是由多张真币拼凑而成的全真型纸币；P9：有的变造币是由真假难辨的多部分混合而成的。

综合以上的步骤便画出该论证的结构图示：

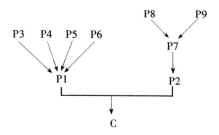

所谓论证图解就是用这种由 T 型和 V 型组合而成的树状图来解析论证的结构。如果把上面的图形倒过来看,好像古埃及人建造的金字塔。理由对论点的支持程序就好像在建造一座金字塔,塔尖上的那块石头就是论点,其他的石头都是论据,是为塔尖服务的。只要塔尖的那块石头不放上去,金字塔就不算建成。要想把塔尖的那块石头放好,必须先把下面的石头摆好。论证也是一样,想要论证自己的观点,首先应该将论据按照它们的不同功能(独立,还是非独立地支持论点)组织好,然后以清晰可见的结构将论证表达出来。在理解他人提供的论证时则刚好相反,想要弄清楚其中的结构,必须先抓起塔尖的那块石头,才能看清它下面的基础和结构,然后层层揭露直到塔基。

第三节 不正当的理由

针对为支持某一主张所提供的理由,可以提出两方面的问题:一方面是理由对主张的支持程度问题。这方面问题关注的是理由对主张的证据支持关系,而不是理由或主张本身,我们可以根据推理的知识来回答或理解这方面的问题。另一方面是理由本身的资格和运用的问题。这方面问题关注的是:理由本身应当具备一种什么样的性质?是真实的,还是虚假的?答案当然是真实的。然而,在运用理由做出论证时,真实性悬而未决或者以假乱真的理由却大量存在。理由本身应当具备一种什么样的力量?是情感的力量,还是理性的力量?答案显然是理性的力量。可是,在实际论证中,以情感的力量来腐蚀甚至代替理性力量的情况却是大量存在的。

理由的正当性涉及的是理由的资格和正当运用的问题,这里用真实性和相关性来解释正当性的含义。如果我们同意用于支持某一主张的理由必须是真实的,而在论证中却使用了真实性悬而未决,或者以假乱真的理由进行论证的计策,这种理由的应用就是不正当的;如果我们同意对结论的支持必须诉诸理性的力量,而不是情感的力量,而在论证中依靠的却是情感的力量而不是逻辑的力量,这种理由的应用也是不正当的。

如何判定所提供的理由是正当的？从正面提出判定理由的相关性和真实性的标准是困难而富有争议的。我们采用反面的策略，通过熟悉那些运用不正当理由进行论证的实例，最大限度地消除不正当理由的运用。人们从日常的论证经验中总结出一些在逻辑上不相关，而在心理上相关的错误论证，熟悉这些谬误的特征，能帮助我们识别在实际论证中出现的不相关的谬误。我们把这类谬误分为"诉诸情感"和"诉诸权威"两种来介绍。另一类谬误是"未确证的假设"，以貌似真实可信的理由来支持某一主张是这类谬误的主要特征。

一、诉诸情感

论证会利用语言表达感情的功能，以言辞激起人们在心理上的愤怒、恐惧、同情或热情等，单纯依靠情感的力量来支持或调动人们接受其主张，就会犯诉诸情感的错误。诉诸情感的论证若能顺应特别得势的情感，常常会产生使人信服的惊人力量。"你纵然告诉一个正在热恋的人说，他的情人对他的爱情是假的，并且拿出二十种证据来，证明他的情人对他不忠，可是她只用三句甜语，就会使一切证据归于无效。"[4]

1. 人身攻击

人身攻击指的是以对人的抨击、挖苦、指责、讽刺等为根据，来否定或驳斥他人所提出的主张。通俗地说，因人废言这种指向人的论证就是人身攻击的谬误。其常见形式如下：

人格人身攻击，指的是通过诋毁对方的人格而不是摆出有力的证据来否定对方持有的主张，或者降低对方言论的可信度。1860 年 6 月，英国科学促进协会在牛津召开了一次著名的会议，针对达尔文在 1859 年出版的《物种起源》所提出的进化论学说展开了激烈的辩论，达尔文因病没有到会，赫胥黎代表他参加了会议。牛津大主教塞缪尔·威尔勃福斯在反驳进化论的发言中说：

赫胥黎教授就坐在我旁边，他是想等我一坐下来就把我撕成碎片，因为照他的信仰，他本来是猴子变的嘛！不过，我倒要问问，这个猴子子孙的资格，到底是从祖父那里得来的，还是从祖母那里得来的呢?[5]

这种以污辱人格为能事的议论既粗鲁又无理,意在激起对方的愤怒和情感上的混乱,使对手根本无力反驳。应对的最好办法就是置之不理,让攻击的卑鄙性自我暴露。

人格人身攻击的一种典型的形式叫做**井里投毒**(poisoning the well),它的字面意思说的是在别人喝到井水之前,便在井水里下了毒。它指的是在一个人还没有机会开口讲话之前便被指责为说谎的骗子,以此来暗示听者不要相信这个人所说的话。这是一种集中精力攻击一个人诚信品格的谬误。例如,某人是一个谎话连篇的骗子,他在自己的父母和兄弟面前从来都没有一句实话,你千万不要上他的当! 这种错误的实质是尽其所能在对手有机会讲话之前做实他的骗子名声,试图使人们相信:对方说的一切都是不真实的。这种策略在派系斗争中经常使用。

这种谬误的一种变体是:论证者提出一个论点,并不允许任何证据成为反对该论点的理由,每当有人提出不利于该论点的证据时,都会被立论者的解释化为乌有,甚至解释为支持其论点的有利证据。例如,有人主张:人的本质都是自私的。当人们指出诸如见义勇为等反面的证据时,他会向你"揭露"这些人头脑中的"私念",假如不能自圆其说,他可能会说,这些人是不正常的怪物。于是,正常的人都会赞同他的主张,不赞同其主张的人都是怪物。这种错误的实质是论证者从根本上否认对其论点加以检验或证伪的可能性,试图使人们相信:他所坚持的主张或理论不是假的。朗缪尔在分析"病态科学"时指出:一种异想天开的与经验相悖的理论所遇到的批评,常常被一时冲动下的特殊借口所反驳,被批评者总是有答案。[6]

处境人身攻击,指的是通过谴责处在特殊环境中的人可能持有的偏见来驳斥对方的观点。例如,美国的一位国会议员——他所在的州盛产木材,有一次把环境保护主义者描述为"喜欢有斑点的猫头鹰,胜于喜欢靠木材业工作生活的家庭,是神经质的空想家。"[7]即使环保主义者有喜爱猫头鹰的偏见,他们保护环境的主张也可能是正确的。再如:"该银行总裁坚持认为,富人的个人所得税不应该提高。对于一个有巨额收入并且贪婪地渴望获得更多的人,你还能指望他有什么别的观点呢?"就算银行总裁有巨额的收入和贪婪的欲望,并不能以此证明"富人的个人所得税不应该提高"这一主张的对错。

针对人身的论证有时是合理的。例如,在法庭上允许律师针对证人的人品或处境进行检验,如果发现证人有作伪证的先例,或者与当事人有亲戚或利害关系,证人的证言就会受到合理的怀疑和削弱。合法地考查证人的真诚和作证能力并不是谬误,但是,如果仅以证人曾作过伪证,便完全否定当前证人证言的证据效力,这就犯了人身攻击的错误。

2. 诉诸恐惧

诉诸恐惧(*ad baculum*)指的是通过激起人们的恐惧心理来迫使人们接受其主张的谬误。这种谬误的传统形式叫做诉诸强力,其拉丁名称的意思是诉诸棍棒的论证,有孩子不打不成器之意。诉诸强力是诉诸恐惧的粗野形式,所谓"秀才遇着兵,有理说不清","强权胜于公理"。20世纪,意大利有法西斯哲学家曾这样说:"我们可以有很多不同的工具来彻底说服对方,讲道理是其中一种,大棒子是另外一种。一旦对方真正给说服了,用什么工具也就无所谓了。"[8]

用以施加威胁而使人产生恐惧心理的手段不只是武力和强权,其他的如良心的谴责、上帝的惩罚、经济的损失、健康的威胁、优势的丧失、安全的隐患、灾祸的降临等。这种不借助武力的威胁,而是借助玩弄恐吓的策略所形成的论证是诉诸恐惧的精致形式。在日常生活中,从讲使人恐惧的故事哄小孩睡觉,到广告利用使人恐惧的镜头促销商品,这种恐吓策略几乎是随处可见的。例如:某百货大楼的化妆品柜台曾经放了几台显微镜,让顾客观看皮肤里寄生的"螨虫",成千上万不停蠕动的小虫让人看得头皮发麻。解决的办法是什么?购买某种化妆品来清除你皮肤里的"螨虫"。

在鉴别诉诸恐惧的谬误时要注意:具有诉诸强力模式的论证不必然是一种谬误。例如,警察对酒醉后驾车的司机实行强制性约束和更加严厉的处罚、"非典"时期对患者进行强制性隔离、记者根据对一系列采矿事故的调查发出加强安全管理措施的警告等,并不属于诉诸强力的谬误,因为它所依据的法律或政策本身就是强制性的,除非我们认为某种强制性的法律或政策是不公正的,或者在执行法律或政策过程中是粗暴无理的。对于诉诸恐惧的精致形式,区分合理的警告与无理的威胁同样是有难度的。例如,家长对孩子说:"现在不努力学习,长大了就只能去当乞丐!"合理的警告,还是无理的威胁?孩子对家长说:"如果再烦我,我就离家出走!"合理的抗议,还是无赖的恐吓?

　　诉诸强力的错误实质是用强制的手段压服对方接受某种主张或采取某种行动,使对方没有选择的余地,而不管客观上是否存在着其他选择的可能。在合理的警告与无理的威胁之间没有明确的界线,应结合具体的语境,针对这种论证模式的第一个前提考查以下问题:强力的使用是否有合理的、客观的根据?所预见的后果有多大的现实性?所预见的后果是否被人为地放大?被要求接受的信念或采取的行动是否还有其他证据的支持?

3. 诉诸怜悯

　　诉诸怜悯指的是以值得同情为理由来证明自己的主张或要求是合理的。在法庭辩论中,辩护人经常利用诉诸怜悯作为对合理辩护不足的补偿。古罗马的安托尼奥斯在为被告马尼乌斯辩护时,在法庭上扯开被告的长袍,展示他为祖国作战时留下的伤疤,在场的听众深受感动,于是审判者宣布他无罪。

　　据《史记》记载,汉武帝的乳母屡次犯事,武帝决定处罚她。乳母按着东方朔的指点不作任何辩解,只是在离去时不断地回头望着武帝,显出依依不舍的样子。这时东方朔趁机插话说:傻老婆子,皇帝已经长大了,还要靠你喂奶养活吗?汉武帝听了这话心酸起来,就赦免了乳母。

　　苏格拉底在为自己辩护时,曾经以蔑视的态度提到这种以博取人们的同情心来获得法律宽恕的做法。

　　　你们中有些人会联想起自己的案子,因此对我产生怨恨,他们受到的控告不如我的案子那么重,但他们在法官面前痛哭流涕,苦苦哀求,把他们尚在襁褓中的孩子以及其他许多亲戚朋友也带到法庭上来,借此博得最大程度的怜悯;而我正好相反,尽管似乎面临着巨大的危险,但我决不愿做这种事……我亲爱的先生,我当然也有亲戚。用荷马的话来说,我不是"出生于岩石或古老的橡树",我的父母也是人,我也有亲戚,对,还有儿子。先生们,我有三个儿子,一个已经接近成年,另外两个还小,但我不会把任何一个带到这里来,恳求你们判我无罪。[9]

诉诸怜悯的本质是以对某人所处境况的同情来支持他的主张或请求,而不是在逻辑上诉诸有力的证据。这种论证策略的实质在于玩弄人的负罪感,它会使你觉得,对他将要遭受到的不幸,你应当负有道义上的责任,如果你不同情他,就会使你觉得有罪,产生内疚感。

当然,并非所有诉诸怜悯的论证都是谬误。慈善团体公开诉诸同情的力量开展各种救助募捐活动,它以人类或不同文化中的道义原则为内在的根据,属于对同情心和慈爱心的正当使用,而不是谬误。

4. 诉诸公众

诉诸公众指的是以大多数公众所持有的信念以及公众狂热的情绪或强烈的愿望,而不是客观严谨的理智分析为理由,来促使人接受某种主张或者采取某种行动。例如:

甲:饭馆为什么要供奉财神?
乙:深圳的饭馆都这样。
甲:你怎么把头发染成这种颜色?
乙:现在流行这种颜色。

请看一则广告:

20年的专业品质,2000万妈妈的营养选择。三鹿婴幼儿奶粉,更多三鹿,更多营养。

诉诸公众信念的论证模式是:大多数人相信S,大多数人相信的是真的。所以,S是真的。大多数人信以为真的未必就是真的,人们相信一个陈述为真的信念不是证明这个陈述事实上为真的理由,相反,一个陈述事实上被证明为真是人们相信这个陈述为真的理由。历史提供了许多大多数人信以为真而到后来被证明是虚假信念的例子,曾经人们相信:"物体越重下落的速度越快""太阳围绕地球旋转"是真理,曾经有许多人认为"包产到户""计划生育"等政策是错误的,而事实证明这些都是时代的偏见。

诉诸公众信念的实质是以大众狂热的情绪或强烈的愿望作为支持某种信念或者采取某种行动的理由。例如,在观看足球赛时,球迷对足球的狂热和希望他们所热衷的球队能赢的强烈愿望通常是推动观众骚乱产生的强大动力。在骚乱中,狂热的情绪使骚乱者一致坚信:裁判的"黑哨"毁灭了他们钟爱的球队,并以此为"真理"采取一哄而上的暴力行动。在政治宣传、广告策划、种族和宗教运动中,通过调动大众狂热的情绪或强烈的愿望来诱导人们坚信某种一致的信念或采取某种一致的行动,是常用的论证计策。

《韩非子·内储说上》提到"莫众而迷"这句话,意思是说:人若离开众人的智慧就会迷惑。《论语·卫灵公》则说:"众恶之,必察焉;众好之,必察焉。"强调对众人一致的意见要加以分析。

谬误不是引用公众意见或信念进行论证的固有缺陷,引用公众意见的论证可能是良性的。比如,在一个陌生的火车站赶夜间的火车,由于时间紧迫,根据身边乘客的意见去寻找乘车的站台,可能是明智的。但是,在通常情况下,人们确信某种主张或信念为真,只是因为大家都这样看,而不去过问所确信的根据,以为真理是由大众的投票所确立的,觉得自己只要跟着他人的足迹走就不会走错,这就会犯诉诸公众的错误。

在理解诉诸公众的谬误时,应当注意:在民主选举或者解决公众纠纷的裁决中,有"少数服从多数"的原则,诉诸公众与此不同。比如,在行使你的选举权时,只是"随大流",多数人选举谁,你也选举谁,至于大家为什么选他,你为什么选他,你并没有明确的认识,这就犯了诉诸公众的错误。"少数服从多数"的原则,是在选举结果中用来评判谁输谁赢的规则,就如同足球赛中谁进的球多谁赢一样,并不是踢球过程中所应遵守的规则。

二、诉诸权威

权威指的是在某个领域的某些方面成为结论性陈述或证明来源的个人或组织。特定领域里的权威人士或权威机构，不仅是该领域具有丰富经验和远见卓识的内行，而且在其所属领域发表意见的态度通常比其他机构或个人更加慎重和严谨。比如，与《绍兴日报》相比，《光明日报》在发表观点前对论证的审查要谨慎得多；一位著名的篮球教练对某位政治候选人的评价可能微不足道，而对某位进入国家篮球队的候选人的评价，可能就会颇有参考价值。

正因为权威的意见值得接受、参考和引证，滥用权威甚至迷信权威的谬误也屡见不鲜。请看一则幽默：

拿破仑：朱塞佩，我们该怎样处理这个士兵？他说的一切都是错误的。

朱塞佩：阁下，让他当将军，他说的一切就都是正确的了。

1. 滥用权威

滥用权威是诉诸权威的普通形式，其表现之一是对权威的身份或言论进行不正当的使用。《战国策·燕策二》记载了这样一则故事：

有一个卖骏马的人，连续三个早晨站在市场上，没人来过问。他去见伯乐说："我有一匹骏马想卖掉，接连三个早晨站在市场上无人同我搭话。请允许我给您一个早晨的费用，希望您绕着马看一看，离开时再回一回头。"伯乐于是就绕着马看了看，离开时又回了回头，一个早晨马的价格竟上涨了十倍。

利用权威的身份做广告并不是现代人的专利，以诉诸权威的方式促销商品是司空见惯的事情。但是，如果类似的情形出现在严肃的学术研究领域，滥用权威就会成为一种严重的错误。近年来出版的某些博士论文，将作为论文答辩委员会成员的专家评阅推荐书堂而皇之地印在扉页上，而且对专家评阅推荐书是有选择、有删节地刊登使用。专家们见到被曝光的推荐书有省略号，会是一种怎样的感觉？

俗话说:隔行如隔山。引用权威的观点论证其所属领域之外的主张是危险的。比如,用达尔文的观点论证一个道德主张,就如同用毕加索的观点解决一场经济争论一样,很可能会产生谬误。

滥用权威的表现之二是权威者以其身份、地位、资格和工作成绩等为理由,来支持他的主张或者为自己错误的观点辩护。当权威者在他所属的领域之外仍然以权威者的身份自居时,易于产生这方面的谬误。例如,一位专攻埃及学的教授说:"妇女的逻辑跟男子的逻辑是不同的。作为教授,我可以说这是完全正确的。"另外,当权威者的观点在其所属的专业领域内受到挑战时,更易于产生滥用权威的谬误。谈到这方面的谬误,洛克说:"一位渊博的学者,既然在四十年中,费了许多时间和灯烛,由希腊文和拉丁文的坚石,造成其权威,而且他的权威又为普通的传说和年高德劭的须眉所证实,那么要有一个暴起的新学后生在霎时间把他推翻了,那不是最不可忍受的一件事,足以使其绯衣赧颜的么?……他既然耗了许多时间惨淡经营,才能得到自己的知识和学问,那么他会被有力的辩论所说服,顿然脱掉其旧有的意念,和他在学问方面的自命不凡么?他会赤裸裸地一丝不挂,来重新追求新的意念么?我们纵然用尽各种论证,亦不能折服他,正如狂风不能使旅客脱掉其斗篷,只能使他抓得更紧一点似的。"[10]

2. 迷信权威

迷信权威是诉诸权威的极端形式,它的第一种表现是在论证中将权威的言论当作绝对化的证据来使用。**诉诸权威**(*ad verecundiam*)的拉丁文的意思是因自愧不如而谦卑。如果对权威的言论谦卑到了绝对化的地步,这无疑是一种谬误。例如,在欧洲的中世纪,亚里士多德及其学说享有权威的地位。有一位经院哲学家不相信人的神经在大脑中会合,于是一位解剖学家请他去参观人体解剖。当他亲眼看到人的神经在大脑中会合的事实时,解剖学家问他:"现在你该相信了吧?"经院哲学家回答说:"你让我清楚明白地看到了这一切,假如在亚里士多德的著作里没有关于神经是在心脏中会合的看法,那我就承认这是真理。"

第二种表现是利用人们迷信权威或者信赖权威的心理,将权威神秘化,以此来间接放大其言论的证据效力。《韩非子·外储说左上》记载,秦昭王曾派人到华山,用松树芯做成巨型棋子,然后在石头上刻字说:昭王与天神在此弈棋。孟子以"五百年必有王者兴"来称颂几位政治家。董仲舒称颂孔子是几百年才会出一个的圣人。"神秘化"强化了人们面对权威自愧不如的谦卑感,并以此迷惑人们听凭于"权威"的言论。

第三种表现是用人为制造的权威来博得人们的信赖。例如,有一本书在《前言》中说:"卒于1992年春在天津市举行由全国各地肿瘤界泰斗40余人组成的编辑委员会上……"其中"泰斗40余人"就是在人为地制造权威。制造权威的一个巧妙方法是将一门学科神秘化,以此来树立这门学科研究者的权威。例如:

> 当代写作学研究需要广博的多学科的观念、知识背景和方法论武器。由于当代写作学的研究对象具有极高的概括域,以及写作言说行为的非在场性、当下化、非线性等特征,或者说,作为写作言说行为,具有多维控制场的性质,它受语言、心理、逻辑、思维、文化、文学、艺术、美学、政治、哲学精神的影响和扰动。对人类写作行为的本质、原理、规律的操作奥秘的研究,研究者就必须具备语言学、心理学、逻辑学、思维学、文化学、文艺学、美学、政治学、哲学的基本知识与修养,否则,研究者就不能真正进入研究状态,就像没有这张"入场券"就不能观看一场精彩的演出那样。[11]

看来,"当代写作学"不是普通人所能研究的,若非百科全书式的学者,都不能进入研究状态。不用说研究者对这门学科有什么成果,仅凭有资格"真正进入研究状态"这一点,就足以让人感到自愧不如。

引用权威的言论进行论证的模式如下:S 属于 D 领域。E 是 D 领域的专家,E 断定 S 为真。所以,S 可能为真。谬误并不是引用权威的言论进行论证这种论证模式的固有缺陷,诉诸权威的错误实质在于对权威的迷信和误用,它作为一种论证策略,试图仅凭权威的威望和光环迫使人缄默。在论证中,正当地使用权威的言论可以形成支持结论的良好理由。比如,在学术研究中引用专家的成果,在法庭审判中依靠法医的鉴定报告,以及在医学、考古、工程等领域,专家的言论通常是支持某一结论的良好理由。

在引用权威的言论作为论证的理由时,应当注意它对结论的支持是有限的,也就是说,尽管结论得到了权威言论的支持,结论仍然有可能是假的,或者说,这种论证模式中的推理不是有效的演绎推理,至多是强有力的归纳推理。如果将其结论当作必然真的来接受,实际上等于反过来放大了权威言论的证据效力,这就犯了诉诸权威的错误。此外,在判定归纳强度方面,还要注意考查以下问题:该权威的专业水平和职业资格如何?他是否有获得客观证据的有利途径?他的权威言论是否赢得了同行的认可和赞誉?在所讨论的领域之内他是否富有经验?是否有可靠的证据证明他的工作业绩?他的评判能否做到客观公正?他的观点是否已经过时落伍?

3. 诉诸传统

中国人有浓厚的传统意识,尊孔孟,敬祖宗,重出身,对传统的谦卑和敬仰仅次于对权威的谦卑和敬仰。**诉诸传统**指的是仅以一种看法与传统的关系为依据,来证明这种看法是正确的或合理的。传统的东西不能一概而论,有的传统是值得发扬的,有的传统是需要更新的,有的传统是必须淘汰的。仅以某种见解或者作法是传统的,便断言它是合理的或者是不合理的,缺乏对当前情况的具体分析,就易于犯诉诸传统的错误。例如:

> 在每个有记载的社会里,都存在着某种信仰一个或多个神的情况。因此,有神论和宗教肯定有某种值得重视的东西。

请看一则广告:

> 全球西医医学界认为,目前医学还没有能力使膝关节骨性关节炎的病程逆转,患者的病情会不断地发展恶化,但是,通过神奇的祖国传统医药"千山活血膏"对军内外数万例患者的临床治疗可以证明,这一结论是错误的。"千山活血膏"是一种千年传统黑

膏药,经改变传统制法,古方今制,膏精效奇……

诉诸传统的理由无非是说:我们的观点已经为无数先人所证实,历史为这种观点颁发了护照和签证,因此,我们应该接受它。这种理由是不成立的,因为基于这个理由,会迫使我们接受许多相互矛盾的观点。比如,针对青少年冒险的行为,既可以用"英雄出少年"来加以鼓励,也可以用"遇事三思而后行"来加以警告。

4. 诉诸起源

诉诸起源指的是只根据某种理论或者观点的起源来判断它的真假或者价值。这种谬误认定与错误的东西相联系的理论或者观点也一定是错误的,认为起源上的错误似乎是可以传染或者有遗传性。例如,有人根据马克思的唯物辩证法来源于黑格尔辩证法,便认为唯物辩证法也是神秘的东西。有人根据达尔文提出的生物进化论曾经受到马尔萨斯《人口论》的启发,而对进化论颇有微词。这种谬误试图通过指责某种理论起源于名声不佳或者有缺陷的理论,来否定这种理论的正确性。再如,对经济学家马寅初提出的以节制生育为中心内容的《新人口论》,当时号称理论权威的康生曾运用诉诸起源的谬误多次攻击《新人口论》:

> 马寅初的《新人口论》,到底姓马克思的马,还是马尔萨斯的马?我看这个问题,现在是该澄清的时候了:我认为马寅初的《新人口论》,毫无疑问是属于马尔萨斯的马家。[12]

事实上,即使马寅初提出的《新人口论》受到了马尔萨斯人口论的启发,马尔萨斯的观点既不是《新人口论》的根据,也不是它的构成部分,更不是本质上相同的东西。对此马寅初再三申辩:"我的人口论与马尔萨斯学派完全不同,他们主张以瘟疫、疾病、战争等残酷手段把人口削减,而中国的马尔萨斯者竟主张把中国人口削减至2亿左右,我则不但不主张削减而且要提高劳动人民的劳动生产率,借以提高他们的物质和文化生活水平。我只主张把还没有生出来的人口,用避孕的方法控制起来而已。"[13]但是,攻击者却一口咬定:马寅初的人口控制论来源于资产阶级所倡导的优生学说,来源于法西斯主义所宣扬的种族论,其本质是马尔萨斯的人口论。

三、未确证的假设

论证的理由必须是真实可信的。如果理由的真实性是悬而未决的,它就不能为确信结论的真实性提供任何可靠的保证,我们把真实性悬而未决的陈述称为未确证的假设。以下介绍几种运用未确证的假设作为论证的理由或推理的前提的谬误。

1. 非黑即白

非黑即白是一种比喻性的描述,意思是说在黑与白之间还有灰色区,思考者却忽视了这些中间色的存在,把选择的范围只局限在黑与白两者之间,并做出非此即彼的选择。例如:

妈妈:小明,你房间开着的电灯总数超过了 500 瓦,而且你在离开房间时从不知道把它们关掉,你真得需要点那么多的电灯吗?

小明:妈妈,难道让我点着蜡烛在房间里撞来撞去才能让您满意吗?

让我们来想一想:小明在不会撞来撞去的情况下能减少多少电灯?当然,这种非此即彼的思考方式也会在多种选择的局限中加以施展。请看一则服装广告:

你更喜欢看到你的孩子:在校长办公室,在苦恼中,还是穿着我们撒哈拉俱乐部的服装?

想一想:除了在校长室、在苦恼中,你的孩子也可能在领奖台、在快乐中;除了撒哈拉俱乐部的服装,还有许多其他品牌的服装。该广告所提供的选择利用对比造成的反差,诱导你关注而且记住它所提到的服装品牌,试图使你忽略或暂时忘掉其他的服装品牌。

每个人大概都会有这样的经历:在面对选择需要做出决定时,你会尽可能考虑到各种可能的情况。可是,当你做出选择之后,不久就会发现原来还有更好的选择。这是由于信息不足或者思考的努力不够所造成的缺陷。然而,在上面所举的例子中,为了使自己错误的行为合理化或者充分关注自己的品牌,有意遗漏某些值得考虑的可能性,以便使所期望的结论得到合乎逻辑的论证,这就是在玩弄非黑即白的计策。

非黑即白又称**假的二难选择**(false dilemma),它侧重于指称以选言和假言陈述为前提进行推理时所产生的非黑即白的谬误。请看一则幽默:

> 大鹏:人们说,使美丽的笨姑娘变聪慧,要比使聪慧的丑姑娘变美丽更容易。红梅,如果你能选择的话,你选择天生聪慧,还是天生丽质?

> 红梅:我永远也不会有这种选择。不过,既然不得不与你生活在一起,我本该选择天生愚蠢而不是天生丽质。

大鹏精心设置了一个假的二难选择圈套,其假的含义有二:其一,天生聪慧,还是天生丽质? 这本是不可选择的先天性问题,将之作为选择的前提,使用了与事实相反的假设;其二,假如是能够选择的,为什么要漏掉美丽而聪慧这种理想的选择呢? 红梅机智地跳出了这个圈套。类似这种谬误的其他形式如:

> 如果你认为石油是污染物,那么你烧煤或木头试试看?

> 为什么不考虑其他如天然气、太阳能或风能等能源呢?

2. 滑坡的谬误

在某项计划或者政策将要付诸实行时,对计划的实施或政策的执行可能导致的后果进行预测,这是评估它的一个非常重要而合理的方面。如果计划或政策的实施很有可能导致非常不利的后果,我们就获得了拒绝它的良好理由;如果很有可能出现我们所期望的结果,我们就获得了支持它的良好理由。这方面的评估需要对未来做出一系列预见,而且要充分认识到这些预见总是具有某些臆测的性质,即使是根据大量的经验数据和严谨的数理分析所做出的预见也是易于出错的,比如天气预报和股市行情报告。根据一系列预见而进行判断时,含有如下这样的前提:

  A 可能会导致 B;B 可能会导致 C;C 可能会导致 D;D 可能会导致 E;E 可能会导致 F;

  当我们对由 A 到 F 的中间可能性依次加起来进行思考时,其可能性的趋势是依次递减的。例如,下一个走过街角的人是一位女士的可能性有 50%,而且她是一位已婚女士的可能性也是 50%,但是,这只意味着下一个走过街角的人是一位已婚女士的可能性是 25%,而不是 50%。假设由 A 到 F 的每一个中间步骤的可能性是 80%,则 A 可能会导致 F 的可能性却仅有 33%。如果我们以高于 33% 的确信度来接受"A 可能会导致 F"这个结论,就犯了**滑坡的谬误**(the slippery slope fallacy)。

  事实上,人们在做出预见时,对每一步的可能性不大可能做出精确的刻画,但是,随着这只链条的拉长,即使每一步都有很大的可能性,其总体的可能性呈衰减的趋势却是显然的。在日常思维中的情况却时常相反,随着链条的拉长,对结论的确信度不是越来越低,而是在不断地攀升。还记得这个寓言故事吗?

  如果我不把这篮子鸡蛋卖掉,而是用它们孵小鸡,我就可以把小鸡养大,然后办一座养鸡场。有了钱以后,我再去买一对小猪,养大后让它们交配生小猪息,……最后,我就可以买一个农场了。边走边想时突然跌了一跤,鸡蛋全被摔碎了。

这个故事告诉我们:在所预见的链条上,每一个环节都有可能由于其他因素的侵入而断开,鸡蛋也许不能全部孵化出小鸡,小鸡未必能够全部存活下来,等等。最近,在是否自费为父亲做心脏冠状动脉造影的问题上,根据咨询到的信息和意见,我陷入了滑坡的困境:

  如果做心脏冠状动脉造影,就有可能查出心血管萎缩或狭窄;如果查出心血管萎缩或狭窄,就可能需要即时安放支架;如果安放支架,就可能需要八万左右的医疗费;如果花钱做了支架,不仅每年需要上万元的医药维护,而且一两年后支架可能会出问题或者需要安装新的支架;……如果现在为父亲做心脏冠状动脉造影,可能会后患无穷。

我就好比站到了一条陡峭而光滑的斜坡上,不知道是否会滑向"后患无穷"的深渊里。后来我打定主意做造影而无论如何不安支架,如果有问题则使用药物治疗。结果父亲的心脏只存在一些微小的问题。

类似的滑坡链条经常会漏掉一些中间的步骤而以省略的形式出现。我儿子在上小学三年级的时候,爱妻坚持孩子必须上"奥数"班的理由是:现在不上"奥数"班,孩子将来可能考不上重点大学。完整的链条如下:

如果现在不上"奥数"班,以后再学可能就来不及了;如果小学期间没机会学"奥数",就可能考不上重点初中;如果考不上重点初中,就可能考不上重点高中;如果考不上重点高中,就可能考不上重点大学。

在需要根据所做出的一系列预见来决定对某一结论的确信程度时,不良的情绪或心理,如想要一个农场的期望心理、对昂贵医疗费的恐惧心理、大多数小学生都上"奥数"班的从众心理等,常常会对确信结论的程度起到推波助澜的作用。

根据所预见后果的好坏,拒绝或支持一项计划或政策,要注意对链条中的每一个环节做出分析和论证,充分考虑可能影响这个链条的其他多种因素,并且对链条中每一步可能性的发展做出恰当的评估。此外,还应注意这种链条的结构:

A → B → C → D → E → F

请注意将这种线性的链条结构与以下这种扇形结构区别开来:

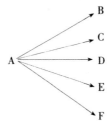

这两种结构的差别是至关重要的:在滑坡论证的线性链条结构中有两个明显的特点,一个是由初始事件 A 到终端后果 F,其间每一种可

能性的累积呈递减的趋势;另一个是其间的任何一个步骤一旦发生断裂,后果 F 就不会产生,或者说,后果 F 的发生依赖于每一个步骤的连续性。在扇形结构的论证中,可能导致的每一种后果是相对独立的,其总体的可能性不是各种可能性的逐步累积,而是各自独立的可能性相加的总和,即使其中的某一根链条发生断裂,对总体可能性的影响不是致命的。我们仍以孩子上"奥数"班为例,来看如下扇形结构的论证理由:

>学"奥数"要用大量的业余时间,会增加孩子的学习负担和心理压力;"奥数"有相当的难度,学不好会损害孩子对数学的兴趣;学"奥数"为了考上重点初中,几年后考初中的现行做法可能会改变……

3. 循环论证

循环论证指的是以所主张的观点本身为根据来证明这种观点为真的谬误论证。一方面,从论证者的意图来看,主张或结论的真实性是悬而未决的,或者说是有争议的,因而才需要他拿出根据或理由来使人信服;另一方面,从论证的手段来看,理由的真实性必须是被确认的,至少要得到论证者的确认。结合这两方面:如果一个人的主张和理由在本质上是相同或相似的,那么这个人在真实性需要被确认这一点上就会陷入循环——试图用真实性悬而未决的陈述,来打消人们对这个陈述的真实性所持有的悬而未决的信念。

循环论证的**直接形式**是:因为 A,所以 A。例如,中世纪经院哲学家托马斯·阿奎纳曾有这样的论述:"铁之所以能压延,是因为铁有压延的本性。"其中的论点和论据都是意思相同的话,这种直接的重复主要是从内容、实质、意义上说的,其语言表达形式可能有所不同。再如:"吸鸦片之所以会令人昏睡,是因为鸦片中含有令人昏睡的药物成分。"

循环论证的**相对形式**是:因为 A,所以 B;因为 B,所以 A。例如:1968 年尼克松在一次讲演中说:"美国已经向越南派出了 54 万军队,所以不能撤军,要打到底。"这意思无非是说:因为美国已经深深卷入了越战,所以必须继续卷入越战。这就陷入了互相作证的循环之中。

循环论证的**间接形式**是:因为 A,所以 B;因为 B,所以 C;因为 C,所以 D;因为 D,所以 A。例如,鲁迅在《论辩的魂灵》中有这样一段议论:

> 我骂你是卖国贼,所以我是爱国者。爱国者的话是有价值的,所以我的话是不错的。我的话既然不错,你就是卖国贼无疑了。

这段议论的结论"你就是卖国贼无疑了"是从"我的话不错"推出的,而"我的话"指的就是"我骂你是卖国贼"这句话。在这里,"你是卖国贼"既是需要证明的结论,又是被预先假定为真的前提。

循环论证的推论过程构成一个或长或短的封闭链环,而不管其中间环节有多少,其最后的结论也就是最初的理由,它犹如一个在原地打转的车轮,没有进展,所以又称之为"无进展"的谬误。

需要注意的是:在日常的论证中,上述三种循环论证的浓缩形式是少见的。正如怀特莱所说:"应该记住这一点,一个很长的讨论是谬误的最有效的面纱。当谬误以浓缩的形式呈现于我们面前时,像毒药一样,它立刻会被防备和厌恶。一个谬误若用几句话赤裸裸地加以陈述,它不会欺骗一个小孩,如果以四开本的书卷'稀释'时,可能会蒙骗半个世界。"[14]

除了善于洞察隐藏在长篇大论中的循环论证之外,还要注意以下这种稀释循环论证的手法:在论证中,人们以一些特别的修饰词,如"众所周知""毫无疑问""很明显"等,附着在某些陈述的前面并着意加以强调,但是,如果接下来的陈述并非众所周知的,那么论证者是在玩弄计策,把真实性尚有疑问的陈述当作真实性毫无疑问的陈述来使用。这种把真实性悬而未决的陈述,理所当然地假定为真的手法,其意图在于隐藏某些可能是不真实的或站不住脚的理由。

4. 诉诸无知

推理的实质是由已知推断未知,并不能以未知作为所知的根据和理由。在论证中,由于没有证明一个陈述为假的证据,就断定这个陈述是真的,或者,由于没有证明一个陈述为真的证据,就断定这个陈述假的,这便是**诉诸无知**的谬误。没有证明一个陈述为真或为假,那就说明这个陈述的真或假是悬而未决的。因此,诉诸无知本质上属于以真实性悬而未决的陈述作为论证理由的谬误。

在人们的认识领域,有许多假的陈述尚未被证明为假,也有许多真的陈述尚未被证明为真,对如何确证或否证一个陈述的无知不能成为我们确信这个陈述为真或假的理由。在科学发展的前沿,由于某种观点还没有被证明为真,便因此而被认为是假的,就会产生诉诸无知的谬误。这种谬误在科学史上的一个著名例子来自对伽利略天文学说的批评。那个时代的学者普遍认为月球表面是平滑而无瑕疵的,当伽利略用自制的望远镜看到月球的表面有崎岖的山脉和荒凉的峡谷时,那些学者对此反驳道:虽然我们看到了山脉和峡谷,月球事实上仍然是完美的球体,因为月球表面上的沟壑被一种看不见的透明物质所充满。由于伽利略不能证明这种透明物质不存在,所以,这一拯救月球完美说的假设便被认为是真实的。

诉诸无知的谬误在超越人类理性能够认知的领域时常发生。例如,因为没有证据证明神是不存在的,所以便认为神是存在的。再如:

> 许多科学家相信,在宇宙中有居住着高级生命的星球。实际上,人类从未发现有关外星人存在的任何证据。可见,有关外星人存在的看法,不过是某些科学家为满足其好奇心而编造的科学神话。

诉诸无知的论证模式是:没有证明 S 为真;所以,S 是假的。或者,没有证明 S 为假;所以,S 是真的。需要注意的是:并非任何具有诉诸无知模式的论证都是谬误。在鉴别这种谬误时要把它与以下这些情况区别开:

在有些情况下,人们通过使用不同的方法进行大量的努力之后,仍然没有获得相关的证据或结果,由此而做出的论证可能是强有力的。比如,对一种新药品在安全方面的检验,先在其他哺乳类动物身上进行长期的实验观察,结果没有发现这种药品对动物有毒副作用,那它对人体可能也是无毒副作用的。消费者在药品使用的安全保障方面,通常依靠的就是这类论证。在这种情况下,论证依赖的不是对相关领域的无知或假设,而是严肃认真的科学研究,人们担心的毒副作用在实验中得到了检验,这种检验需要有较高水平的技术和方法,它虽然不能完全排除有毒副作用存在的可能性,但它至少能确定是否存在已知的毒副作用,并能对未知毒副作用的可能性做出合理的预测。

类似地,在安全检查领域,也是以调查人员没有发现有安全方面的隐患为依据来颁发合格证的。在英、美国家的法律中,有一条"无罪推定原则",即在证明某人有罪之前,假定所有被告都是无罪的。控方说某人有罪,必须履行"谁指控谁举证"的责任,拿出经得起法庭检验的证据来证明被告有罪,否则,法庭就宣判被告无罪。支持这种法律的价值原则是:伤害无辜比让罪犯免受惩罚的危害更大。

练习题

一、辨识论证的主张与理由。对给出的问题,选择一个最佳答案,也就是对问题最准确而完整的回答。

01. 几乎没有政治家会支持与他们自己的利益相矛盾的立法。一个适当的例子便是奥古斯特·弗兰逊,在他八届任期中一直不断地反对限制现任官员比其挑战者有更大优势的那些措施。因此,如果这样的措施被颁布,肯定是大众直接投票的结果,而不是立法行动的结果。

奥古斯特·弗兰逊这个例子在上述论证中扮演了哪个角色?
（A）它作为一个说明一般性结论的例子而被引证。
（B）它给出了与所倡议的某种措施相关的背景知识。
（C）它是为说明大众直接选举的局限性而给出的一个例证。

02. 诸如"善良""棒极了"一类的词语,能引起人们积极的反应,而"邪恶""恶心"之类的词语,则能引起人们消极的反应。最近的心理学实验表明:许多无意义的词语也能引起人们积极或消极的反应。这说明人们对词语的反应不仅受词语意思的影响,也受词语发音的影响。

"许多无意义的词语能引起人们积极或消极的反应"在上述论证中起到了以下哪种作用?

（A）它是一个前提，用来支持所有的语词都能引起人们积极或消极的反应这个结论。

（B）它是一个结论，支持这一结论的唯一证据就是声称人们对语词的反应受语词的意思和发音的影响。

（C）它是一个前提，用来支持人们对语词的反应不仅受语词意思的影响，也受语词发音影响的结论。

03．教师：参加有组织的竞争性体育活动会增强一个小孩的体力和协调性。然而，有批评者指出：它也使那些体育不好的学生产生不可磨灭的自卑感。但是，研究表明，有自卑感的成人比没有自卑感的人更成功，所以为孩子们的体育活动投资不应当消除。

以下哪种说法最准确地描述了"参加有组织的竞争性体育活动会增强一个小孩的体力和协调性"在论证中的作用？

（A）它是老师建议采取一项措施的一个理由。

（B）它是老师对理由加以补充的一个假设。

（C）它是老师所支持的观点的一个异议。

04．挑战是自我认识的一个重要源泉，因为那些在接受挑战时关注自己在情绪和身体方面有何反应的人，能够更加有效地洞察到自己的弱点。

以下哪项陈述最符合上文给出的原则？

（A）音乐会上的一位钢琴家不应该对在高难度表演中出现的失误完全持消极的看法，理解了失误发生的原因，钢琴家才能为以后的表演作更好的准备。

（B）一位售货员应该懂得挣来的佣金并不仅是对销售成交的奖励，还应该从他们在成交过程所展现的人格魅力中得到满足。

（C）即使惧怕在公共场合讲话，也应该接受在群众面前讲话的邀请，人们会钦佩你的勇气，你自己也能获得一种完成自己难以完成的事情的满足感。

05．物理学的目标是预测事物的规律，人类行为有时候也能被预见。但是，许多时候这些预见不能提供对这些行为的理解。要真正理解这些行为必须了解它的动机和目的，虽然在考虑非人类行为时得不到这类关于行为的知识。

下面哪项陈述准确表达了这个论证的结论?

（A）成功地预言某些人类行为不构成对这些行为的理解。

（B）如果不了解一个主体行为的目的,就无法预测他的行为。

（C）预测人类行为必须涉及对主体心理状态的了解。

06．对疼痛轻重程度的感知不完全由生理状况决定。第二次世界大战期间受伤士兵要求用吗啡的比率明显要比内战时受伤士兵要求用吗啡的比率低。对于前者,能够存活下来而给人带来的喜悦和兴奋会帮助减轻痛感;对于后者,受伤者则深感不幸。由此看来,一个人把自己的感受与受伤联系起来会影响他对疼痛轻重程度的感知。

"对疼痛轻重程度的感知不完全由生理状况决定"在上文中扮演了以下哪种角色?

（A）是论证的理由。

（B）是论证的背景信息。

（C）是论证的结论。

07．预测作为自然科学的一个特征,它很有可能将某种现象归约为数学表达式。有些社会科学家也想拥有准确预测的能力,假定他们同样可以实现这种归约。但是,这个假定是错误的,因为将那些不容易数字化的证据数字化会歪曲社会现象。

以下哪项陈述准确地表述了上述论证的主要结论?

（A）数学在自然科学中起的作用比在社会科学中的大。

（B）社会科学家需要提高社会科学的预测能力。

（C）社会科学中的现象不应当归约为数学公式。

08．心理学家:表达感激的义务通过匿名的方式是不能完成的。不管几个世纪以来社会发生了多大变化,人类的心理主要还是受人际互动的驱使。只有当恩人知道感激来源的时候,感激行为正面强化人际互动的社会功能才能显示出来。

"表达感激的义务通过匿名的方式是不能完成的"在论证中的角色是:

（A）它是对支持结论的某个前提的解释。

（B）它是通过直接支持一个断言而间接支持结论的一个论据。

（C）它是论证想要支持的结论。

09. 营养学家：随着农业的发展，人类进化得十分缓慢。从生物进化上说人类还是适合野生食物的饮食，这些食物有野生水果、蔬菜、坚果、种子、瘦肉和海产品等。脱离这种饮食经常会导致一些慢性疾病和其他的生理问题，所以，我们饮食中的野生食物越多，我们就越健康。

"从生物进化上说人类还是适合野生食物的饮食"在上文中扮演了以下哪种角色？

（A）它是一个结论，它只得到了脱离这种饮食经常会导致一些慢性疾病和其他的生理问题的支持。

（B）它是一个在论证中没得到任何理由支持的前提，被用来支持论证中的主要结论。

（C）它是一个中间结论，有一个支持它的前提，它本身又是支持论证主要结论的论据。

10. 科学家：牛顿的《原理》是17世纪物理学的里程碑，影响了两个多世纪。一开始只有少数人能理解，随着对牛顿思想的根本理解最后传播到全世界。这表明科学家和普通大众之间的障碍不是不可逾越的。所以，在当代的科学研究中，那些对大多数当代读者来说是用晦涩难懂的语言来描述的研究成果，其中的大部分将来也会成为人们传统知识的一部分。

"那些对大多数当代读者来说是用晦涩难懂的语言来描述的当代研究成果"在上述论证中扮演了以下哪种角色？

（A）它是进一步证明科学家和普通大众之间的障碍是不可逾越的这个结论的论据。

（B）它是用来帮助建立论证的最后观点与前述观点的相关性的一个主张。

（C）它是用来质疑牛顿《原理》与当代科学研究的相似性的一种观点。

二、辨识以下各段论证的前提和结论,用树状图形图解论证的结构。

论证 01:

任何一个公正的社会都不可能使每个人获得同样的收入。每个人的才智和努力的程度有很大的不同,依据人的才智和努力的程度分配社会财富才能体现公正的原则。

论证 02:

在一个社会中,个人越不讲信誉,需要的政府管制就越多。如果每个人都很讲信誉,就不需要政府的监管了。一个社会的信誉越高,政府的监管就会越少。倘若一个社会谁都不讲信誉,唯一的办法就是靠政府的监管。所以,信誉和监管的需求是成反比的。

论证 03:

死刑不能防止人们犯死罪。对理智清醒的人来说,他们在作案时认为自己不会被逮捕,否则就不会去犯死罪。许多犯死罪的人是精神错乱者,他们不会意识到自己的非理性行为所导致的可怕后果。

论证 04:

在企业管理中,有效的权力制衡机制能最大限度地防止最坏的情况发生。制衡机制有时会降低企业的效率,这是为了防止最坏情况发生而必须付出的代价。决策权集中在一个人手中,拍板快,大权独揽,这是不行的,最坏的情况随时都可能发生。最坏情况的发生是最大的效率损失。

论证 05:

张华的学习成绩在同年级中名列前茅,他是我校最好的篮球运动员。去年秋天,他成功地组织了全校的篮球联赛。张华的性格开朗,人缘很好。我想他这次竞选学生会的体育部长会取得成功。

论证 06:

国家环保总局对各地城市污水处理厂的运行情况进行了逐一检查,结果发现在已建成的 532 座污水处理厂中,有 275 座不能完全正常运行,占总数的 51.7%。其中,43 座基本没有正常运行,占 8.1%;运行负荷不足 30% 的有 121 座,占 22.7%;出水的水质超标的有 111 座,占 20.9%。这些污水处理厂年设计处理能力为 145.6 亿吨,而实际处理量为 95.9 亿吨,仅为设计处理能力的 65.9%。这些污水处理厂不能正常运转、超标排污,将原来的分散排污变成了集中排污。污染治理大户变成了新的污染大户,这种状况令人震惊。

论证 07:

一个人偷窃如果被抓住,就会受到法律的处罚;如果没有被抓住,就会受到良心的谴责。所以,偷窃者或者受到法律的处罚,或者受到良心的谴责。

论证 08:

银河系比迄今所认为的范围要宽广得多,质量要大得多。由银核、银盘和银晕构成的银河系半径为 5 万光年,银晕外面的银冕半径为 20 万光年。银冕很可能聚集了银河系大量的质量,其全部可见部分只是银冕质量的一小部分,其他大部分物质必定是暗淡无光的。

是什么原因造成这样的结果呢?有三个显著的事实可以对此做出解释。其一,由银冕的大多数星球结合而成的矮星系和球状星团,很可能主要是由老年星球组成的。其二,能量燃尽的老年星球暗淡无光。其三,在银冕中还没有发现星系明亮部分所特有的由氢和一氧化碳构成的气体物质云。基于老年星球暗淡无光这个无可争议的事实,对银冕暗淡现象的最佳解释是:银冕主要是由老年星球组成的。

论证 09:

在安大略的某些地区,每年都会遭受教师罢工的困扰,好的时候每年只有一到两次,坏的时候每年有五六次。教师罢工已经司空见惯,除非罢工已拖了数月或者卷入了暴力行为,否则不足以引起当地新闻媒体的关注。

任何经历过罢工的人都知道,一次罢工至少需要一到两周的时间才能平息下来,教师每次合法的罢工都会对许多学生造成破坏性的后果,特别是高中生。在罢工平息之后,有些学生不再上学并由此而中断了学业;有些学生不能保持学习进步的速度并因此而打击了他们上进的自信心;另一些学生的学习成绩受到了严重的影响而使他们失去了上大学的机会。十分明显,给教师合法罢工的权利是一个严重的错误。

我们面临的一个基本问题是：教师是工人，还是职业技术工作者？理解这个问题需要明确工人与职业技术工作者的区别。工人受雇于雇主并接受雇主的培训，他从事某项具体工作的一系列细节都由雇主决定，比如产品的质量和数量，使用的材料和设备，工作的水平和时间等，所有这些都由雇主来决定。考虑到雇主在对工人的控制中存在许多欺骗的行为，社会认同工人应当具有罢工的权利，便于他们在获得报酬和工作条件方面有效地与雇主进行交涉。职业技术工作者不受雇主的培训，接受的是职业技术工作者的培训。因此，当他们受聘于雇主从事一项具体工作时，使用他们已经获得的专业技术来决定如何工作，告诉雇主需要多少时间和使用什么样的设备来完成他们的工作。更重要的是，他们对社会尤其是他们直接服务的对象，负有很大的责任和义务，这种责任和义务是衡量他们工作质量的标准。所以，职业技术工作者不应当有罢工的权利，这种权利与他们所应尽的义务是不一致的。

显然，教师是职业技术工作者。教师受过职业技术和专业知识的训练，他们的工作有很大的自主性，比如教授什么、怎么教授、如何考试以及评定成绩等。如果我们把教师看作工人，将这些事情的决定权完全交给雇主，那将是荒谬的。

如果我们认同教师是职业技术工作者，教师就必须认真对待他们所应尽的义务。他们必须承认：教师的首要义务是教育他们的学生，拒绝将学生作为他们与学校讨价还价的抵押品。简言之，教师应当放弃他们罢工的权利。教师的职业与罢工的权利是不相容的。

教师有时争辩说，他们罢工只是为了改善教育体系，罢工的责任应当由校方承担。他们声称每次教师罢工的目标都是为了改善教育质量，即使罢工能赢得教师薪水的提高，也会由此吸引更优秀的人才进入教师队伍，这对学生是有益的。然而，支持这些主张的证据何在？事实上，他们从未提出过支持这些主张的证据，这些主张看起来不过是在用善心来掩饰他们的贪欲，丝毫不能使人确信。以这样的方式为他们的罢工争辩玷辱了教师的名誉。

教师罢工的破坏性后果是不可否认的；他们的专业技术职位与他们的罢工权利是相互矛盾的。应当从教师手中收回他们罢工的权利。

论证 10:

20世纪初,在喜爱对人类的思想行为进行科学分析的哲学家和语言学家中间,有一种关于语言的"科学"观点占了上风。在这种观点的影响下,始于古希腊的修辞艺术(讨论如何用说服手段打动人心、说服听众等问题)完全处于被谴责的地位。他们认为修辞艺术虽然是愉快的源泉和促使人们采取正确行动的手段,但同时也是歪曲真理的手段和导致错误行动的根源。如果人只是由逻辑指导的机器,如同这些"科学的"思想家所认为的那样,那么修辞学就不应该受到重视。然而,关于修辞学的最明显的真理是修辞学面对完整的人说话。修辞学首先向作为理性的人提出论点,有说服力的演说或文章总是以推理为基础的。在真正想说服人的演说或文章中,逻辑就好比船舶航线上的标绘图。可是,修辞学的特点是要超出这一点,而诉诸于人的情感、希望、行动和苦难有关的那些部分。修辞学提醒人们注意这样的事例:在与我们所处环境相似的(现实的或虚构的)环境中做出情感反应的有关事例。这就是有说服力的演说或文章中的历史记载和虚构故事所要达到的目的。历史记载和虚构故事现实地或者象征地表明,人们是怎样带着希望和担心对所处的特殊环境做出情感反应的。一个企图说服人的演说,除非考虑到这个同这种希望或担心相关的方面,否则收效不会很大。

由此可见,修辞学是跟生活在特殊时间和特殊地点中的人对话。从修辞学的观点看,我们不是超越时空的生物,也不只是逻辑思维的机器。修辞学不只是指向理性的自我,因而,修辞学研究应该被看成是人文学科中最具有人文色彩的研究。修辞学考虑到"科学"观点所没有考虑的方面。如果说人有情感是个弱点的话,那么修辞学可以看成是研究这一弱点的学科。但是,那些认为修辞学是研究如何撒谎并因此而摒弃修辞思想的人,他们同时又想推动人们的行动,想必他们自己就是撒谎者。摒弃修辞学而仍想说服人,这是不诚实的表现。纯逻辑从来就不是一种激发人们行动的动力,除非纯逻辑受到人类的目标、情感和愿望的支配,而当逻辑受到人类的目标、情感和愿望支配的时候,也就不再是纯逻辑了。

三、评估理由的正当性。对给出的问题,选择一个最佳答案,也就是对问题最准确而完整的回答。

01. 当政客们诉诸人身攻击时,许多社论作家对此提出尖锐批评,但大多数选民则对此漠然置之,人人都知道这样的人身攻击在选举之后自然会结束,而政客之间的互相中伤也是可以原谅的。但是,政治评论这样做,就是不可原谅的。政治家应当致力于有关理念和政策的持久而严肃的争论,对对手的人身攻击不是为反驳对手服务的,而是为了扼杀争论。

以下哪项陈述最准确地概括了上文的主要观点?

(A)对政客们来说,对对手的人身攻击是有用的。

(B)政治评论员在评论时不应诉诸人身攻击。

(C)社论作家对那些以对对手进行人身攻击的政客进行批评是正确的。

02. 张三:尽管有些人说三道四,吃肉还是健康的,毕竟大多数医生都吃肉,还有谁在这方面比医生懂得更多呢?

以下哪项指明了张三推理中的缺陷?

(A)在一开始就假定了需要通过整个论证才能得以确立的东西。

(B)尽管不同的专家在某个问题上的意见相互抵触,还是诉诸了权威的证言。

(C)将专家们在感兴趣的事情上不会采取与其专业见解相反的行为视为理所当然。

03. 社论:在否决议会提出的改革提案时,总统显然是代表全国利益的。任何有其他想法的人都应该记得:总统是在知道会遇到国内的强烈反对和国外的普遍异议的情况下做出此项决定的。所有把国家的兴盛置于狭隘的党派利益之上的人都应当欢迎这一勇敢的举动。

社论的推理是错误的,因为:

(A)它把作为政治领袖所需要的品质与做出有效决策所需要的品质混为一谈。

(B)它没有把作决定所需要的勇气和作决定所需要的智慧区分开来。

（C）它未经证实便假设议会的任何提案都是为狭隘的党派利益服务的。

04. 目前给大学生较宽的修课权的建议应当被取消。对于支持这个建议的学生来说，无论我们如何努力都不能使他们得到满足。有些大三的学生还没有确定选择一个专业，有些一年级学生在四门必修课中竟然有三门不及格，其他的一些学生则对学习成绩毫不在乎。

以下哪项陈述指明了上述论证中的缺陷？

（A）通过将矛头指向建议的支持者而逃避议论的主题。

（B）预先假定所要证明的结论为真。

（C）没有对"满足"这个关键词作精确的解释。

05. 在农贸市场上，一位女顾客对女商贩说："喂，老太婆，你卖的怎么是臭蛋呀？"这个女商贩恼火了，说："什么？你说我卖的是臭蛋？我看你才臭呢！"

女商贩所犯的错误与下面哪项中的最相似？

（A）张兰教授是社会学系主任，声称昨晚看见了飞碟。由于她是个社会学家而不是物理学家，因此，她的报告是不可信的。

（B）老尼姑指着阿Q衣袋里的萝卜说："阿Q，你怎么偷我园中的萝卜？"阿Q说："这是你的萝卜？你能叫得它答应吗？"

（C）在篮球俱乐部里，一位足球爱好者说："公牛队今年恐怕没有足够的优秀球员来赢得NBA的总冠军。"一位篮球爱好者不满地说："瞧你那倒霉的面相，也来谈公牛队的输赢？"

06. 利昂娜因偷税被起诉，她为自己辩护说："没有人能想象我感到多么羞愧。我觉得我如在梦中。三年前我失去了独生子杰伊，请不要再让我失去哈里，我们俩这辈子只有工作和相互扶持，除此之外，我们什么也没有。"

以下哪项论证没有使用利昂娜的论证策略？

（A）安东尼在反驳布鲁图行刺恺撒的理由时说："每当恺撒听到平民的哀嚎，都流下同情的眼泪，有野心的人能有如此慈悲的心肠吗？布鲁图坚持说他有野心而刺杀了他，你们看，这个地方正是恺撒最宠爱的布鲁图刺穿的！"

（B）鲁迅为学生的请愿行为辩护说："日本帝国主义的军队强占辽吉，炮轰机关，他们不惊诧；阻断铁路，追炸客车，捕禁官吏，枪毙人民，他们不惊诧；国民党统治下的连年内战，空前水灾，卖儿救穷，砍头示众，秘密杀戮，电刑逼供，他们不惊诧。在学生的请愿中有一点纷扰，他们就惊诧了！"

（C）律师为一位涉嫌贪污的老干部辩护说："我们应当实事求是地来看待和处理这位老同志的问题，不应当让这位戎马一生、为国家的解放事业和建设事业贡献了毕生精力、在十年浩劫中两次蒙冤入狱长达八年之久的老前辈重蹈'文革'期间的覆辙。"

07. 政治评论家们认为最近政府对 X 国的政策是彻头彻尾的绥靖政策。但是，这一看法本质上是错误的。因为民意调查表明大多数公众不同意政治评论家们的观点。

以下哪项陈述指明了上述论证的缺陷？

（A）"政策"一词在上述论证中的使用含混不清。

（B）只根据大多数人相信一种观点为假而推出这种观点为假。

（C）假设一个对个人为真的事情，对一个国家的整体也为真。

08. 哲学家：运动是绝对的，这个 18 世纪的陈述宣称在一定的时间里，客体位置的变化可以在不参考其他物体位置的情况下便能测定出来。但是，一个颇有声望的物理学家声明，这一立论是前后不一致的。由于一个前后不一致的立论不能被认为是对现实的描述，因此，运动不可能是绝对的。

上述论证使用了以下哪种论证技巧？

（A）试图单靠对技术术语的使用来说服人。

（B）依靠一个专家的权威来支持论证的结论。

（C）把在某一特殊领域适用的原则推广到所有领域。

09. 在评估一个学科的科学价值时，人们应该考虑到这个学科的不光彩的起源。以化学为例，必须考虑到这个学科的许多重大发现都是由炼金术士所做出的，而这些人的迷信和对魔法的偏执统治了化学理论的早期发展阶段。

上文的议论最容易受到以下哪项陈述的批评？

（A）没有证明那些起源并无瑕疵的学科是有科学价值的。

（B）没有考虑到目前化学的理论和实践与当年炼金术士的区别。

（C）没有证明大多数科学价值不高的学科都有不光彩的一面。

10. 虽然 H 岛上有多种品牌的汽油出售,但是,当地的汽油公司出售的精炼油都是从 H 港唯一的储油罐中得到的,这个储油罐总是补充同一质量的汽油。因此,在 H 岛销售的汽油也许品牌和价格有所不同,它们实际的质量却是相同的。

上述论证的结论依赖以下哪项假设?

（A）当有汽油从 H 港被运走时,那里唯一的储油罐总是被注入质量和以前一样的汽油。

（B）在 H 岛出售的不同品牌的汽油,价格有很大差异。

（C）在 H 岛,如果任何一家汽油公司在出售汽油前改变了汽油的质量,其他公司也会用相应的办法,使所出售的汽油质量与这家公司的一样。

11. 竞争对经济有利,因为竞争意味着人人都争取优胜、迅速、高效,人们之所以希望竞争,正是因为竞争能促进经济的发展。

以下哪项论证中的错误与上述论证中的最相似?

（A）循序渐进式的教材比传统的教材更能收到好的效果,因为它的最大优点是按由浅入深的方式讲授知识的。

（B）有人基于大量的矿难事实调查指出,如果对目前采矿安全不加以更严格的管理和监督,可能还会发生更多严重的矿难事故。

（C）同情心是很有价值的,它不仅给我们带来美好的感受,还能为丰富他人的生活提供一个机会。

12. 社会学家:认为我们社会中存在大量暴力犯罪的说法是错误的。因为这种说法的根据是报纸上有关暴力犯罪的大量报道。实际上,正因为暴力犯罪并不多见,报纸才愿意刊登这种报道。

以下哪项陈述准确地指出了社会学家议论中的错误?

（A）预先假定报纸上的大部分报道都是有关暴力犯罪的。

（B）指出一种说法的根据是不可靠的,拿出的证据却是这种根据本身。

（C）未经证实就假定他所探讨的有关报道并无偏见。

13. 很多大脑局部受损的人，没有表现出可见的不利影响，这一事实证明：人脑有90%并未发挥它的作用。所以，一旦人们将这部分巨大的资源用于创造和革新，那么今天的很多难以解决的问题都将得到解决。

以下哪项陈述最准确地描述了上述论证的缺陷？

（A）在没有合理证据的情况下推断：大部分问题没有得到解决的原因是缺乏创造和革新。

（B）仅仅因为我们不知道大脑的某些部分起什么作用，就推断说大脑的这些部分不起任何作用。

（C）在没有合理证据的情况下推断：目前大脑中未起作用的那部分有可能成为创造和革新的巨大源泉。

14. 有些科学家因为量子理论的某些违反直觉的结果而对它持保留意见。但是，尽管有很多实验说明量子理论的预测是不准确的，但它们在普遍接受的统计误差范围内还是准确的。在这方面，量子理论的竞争者们尚无法与之相比，这就保证了量子理论的可接受性。

以下哪项原则最能支持上述论证中的推论？

（A）如果一个理论与它的竞争者相比，更少有违反直觉的结果，它就应该被接受。

（B）如果一个理论经历许多推翻它的尝试，但都没能推翻它，那它就应该被接受。

（C）如果一个理论已经被认为是正确的，它的结果就不应该被认为是违反直觉的。

15. 天文学家：我已经声明我们的太阳系并没有足够多的流星，而是其他的宇宙残骸造成了月球的大量坑洞。我的反对者们总是未能指出该理论的错误之处。他们的证据都是非决定性的，因此，他们应该承认我的理论是正确的。

天文学家论证中的推理存在漏洞，是因为：

（A）运用未能指出某种理论是错误的来证明这种理论是正确的。

（B）忽略了可能存在其他可以解释坑洞的理论的可能性。

（C）假设天文学家的理论不应该接受理性的讨论和批评。

16. 毫无疑问，向没有核武器的国家出售钚是违反国际法的。但是，如果美国的公司不这样做，其他国家的公司也会这样做。

以下哪项中的论证结构与上述论证的最相似？

（A）毫无疑问，与绑架者谈判是违反警察部门的政策的。但是，如果警察想挽救生命，他们在某些情况下必须同绑架者谈判。

（B）毫无疑问，一个政府官员参与一项有明显利益冲突的交易是违法的。但是，如果把事实调查得更清楚些，就会发现实际上在被告方面没有利益冲突。

（C）毫无疑问，夜间潜入别人的住宅是违法的。但是，如果被告不抢先这样做，也会有别人在夜间潜入这所房子。

17. 在新闻界，将采访后的评论也加到引文中去的做法被认为是一种不公平的误用。然而，大多数在采访中的真实语言都不如经过一番修改后的精练、准确，由于这样作可以避免那种虽然原文被刊出但意思却容易被误解的缺陷，所以应当肯定这种做法的合理性。

以下哪一项指出了上述论证所使用的论证技巧？

（A）运用一种职业的声誉来为这种职业所受到的批评提供辩解。

（B）以某种做法不能尽如人意为理由，证明另一种有缺陷的做法是合理的。

（C）以一种作法是必要的为根据，得出这种作法就是正确的结论。

18. 药剂师们认为医生不能自行销售他们自己开的药。如果这样做的话，医生就会为谋利而多开一些无用的药。但是，药剂师们自己却十分想在经济上垄断药物的销售，所以，他们对医生的反对不应给予理睬。

上述论证使用了以下哪种论证策略？

（A）推翻了药剂师们的论证所依赖的一个假设。

（B）试图以反对者的动机来反驳反对者的论证。

（C）用公众的意见来反驳一个一般性的主张。

19. 一项对过去20年中由于麻醉造成的医疗死亡事故的详细考察表明：安全方面最显著的改进来自于麻醉师的良好训练。在此期间，绝大多数手术室里没有装配监控患者的氧气和二氧化碳水平的设备。所以,在手术室增加使用这种监控设备将不会显著降低由于麻醉造成的死亡事故。

以下哪项陈述指出了上述论证的缺陷?

(A)证明一个因素导致一个确定结果的论据,对于证明第二个因素将不会导致那一结果是不充分的。

(B)用来支持结论的证据与所提供的其他信息前后矛盾。

(C)用来表明一个事件引起第二个事件的理由,支持了以下主张:这两个事件都是第三个事件的独立结果。

20. 使用手枪犯罪比其他犯罪更有可能导致死亡的后果,然而,大多数使用手枪的犯罪并没有导致死亡的后果,所以,没必要颁布与其他犯罪相区别的有关持枪犯罪的法律。

上述论证的推理错误与以下哪项中的最相似?

(A)许多人每天游泳以保持身体健康。但是,每天游泳会增加得中耳炎的危险。所以,想保持身体健康的人最好不要进行包括每日游泳这样的健康锻炼。

(B)酒后开车更有可能造成严重的交通事故。然而,大多数酒后开车者并没有造成严重的交通事故,所以,没必要颁布与其他交通肇事相区别的有关严惩酒后开车肇事的法规。

(C)富含胆固醇和脂肪的食物对大多数人的健康都造成严重的威胁。然而,许多人都不情愿放弃吃他们特别喜欢的食物。所以,拒绝放弃吃油腻食物的人需要比其他人花更多的时间锻炼。

注 释

〔1〕参见〔英〕爱德华·德·波诺:《柯尔特教程》,德·波诺思维训练中心编译,上卷,第180页,北京:新华出版社,2002。

〔2〕请参见该教程第七章第四节。

〔3〕〔美〕塞尔瓦托·坎纳沃:《跳出思维的陷阱》,王迅、徐鸣春译,第43页,海口:南海出版公司,2002。

〔4〕〔英〕洛克:《人类理解论》,第715页,北京:商务印书馆,1983。

〔5〕参见诸葛殷同等:《形式逻辑原理》,第 372 页,北京:人民出版社,1982。

〔6〕参见武宏志,马永侠:《谬误研究》,第 300—301 页。

〔7〕塞尔瓦托·坎纳沃:《跳出思维的陷阱》,第 143 页。

〔8〕陈波:《逻辑学导论》,第 308 页。

〔9〕〔古希腊〕柏拉图:《柏拉图全集》,王晓朝译,第一卷,第 23—24 页,北京:人民出版社,2002。

〔10〕洛克:《人类理解论》,第 714—715 页。

〔11〕马正平主编:《高等写作思维训练教程》,第 411 页。

〔12〕穆欣:《办〈光明日报〉十年自述》,第 62—63 页,北京:中共党史出版社,1994。

〔13〕马寅初:《新人口论》,第 53 页,北京:北京出版社,1979。

〔14〕〔英〕理查德·怀特莱:《逻辑要义》,转引自武宏志,《谬误研究》,第 197 页。

第五章
澄清意义

第一节 语言的意义

在具体的语言环境中,解释一个词或者一个句子的意义通常不会有什么大的困难,但是,若对"意义"本身做出确切的解释,则会遇到很多困难。在汉语词典中,对"意义"的解释通常有两个义项:一是指语言文字或其他信号所表示的内容;二是指价值或作用。就"意义"的第一个义项而言:什么是语言文字所表示的内容?许多哲学家和语言学家对这个问题进行了探讨,提出了种种不同的意义理论;就"意义"的第二个义项而言:语言文字的价值或作用有哪些?这也是许多哲学家和语言学家关注的问题,而且对此问题的回答与对前一个问题的回答难以划清界限。

一、意义理论

就"意义"的第一个义项而言,通常把如何确定语词或语句意义的哲学研究称为意义理论,把对意义的语言学研究称为语义学。让我们来了解对批判性思维而言较重要的三种意义理论。

1. 意义的指称论

意义的指称论主张一个语词的意义就是这个语词所指的对象。例如,"张三"指那个叫做"张三"的人,"赤兔"指那匹叫做"赤兔"的马,那个人和那匹马就是"张三"和"赤兔"的意义。这种观点对诸如"张三"和"赤兔"这类专有名词意义的解释是直观的,但是,诸如"人"和"马"这类普通名词的意义指的是什么呢?

指称论认为,通名的意义是由内涵和外延两个方面来确定的,内涵指的是对象的本质属性,外延指的是具有这种本质属性的对象,而且内涵决定外延。例如,"人"的内涵是两足无羽的理性动物,凡是符合这一定义的所有对象而且唯有符合这一定义的对象是人。内涵是对通名所指示的对象品类的定义,它是确定和识别这一品类有哪些成员,也就是外延的标准。

通名通过确定一类对象的本质属性来间接地指示一类对象。"马"通过确定四足、有毛、食草、善于奔跑等属性来间接地指称世界上所有的马。从这个意义上说,专名只有外延没有内涵。例如,"赤兔"没有内涵的意义,这个名称直接与它所指的对象发生联系。如果我们问"马"是什么意思,我们可以到字典中查到这个词的定义,这个定义确定了马这个动物种类的本质特征。你要问"赤兔"是什么意思,我会说:"'赤兔'没什么意思,那是一匹马的名字。"

指称论探讨的另一个重要问题是:人们最初是怎样获得对语词意义的理解的?奥古斯丁说:"听到别人指涉一件东西,或看到别人随着某一种声音做某一种动作,我便有所觉察:我记住了这东西叫什么,要指那东西时,就发出那种声音。我又从别人的动作了解别人的意愿,这是各民族的自然语言;这种语言通过表情和眼神的变化,通过肢体动作和声调口气来展示心灵的种种感受,或为要求、或为保留、或是拒绝、或是逃避。这样一再听到那些语言,按各种语句中的先后次序,我逐渐通解它们的意义,后来我的口舌也会自如地吐出这些音符,我也就通过这些符号来表达自己的愿望了。"[1]

指称论给人带来的主要困难有:其一,有些词没有它的所指,却有它的意义。例如,什么是"如果""除非"这类语词的所指?什么是"不可能""是"这类语词的所指?"麒麟""王母娘娘"指的又是什么?这些无所指的词却有它们的词义。其二,从对词义的理解方面看,人们虽然不知道世界上最老的人指的是谁,但这并不影响人们清楚地知道

"世界上最老的人"这个短语的意义。其三,语词指称的对象相同,其含义未必相同。例如,"《阿Q正传》的作者"与"《狂人日记》的作者"的指称相同,指的都是鲁迅,但是,前者的含义中不包括他写过《狂人日记》的信息,后者的含义也不包括他写过《阿Q正传》的信息。其四,同样的语词在不同的语境中含义相同,但是指称不同。如"我""你""他""我们""这里""昨天"等,它们都有确定的含义,但是其指称却随时变化。"我"既可以指那个叫做"张三"的人,也可以指那个叫做"李四"的人。

2. 意义的观念论

意义的观念论主张一个词的意义是它所代表的观念或意象。观念论的代表人物是洛克,他说:"语词的原始的或直接的意义,就在于表示利用文字的那人心中的观念……说话的目的就在于使那些声音当做标记,把自己的观念表示于人。因此,语词所标记的就是说话人心中的观念,而且应用那些语词(当标记用)的人,亦只能使它们直接来标记他心中所有的观念。"[2]例如,当我们思考或使用"马"这个词时,我们头脑中有一个与这个词联系在一起的观念或意象,它就是"马"这个词的意义。这种理论看起来能够解释诸如"世界上最老的人"这类语词的意义,虽然我们不知道世界上最老的人是谁,但是,我们头脑中却有一个与这个短语联系在一起的观念或意象。

观念论所面临的主要困难是:其一,诸如"除非""所以"一类的语词,很难确定我们头脑中与之联系的观念或意象是什么,好像没有与之联系的观念或意象。其二,人们头脑中与语词联系的观念或意象常常是模糊不清的,如果意义等于观念,对语词意义的理解将是不清晰的。比如,让我们试图来描述一匹马的意象,有人描述的是黑色、长腿、短尾等,当然我们知道马不都是如此,也有白色、短腿、长尾的马。对一匹马的意象不可能既是黑色又是白色等,也就是说,对一匹马的意象不可能包括我们对马所想到的所有特性。那么,我们又如何凭我们的意象来确定"马"这个词的意义呢?其三,观念论的另一个困难是我们如何能知道别人说到一个特定语词时的意象。比如,说到"埃及"这个词,有人想到的是尼罗河,有人想到的是金字塔。当然可以对此解释说,我们可以向别人描述我们的意象,使他知道所说的语词的意义。但是,并不是所有的语词都能如此。比如,当我们说到"红"这个词时,几乎不可能用其他的语词来描述它的意义。对于一个天生的盲人,只是让他听我们对红的意象描述,他可能永远也不知道"红"这个词的意义。

3. 意义的使用论

意义的使用论承认许多语词有其所指,许多语词有与之相联系的观念或意象,但是,他们主张意义的首要承担者是句子而不是语词。一个词只有在句子中被使用,它才有意义。一个词的意义在于它如何在语言中被使用,当一个人知道如何使用一个词的时候,他就知道了这个词的意义。当我们问某个词是什么意思时,似乎是在问这个词本身的意义,好像它有一个在句子中的使用之外独立存在的意义,事实上,一个词所能有的意义就是这个词在句子中被典型使用时所获得的意义。例如,"他给大家露了两手。"其中的"两手"指的是本领或技能;"我们要做好两手准备。"其中的"两手"指的是两方面的手段或方案。

如果句子的意义是基本的,词的意义是派生的,那我们又如何解释句子的意义?或者说,如果我们不能从组成句子的词的意义中派生出句子的意义,那我们该如何理解句子的意义?使用论认为,句子的意义是在使用中被发现的。语言是一种工具,正如我们直到知道了"锤子"一词的用法,才真正明白"锤子"这个词的意思一样,直到我们知道使用语言在做什么,我们才明白语言的意义是什么。为了明白一个具体语句的意思是什么,我们需要问:在特定的语言环境中,说话者在用这个句子做什么?例如,"警察来了",在实际的情境中说者的意思可能是:我们马上要得救了;也可能是:我们马上要玩完了。直到我们确定了说话人的用意,才能明白这句话的意思。

使用论强调一个语词在不同语境中的意义变迁是自然语言的本质,而不是它偶然具有的缺陷。语境为我们了解说话者使用一个语句做什么,以及理解被使用语句的确切意义提供了线索。在理解语言的意义时,使用论的观点是值得重视的。但是,过分强调意义即使用的观点,也会给人带来一些困难:其一,一句话似乎随着不同的语境会有太多的意思。例如,我说:"下雨了",意思可能是让你关上窗子,可能是让你带上雨伞,可能是让你把晾晒的衣服收回来,也可能是说我们别在露天里站着了……尽管"下雨了"可能意味着种种不同的事情,但这话仍有一个字面意思,那就是报道下雨的事实,而这层字面意思恰恰是不用依赖语境只从字面上就能理解到的意义。其二,一句话离开上下文的语境可能会产生歧义,但并非所有的语句都是如此。例如:"张三上课去了。"没有说明张三是听课去了,还是讲课去了,确切的意思需要通过上下文来确定,但是,"张三听课去了"则不需要上下文就能确定其含义。其三,有些语句的歧义不能通过语境来消除。据说有一个迷信的人去问一个老和尚:"我父母哪个先去世?"这个老和尚说:"父在母先亡。"然后这个老和尚就闭目打坐不再说话了。这句话可以理解为:你父亲比你母亲先去世。也可以理解为:你父亲在你母亲之后去世。根据对话的语境却不能消除这句话的歧义。

上述三种不同的意义理论从不同的角度、在不同的程度上揭示了"意义"的含义,也在解释中遇到了不同的困难。探求一种完整的意义理论仍然是未完成的课题,介绍这三种意义理论的目的是希望我们能够从中取长补短,为澄清在论证中所使用的语言的意义提供理论方面的参考。

二、语言的基本功用

"意义"的第二个义项说的是语言的用途。就如同一套设备有多种用途一样,语言的功用是多种多样的。人们能用语言传达信息、交流思想,也能用语言表达感情、影响态度,还能用语言引导或阻止人的行为等。语言的基本功用有如下三种:

1. 传达信息

语言的一个基本用途是用来传达信息。传达信息的语言以陈述的形式描述或者报道世界,无论它所传达的信息是真的还是假的,是重要的还是不重要的,是一般的还是个别的,它都在履行传达信息的职能。

语言被用于作出断言或者提供论证是实现这种用途的主要方式。在思维任务的开始,我们需要信息来引出思维,没有信息就谈不上思维。只有在掌握一些信息的基础上,我们才能产生某些想法。一旦有了想法,就需要考察它们是否能在实际中行得通,所以我们要回头去看一看已经掌握的信息。例如,一个公司会做市场调查来预测产品是否有市场;一个考古学家提出存在某种文明的观点之后,需要回头去研究所知的信息或证据,看它是否能够支持那个理论。不切实际的想法和实用的想法之间的差别,就在于实用的想法符合现有的信息,不切实际的想法不符合现有的信息。

然而,思维并不是信息的替代物。如果我们需要知道从北京到上海的航班时刻,只要查一查航班时刻表就行了,费力去思考这件事是没用处的。努力发现信息和增大信息量是思维的关键部分,提问和咨询是征询信息的手段,解释和推理是从已掌握的信息中提取更多有用信息的手段。解释更加倾向于从已知的信息中形成一种意见或主张,也包括体会言外之意和注意重要的信息。在柯南道尔的《巴斯克维尔的猎犬》中,对福尔摩斯来说,狗没有叫的事实就是个关键。同样,如果一件新出的塑料制品提及了几个用途,但却没有提到某种常用的用途,这个省略就可能隐藏着什么。推理的典型是侦探和科学家使用的演绎法,通过推理能从对证据或实验的描述所提供的信息中发现一些隐藏的信息。

思维运行所需要的这一切都要借助于语言传达信息的功能,在这个意义上,我们说语言是思维的工具。以下是直接使用语言传达信息的例子:

> 全国流动人口数量从1993年的7000万增加到2003年的1.4亿,10年内翻了一番,超过了全国人口总数的10%,约占农村劳动力的30%。流动人口中年轻人口占绝大多数,其中15岁至35岁人口占全部流动人口的70%以上。在今后相当长的一段时间内,流动人口的规模将进一步扩大。据专家预测,农村劳动力中还有三分之一可能转移出来,成为流动人口。

2. 表达感情

语言的另一个基本用途是用来表达感情。语言在抒情诗歌中的使用最能体现这方面的用途。请看李煜的《虞美人》：

春花秋月何时了，往事知多少？
小楼昨夜又东风，故国不堪回首月明中。
雕栏玉砌应犹在，只是朱颜改。
问君能有几多愁，恰似一江春水向东流。

这是一首叹惋人生、直抒亡国之恨的血泪词，它无意向我们传达事实或理论方面的信息，而是在表达作者凄楚悲恨的感情。通常我们不用真的或假的来评价表达感情的语言，我们通常不会问"问君能有几多愁，恰似一江春水向东流"这句话是真的，还是假的，而是问它是否表达了作者的真情实感。如果它确是表达了作者的真情实感，并能激起人们情感的共鸣，也如王国维那样称之为"天真之词"。然而，对于"这首词是李煜所作"这句传达信息的话语，我们能说它是真的或是假的，却不能说它是"天真之词"。这是表达感情的语言与传达信息的语言的一个重要区别。

表达感情的语言不但有抒发感情的功能，还有唤起他人感情的功能。比如，富有激情的演说、浪漫的谈情说爱、庆贺球队获胜的祝酒辞等，常能唤起他人感情的共鸣。亚里士多德在谈到演说中语言的使用时说："用语言表达激情或情感，要是谈到暴虐的行径，就应有愤怒的措辞；要是谈到不恭敬或可耻的行为，措辞就应显出难堪和谨慎；要是谈到可赞颂的事物，就应有喜悦的措辞；要是谈到可怜悯的事物，就应有感伤的措辞；其余各类情况皆可依此类推。贴切的用语或措辞使人觉得事情是可信的，可以使听众的内心误以为演说者说的是真话，因为在这些场合他们也会有同样的心情，故他们认为事情恰如演说者所说，即使实际的情况并非如此；而且，听众总是对激情冲动的演说者抱有同感，即使他的话毫无内容。所以，很多演说者只消大吵大叫就可以压倒他的听众。"[3]当语言被用于抒发或者唤起人们的情感时，它就是在履行表达感情的职能。

3. 指示行动

语言的第三个基本用途是用来指示行动。当语言被用于直接影响他人的行为,即被用于直接唤起或阻止他人的行动时,它就是在履行指示行动的职能。这方面的用途在命令和请求中体现得最明显。比如,教师在考试开始时对学生说:"把手机关掉!"这句话的主要倾向不是传达信息,也不是抒发或者唤起感情,而是指示学生采取某种行动。再如,一位球迷对售票员说:"麻烦您,请买两张票。"也是在指示对方采取某种行动。

命令和请求之间的差别是细微的,通常情况下,在发出命令时加上一个"请"字,就会使一个命令变成一个请求。提问时所使用的话语也可以理解为具有指示功能的话语,提问或是要求对方提供答案,或是要求对方做出解释,它指示的是一种言语行为。对于指示行动的话语,通常用恰当或不恰当、合适或不合适、合理或愚蠢等来评价,而不用真的或假的来评价。

在实际的语言使用中,语言的上述三种用途并不是独立的,常常是同时得以体现的。例如,诗词及其他文学作品在抒发或唤起人们感情的同时,也会传达某种思想,并引导读者或听众选择或改变他们的生活方式。再如,语言所传达的信息,有令人激动、高兴的信息,也有令人悲伤、绝望的信息;有令人火速增援的信息,也有让人趋利避害的信息,传达信息的语言多少会带有一定的感情色彩和指示功能。另外,除了这三种基本用途外,语言的使用还有其他许多特殊的用途,比如,"我保证完成任务"一类的许诺,类似许诺的言语行为还有警告、威胁、拒绝、打赌等;"我辞职"一类的宣告,类似宣告的言语行为还有开除、判决、任命、批准等。

语言的用途与语句的类型并不是一一对应的。虽然陈述句、感叹句和祈使句的主要用途是用于做出陈述、感叹和命令,但是,陈述句和用于传达信息的语句、感叹句和用于表达感情的语句、祈使句和指示行动的语句不是一一对应的。例如:

(1) 如果物体受到摩擦,则物体会生热。

(2) 如果没有你的爱,我恐怕不能活到今天。

(3) 如果你去把门关上,我会非常感激。

(4) 如果发现敌人进攻,就进行全面反击。

(5) 如果你再胡作非为,就开除你。

(6) 如果这次考试成绩超过90分,就奖给你一辆自行车。

(7) 如果你百米能跑进11秒,我就头朝下走路。

(8) 玉不琢,不成器。

例(1)的语句旨在传达事实方面的信息;例(2)旨在表达感激之情;例(3)旨在间接地提出一种请求;例(4)旨在发出一个有条件的命令;例(5)旨在提出一种警告;例(6)旨在做出某种承诺;例(7)旨在表示否定或怀疑的态度;例(8)的隐含意义是:"如果一个人不经过教育,就不能成为一个有用的人才。"这句话在不同的语境中可能会分别具有"陈述""提醒""劝告""训导""痛惜""悲叹"等功用。[4]

理解和评估一篇较长的论证,首先需要理清其中的论证结构和推理方法,抓住论证的主干。在日常思维中,论证语言的使用可谓枝繁叶茂,论证的主干常常被它们掩盖得不见天日,而且它们可能会时刻起到分散我们注意力的作用。了解语言的用途对分析论证结构和推理方法、探查论证赖以成立的假设、识别论证中的谬误等都是很有帮助的。

三、概念的内涵与外延

在对论证的理解和评估中,我们用"概念"这个词来理解和解释做陈述的主词或谓词的意义。概念的意义有内涵和外延两个方面,下面让我们来了解什么是概念的内涵和外延。

1. 类与分子的关系

从认识的角度说,**内涵**指的是对语词指称的对象所具有的本质属性的反映。例如,对于"商品"所指称的对象,"物美价廉"不是它的本质属性,因为这一属性只为部分商品所具有,并非所有的商品都是物美价廉的。"劳动产品"也不是它的本质属性,因为并非所有的劳动产品都是商品。"为交换而生产的劳动产品"是它的本质属性,因为凡是为交换而生产的劳动产品都是商品,而且凡是商品都是为交换而生产的劳动产品。这就是说,本质属性是一类对象共同具有并且只为该类对象所具有的属性。**外延**是具有内涵所刻画的本质属性的某一类对象。例如,"商品"这个概念的外延就是它所指称的对象,即各种各样的商品。

从逻辑的角度说,**内涵**是区分对象为这一类或那一类的标准,凡是符合这个标准的对象都是这个类中的分子,也就是**外延**。这就是说,一个概念的内涵决定了它的外延,内涵与外延的关系被理解为——类与分子的关系。内涵所刻画的一个类的属性一定为属于这个类的分子所具有,反之,凡是属于某个类的分子也一定具有刻画该类的本质属性的内涵。例如,"中国"所指称的对象属于"国家"这个概念的外延,但不属于"联合国"这个概念的外延,因为"中国"具有"国家"这个概念的内涵,而不具有"联合国"这个概念的内涵。

从类与分子的关系上看,概念的意义比语词的通常意义狭窄得多,它主要用于澄清论证中的关键词或者核心语句所表达的意义。关键词指的是论证中表达主要想法的语词或术语;核心语句指的是表达论点或结论以及主要论据的语句。

2. 集合体与个体的关系

"中国"所指称的对象为什么不属于"联合国"这个概念的外延?这是因为"联合国"与"中国"所指称的对象之间的关系不是类与分子的关系,而是集合体与个体的关系。这两种关系的区别是:类所具有的属性一定为属于这个类的分子所具有;集合体所具有的属性不一定为组成这个集合体的个体所具有。例如,联合国宪章规定,它的主要宗旨是维护国际和平与安全,发展国际友好关系,促进经济文化等方面的国际合作。我国的宪法显然没有把这一宗旨作为中国的主要宗旨,否则,就会使人认为中国的发展方向是要取代联合国。

同一个语词在不同的陈述中,可以在指称集合体的意义上使用,也可以在指称对象类的意义上使用,由于这方面的原因而造成的歧义是不容易澄清的。例如：

(1) **大学生**是受高等教育的人。
(2) **大学生**是国家的栋梁之才。

例(1)中的"大学生"指称的是一个对象类,因为谓词所述说的属性为每一个大学生所具有;例(2)中的"大学生"指称的是一个集合体,因为谓词所述说的属性不为每一个大学生所具有。由此,可以引申出以下常识性的判定方法：

(3) [每一个]**大学生**是受高等教育的人。
(4) [每一个]**大学生**是国家的栋梁之才。

在需要做出判别的语词前加上全称量词"每一个",这样就等于将一个对象类分子化,或者将一个集合体个体化。然后,看看是否还能说得通,如果还能说得通,就说明"大学生"是在"类与分子"的意义上使用的,说不通,就说明"大学生"是在"集合体与个体"的意义上使用的。显然,加上全称量词后,例(3)是说得通的,例(4)是说不通的。

3. 整体与部分的关系

整体与部分的关系是另一种和类与分子的关系不同的关系,整体所具有的属性不一定为构成它的部分所具有。例如,一辆汽车从整体上看具有质量大的性质和给生活带来方便的功能,但是,构成汽车的部件,比如车轮,却不具有这种性质和功能。

同一个语词在不同的陈述中,既可以在指称整体的意义上使用,也可以在指称对象类的意义上使用。例如：

(1) **单句**有陈述句、疑问句和祈使句等类别。
(2) **单句**有主语、谓语、宾语和状语等成分。

例(1)中的"单句"指称的是一个对象类,因为谓词所区分出来的对象都具有"单句"所指称的意义;例(2)中的"单句"指称的是一个整体,因为谓词所区分出来的对象不具有"单句"所指称的意义。由此,可以引申出以下常识性的判定方法：将主词和谓词中被区分出来的任何一个对象互换位置,然后,看看是否能说得通。如果能说得通,就说明"单句"是在"类与分子"的意义上使用的,说不通,就说明"单句"是在"整体与部分"的意义上使用的。显然,"陈述句是单句"是说得通的;"主语是单句"是说不通的。

类与分子的关系、集合体与个体的关系、整体与部分的关系,它们是认识对象的三个不同的角度,是思考问题时的三种不同的条理。例如,同一头牛"大黄",对于牛的主人来说,为了便于识别和判定它属于哪一个群体,可能只需要在它的屁股上烙上一个记号就行了,"大黄"相对一群牛而言,是个体与集合体的关系;对于解牛的厨子来说,他需要了解构成牛的各个组成部分和筋骨结构,"大黄"在他眼中是由不同的部分构成的有机整体;如果"大黄"生病了,它的主人不去找兽医,而是去请一个大夫来,人们大概会说这位主人不知"类"。

对这三种不同的关系,《墨经》曾举例说:"手指"与"大拇指"的关系是类与分子的关系;"五指"与"大拇指"的关系是集合体与个体的关系;"手"与"大拇指"的关系是整体与部分的关系。准确区分这三种不同意义上的关系,对清晰而准确地定义和使用概念有重要的意义。

四、歧义与模糊

论证语言的使用必须满足清晰性和准确性的要求。一个语词或语句在两种不同意义上使用就会产生歧义。歧义对论证造成的主要危害是使不合理的论证貌似合理,用偷换概念、转移论题、断章取义等手法设置陷阱,来诱捕匆忙而粗心的读者或听众。模糊与歧义不同,歧义通常可以分析出两种或两种以上清楚的含义,模糊则没有清楚的含义。模糊的语词如同一个没有确定住所的漫游者,使你抓不住它的意义行踪。

1. 混淆概念

混淆概念是在论证中把不同的概念当作同一概念来使用的错误。混淆概念通常是一种不正当论证的诡辩手法,它或是利用同一语词的不同意义,或是利用两个语词在语义上的相似或部分相同,来达到混淆概念的目的。例如：

> 物种灭绝是大自然的规律。据科学家估计，在人类使用最原始的工具以前，地球上曾经存在的物种就已经灭绝了大半。大自然的这种不断产生和消灭物种的恒常过程被那些指责人类使用技术而影响了环境，并由此而造成新近的物种灭亡的人所忽视。这些人必须明白：现代灭绝的物种即使没有人类技术的应用它也会灭绝的。

在这个论证中，作者没有提供证据证明现代灭绝的物种与在没有人类技术存在的情况下将会灭绝的物种是同样的。作者通过强调"在人类使用最原始的工具之前，地球上曾经存在的物种就已经灭绝了大半"这一事实来做掩护，试图把"由于使用技术而造成的物种灭绝"和"自然的物种灭绝"混为一谈。再如：

> 一种为机场安全而设计的扫描仪，它在遇到行李中藏有易爆品的时候，会发出警报。扫描仪把没有易爆品的行李误认为有易爆品的可能性只有1%，因此，在100次报警中有99次会发现易爆品。

作者在玩弄统计数据。由于误认的可能性是1%，假如连续检验1万件没有易爆品的行李，扫描仪可能会发出100次报警，而这100次警报可能都是假的。"100次报警有1次假警报"与"检查100件没有易爆品的行李可能会发出1次假警报"是两个不同的概念。

2. 分解的谬误

在论证中，由整体所具有的属性推断其部分也具有这样的属性，或者由集合体所具有的属性推断其个体也具有同样的属性，这就会产生分解的谬误。就整体与部分的关系而言，整体所具有的性质或者特征不一定为组成它的部分所具有。比如，某台机器沉重、庞大、复杂，而组成这台机器的零件却未必沉重、庞大、复杂。就集合体与个体的关系而言，集合体所具有的性质或者特征不一定为组成它的个体所具有。比如，某个乐队在社会上有很高的知名度，这个乐队的某个成员未必具有

同样的知名度。让我们来看分解的谬误在日常思维中的表现:

当一位富裕的演艺界名人受到偷逃个人所得税的指责时,她为自己辩护说:"近几年来,我已经缴纳了上百万元的个人所得税,比我表妹所在的那个国营机械厂所交的税还要多。"

不要给教师加工资了,他们的工资已经够多的了。全市教师工资的总开支已经将近十亿元了。

上百万元的个人所得税当然是个大数目,但是,它不意味着她的每一项收入所应交的税款都包含在其中,或者说,她所交的总税额不能证明她在某一项收入上是否逃税漏税;教师工资的总开支也许很大,但是,这不能证明每个教师的那一份工资也很大。

在思考问题时离不开分析方法,这种方法通过把整体分解成若干的部分,然后分析这些变得较为简单的部分的特性,来了解整体的性质。分析法在科学上不仅有辉煌成功的历史,在当前和未来仍将发挥重要的作用。分解的谬误是对分析法的误用。在把一个整体分解为部分时,必须从整体与部分的关系上来考虑部分的特性。对于一个给定的整体来说,它与各个部分之间的关系可能是无法穷尽的,区分哪些关系与分析是相关的,涉及背景知识、分析意图、久经考验的观察力等多种复杂的因素,因而,在认识部分的特性时,不考虑整体与部分之间可能具有的复杂关系,简单地将整体的特征机械地分配给构成它的部分,就会犯分解的谬误。

现在让我们来看分解谬误的一个变种,称为**"越少越好型"**的谬误。在许多情况下,随着总量的减少,其作用或者效果也会减少。比如毒药,随着它的分量或含量的减少,它的毒性也在减小。再如卡车上的袋装石灰,随着石灰袋子数量的减少,运载的石灰总重量也在减少。但是,在做出"越少越好型"的推论时,必须具有证明这种越少越好的关系在事实上成立的证据,否则,就可能会犯错误。例如:

压力是不好的。因此,压力越少越好,没有压力最好。

每周三次的增氧健身运动对你是有好处的。因此,每月一次这样的运动就不那么好了,但是,比一次也没有好多了。

>脂肪不是什么好东西,所以,不吃脂肪最好。

医学的研究结果表明:有点压力比没有压力要好;没有规律的增氧健身运动是有害的;吃一些脂肪对某些维生素的吸收是必需的。如果没有可靠的证据,"越少越好型"的推论所支持的观点很可能是一个偏见。

3. 合成的谬误

与分解的谬误正相反,在论证中,由部分所具有的属性推断整体也具有这种属性,或者由个体所具有的属性推断集合体也具有同样的属性,在这种情况下就会产生合成的谬误。就部分与整体的关系而言,部分所具有的属性未必为整体所具有。比如,某人的心脏是健康的,由此并不能推出这个人的身体也是健康的。就个体与集合体的关系而言,个体所具有的属性未必为集合体所具有。比如,每艘战舰都做好了战斗准备,整个舰队不一定做好了战斗准备。再如:

>某建筑设计所最近完成的学校图书馆的设计,它的每个部分都是抄袭其他图书馆的设计的。该设计包括了许多古希腊式、伊斯兰式、中国式和罗马式的结构,由于没有一个部分的设计是原创的,所以,整个图书馆的设计也不能被认为是原创的。

以上论证假设每个部分所具有的特征,作为由各部分构成的整体也具有,这便是合成的谬误。西方哲学史上著名的芝诺悖论"二分法",有浓厚的合成谬误的味道。以下是"二分法"的通俗形式:

>如果我从北京去天津,在到达天津之前,先要到达二者之间的中点;当我们到达中点时,在到达天津之前,还要到达那一半路程的中点。这样下去,在天津与我之间总有一段距离,我还没有到达这段距离的中点。情况似乎是,我永远也到不了天津。

当然,从北京到天津是没有困难的,但是,这个推理有令人惊异的特点。明显荒谬的结论告诉我们这个推理是错误的,要明确说出错在哪里却十分困难。这个推理从行程的部分在数量上是无限的,推出整个行程是不可能走完的,因为组成行程的各个部分是计算不完的。这个疑难在芝诺之后大约两千年才由微积分做出了令人满意的回答,简言之,芝诺的推论忽略了这个事实:由无限多的部分可以累加成一个有限的整体。对有限的整体作无限的分割不需要多大的想像力,于是有限的总体便成了由"无限多的"越来越小的部分组成的"总和"。

"色谱悖论"也是合成谬误的传统例子,[5]其重要性是理论性的而不是实际性的。

> 如果我们从一个色谱的红色走到橙色,我们的步子能迈得很小很小,以至于在我们的第一个红色与第二个红色之间,第二个红色与第三个红色之间,……看不出任何颜色的变化,经过大量连续看不出的变化,直到走到橙色为止。所以,在红色与橙色之间没有实际上看得出的色差。

这个推理的谬误是从总体过程中每个部分所具有的属性(看不出颜色变化)推出总体过程也具有同样的属性。

合成谬误也有一个变种,称为**"越多越好型"**的谬误,它是在分解谬误之下所讨论的"越少越好型"的反面。例如:

> 大家一致公认,每天服用一片(81毫克)阿司匹林能减少某些人患心脏病的危险。因此,这些人每天服用两片可以为他们提供双倍的保护。
>
> 维生素C能增强我们身体的抵抗力,对预防感冒很有好处,因此,可以多吃一些或者经常服用。

医生告诉我们,每天服用的阿司匹林超过81毫克,就会给动脉带来负面影响,从而抵消了小剂量服用带来的抗凝血的好处;同样,大剂量服用维生素C会产生不好的后果,如肾结石。将有理有据的思考让位给简单化的思维陋习,就会犯"越多越好型"的错误。

4. 强调的谬误

语言表达意义,有显示意义和暗示意义两种。暗示意义指的是说话人有意识地让听话人透过字面去理解的某种隐含的意义。对特定语句的强调具有局部放大的作用,它是使语句具有较强的暗示意义的重要手段。

有这样一则幽默:有一艘航船,船长值班时发现大副酗酒,就在航海日志上写道:"今天大副酗酒。"轮到大副值班时,见到船长的记录很不满意,于是在航海日志上写道:"今天船长没有酗酒。"大副的日志通过对"今天船长没有酗酒"的强调,试图制造"在没有记录的日子,船长好像天天都在酗酒"这一暗示意义。显然,暗示不具有推理意义,从"今天船长没有酗酒"并不能推出"船长在没有记录的日子天天都在酗酒"。

在论证中,通过对特定语句或陈述的强调,误导人们接受某种暗示的意义,或者使人们忽视某些方面的意义,在这种情况下,就会产生强调的谬误。暗示与错觉是紧密联系的。由强调所造成的暗示意义不一定都能奏效,但是,暗示意义一旦被受体所确信,就会产生错觉,形成错误的认识和判断。强调谬误的危害在于它能产生种种误导和造成种种错觉。

广告:市场上大部分电力修边器在修剪边缘时都可以发挥适当的功效,但是,许多修边器的操作是危险的,未经训练的操作者可能会受到严重的伤害。鲍特勒公司生产的修边器曾经受到国立实验室的严格检测,这是安全检测方面权威而最让人信任的实验室。因此,如果你买了鲍特勒的电力修边器,你就是买了最有安全保证的产品。

这则广告并没有透露半点检测结果的信息。对于产品检测来说,由权威和可信部门来检测当然是有说服力的,但是,检测的结果如何无疑是最重要的。这则广告试图通过强调部分的一致而使人产生全面一致的错觉,试图通过强调产品检测部门的"权威性"和"可信性",来使人忽视产品检测的结果,并使人确信被检测的产品是安全可靠的。再如:

广告:北部森林牌槭树糖浆,传统方法制成,天然品质,口味纯正,下面便是证明:据最近的市场调查结果显示,每10位顾客就有7位表示优先选择它,他们说北部森林牌槭树糖浆是他们唯一的选择,不存在什么"假如"或"但是"。

对于产生某一现象的原因可以有多种不同的解释,由于这些解释不一定都符合实际,因而称之为"假说"。如果在论证中特别强调其中的某一种解释而有意忽略其他的解释,或者以立论者所期望和需要的解释来替代其他的解释,就会由于对现象成因的不当强调而导致认识上的误导。上述广告强调多数顾客优先选择北部森林牌的原因是"传统方法制成、天然品质、口味纯正",这有可能是广告商为了达到促销目的而"嫁接"的原因,不一定是优先选择的真正原因或唯一原因。比如,顾客优先选择的主要原因可能是由于其价格比较低等。

5. 含混笼统的谬误

在论证中使用的语词或概念的意义模糊暧昧,被称为**含混笼统**的谬误。有意利用含混笼统的语词或概念来掩盖论证的缺陷,或者为了掩盖自己的无知而滥用语词,这种论证计策是造成含混笼统的一方面原因。例如:

> 广播员:我们的电台具有为公众利益服务的责任。所以,当我们的批评者认为我们最近揭露地方名人的私生活是过分冒犯别人时,我们只能回答说:压倒一切的公众利益使公开这些事件成为我们的责任。

广播员在为其过分的行为辩护时不恰当地利用了"公众利益"这个概念的模糊性。这里,我们无法知道"压倒一切的公众利益"的确切含义是什么。

在思考问题时,想清楚的事情未必都能表达得清楚,没想清楚的事情肯定表达不清楚。思想模糊或认识不清是造成含混笼统的另一方面原因。例如:

> 所谓"重复"的赋形思维操作模型,就是指主题展开(材料生成、结构生成、起草行文)的写作过程中,选择那些和自己的写作主题、文章立意的主题信息、性质、意思、情调相同、相似、相近的文章因素(文章材料、结构单元、段落、语段、句子、词汇)进行谋篇、结构、构段、造语、行文,以增强(渲染)文章的感染力、说服力、说

明性程度。这种思维操作的习惯,就是"重复"性赋形思维操作模型。"重复"性赋形思维操作模型是文章写作最为必要的基本的主要的普遍的写作思维技能。[6]

"重复"的赋形思维操作模型是一种什么样的思维操作习惯或者写作思维技能?大量的词汇堆砌使我们如坠云雾之中,无法找到回答这一问题的清晰答案。最为必要的、最为基本的、最为主要的、最为普遍的,这些词汇的罗列告诉我们,再好的写作思维技能也经不起这样的褒奖。

三百多年前,洛克在谈到使用暧昧或含糊语词的现象和危害时说:"人们或则爱把古字应用到新的不寻常的意义上,或则创作出一些新而含糊的名词,并不给它们下定义,或则任意把各种文字集合起来,使它们失掉通常的意义。这种做法虽是逍遥学者所优为的,可是别的学派也不能完全摆脱它。本来人类的知识就是不完全的,任何学派都不能免于困难。但是,他们却喜爱用含混的名词来遮掩这些困难,混乱文字的意义。因此,他们所用的文字就在人的眼前障了一层深雾,使人们不易把它们的脆弱部分发现出来。"[7]

第二节　定义方法

定义是澄清概念和语言意义的方法。语言是传达信息、交流思想的工具,概念是认识世界、组织思想的工具。语词的意义是语言意义的基础,我们把用于澄清语词意义的定义方法称为语词定义。概念的意义是推理论证的基础,我们把用于澄清概念内涵的定义方法称为内涵定义。

定义的结构有三个部分:被定义项、定义项和联结词。例如:"商品是为交换而生产的劳动产品。""商品"是被定义项,"为交换而生产的劳动产品"是定义项,"是"是联结词。其他的联结词诸如"就是""是指""当且仅当"等。"所谓……就是……"表达了典型的定义形式。

一、语词定义

语词定义就是对语词意义的标准用法或特殊用法的界定。常见的有报道性定义、约定性定义和修正性定义三种。

1. 报道性定义

报道性定义就是对语词已有用法的报道。词典对语词的定义是典型的报道性定义,故又称这种定义为"词典定义"。例如:

焦炭:一种固体燃料,质硬,多孔,发热量高。用煤高温干馏而成。多用于炼铁。

匹夫:①一个人,泛指平常人:国家兴亡,匹夫有责。②指无学识、无智谋的人:匹夫之辈。

许多字的意思需要借助字的使用来定义。例如,对"穿"有以下一些定义:

穿:①穿透:水滴石穿。②看穿:看穿了他的心思。③穿过:从胡同穿过去。④穿连:穿糖葫芦。⑤穿上:穿上衣服。等等。

还有许多语词需要通过指明它所指称的个体来明确它的含义。例如:

启明:我国古代把早晨出现于东方天空的金星叫做"启明",黄昏出现于西方天空的金星叫做"长庚",实际上指的是同一颗星,即"金星"。古代也称"金星"为"太白"。

2. 约定性定义

约定性定义是通过约定来规定某些语词的使用含义。这种定义通常用来为冗长的叙述规定简约的表达,以便于记忆、表达和交流。例如:

"三个代表":是"代表中国先进生产力的发展要求,代表中国先进文化的前进方向,代表中国最广大人民的根本利益"的简称。

> "五讲四美"：是"讲道德、讲文明、讲礼貌、讲秩序、讲卫生"和"心灵美、语言美、行为美、环境美"的简称。

约定性定义所规定的词义，在一段时期内可能只是一种暂时的约定，日久通用后可能会变成一个新的通用词被收入词典。例如"红眼病""白眼狼"等词汇如今已成为通用词汇。再如"愚公移山""黔驴技穷"一类的成语也有一个由暂时的约定到通用的过程。

3. 修正性定义

修正性定义就是对语词已有的用法进行更严格、精确的限定，它是介于报道性与约定性定义之间的一种定义形式。通常也称这种定义为"精确定义"。例如，在国务院颁布的《发明奖励条例》中对"发明"一词做出如下定义：

> 本条例所说的发明是一种重大的科学成就，它必须具备以下三个条件：前人没有的；先进的；经实践证明可以应用的。

其中对"发明"的定义就是在特定场合中做出的一个修正性定义，它不同于对该词的报道性定义。再如，以心脏停止跳动和呼吸停止作为死亡的定义和判定标准，人类社会沿袭了数千年，时至今日，英国的《牛津法律大词典》和我国出版的《辞海》仍将心跳和呼吸的停止作为判定死亡的主要标准。在1983年，由美国总统委任的一个医学伦理委员会发表了一份报告书，其中对"死亡"一词的定义是：

> 任何人遇到以下情况之一者，即为死亡：循环系统和呼吸系统的功能永久停顿，或者整个脑部（包括脑髓体）的所有功能永久停顿。

随着现代医学技术的发展和人体器官移植所造成的法律纠纷的增加，医学、伦理学和法学界有越来越多的人开始接受脑死亡的定义，认为脑死亡是比心跳停止更可靠的判定死亡的标准，于是出现了上述对"死亡"传统定义的修正。哈佛大学医学院对"脑死亡"的定义是：

> 脑死亡就是整个中枢神经系统的全部死亡，包括脑干在内的

整个人脑机能丧失的不可逆转的状态。具体标准是:①不可逆的深度昏迷,对外界刺激无感应性,无反应性;②无自主呼吸和自主运动;③生理反射作用消失,对光无反应;④脑电图平坦。以上四条要在二十四小时之内反复测试多次,结果无变化。

二、内涵定义

内涵定义是揭示概念内涵的定义。标准的内涵定义是属加种差定义,非标准的内涵定义有发生定义、功用定义和关系定义等。

1. 属加种差定义

属加种差定义是具备"被定义项 = 种差 + 属"这种结构的定义,它是揭示概念内涵的标准定义方法。认识世界的基础是对认识对象进行清晰的分类,使用属概念和种概念所刻画的种属关系来认识对象之间的类与分子的关系,这是亚里士多德发明的一种重要的思维方法。

如果一个概念的外延完全被包含在另一个概念的外延之中,而后者的外延并不完全包含在前者的外延之中,则这两个概念之间就具有种属关系,前者是后者的种概念,后者是前者的属概念。例如,"人是会制造和使用工具的动物"。"人"是"动物"这个属概念的种概念,"会制造和使用工具"是将人与其他动物的种类区别开来的"种差"。再如:

哺乳动物就是以分泌乳汁喂养出生后代的脊椎动物。

天文学是研究天体的位置、分布、运动、形态、结构、化学组成、物理状态和演化的科学。

2. 发生定义

发生定义的"种差"所揭示的是被定义概念指称的对象在产生或形成方面的特点。例如:"圆是平面上绕一定点等距离运动所形成的封闭曲线。"再如:

火成岩是地壳深处或来自地幔的熔融岩浆,受某些地质构造作用的影响,侵入到地壳中或上升到地表凝结而形成的岩石。

日食是月球运行到地球和太阳中间,月球掩蔽太阳而发生的天文现象。

3. 功用定义

功用定义的"种差"所揭示的是被定义概念指称的对象的功用。例如:"气压计是用以测量大气压强的仪器。"再如:

粒子对撞机是一种通过两束相向运动的粒子束对撞的方法提高粒子有效相互作用能量的实验装置。

笔是用作书写的文具。

4. 关系定义

关系定义的"种差"所揭示的是被定义概念指称的对象与某一个或某一些对象的关系。例如:"偶数是能被2整除的自然数。"再如:

夫妻是由合法婚姻所产生的男女间的身份关系。夫妻关系是血亲关系和姻亲关系的基础,但夫妻关系本身并非血亲关系或姻亲关系。

比重是物体的重量和其体积的比值。

发生定义、功用定义和关系定义,这些定义的"种差"揭示的是对象所特有的生成过程、功用或关系,而不是对象所特有的性质,它们不是严格意义的属加种差定义。由于这些定义的"种差"同样能将一个属概念之中不同种类的对象区分清楚,通常也将之视为属加种差定义。

三、内涵定义的规则

内涵定义必须遵守以下准则,这些准则也是评估一个定义是否恰当的批判性标准。

1. 定义必须揭示出被定义对象所具有的实质特征。

对象所具有的实质性特征就是足以将这类对象与其他对象区别开

来的特征,传统上把这种特征称为本质属性或固有属性。据说柏拉图学院派曾将人定义为"两足无羽毛的动物",后来有人捉来了一只鸡,剥光它的羽毛,并把它挂在了柏拉图学院的墙上。学院里的人们于是又将他们的定义修正为:"人是有宽平指甲的、无羽毛的两足动物"。这仍然不是一个令人满意的定义。对象所具有的属性存在多样性,认识可以从不同的角度去揭示同一个对象的实质性特征。但是,无论从哪一种角度去认识对象,都必须找出这类对象区别于其他对象的标准,否则就不能达到揭示概念内涵的目的。

2. 定义项的外延与被定义项的外延必须完全相同。

一个定义如果违反了这条准则,就会犯"定义过宽"或"定义过窄"的逻辑错误。例如,"商品就是劳动产品"这个定义就犯了"定义过宽"的错误,因为劳动产品的外延比商品的外延大,并非所有的劳动产品都是商品。如果把"商品"定义为"通过货币进行交换的劳动产品",就犯了"定义过窄"的错误。因为定义概念比被定义概念的外延小,它不包括以物易物的商品。

3. 定义不应该循环。

一个定义如果违反了这条准则,就会犯"循环定义"的逻辑错误。例如,"形而上学是与辩证法对立的宇宙观",而定义"辩证法"时又说,"辩证法是与形而上学对立的宇宙观",这就是"循环定义",也叫"恶性循环"。再如:"主观主义者就是主观主义地观察和处理问题的人"。

4. 定义一般不能使用否定词或否定陈述。

否定词或者否定陈述只能告诉人们被定义的概念指称的对象不是什么,并不能使人明确它究竟是什么。例如,"累犯就是非初次犯罪的人。"这个定义的定义项使用了否定词。再如,"电笔不是写字绘图的文具",这个定义使用了否定陈述。如果在定义中使用了否定词或者否定陈述,则无法从正面指出对象所具有的实质特征,通常达不到定义的目的。

5. 定义项中不能使用含糊、晦涩的语言。

　　常见的违反这条准则的情况有两种：一种是"比喻定义"。例如，"建筑是凝固的音乐"，"数学是科学的皇后"等。比喻虽然形象、生动，但它不能严格、准确地揭示概念的内涵。另一种是"含糊不清"。例如，"生命是通过塑造出来的模式化而进行的新陈代谢"。其中的"塑造出来的模式化"不知其含义是什么。

第三节　划分方法

　　"划分"一词通常有两种用法：一种是在将整体分成部分的意义上使用，如"划分行政区域"。另一种是在分类的意义上使用，如"划分人民内部矛盾和敌我矛盾"。逻辑学把前一种意义上的划分称为分解，只在后一种意义上使用"划分"这个词。

一、划分的结构和方法

　　概念的划分是依据一定的标准，将一个属概念分为若干个种概念，以明确其外延的逻辑方法。例如：要明确"语句"这个属概念的外延，可以根据句子的结构把它分为单句和复句，也可以根据句子的功用把它分成陈述句、疑问句、祈使句和感叹句。

　　划分是由三个要素组成的：母项、子项和根据。被划分的属概念称为母项，如"语句"。从母项中区分出来的种概念称为子项，如"单句"和"复句"。划分的根据是从母项中区分出若干子项的标准，如语句的结构或者功用等。在对一个属概念进行划分时，选择哪一种标准作为划分的根据，通常是由组织思想的要求决定的。

　　下面介绍三种常见的划分方法：

1. 一次划分和连续划分

　　一次划分和连续划分是日常思维中常用的划分方法。一次划分是只包含由母项与子项形成的两个层次的划分方法。例如，香料分为天然香料和人工香料。连续划分是包含由母项与子项形成的三个或更多层次的划分方法。例如,自然科学分为数学、物理学、化学、生物学、天文学等。对其中的子项"物理学"可以继续分为力学、光学、声学、电学等。这样的连续划分可以进行到满足需要为止。

2. 二分法

二分法是根据概念指称的对象是否具有某种属性,而把一个属概念分为两个相矛盾的种概念的划分方法。例如,将"实数"分为"有理数"和"无理数",将"战争"分为"正义战争"和"非正义战争"等。二分法的优点在于,它的子项由互相矛盾的两个概念组成,简便易行,不易发生错误。其缺点是不能全面揭示概念的外延。

3. 种类划分与等级划分

我们可以根据划分的标准是不是评价性的标准,把划分方法分为等级划分和种类划分。根据评价性标准所做出的划分称为等级划分,根据事实性标准所做出的划分称为种类划分。例如,将"人"分为"白种人"和"黄种人"等是种类划分,而将"人"分为"穷人"和"富人"等则是等级划分。再如,将"麦子"分为"大麦"和"小麦"等是种类划分,而采购员在购买"小麦"时,将它分为"一等"和"二等"等则是等级划分。划分的标准是否是评价性的,并没有逻辑上的标准。根据评价性标准所做出的划分易于引起争议,而根据事实性标准所做出的划分易于获得认同,了解这两种不同的划分方法对澄清概念的意义是有帮助的。

二、划分的规则

对概念做出恰当的划分应当遵守以下规则:

1. 子项的外延之合必须与母项的外延相等。

划分所得出的各子项的外延之合必须与母项的外延相等,否则,就会犯"划分不全"或"多出子项"的逻辑错误。例如,"记忆可分为短时记忆和长时记忆",这个划分就是"划分不全",遗漏了子项"瞬时记忆"。而"记忆可分为短时记忆、长时记忆、瞬时记忆和回忆",则是"多出子项",因为"回忆"不是记忆。

2. 一次划分必须依据同一标准。

　　一次划分必须依据同一标准,否则,就会使划分的结果混乱不清,出现"混淆根据"的逻辑错误。例如,"战争分为常规战争和世界大战",这个划分就犯了"混淆根据"的错误,从"战争"中划分出"常规战争"时的标准是战争中使用武器的性质,按这一标准,"战争"应分为"常规战争"和"核战争"。从"战争"中划分出"世界大战"时的标准是战争的区域,按这一标准,"战争"应分为"局部战争"和"世界大战"。

3. 子项之间必须相互排斥。

　　子项之间相互排斥指的是各子项的外延之间具有不相容的关系。如果子项的外延不是相互排斥的,就会犯"子项相容"的逻辑错误。例如,"识记包括无意识记、有意识记和机械识记"。这里的机械识记可以是无意识记,也可以是有意识记,因而犯了"子项相容"的错误。同一次划分依据两种或两种以上的划分根据,通常会导致"子项相容"。

三、划分、分类与分解

　　划分是分类的基础,分类是划分的严格形式。任何分类都是划分,但不是所有的划分都是分类。两者之间的区别,首先是根据不同。凡能区别对象的一般性质特征的都可以作为划分的标准;而分类则要求以对象的本质属性或显著特征作为分类的标准。其次是作用不同。划分是由日常思维的要求决定的,当某一思维过程结束后,这种划分可能就随之失去意义;分类一般是应某门知识系统化的要求而做出的,它被固定在每门学科中,具有较大的稳定性。

　　分解貌似划分,却不是划分。分解是把事物的整体分为部分,整体所具有的属性不一定为其部分所具有。例如,把"树"分为根、干、枝、叶等。划分是根据某一标准把属概念分为若干种概念,母项(属概念)所具有的属性一定为其子项(种概念)所具有。例如,把"树"分为针叶树和阔叶树。分解与划分的结构相似,易于混淆。判定的方法是:将子项之一与母项互换位置,然后看是否能说得通,若说得通就是划分,否则便是分解。例如,"针叶树是树"是说得通的,而"叶是树"则说不通。

四、限制与概括

概念的内涵与外延之间存在反变关系:内涵较少的概念外延较大,内涵较多的概念外延较小。例如,"人"与"动物"相比,前者的内涵比后者多。"动物"这个概念具有的本质属性,"人"这个概念都具有。但是,"人"这个概念具有的本质属性,"动物"这个概念却不都具有。显然,"动物"的外延要比"人"的外延大得多。

限制是通过增加概念内涵以缩小概念外延的逻辑方法,也就是由属概念过渡到种概念的推演方法。例如,"调整领导班子,应该把那些有才干的人,选到领导岗位上来,特别是把那些有杰出才干的人选到重要的领导岗位上来。"在这里,由"有才干的人"过渡到"有杰出才干的人",由"领导岗位"过渡到"重要的领导岗位",都是由属概念过渡到种概念的推演。

概括是通过减少概念的内涵以扩大概念外延的逻辑方法,也就是由种概念过渡到属概念的推演方法。例如,"我们不仅要研究逻辑学,而且要研究思维科学。"在这里,由"逻辑学"过渡到"思维科学"就是由种概念过渡到属概念的推演。

限制与概括在日常思维中有广泛的应用。限制可以限定思考和议论的范围,也可以帮助我们认识事物的特殊性,把笼统的认识具体化。概括可以用来扩大思考和议论的范围,也可以帮助我们认识事物的一般性质,把对具体对象的认识提高到更抽象的层次。但要注意,限制与概括只能在具有属种关系的概念间进行。

第四节 苏格拉底方法

苏格拉底用来澄清不一致的信念和有纰漏的定义的方法称为"诘问式"(*elenchos*)。"诘问式"的希腊文用来表达"省察"(examination)

和"考查"(test)之意。由之而来的动词"诘问"不仅有"省察"之意,而且有"羞辱"(to shame)或"反驳"(to refute)之意。苏格拉底为每一位受省察之人精心设计问题,凭借问问题的方式,向人们证明他们的道德信念有纰漏。苏格拉底运用的逻辑技巧主要有两种:其一,他凭借道德宣称的逻辑推论,指明某个人有不一致的道德信念。其二,他通过指出道德名称之定义的一些反例,来显明定义的纰漏所在[8]。

一、逻辑推论与不一致的信念

每一个陈述都有一些逻辑推论,也就是说,倘若这个陈述是真的,由之推出其他一些陈述也是真的。比如,倘若"人都终有一死"这个陈述是真的,那么,陈述"没有人不是终有一死的"就是真的。因此,陈述"没有人不是终有一死的"就是陈述"人都终有一死"的逻辑推论。

同样地,放在一起的两个或更多的陈述也有其逻辑推论。考虑以下这两个陈述:(1)人都终有一死。(2)苏格拉底是人。如果这两个陈述都是真的,那么,(3)"苏格拉底终有一死"也是真的。陈述(3)是陈述(1)和陈述(2)的逻辑推论。

每一个陈述或者陈述的组合都有隐藏着的信息,这些信息需要凭借结构清晰的逻辑推论才能揭示出来。这有点像魔术师从大礼帽中拉出一条色彩明亮的丝巾,结果发现里面与之系在一起的还有许多其他色彩明亮的丝巾。信念和陈述也好似这样,跟信念 a 和信念 b 连在一起的是信念 c,而和信念 c 连在一起的是信念 b,如此等等。你所有的信念都有其逻辑推论,也就是你不曾认识到的隐含信息,不过,你可以凭借逻辑的力量认识到它。如果你不认识自己信念的推论,苏格拉底会对你说,你不认识你自己真正相信的是什么。让我们来看苏格拉底是怎样凭借逻辑的力量帮助欧绪弗洛认识他自己的。

欧绪弗洛指控自己的父亲谋杀一位奴隶。事情是这样的,欧绪弗洛父亲的一位奴隶杀死了另一位奴隶,杀人的奴隶被他父亲绑住投入沟中,结果这位奴隶不幸死了。欧绪弗洛为了让苏格拉底相信自己所做的是正确的,他提及了两位深受爱戴的奥林匹斯山神:宙斯和克洛诺斯,他们分别用链条绑缚各自的父亲,因为他们的父亲犯了错误。于是,欧绪弗洛推论道,如果奥林匹斯的诸神可以绑缚父亲,类似地,那么欧绪弗洛就可以起诉父亲。欧绪弗洛由此声称:这是一项神圣的行为,诸神一定会赞同。

苏格拉底声称他不相信这些诸神故事,而欧绪弗洛坚信它们是真的。请记住这重要的一点,就欧绪弗洛相信奥林匹斯的诸神故事的程度而言,他也相信诸神彼此争斗,互相欺骗,通常也会彼此为敌。苏格拉底提醒欧绪弗洛,既然你相信诸神的故事都是真的,那么你也相信诸神彼此争斗。于是,苏格拉底问欧绪弗洛诸神争斗什么,欧绪弗洛说他们争斗是为了道德问题,即何种行为是公义的,何种行为是神圣的,如此等等。

苏格拉底注意到欧绪弗洛相信如下两个陈述:(1)诸神之间有仇恨和愤怒。(2)诸神关于何种行为是公义的或不公义的、神圣的或不神圣的等问题是存有分歧的。从这两个陈述,苏格拉底可以得出如下的逻辑推论:(3)关于何种行为是神圣的或不神圣的,诸神并没有一致的看法。

在显明陈述(3)是欧绪弗洛其他信念的逻辑推论后,苏格拉底接着证明了陈述(3)和欧绪弗洛如下信念(4)"起诉我的父亲是神圣的行为"的逻辑推论:(5)对欧绪弗洛起诉自己的父亲谋杀是不是神圣的,诸神并没有一致的看法。

在对话的一开始,欧绪弗洛说他对指控自己的父亲是神圣的没有丝毫怀疑。换句话说,欧绪弗洛以为,所有的神都认为他所做的是神圣的。因而,欧绪弗洛相信:(6)所有的神都同意欧绪弗洛指控自己的父亲谋杀是神圣的。但是,这个陈述与陈述(5)是冲突的,而陈述(5)是欧绪弗洛必须相信的,因为这是他的其他信念的一个推论。由此,苏格拉底借助逻辑的力量帮助欧绪弗洛认识到:他的信念中至少有一个是错误的。

苏格拉底用以证明某人道德信念有弱点的方式之一,就是证明某人确实有着不一致的道德信念。我们把这种起因于信念不一致的无知称为"不一致的无知"。

二、反例反驳与有纰漏的定义

苏格拉底常常向人们指出,他们之所以无知,是因为他们不能给出道德名称的恰当定义。我们把这种无知称为"定义的无知"。你将会看到,对定义的无知不同于对不一致的无知。苏格拉底是揭露这两种无知的大师。

对于苏格拉底而言,定义非常重要。他反复问及的问题有着如下形式:

什么是 F?

什么是 F 类的事物所共有的?

其中,F 代表的是某一类道德属性,如"神圣""德性"或"公义"等。比如"公义"这个一般性的道德名称有如下实例:(1)服从法律;(2)遵守合约;(3)在法律之下平等待人;(4)消除社会中的各种不平等,使人人得益;(5)确定犯人所犯罪刑的相应惩罚;等等。苏格拉底推论出,所有这些行为和其他我们称之为"公义"的行为都有一共同点,否则,它们就不能被称为"公义的"。苏格拉底想知道它是什么?

苏格拉底问拉凯斯,在所有被称为"勇敢"的勇敢行为中有什么共同品质?苏格拉底想知道所有勇敢行为的共同点。拉凯斯是一位著名的勇士,自认为很了解"勇敢"是什么,他的回答是:"坚守岗位,坚持与敌战斗。"苏格拉底指出,在大海上、在疾病中、在贫困中、在政治活动中,等等,有人是勇敢的。苏格拉底指出拉凯斯的定义没有包括这方面勇敢的例子,他说出了拉凯斯定义的反例。拉凯斯同意,其定义太狭窄,于是将"勇敢"的定义修改为:"灵魂的忍耐"。苏格拉底再一次反驳拉凯斯的定义。不过,这一次,苏格拉底用反例证明了拉凯斯的定义太宽泛,因为并不是每一种忍耐都是勇敢,忍耐有邪恶的和有害的"愚蠢的忍耐",而勇敢绝不是邪恶的或有害的。拉凯斯再次承认,他的第二个定义也是错误的。

苏格拉底在此所做的是什么呢?他请拉凯斯关注其勇敢的观念。接着,他请拉凯斯说出所关注的勇敢观念的本质——所有勇敢行为的共同点。每次拉凯斯尝试说出他所关注的勇敢观念时,苏格拉底都会证明拉凯斯没有做得恰当。拉凯斯思考勇敢这回事,却又不能毫无纰漏地说出它是什么。在这里,苏格拉底不是在证明拉凯斯的信念不一致。相反,他是在证明,拉凯斯不能恰当地表达其勇敢的观念。每一次,他认为自己把握了正确的答案,但苏格拉底都找出了反例,让他认识到自己错了。所以,拉凯斯有着对"勇敢"定义的无知。

三、诘问式的益处

诘问式不仅是苏格拉底显露其对话者有无知之病的工具,也是苏格拉底减少这种无知的治疗工具。就人们有不一致的无知而言,苏格拉底引导人们把目标转向他们不一致的那部分信念设定。当他指出欧绪弗洛相信的是不一致的信念时,欧绪弗洛就确实承认了自己的部分信念是错误的。接着,欧绪弗洛判断陈述(5)是错误的,并将它从自己的信念设定中消除。通过抛弃陈述(5)这个信念,欧绪弗洛减轻了他道德信念不一致的程度,而且消除了一个他认为是错误的信念。抛弃一个错误的信念有实实在在的益处。

苏格拉底证明人们有定义的无知,与拉凯斯讨论"勇敢"这个名称的定义,其益处是借着勉强拉凯斯不断提出关于"勇敢"的定义,使拉凯斯不断改进他对"勇敢"的观念,这也是实实在在的益处。

消除一个人信念设定中的错误信念和改进他对道德名称的定义,也有助于他更好地感知世界。你所具有的一般性名称决定了你所看到的事物。比如,你走过一个花园,而你并不具有"菊花"这个一般性名称。于是,你经过一片实际上是菊花的红色,可你并没有认出它是菊花。你只是将这一片红,感知为红色的花朵。的确,把这一片红感知为红色的花朵并没有错,但是,不如把它感知为菊花那样清晰、准确。那些具有"菊花"概念的人,大概能够认出这一片红是菊花。由此,比起你所看到的,那些人看得更为清晰、更为准确。

因此,我们所具备的概念或一般性名称,能使我们的感知更清晰、准确。倘若把你所具有的一般性名称或概念比作扇扇窗户,这些窗户允许你感知世界所提供的各个部分。你拥有的窗户越多,能感知的部分世界就越多；所感知的部分世界越多，你对世界的感知就越丰富。不过，你借以感知世界的窗户可能模糊不清，其中的一些窗户还会歪曲世界的某些部分。换句话说，我们借以感知世界的概念可能是不准确的。譬如，你可能具备"菊花"的概念，但你对这个概念的信念可能是错误的。比如，你可能误以为菊花是四季都有的花朵。这是错误的，因为菊花是季节性花朵。由此，当你在花园中认出菊花时，基于你对菊花这个概念的错误信念，你会错误地以为自己所感知的是一种四季都有的花朵。你的"菊花"概念可能允许你认出那一片红是菊花，但你对世界这片断的一瞥可能是歪曲的和不准确的。因此，要想尽可能清晰地感知世界，一个人的一般性名称必须是准确的，他对这个概念的信念也必须是正确的。一个人对世界的感知要想趋于准确，他的概念之窗就必须透明，让理智之光毫无阻挡地照进来。

苏格拉底向他人证明的，不仅仅是他们有些道德信念是错误的，而且是他们甚至不能恰当地给出道德名称的定义。现在，既然你理解了人是通过信念和概念感知世界的，你就会明白：人有错误的道德信念和不准确的道德概念是多么的危险。如果某人的道德信念是错误的，如果他不具有清晰和精确的道德名称，他对道德世界的感知就是歪曲的和不准确的。比如，欧绪弗洛不能毫无纰漏地说出"神圣"是什么，并且对这个名称有着不一致的信念，却自以为知道神圣是什么，并且自以为准确地感知了世界上的神圣，以至于想控告自己的父亲谋杀！然而，苏格拉底帮助欧绪弗洛看到他极可能有了错误的感知。所以，在与苏格拉底交谈之后，欧绪弗洛决定不指控自己的父亲。

诘问式之所以有益处，是因为它使人的道德感知变得更为清晰、准确。的确，通过消除信念设定中的错误信念，通过改进对道德概念的定义，人的道德感知会变得越来越准确。凭着这对世界得以改进的感知，人能够过上一种更道德的、从而更幸福的生活。因此，苏格拉底在《申辩篇》宣称："未经省察的人生不值得过。"

练习题

一、在下列语句中,哪些下划线语词是在集合意义上使用的?
01. 中国人是勤劳勇敢的。
02. 中国人是亚洲人。
03. 群众是真正的英雄。
04. 公民有参加选举的权利。
05. 人是从类人猿进化而来的。
06. 人应当有自知之明。
07. 我们的事业一定会成功,我们应当为此而努力。
08. 鲁迅的小说不是两三天就能读完的。
09. 鲁迅的小说最长不超过三万字。
10. 科技的希望在年轻人身上,年轻人应当有所作为。

二、下列语句作为定义是否正确?如果不正确,违反了什么规则?
01. 新闻(news)就是对东(east)、西(west)、南(south)、北(north)方所发生事情的报道。
02. 新闻就是关于离奇的、非同一般的、出乎意料的事件的报道。
03. 新闻就是关于多数人感兴趣而带有刺激性事件(如战争、犯罪等)的报道。
04. 新闻就是对新事的记录,不是对过去发生事情的报道。
05. 健康就是没有疾病。
06. 所谓大国就是比小国领土大、人口较多的国家;所谓小国就是比大国领土小、人口较少的国家。
07. 凡是看机会而采取行动的人就是机会主义者。
08. 理性就是人区别于动物的高级神经活动;高级神经活动也就是人的理性活动。
09. 警句就是人们从生活矿藏中提炼出来的艺术纯金。
10. 所谓"对比"的赋形思维操作模型,就是指主题展开(材料生成、结构生成、起草行文)的写作过程中,选择哪些和自己的写作主题、文章立意的主题信息、性质、意思、情调相反、相对、相背的文章因素(文章材料、结构单元、段落、语段、句子、词汇)进行谋篇、结构、段落、造语、行文,以增强(反衬)文章的感染力、说服力、说明力的清晰度,即反差。

三、下列语句是不是划分?如果是划分,是否符合划分的规则?

01. 文学体裁分为小说、诗歌、戏剧和散文。
02. 地球分为南半球和北半球。
03. 生物分为动物和植物。
04. 一年分为春、夏、秋、冬四季。
05. 词分为单音词、复音词、褒义词和贬义词。
06. "四书"指的是《大学》《中庸》《论语》《孟子》。
07. 直系亲属包括祖父母、父母、子女、同胞兄弟姐妹等。
08. 文房四宝指的是笔、墨、纸、砚。
09. 中国画有山水画、人物画、工笔画、写意画。
10. 地球上的陆地分为亚洲、欧洲、北美洲、南美洲、非洲、澳洲和南极洲。

四、指出在下列语句中概念运用方面的错误。

01. 他到书店买了三本科技书籍。
02. 他送给女友一朵鲜艳的花卉。
03. 他又提起了过去的那桩往事。
04. 我国的江、河、湖泽盛产鱼、虾、盐、碱等水产品。
05. 老厨师与烤鸭店的职工一起研究利用鸭掌、鸭舌、鸭心、鸭肝等鸭内脏,加工制作出了上百种美味珍馐。
06. 由南京开来的火车于今天凌晨四十分到达北京。
07. 播音员在国庆节说:"今天是祖国50岁的生日。"
08. 台湾客机首次穿越祖国上空。
09. 这里远离祖国的边疆,却又紧紧联系着祖国的心脏。

10. 我校图书馆最近购置了大批图书,其中有许多文学作品、诗歌、现代小说、世界文学名著等。
11. 植物的生长,都要吸收土壤里的水分、氮、磷、钾等肥料。
12. 展销会不仅接待国内和本市的用户,还欢迎世界各地贸易界人士光临。
13. 这个厂的领导很重视思想工作,在领导班子中没有人不认为政治思想工作不重要。
14. 孩子早熟,不能不说与看那些不健康的书没有关系。
15. 这是他发表的第一篇处女作。
16. 有个别人到自然保护区去随意猎杀鸟类。
17. 摄制组跑遍了古长安和陕西各地,为选择古建筑,增添盛唐风光,又来到北京。
18. 我们要提倡优良的文风,有些又臭又长,看了令人生厌的文章,报纸上不应刊登。
19. 在铁证面前,他仍然抵赖,还是否认他没有犯罪。
20. 在相当长的时间里,头上高悬着达利克摩斯剑的中国作家,恐怕连一分钟也活不下去。

五、识别概念运用方面的错误。对给出的问题,选择一个最佳答案,也就是对问题最准确而完整的回答。

01. 人们在抱怨邮局准备增加5分钱邮资的同时指责邮政部门不称职和缺乏效率,但这只看到了问题的一个方面,很少有比读到一位朋友的私人来信更让人喜悦的体验了。从这个角度来看,邮资是如此之低,增加5分钱根本不值一提。

上述论证的推理是有缺陷的,因为:

(A) 假定邮政部门是称职的和有效的,但没有说明如何衡量称职和有效率。

(B) 把邮品的价值和邮送的价值混淆了。

(C) 没有表明邮政局的批评者是否是邮政局的雇员。

02. 确定一种食品添加剂是否被禁用的通常程序是比较它对健康

的益处和潜在的危害。用于给柠檬汽水着色的一种添加剂——5号黄色素,会导致少数消费者过敏,但对于大多数消费者来说,这种色素增加了他们享受柠檬汽水这种饮料的乐趣。由于它的益处大于它的害处,所以,5号黄色素这种特殊的添加剂不应当被禁用。

上述论证中的错误表明作者:

(A) 暗示这种色素不会形成对健康的危害。

(B) 把享受一种饮料的乐趣视为对健康的益处。

(C) 忽视了某些食品添加剂对多数人有害这种可能性。

03. 很多人认为新闻界不应当打探个人隐私。但是,新闻界有权出版公众感兴趣的故事,除非它造成了诽谤。所以,如果有一个公众明显有兴趣又不是诽谤的私人故事,新闻界就有义务出版它。

上述论证所依赖的一个未确证的假设是:

(A) 一个人如果有权去做某种事,他就有义务做这种事。

(B) 如果某人有义务做某种事,他就有权去做这种事。

(C) 新闻出版的权利往往大于个人要求不受诽谤的权利。

04. 没有一个缺乏专业知识的人有资格对这个专业中的问题做出判断。由于政治的诀窍不是遵守技术规则,而是通过学徒式的实践和经验积累所获得的洞察力和风格。所以,只有老练的政治家才有资格去判断一项具体的政策是否对全体人民都公平。

以下哪项最准确地指出了上述论证中的错误?

(A) 并没有给出说明怎样获得政治诀窍的实例。

(B) 将政治诀窍等同于政治政策的社会意义。

(C) 假设缺乏经验的政客都是在老练政客的指导下制定政策的。

05. 专栏作家:捐赠财物给慈善机构是慷慨的一种标志,但是,这种慷慨几乎不是一种持续的美德,因为大部分捐赠者的捐赠只是间歇性的。

以下哪项陈述最准确地描述了专栏作家论证中的缺陷?

(A) 这个论证理所当然地认为真正大方的人是最有美德的。

(B) 这个论证理所当然地认为一个人的品质只有在表现出来时,才是存在的。

（C）这个论证理所当然地认为大部分人出于慷慨而捐赠。

06．英国的艺术比美国的艺术好，大卫是一个英国的艺术家，所以，他一定比他的美国同行好。

以下哪项表明了上述论证中最主要的弱点？

（A）在议论中无视证据的存在而推出结论。

（B）从唯一的例子中概括出普遍适用的结论。

（C）预先假定用来刻画一组事物整体的特征可以用来刻画这个整体所包含的每个独立的个体。

07．在所有市内文物区的建筑中，泰勒家族的房屋是最著名的。由于文物区是全市最著名的区，所以，泰勒家族的房屋是全市最著名的房屋。

以下哪一项与上文所犯逻辑错误最相似？

（A）在海岸边所有的山峰中，威廉峰最高，由于整个地区最高的山峰都集中在海岸边，所以，威廉峰是全地区最高的山峰。

（B）在港口地区所有的鱼店中，黄海鱼店的鱼类品种最多，由于港口地区的鱼店要比城里其他地方的都多，所以，黄海鱼店是这个城市中鱼类品种最多的鱼店。

（C）在学校植物园的所有花中，玫瑰是最漂亮的，而学校的植物园是这一地区最漂亮的花园了，所以，学校植物园中的玫瑰就是这一地区最美的花。

08．乔丹是超一流的篮球运动员，所以，他所在的公牛队也是超一流的球队。

以下哪项陈述最准确地指出了上述论证中的错误？

（A）假设个体所具有的特性，也为由它组成的群体所具有。

（B）仅凭部分对象偶然具有的性质概括出普遍适用于这类对象的结论。

（C）假定用来刻画一个群体的特征可以用来刻画这个群体中的任何一个个体。

09．从群体的每一个个体都具有某一个特性的前提不能轻易地得出群体也具有这一特性。道理很简单，每个进场的网球选手都有可能赢这场比赛,但不可能所有进场的选手都可能赢这场比赛。

以下哪项论述中存在上文所描述的逻辑错误?

(A) 你可以一直欺骗某些人,也可以有时欺骗所有的人,但不可能一直欺骗所有的人。

(B) 每个候选人都有机会被指定为三个委员会成员中的一个,所以,所有的候选人都有可能被指定为委员会的成员之一。

(C) 据估计银河系中有一千万颗行星可能有生命存在,因此,为了排除其他星球有生命存在的可能性,需要进行一千万次宇宙探险。

10. 在对100个没有使用过毒品的人进行吸毒检验时,平均只有5人的检验结果为阳性。相反,对100个吸毒的人进行检验的结果有99人为阳性。所以,如果对随便挑选的人进行此项检验,绝大多数结果呈阳性的人都是用过毒品的人。

上述论证中的推理是错误的,因为:

(A) 把总体的属性与总体中个体成员的属性混为一谈。

(B) 没有考虑到使用毒品的人在总人口中所占的比例。

(C) 忽略了有些吸毒者的检验结果不是阳性这一事实。

注 释

[1] 〔罗马〕奥古斯丁:《忏悔录》,引自陈嘉映,《语言哲学》,第194页,北京:北京大学出版社,2003。

[2] 洛克:《人类理解论》,第386页。

[3] 苗力田主编:《亚里士多德全集》,第九卷,第508页,北京:中国人民大学出版社,1994。

[4] 参见周礼全主编:《逻辑》,第425—427页,北京:人民出版社,1994。

[5] 塞尔瓦托·坎纳沃:《跳出思维的陷阱》,第186页。

[6] 马正平主编:《高等写作思维训练教程》,第18—19页。

[7] 洛克:《人类理解论》,第480—481页。

[8] 本节内容参见〔美〕霍普·梅:《苏格拉底》,瞿旭彤译,第62—88页,北京:中华书局,2002。

第六章
演绎论证

第一节 直言三段论

我们把运用演绎推理所做出的论证叫做演绎论证。从推理的角度说,根据对当关系的规律所进行的推理是直接推理,即以一个陈述为前提直接推出另一个陈述为结论,例如:如果断定"所有的天鹅是白的"为真,则"有些天鹅是白的"必然真。直接推理是推理的基础,三段论是推理的核心。三段论是由两个前提推出一个结论的间接推理,它的主要形式有直言三段论、假言三段论和选言三段论。

一、定义和结构

直言三段论是以含有一个共同项的两个直言陈述为前提,推出另一个直言陈述作结论的推理。例如:

所有的有理数是实数。
所有的整数是有理数。
―――――――――――
所以,所有的整数是实数。

在直言三段论中,两个前提中包含的共同的词项,称为中项,用 M 表示。结论中的主词,称为小项,用 S 表示。包含小项的前提称为小前提。结论中的谓词,称为大项,用 P 表示。包含大项的前提称为大前提。这样,上面的三段论形式如下:

所有的 M 是 P

所有的 S 是 M

所以,所有的 S 是 P

构成这个三段论的三个陈述形式都是 SAP,这是一个典型的三段论式。如果注意其中主词和谓词的外延,就会发现它们的大小是按照 S < M < P 的顺序排列的,所以,分别称之为小项、中项和大项。

直言三段论的结构是由两个因素决定的:一个是中项的位置;另一个是组成前提和结论的陈述形式。根据中项所在位置的不同将三段论区分为四种结构,并将这种结构称为三段论的格。四个格的结构如下:

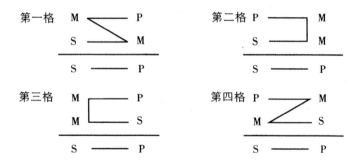

直言三段论的前提和结论,是由 A、E、I、O 四种陈述形式中的任意三种形式组合而成的,这种陈述形式的组合称为三段论的式。我们暂时不考虑一个三段论是否有效,就大、小前提和结论只可能由 A、E、I、O 来充当而言,所有可能的组合应当有 $4^3 = 64$ 式。

如果将这 64 种可能的组合再分别放入四个不同的格里,把格和式结合起来考虑,直言三段论就可能有 $64 \times 4 = 256$ 种结构形式。例如,开头举的那个例子,其结构是第一格,其形式是 AAA 式,它就是 256 种结构形式之一。

二、主词与谓词的周延性

在直言三段论的 256 种结构形式中,绝大多数结构形式是无效的。怎样判定三段论的哪些结构形式是有效的呢?在解决这个问题之前,需要明确"周延性"这个概念。

周延性指的是主词或谓词所指称的外延在一个陈述中被断定的情况,如果一个词项所指称的外延在陈述中得到了全部的断定,那么这个词项就是周延的;如果一个词项所指称的外延在陈述中只是得到了部分的断定,那么这个词项就是不周延的。

现在让我们来看 A、E、I、O 的主词和谓词的周延情况。

首先,全称陈述的主词是周延的,特称陈述的主词是不周延的。其中的道理是直观的,全称量词"所有"标志着 A 或 E 的主词所指称的外延,在陈述中得到了全部的断定;特称量词"有的"则标志着 I 或 O 的主词所指称的外延,在陈述中只是得到了部分的断定。

其次,否定陈述的谓词是周延的。全称否定陈述的谓词是周延的,当人们做出一个真的"所有 S 不是 P"型陈述时,P 所指称的全部外延都被排除在 S 所指称的外延之外;特称否定陈述的谓词也是周延的,当人们做出一个真的"有的 S 不是 P"型陈述时,被"有的"所限定的那部分 S 一定被排除在 P 所指称的全部外延之外,否则,所做出的"有的 S 不是 P"型陈述就不是真的。

再次,肯定陈述的谓词是不周延的。先来看全称肯定陈述,当我们说"人是动物"时,所断定的是:"人"是"动物"的一部分,而不是"动物"的全部;当我们说"人是能制造和使用工具的动物"时,所断定的是:"人"是"能制造和使用工具的动物"的全部,而不只是其中的一部分。从推理的角度说,就如同只要有一个前提为假,我们就称之为前提假一样,由于肯定陈述的谓词有不周延的情况存在,因而我们就称它是不周延的。特称肯定陈述的谓词也是不周延的,其中的道理是直观的。

标准陈述的主词和谓词的周延情况如下:

标准陈述	陈述形式	简称	主词	谓词
所有的蛇是狡猾的动物	所有 S 是 P	A	周延	不周延
所有的蛇不是狡猾的动物	所有 S 不是 P	E	周延	周延
有的蛇是狡猾的动物	有的 S 是 P	I	不周延	不周延
有的蛇不是狡猾的动物	有的 S 不是 P	O	不周延	周延

现在让我们考查周延性这个概念与推理的关系。从断定"人是能制造和使用工具的动物"为真,能推出"能制造和使用工具的动物是

人"为真,或者从断定"鲁迅是《狂人日记》的作者"为真,能推出"《狂人日记》的作者是鲁迅"也一定为真。但是,从断定"人是动物"为真,却不能推出"动物是人"为真,或者从断定"鲁迅是文学家"为真,也不能推出"文学家是鲁迅"为真。这是为什么呢?

当断定"人是动物"为真时,"动物"指称的外延只得到了部分肯定,也就是说"动物"的外延在这个陈述中是不周延的,而在"动物是人"这个陈述中,"动物"的外延得到了全部的肯定。如果以"人是动物"为前提,试图担保"动物是人"这个结论,由于结论的断定范围超出了前提的断定范围,这样,前提就会丧失其担保的有效性。

由此引申出一条演绎推理的**周延规则**:在前提中不周延的词项,在结论中也不得周延。

根据这条规则,通过调换主词和谓词的位置,可以得到以下有效的推理式:

"所有 S 是 P"蕴涵"有的 P 是 S"

"有的 S 是 P"等值于"有的 P 是 S"

"所有 S 不是 P"等值于"所有 P 不是 S"

需要指出的是:"有些 S 不是 P"不能用简单换位的方式进行直接推论。因为,主词 S 在前提中是不周延的,进行换位后,S 在结论中作否定陈述的谓词,从而变成周延的了,这违反了上述的周延规则。另外,在评估日常语言表达的论证时,应注意区分全称或单称肯定陈述的类型,定义语句和同义语句的主、谓词所指称的外延具有全同关系,进行简单换位不会扩大原语句的断定范围;如果全称或单称肯定陈述主、谓词所指称的外延具有种属关系,进行简单换位则会扩大原语句的断定范围。

三、判定有效式的规则

对于任意给出的一个直言三段论,我们都可以根据一组规则来判定它是否有效。如果一个直言三段论满足以下这组规则的要求,它就是一个有效的推理式。否则,只要违背其中任何一条规则的要求,它就

是无效的推理式。这组规则如下:

1. 中项至少在一个前提中是周延的。
2. 在前提中不周延的词项在结论中也不得周延。
3. 两个否定的前提得不出必然的结论。
4. 前提有一个是否定的,结论必为否定;结论是否定的,必有一个前提是否定的。

规则 1 和 2 是有关陈述的量的方面的**周延规则**。

关于规则 1:一个三段论的结论反映小项与大项之间的一种确定的关系,这种关系是通过中项的媒介作用得以确立的。如果中项在两个前提中都不周延,即中项的外延在两个前提中一次也没有得到完全的断定,就有可能是小项与中项外延的这一部分发生关系,而大项与中项外延的另一部分发生关系,因而,通过中项就不能确定小项和大项之间的关系,不能得出必然的结论。例如:

有些学习法律的人是律师。
所有法律系的学生都是学习法律的人。
―――――――――――――――――――
所以,所有法律系的学生都是律师。

上述三段论的中项"学习法律的人",在大、小前提中都不周延,因而其结论是无效的。这种推理错误称为**"中项不周延"**。

关于规则 2:如果前提中不周延的词项在结论中周延了,那么结论断定的范围就会超出前提断定的范围,使推理失去有效性。由于只有小项和大项在结论中出现,所以,违背这条规则的具体情况有两种:一种称为**"大项不当周延"**的错误;另一种称为**"小项不当周延"**的错误。例如:

法学院的学生都学习法律。
商学院的学生不是法学院的学生。
―――――――――――――――――――
所以,商学院的学生不学习法律。

这个三段论的大项"学习法律"在前提中不周延,却在结论中周延

了,结论的断定范围超出了前提的断定范围,因而是无效的。这就是"大项不当周延"的错误。再如:

> 所有金属都是发光的东西。
> 所有金属都是有重量的东西。
> ─────────────
> 所以,一切有重量的东西都是发光的东西。

这个三段论的小项"有重量的东西"在前提中不周延,在结论中却周延了,结论的断定范围也超出了前提的断定范围,因而是无效的。这就是"小项不当周延"的错误。

规则 3 和 4 是有关陈述的质的方面的**否定规则**。

关于规则 3:否定陈述断定的是一个对象类的全部或部分被排除在另一个对象类之外。如果两个前提都是否定的,就不能通过中项在小项和大项之间建立任何确定的关系。所以,从两个否定的前提得不出必然的结论。

关于规则 4:类似的道理,如果前提中有一个是否定的,则另一个前提应是肯定的。因而,前提中的大项和小项,其中必有一个与中项保持相容的关系,而另一个则与中项保持排斥的关系。这样,通过中项在大、小项之间建立起来的必然是某种排斥关系,所以,结论是否定的。为什么结论是否定的,同时会要求前提必须有一个是否定的呢?原因是从两个肯定的前提不能必然地得出否定的结论。

根据这四条规则可以淘汰所有无效的三段论式,筛选出如下 24 个有效式:

第一格:AAA(AAI)、EAE(EAO)、AII、EIO

第二格:EAE(EAO)、AEE(AEO)、EIO、AOO

第三格:AAI、EAO、IAI、AII、OAO、EIO

第四格:AAI、AEE(AEO)、IAI、EAO、EIO

其中带括号的三段论式称为**弱式**,弱式可以从得出全称结论的有效式中派生出来,通常不把它们正式列入有效式中。这样,各格的有效式总共就只有 19 个。为了便于使用,从上述四条规则中还可以导出以

下两条规则:

5. 两个特称的前提得不出必然的结论。
6. 前提有一个是特称的,结论也一定是特称的。

规则5和6可以用前面的规则导出,称之为**导出规则**。

关于规则5,如果两个前提是特称陈述,则只有以下三种可能情况:

(1) 两个前提都是特称肯定陈述。如此,则前提中没有一个周延的词项,不能满足规则1或2,因此不能得出有效的结论。

(2) 两个前提都是特称否定陈述。根据规则3不能得出有效的结论。

(3) 两个前提中,一个是特称肯定,一个是特称否定。这时,前提中只有一个周延的词项,即特称否定陈述的谓词。根据规则1,中项至少要周延一次;另外,根据规则4,结论是否定的,大项在结论中周延,故而要求大项在前提中周延。这样,在前提中只有一个周延的词项的情况下,无法满足中项和大项都必须周延的要求,所以不能得出有效的结论。

关于规则6,如果前提有一个是特称陈述,则两个前提的组合可能是:AI、AO、EI、EO。其中EO违反规则3,其他三种情况如下:

(1) AI。在这种情况下,前提中只有一个周延的项,即A命题的主词。根据规则1,这个周延的项应当满足中项,因而大、小项在前提中均不周延,又根据规则2,前提中不周延的项结论中不得周延,所以,结论必须是特称陈述。

(2) AO。在这种情况下,前提中有两个项是周延的。由于前提中有一否定陈述,根据规则4,结论是否定的,大项在结论中是周延的,从而要求大项在前提中也周延。这样,前提中两个周延的项,必须满足中项和大项,小项在前提中不能周延。根据规则2,前提中不周延的项在结论中不得周延,所以,结论必须是特称陈述。

(3) EI。在这种情况下,前提中有两个项是周延的。根据规则1和规则4,这两个周延的项应确定为中项和大项,小项在前提中不周延,在结论中也不得周延,所以,结论必须是特称陈述。

四、评估直言三段论的有效性

评估日常语言中的直言三段论是否有效,首先需要从论证中提炼出三段论的结构形式,其次根据三段论的规则判定其是否有效。在日常思维的论证中,所运用的直言三段论经常是不完整的,不是省略了某个前提,就是省略了结论。在对论证的有效性做出评估之前,准确地找出被省略的前提或结论是理解三段论的两项基本功。

1. 直言三段论的完整形式

让我们来看以下这则论证:

> 女权主义者呼吁用立法来禁止描写性暴力的色情作品,它们有损于妇女的形象。这看起来是非常值得赞赏的,但是,反对色情作品的女权主义者把自己置于法西斯主义者的阵营之中,因为法西斯主义者赞成禁止包括色情作品在内的所有形式的言论自由。也许女权主义者还有更好的理由支持她们的看法,不过,仅就她们想要立法禁止色情作品这一点而言,她们与法西斯主义者没什么两样。

判定上述论证有效性的步骤如下:

第一步,区分前提和结论。其结论是:就立法禁止色情作品而言,女权主义者是法西斯主义者。所提供的前提或理由是:(1)所有女权主义者都是赞成禁止色情作品的人;(2)法西斯主义者也是赞成禁止色情作品的人。

第二步,识别结论和前提的陈述形式,并将结论和前提组织成三段论的标准形式。结论的形式是"所有 S 是 P";前提(1)的形式是"所有 S 是 M",前提(2)的形式是"所有 P 是 M"。小项是结论中的主词"女权主义者",大项是结论中的谓词"法西斯主义者",中词是两个前提中共有的词"赞成禁止色情作品的人"。包含大项的前提是大前提,包含小项的前提是小前提。三段论的标准形式如下:

> 所有法西斯主义者是赞成禁止色情作品的人。
> 所有女权主义者是赞成禁止色情作品的人。
> ——————————————————————
> 所以,所有女权主义者是法西斯主义者。

第三步,运用三段论的规则对推理的有效性进行评估。由于该推理是由肯定陈述构成的,因而它不涉及否定规则。从周延规则看,大项和小项符合要求,中项处在两个前提的谓项,由于肯定陈述的谓项是不周延的,所以该推理违背了"中项至少在前提中周延一次"的规则。由之,我们可以判定这个推理是无效的三段论式。

再看另一则论证:

> 在美国,公民拥有的持枪权对社会毫无益处。每年在谋杀中被手枪射死的人数是 1.5 万人,在意外事故中被射死的人有 3000 人,另有被手枪击伤的不少于 10 万人。然而,公民的持枪权是由美国宪法的第二修正案给予的,宪法的创立者认识到的是公民应当具有为抵御暴力袭击而武装自己的权利,而从所给予的权利中我们得出的却是令人伤感的结论,一些受宪法保护的权利对社会没什么好处。

第一步,区分前提和结论。结论是:一些受宪法保护的权利对社会没有好处。支持这一结论的前提有:(1)公民拥有的持枪权对社会没有益处;(2)公民拥有的持枪权是受宪法保护的(宪法给予的)。

第二步,识别结论和前提的陈述形式,并将结论和前提组织成三段论的标准形式。结论的形式是"有些 S 不是 P";前提(1)的形式是"所有 M 不是 P",前提(2)的形式是"所有 M 是 S"。三段论的标准形式如下:

公民拥有的持枪权对社会没有益处。
　　公民拥有的持枪权是受宪法保护的。

　　所以,有些受宪法保护的权利对社会没有好处。

　　第三步,运用三段论的规则对推理的有效性进行评估。先看周延规则,中项在两个前提中都是周延的;大项在结论中周延,在前提中必须周延,由于大项在前提中是全称否定陈述的谓词,所以它是周延的。再看否定规则,前提有一个是否定的,另一个是肯定的,不违背规则3,结论是否定的,因而也不违背规则4。所以这则论证是有效的。

2. 导出直言三段论的结论

　　三段论的省略形式有两种:一种是省略结论;另一种是省略前提。为了看清推理的结构形式,在评估三段论的有效性之前,需要把省略的前提或结论揭露出来,揭露的方法是按着三段论规则的要求,对三段论的省略式进行合理的补充。现在,让我们来看如何补充被省略的结论。

　　　　在这个世界上,有些特别美丽的猫是波斯猫。不过,必须承认,所有波斯猫都很自负,而自负的猫不可避免地令人讨厌。所以,_____

　　第一步,将文中的陈述标准化:(1)有些特别美丽的猫是波斯猫。(2)所有波斯猫都很自负。(3)自负的猫不可避免的令人讨厌。

　　第二步,识别推理类型,寻找推理线索。根据给出陈述的形式判断推理属于直言三段论。根据直言三段论的规则,由(1)和(2)导出结论:

　　　　(4)有些特别美丽的猫是自负的。

　　由(2)和(3)导出结论:

　　　　(5)所有波斯猫都是令人讨厌的。

　　由结论(4)和前提(3)导出结论:

　　　　(6)有些特别美丽的猫是令人讨厌的。

　　第三步,根据推理规则检验结论。

当推理的结论被省略时,根据给出的前提可能会导出很多有效的结论,这时,应参照上下文,发挥读者的推理能力,站在作者的立场上,得出主要的结论。如上述论证的主要结论应是:波斯猫虽然很美,却令人讨厌。所给出的主要理由是:波斯猫很自负。

3. 揭示直言三段论的假设

论证使用推理,论据就是推理的前提。在推理过程中,立论者经常把一些他认为真实性十分明显的前提省略掉。但是,论证的可争议性或错误也常常发生在这些被省略的前提上,由于这些前提被省略,人们就不容易发现它的错误。因此,在评估论证的有效性时,需要特别注意哪些前提被省略了,它们是不是有问题的。

我们把在论证中没有陈述的而被立论者视为当然的、假定为真的前提称为**假设**。在一个具体的论证中,这样的假设可能有一个,也可能有许多,要注意识别和判断主要的假设,即与结论或支持结论的论据有密切关系的假设。在三段论中,主要的假设就是在一个有效推理中被省略的前提。一般而言,假设不只是在一个有效推理中被省略的前提,它在不同的推理类型中有多种形式,可以结合第四章第三节对"未确证的假设"的分析和后文对论证评估的展开,全面掌握揭示论证假设的技术。

下面让我们来掌握揭示直言三段论的假设的步骤。请看如下的推理:

所有步行上学的学生回家吃午饭。所以,有些兼职打工的学生不是步行上学的。

第一步,根据三段论的定义和结构,判断省略的是哪个前提。结论:有些兼职打工的学生不是步行上学的。结论的谓词,也就是大项在前提中出现,而结论的主词,也就是小项在前提中没有出现,据此可知,省略的是小前提,并且,这个前提是由"兼职打工的学生"和"回家吃午饭的学生"充当主词或者谓词而构成。

第二步,按照合理性原则,揭示出被省略的前提。所谓合理性原则,就是在正确识别推理类型的基础上,按照这种推理类型的规则,揭示出被省略的前提,使得所揭示出来的假设与已表述的前提一起能够有效地得出作者的结论。

根据规则4,省略的前提应是否定陈述。这个否定陈述是特称的,还是全称的? 如果是特称的,则只能是"有些兼职打工的学生不回家吃午饭"。因为中项在大前提中不周延,所以它在小前提中只能作谓词;如果是全称的,则可以是"所有兼职打工的学生都不回家吃午饭",也可以是"凡是回家吃午饭的学生都不是兼职打工的学生",因为这两个陈述是等值的。

第三步,将推理恢复成标准形式,验证它是否有效。上述推理的标准形式之一如下:

所有步行上学的学生回家吃午饭。
有些兼职打工的学生不回家吃午饭。

所以,有些兼职打工的学生不是步行上学的。

经过检验,该三段论符合规则,它是有效的。由此可知,所揭示的假设是正确的。

掌握评估直言三段论有效性的技术是训练逻辑思维基本功的一个重要项目,如同掌握任何一门技术的基本功训练一样,它是一项单调乏味的工作。

第二节 假言三段论

前提中包含假言陈述的推理称为假言推理。以充分条件假言陈述为大前提所构成的假言三段论是假言推理的主要形式,以其他假言陈述为前提所进行的推理,可以通过第二章第四节所介绍的等值式,翻译成以充分条件假言陈述为前提的推理形式。

一、假言推理的基本式

假言三段论的基本式是由充分条件假言陈述作大前提而形成的肯定式和否定式。肯定式是通过在小前提中肯定大前提的前件,在结论中肯定大前提的后件,而形成的有效推理;否定式是通过在小前提中否定大前提的前件,在结论中否定大前提的后件,而形成的有效推理。

肯定式
如果 p,则 q
p
―――――――
所以,q

例如:
如果天下雨,则地湿。
天下雨。
―――――――
所以,地湿。

否定式
如果 p,则 q
非 q
―――――――
所以,非 p

例如:
如果天下雨,则地湿。
地没有湿。
―――――――
所以,天没有下雨。

充分条件假言推理**肯定式的规则**是:必须由肯定前件而肯定后件,不能由肯定后件而肯定前件。**否定式的规则**是:必须由否定后件而否定前件,不能由否定前件而否定后件。下面的推理是错误的:

肯定后件的错误:
如果天下雨,则地湿。
地湿了。
―――――――
所以,天下雨了。

否定前件的错误:
如果天下雨,则地湿。
天没有下雨。
―――――――
所以,地没有湿。

现在让我们来看一则展开基本式的复杂推理:

> 如果原始数据有错误,或者计算不准确,则这份统计结果不准确。
> 原始数据没错误而且计算准确,这是不可能的。
> ―――――――
> 所以,这份统计结果一定不准确。

这则推理的形式如下:

> 如果 p 或者 q,则 r
> 并非(非 p 并且非 q)
> ―――――――
> 所以,r

这则推理给我们两点启发:其一,构成大前提的假言陈述,其前件和后件可以是简单陈述,也可以是复合陈述;其二,肯定式中"肯定"的确切含义,指的是小前提与假言前提的前件具有等值关系,结论与假言前提的后件具有等值关系。或者说,肯定式就是以与假言前提的前件等值的陈述做小前提,以与假言前提的后件等值的陈述做结论,所形成的推理。由于"并非(非 p 并且非 q)"与"p 或者 q"等值,所以,这是一则肯定式的复杂形式。由此你会明白掌握等值式的用途。让我们来看另一则复杂的推理:

如果某人得了阑尾炎,他就会发高烧或者肚子痛。
某人没有发高烧,也没有肚子痛。
——————————————————————
所以,某人没得阑尾炎。

这则推理的形式如下:

如果 p,则 q 或者 r
非 q 并且非 r
——————————————————
所以,非 p

否定式中"否定"的确切含义,指的是小前提与假言前提的后件具有矛盾关系,结论与假言前提的前件具有矛盾关系。或者说,否定式就是以与假言前提的后件相矛盾的陈述做小前提,以与假言前提的前件相矛盾的陈述做结论,所形成的推理。由于"非 q 并且非 r"与"q 或者 r"相矛盾,所以,这则推理是否定式的复杂形式。由此你会明白掌握一个陈述及其否定陈述的用途。

同时,根据双重否定等于肯定的逻辑原则,等值式与矛盾式可以相互转换。一旦掌握了等值式,只要在等值式的一端加上一个否定词"并非",或者去掉一个否定词"并非",就可以得到相应的矛盾式。我们用大写英文字母 A 代表诸如"所有 S 是 P""p 并且 q"等陈述形式,"并非(非 A)"与"A"等值,"非 A"与"A"相矛盾,"并非(非 A)"与"非 A"也是相矛盾的。相反,在矛盾式的一端加上一个否定词"并非",或者去掉一个否定词"并非",也会得到相应的等值式。

另外,对于以"只有 p,才 q"为前提而进行的必要条件假言推理,由于有以下等值式:

"只有 p,才 q"等值于"如果 q,则 p"

"只有 p,才 q"等值于"如果非 p,则非 q"

所以,凡是以"只有 p,才 q"为前提的推理,都可以根据以上等值式理解为"如果 q,则 p"或者"如果非 p,则非 q"的形式。

直接以必要条件假言陈述为前提进行推理,其有效式是:

肯定式

只有 p,才 q

q

―――――

所以,p

否定式

只有 p,才 q

非 p

―――――

所以,非 q

例如:

只有种瓜,才能得瓜。

得到了瓜。

―――――

所以,种了瓜。

例如:

只有种瓜,才能得瓜。

没有种瓜。

―――――

所以,得不到瓜。

必要条件假言推理**肯定式的规则**是:必须由肯定后件而肯定前件,不能由肯定前件而肯定后件。**否定式的规则**是:必须由否定前件而否定后件,不能由否定后件而否定前件。

二、纯假言推理的常用式

前提和结论都是由假言陈述组成的推理叫做纯假言推理。常用的推理形式有以下几种:

1. 假言联锁推理

具有如下形式的假言推理称为假言联锁推理。

肯定式:

如果 p,则 q

否定式:

如果 p,则 q

如果 r,则 p	如果 q,则 r
所以,如果 r,则 q	所以,如果非 r,则非 p

以下是假言联锁推理肯定式的例子：

如果生产力得到提高,就会创造更多的财富。
如果科学技术发展了,就能提高生产力。

所以,如果科学技术发展了,就会创造更多的财富。

以下是假言联锁推理否定式的例子：

如果不进行改革开放,科技发展就会落后。
如果科技发展落后,就会被动挨打。

所以,如果不想被动挨打,就必须进行改革开放。

2. 反三段论

具有如下形式的假言推理叫做反三段论。

如果 p 并且 q,则 r

所以,如果 p 并且非 r,则非 q

反三段论在日常思维中经常使用。如果几个条件联合起来构成某一情况的充分条件,那么,当该情况不出现时,就可推出几个条件中至少有一个条件尚未具备。凡是作这样的推理时,就是应用了反三段论的形式。例如：

如果客观条件已经成熟,主观也作了充分的努力,则工作一定成功。

所以,如果客观条件成熟而工作却没有成功,则主观的努力不充分。

反三段论不但能从前提推出结论,而且也能从结论推出前提,也就是说,反三段论的前提和结论之间是等值的。显然,以下推理式是有效的：

如果 p 并且非 r,则非 q

所以,如果 p 并且 q,则 r

3. 假言易位推理

具有以下形式的假言推理叫做假言易位推理。

如果 p,则 q

所以,如果非 q,则非 p

以下是假言易位推理的例子:

如果人们不以一定的方式结合起来共同活动,就不能从事生产。

所以,为了从事生产,人们就必须以一定的方式结合起来活动。

假言易位推理的前提和结论之间也具有等值关系,因而以下推理形式也是有效的:

如果非 q,则非 p

所以,如果 p,则 q

三、归谬法和反证法

归谬法是一种间接反驳方法,准确地说,它是运用充分条件假言推理的否定式,来证明一个陈述为假的方法。例如:

人们常说,人的智能高低与脑子的重量成正比。果真如此的话,根据人脑的平均重量为 1300—1400 克这个标准,屠格涅夫的脑重量是 2000 克,而弗朗斯的脑重量只有 1000 克,但有谁能说屠格涅夫的智能比弗朗斯更高呢?

归谬法的论证过程如下:

[被反驳的命题] A

[反驳]

(1) 设 A 真

(2) 如果 A，则 B

(3) 非 B

(4) 所以，非 A

一般说来，使用归谬法所推出的后件，其荒谬性有三种表现形式：

其一，事实上存在与后件相关的反例。比如上述论证：如果人的智能高低与脑子的重量成正比，那么脑重量较大的人要比脑重量较小的人智能高。事实上，屠格涅夫的脑重量比弗朗斯的脑重量大一倍，而屠格涅夫的智能却不比弗朗斯的高。这一事实的存在，证明"脑重量较大的人比脑重量较小的人智能高"是假的。

其二，推出两个互相矛盾的陈述。例如，伽利略在反驳"物体越重下落速度越快"的观点时指出：如果一块轻石头 A 加在一块重石头 B 上下落，那么，根据"物体越重下落速度越快"的断定，就会导致两个相矛盾的结论：一是 (A+B) 比 B 重，因此，(A+B) 的下落速度比 B 快；二是速度慢的 A 加在速度快的 B 上，会减低 B 的下落速度，因此，(A+B) 的下落速度比 B 慢。这样，从原始陈述就推出两个互相矛盾的陈述。

其三，推出与原始陈述本身相矛盾的陈述。例如，古希腊学者克拉底鲁说："我们对任何事物所作的断定都是假的。"亚里士多德对此反驳说："克拉底鲁的话等于说'一切陈述都是假的'，如果一切陈述都是假的，那么，'一切陈述都是假的'这个陈述也是假的。"

反证法是一种间接证明方法，通过证明与原始陈述相矛盾的陈述为假，来确定原始陈述为真的论证方法。例如：

> 声音和语词与它们所表示的事物之间并没有什么必然的联系，并非某一个声音必然表示某一个对象。假如声音和事物的结合有必然的联系，世界上所有语言中表示同一事物的语词的声音就是相同的了。然而，世界上表示同一事物的语词的声音却是各

不相同的。

反证法的论证过程如下:

[求证] A

[证明]

(1) 设非 A 真

(2) 如果非 A,则 B

(3) 非 B

(4) 所以,并非(非 A)

(5) 所以,A

运用反证法有三个步骤:首先,假设与原始陈述相矛盾的陈述为真。其次,从这一假设出发,推出一个荒谬的结论,也就是使用归谬法来证明与原始陈述相矛盾的陈述为假。最后,根据排中律,即两个相互矛盾的陈述不能都假,其中必有一个为真,证明原始陈述为真。通俗地说,反证法是通过证明"非此不行"来证明"应是如此"的论证方法。

四、评估假言推理的有效性

评估假言推理的有效性有两个主要步骤:首先,根据标志词,识别推理类型,并从论证中提炼出推理的结构形式。其次,根据假言推理的规则判定推理是否有效。在日常思维的论证中,所运用的假言推理经常是不完整的,不是省略某个前提,就是省略结论。在对论证的有效性做出评估之前,必须揭示出被省略的前提或者推出被省略的结论。

1. 假言推理的完整形式

在日常思维中,假言推理的联结词一般不会被省略,其推理结构容易辨别出来。让我们看如下这则论证:

如果农副产品的价格得不到提高,农民的收入就不会增加。为了鼓励农民种地的积极性,减轻城市流动人口急剧增长的压力,经过政府宏观经济调控的努力,农副产品尤其是粮油的价格得到了大幅度的提升,所以,农民的收入也会有大幅度的提高。

第一步,抓住结论,识别推理类型。结论是:"农民的收入也会有大幅度的提高。"仅凭结论的形式特征,还不能判定推理的类型。但是,前提中有明显的联结词"如果,就",据此可判定其中的推理涉及的是假言推理。

第二步,从论证中提炼出推理的结构形式。该论证的推理结构如下:

如果农副产品的价格得不到提高,农民的收入就不会增加。
农副产品尤其是粮油的价格得到了大幅度的提高。

所以,农民的收入也会有大幅度的提高。

第三步,根据规则判定推理是否有效。该推理通过否定前件,而否定后件,违反了否定式的规则,犯了"否定前件"的错误,因而是无效的。

再如:

天然生成的化学物质结构一旦被公布,它就不能获得新的专利。但是,在一种天然生成的化学合成物被作为药物之前,必须通过与人工合成的药品一样严格的测试程序,这一程序的最终环节是在一份出版的报告中详细说明该药物的结构和观察到的效果。所以,一旦天然生成的化合物被允许作为药物使用,它就不能获得新的专利。

第一步,抓住结论,识别推理类型。结论是:"一旦天然生成的化合物被允许作为药物使用,它就不能获得新的专利。"它具有"如果,则"的形式,由此判定推理类型应是假言推理。

第二步,从论证中提炼出推理的结构形式。该论证的推理结构如下:

如果用天然化合物作药物,则必须通过测试程序。
如果通过测试程序,天然化合物的结构就会被公布。
如果天然化合物的结构被公布,它就不能获得新的专利。

所以,如果天然化合物用作药物,它就不能获得新的专利。

第三步,根据规则判定推理是否有效。该推理符合充分条件假言推理肯定式的规则,它是有效的假言联锁推理。

2. 导出假言推理的结论

假言推理的省略形式有两种:一种是省略结论;另一种是省略前提。为了看清推理的结构形式,在评估假言推理的有效性之前,需要把省略的前提加以补充,或者把省略的结论推导出来。现在,让我们来看如何导出被省略的结论,例如:

> 书店以低于市场的价格而获利的唯一途径是从出版商那里得到低于正常价格的书;除非书店的销量大,否则,不能从出版商那里得到低于正常价格的书;要想有大的销量,书店就必须广泛满足读者的兴趣,或者拥有专业书市的独家销售权。书店虽然不能广泛满足读者的兴趣,却能以低于市场价格而获利,所以,_____

第一步,按原文的顺序对陈述依次做出如下准确的理解:

(1) **只有**从出版商那里得到低于正常价格的书,书店**才**能以低于市场的价格而获利。

(2) **只有**书店的销量大,它**才**能从出版商那里得到低于正常价格的书。

(3) **只有**广泛满足读者的兴趣,**或者**拥有专业书市的独家销售权,书店**才**会有大的销量。

(4) 书店不能广泛满足读者的兴趣,**并且**能以低于市场的价格而获利。

第二步,识别推理类型,分析推理线索。根据前提中出现的标志词,判断推理属于必要条件假言推理。推理线索如下:从陈述(4)出发,由"书店不能广泛满足读者的兴趣"与陈述(3)结合不能得出确定的结论;由"能以低于市场价格而获利"与陈述(1)结合,可以推出:

(5) 从出版商那里得到低于正常价格的书。

由结论(5)与陈述(2)结合,可以推出:

(6) 书店的销量大。

由结论(6)与陈述(3)结合,可以推出:

(7) 书店广泛满足读者的兴趣,或者拥有专业书市的独家销售权。

由陈述(4)中的"书店不能广泛满足读者的兴趣"和结论(7),可以推出:

(8) 书店拥有专业书市的独家销售权。

第三步,根据必要条件假言推理规则检验上述结论是否有效。上述推理得出的结论都是有效的。

3. 揭示假言推理的假设

在日常思维的论证中,假言前提也时常被省略。下面让我们来掌握揭示假言推理的假设的方法。

有的哲学家认为,任何数学陈述的真实性都是不得而知的,因为没有数学陈述能够由观察而被证明为真。

第一步,抓住结论,识别推理类型。结论是:"任何数学陈述的真实性都是不得而知的。"前提是:"没有数学陈述能够由观察而被证明为真。"显然,只根据所给出的前提不能合逻辑地得出该结论,这说明至少有一个前提被省略了。仅凭结论和前提的形式特征还不能判定该推理的类型。

第二步,依据合理性原则,揭示出被省略的前提。在推理类型不明显的情况下,按照直言三段论考虑,被省略的前提是:凡是其真实性可知的陈述都是能由观察而被证明为真的陈述。按照假言三段论考虑,被省略的前提是:只有由观察而被证明为真的陈述,才能知道它的真实性。

第三步,将推理恢复成标准形式,验证它是否有效。其推理形式之

一是:

> 如果一个陈述不能由观察而被证明为真,它的真实性就是不可知的。
> 数学陈述不能由观察而被证明为真。
> ―――――――――――――――――――
> 所以,数学陈述的真实性是不可知的。

该推理符合肯定式的规则,推理是有效的。读者也可以将推理恢复成直言三段论的标准形式,也符合直言三段论的规则。由此可知,所揭示的假设是正确的。

再看以下论证:

> 根据一种心理学理论,一个人要活得快乐,就必须与其他人保持亲密的关系。然而,世界上最伟大的作曲家们,他们都是在孤独中度过了一生中的大部分时光,而且没有亲密的人际关系。所以,这种心理学理论一定是错误的。

第一步,推出心理学理论的结论。结论在原文中被省略,完整的推理形式是:

> 如果一个人要活得快乐,就必须与其他人保持亲密的关系。
> 最伟大的作曲家没有亲密的人际关系。
> ―――――――――――――――――――
> 所以,最伟大的作曲家活得不快乐。

第二步,揭示论证的假设。若使上述论证的结论为假,就必须假设:有些最伟大的作曲家活得是快乐的。这一假设的意思是说:有些人没有亲密的人际关系,也能活得快乐。这与心理学理论的主张是相矛盾的,据此宣称"这种心理学理论一定是错误的"才是合理的。

第三步,根据推理规则验证上述推理过程是有效的,所揭示的假设是正确的。

让我们再看一则论证:

> 17世纪伟大的物理学家牛顿,他主要是因为对运动和引力的研究而被人们记住的。然而,牛顿在多年内也秘密从事过一些炼

金术的实验,他在将铁变成黄金,以及制造长生不老药物的实验中,却没有成功。如果17世纪的炼金术士们将它们的实验结果都发表出来,那么18世纪的化学研究就会取得更加长足的进展。

第一步,抓住结论,识别推理类型。该论证的结论是:"如果17世纪的炼金术士们将它们的实验结果都发表出来,那么18世纪的化学研究就会取得更加长足的进展。"这一主张本身属于与事实相反的假设,也就是说,历史的事实是炼金术士们的实验结果并没有发表,而主张本身则假设它当时发表了,然后推论结果会怎样。与事实相反的假设属于未确证的假设,若使之成立,通常需要更强的假设来担保。

第二步,揭示论证的假设。若使该论证的主张成立,必须进一步假设:无论实验是否成功,其结果公布后都会促进科学的发展。这一假设的作用在于保证那个基于与事实相反的假设所预见的结果能出现。

第三步,对所揭示的假设进行检验。"与事实相反的假设"是一种思维错误,揭示其假设的目的是为了更加明显地将这种错误的实质暴露出来。该论证的主张听起来好像有些道理,但是,它赖以成立的假设的荒谬性却是明显的。显然,并不是所有的实验结果公布后都会促进科学研究的进展。

第三节 选言三段论

前提中包含选言陈述的推理称为选言推理。选言推理有两种主要形式:一种是以选言陈述为大前提,以直言陈述为小前提,形成的选言三段论;另一种是以不相容的选言陈述为大前提,以充分条件假言陈述为小前提,形成的二难推理。

一、选言推理的基本式

选言陈述分为相容与不相容两种,相应地,以选言陈述为大前提所形成的选言三段论也有两种,其中相容的选言三段论的基本式如下:

否定式: 例如:
p 或者 q 他是一个画家,或者是一位诗人。

非 p	他不是一个画家。
所以,q	所以,他是一位诗人。

相容选言推理否定式的规则是:由一部分选言支的假,能推出另一部分选言支的真。但是,由一部分选言支的真,却不能推出另一部分选言支的假。

相容选言三段论的否定式是论证中常用的推理方法。就某一问题而言,有而且只有几种可能的情况,除了结论所表明的情况外,其他各种可能情况经论证后都是假的,这样来确定结论为真的论证方法叫做**选言证法**。选言证法又称**排除法**或**淘汰法**。例如:

造成病人心律不齐的原因不外乎以下几种可能:窦性心动过速,或者是额外收缩,或者是心房纤维性颤动,或者是心房阵发性心动过速。经医生检查验证,老张的心脏不存在窦性心动过速、心房纤维性颤动和心房阵发性心动过速这三种异常现象,因而,老张的心律不齐可能是由于额外收缩造成的。

选言证法的论证过程如下:

[求证] A

[证明]

(1) 或 A,或 B,或 C,或 D

(2) 非 B

(3) 非 C

(4) 非 D

(5) 所以,A

不相容选言三段论的基本式如下:

肯定式:	例如:
要么 p,要么 q	要么坐船去日本,要么坐飞机去日本。
p	老张坐船去日本。
所以,q	所以,老张没有坐飞机去日本。

否定式： 例如：
要么 p,要么 q　　　要么坐船去日本,要么坐飞机去日本。
非 p　　　　　　　老张不坐船去日本。
―――――――――　―――――――――――――
所以,q　　　　　　所以,老张坐飞机去日本。

不相容选言推理的规则是：由一部分选言支的真,能推出另一部分选言支的假,而且由一部分选言支的假,也能推出另一部分选言支的真。

二、二难推理

二难推理指的是具有如下形式[1]的选言假言推理：

1. 简单构成式

p 或者 q
如果 p,则 r;如果 q,则 r
―――――――――――――
所以,r

具有以上形式的选言假言推理叫做二难推理的简单构成式。例如：

武松刺激老虎,或者不刺激老虎。
如果刺激老虎,它是要吃人的;
如果不刺激老虎,它也是要吃人的。
―――――――――――――――――
所以,老虎总是要吃人的。

2. 复杂构成式

p 或者 q
如果 p,则 r;如果 q,则 s
―――――――――――――
所以,r 或者 s

具有以上形式的选言假言推理叫做二难推理的复杂构成式。例如：

  孙悟空打死妖怪，或者放了妖怪。
  如果孙悟空打死妖怪，那么唐僧就会将他赶走；
  如果孙悟空放了妖怪，那么唐僧就会被妖怪吃掉。
  ―――――――――――――――――――
  所以，孙悟空被唐僧赶走，或者唐僧被妖怪吃掉。

3. 简单破坏式

  非 q 或者非 r
  如果 p，则 q；如果 p，则 r
  ―――――――――――――――
  所以，非 p

具有以上形式的选言假言推理叫做二难推理的简单破坏式。例如：

  不割安东尼奥的肉，或者不让安东尼奥流血。
  如果夏洛克履行契约，就必须割下安东尼奥一磅肉；
  如果夏洛克履行契约，就不能不让安东尼奥流血。
  ―――――――――――――――――――
  所以，夏洛克不能履行契约。

4. 复杂破坏式

  非 r 或者非 s
  如果 p，则 r；如果 q，则 s
  ―――――――――――――――
  所以，非 p 或者非 q

具有以上形式的选言假言推理叫做二难推理的复杂破坏式。例如：

  不使他恐惧，或者不使他焦虑。
  如果告诉他得癌症的实情，则会使他恐惧；
  如果隐瞒他得癌症的实情，则会使他焦虑。
  ―――――――――――――――――――
  所以，不告诉他得癌症的实情，或者不隐瞒他得癌症的实情。

三、评估选言推理的有效性

在选言推理中,以不同的选言陈述为前提所进行的推理,其有效式是不同的。由于"或者"这个联结词在日常语言中有时也用来表示不相容的选言关系,所以在评估选言推理的有效性时,要注意区分用作前提的选言陈述是相容的,还是不相容的。

1. 选言推理的完整形式

让我们看以下论证:

> 棋手们下棋,或者是为了提高技艺,或者是为了竞争输赢。为提高技艺而下棋的人,他们把下棋看作解决难题的智力游戏,追求结构严谨而又富于变化的精彩棋局;为竞争输赢而下棋的人,他们把下棋看作是一场战争,全身心地投入到如何将对方打败的激烈战斗中。优秀的棋手总是把下棋当作提高技艺的智力游戏,所以,他们从不为竞争输赢而下棋。

第一步,抓住结论,识别推理类型。结论:优秀的棋手不为竞争输赢而下棋。推理的大前提是:"棋手们为了提高技艺而下棋,或者为了竞争输赢而下棋。"这是一个相容的选言陈述。

第二步,从论证中提炼出推理的结构形式。

> 棋手们为了提高技艺而下棋,或者为了竞争输赢而下棋。
> 优秀的棋手为提高技艺而下棋。
> ——————————————————————
> 所以,优秀的棋手不为竞争输赢而下棋。

第三步,根据规则判定推理是否有效。该推理是无效的,相容的选言推理不能通过肯定大前提的一个选言支,而得出否定另一个选言支的结论。

接下来让我们看一则有趣而复杂的论证:

> 在加入人寿保险的人当中,你不是有平安的好运气,就是有不平安的坏运气。如果你有平安的好运气,就会给你带来输钱的坏

运气;如果你有不平安的坏运气,就会给你带来赢钱的好运气。正反相生,损益相成。

第一步,抓住结论,识别推理类型。结论:"正反相生,损益相成。"意即:"你有平安的好运气和输钱的坏运气,或者有赢钱的好运气和不平安的坏运气。"这一结论是怎样得出的呢?

第二步,从论证中提炼出推理的结构形式。

你不是有平安的好运气,就是有不平安的坏运气。
如果你有平安的好运气,就会给你带来输钱的坏运气。
如果你有不平安的坏运气,就会给你带来赢钱的好运气。

所以,你有输钱的坏运气或者有赢钱的好运气。

在这个二难推理中,由于"平安的好运气"与"不平安的坏运气"具有非此即彼的关系,"输钱的坏运气"与"赢钱的好运气"也是非此即彼的,所以,构成这个二难推理的假言前提是充要条件假言陈述。也就是说,在你有输钱的坏运气的同时,你一定会有平安的好运气;在你有赢钱的好运气的同时,你也一定会有不平安的坏运气。

第三步,根据规则判定推理是否有效。上述推理符合假言推理和选言推理的规则,是有效的推理。

2. 导出选言推理的结论

在日常思维的论证中,选言陈述通常必须与其他类型的陈述相结合,才能推出某一个结论,其中与直言陈述相结合所构成的推理称为选言三段论,与假言陈述相结合所构成的推理有两种常见的形式:假言选言推理和选言假言推理。例如:

在某个发展成熟的旅游区,旅馆老板提高利润的途径只有两种:通过建造更多的客房或者改善已有的客房。可是,这个旅游区的土地使用法禁止建造新旅馆,或者以任何其他的方式扩大旅馆的客容量。另一个明显的事实是:该地区的旅馆已经改善到最豪华的水平,达到了富有的主顾能承受的极限。所以,＿＿＿＿＿＿

第一步,根据文中出现的联结词,识别推理类型。根据文中出现的"只有"和"或者"可以初步判定:其中的推理属于假言选言推理。

第二步,从论证中提炼出推理的结构形式,并导出被省略的结论。

> 如果要提高利润,就必须建造新客房或者改善旧客房。
> 既不允许建造新客房,也不能够改善旧客房。
> ———————————————————————
> 所以,旅馆老板不能再提高他们的利润了。

第三步,评估结论的有效性。该推理符合假言和选言推理的规则,结论是有效的。

让我们再看一个例子:

> 作假账的谣言已经损害了一家上市公司的声誉。面对业已存在的谣言,公司或者无动于衷,或者有所作为。如果公司管理部门不批驳、澄清这些谣言,它们就会继续传播并最终破坏股民的信心。但是,如果公司管理部门批驳、澄清这些谣言,这种批驳所增加的怀疑比它所澄清的还多。所以,_____

该论证使用的是二难推理,结构是明显的,被省略的结论是:这家公司无法阻止作假账的谣言对公司声誉的威胁。需要说明的是:二难推理本质上是一种选言推理,其中的假言前提可以看作是对两难选择的进一步解释,所以,它在实际论证中常被省略。比如,毛泽东在《论人民民主专政》中说:"在武松看来,景阳岗上的老虎,刺激它也是那样,不刺激它也是那样,总之是要吃人的。"有时,用一个问句就可以传达一个浓缩的二难推理。比如可以将上述论证缩减为:"面对业已存在的谣言,公司应当无动于衷,还是有所作为?"

3. 揭示选言推理的假设

现在,让我们结合两则论证来掌握揭示选言推理的假设的方法和步骤。先看以下论证:

> 英语和姆巴拉语都用"dog"这个词称呼犬科动物。这两种语言没有亲缘关系,而且讲这两种语言的人是在以这种方式使用这

个词很久以后,才彼此有接触的。每种语言都无法从另一种语言中借用这个词。所以,这一事例表明,有时不同语言中有发音和意义相似的词,这既不是由于语言的亲缘性,也不是由于互相借用语词所致。

第一步,抓住结论,识别推理类型。结论是:两种语言中共有的词,既不是由于语言的亲缘性,也不是由于互相借用造成的。

第二步,揭示论证的假设。根据文中所提供的信息,它并没有排除这两种语言通过第三种语言间接借用的可能。所以,若使论证的结论成立,就必须假设:没有第三种语言从英语或姆巴拉语中借用"dog"一词。

第三步,根据推理规则检验推理是否有效。显然,如果将上述假设作为前提之一加入原论证,那么这个论证是有效的。由此也说明所揭示的假设是正确的。

再看另一则论证:

> 一位贫穷的农民喜欢这样教导他的孩子们:"在这个世界上,你不是富就是穷,不是诚实就是不诚实。由于所有贫穷的农民都是诚实的,所以,每个富裕的农民都是不诚实的。"

第一步,抓住结论,识别推理类型。结论是:"每个富裕的农民都是不诚实的。"文中有"不是,就是"这个标志选言推理的联结词,可初步判定结论是通过选言推理得出的。

第二步,揭示论证的假设。根据前提"你不是富就是穷,你不是诚实就是不诚实"所给出的不相容关系,若从"所有贫穷的农民都是诚实的"推出"每个富裕的农民都是不诚实的",需要附加一个限制性较强的前提假设:每个诚实的农民都是贫穷的。

第三步,根据推理规则检验推理是否有效。由文中给出的前提,加上"每个诚实的农民都是贫穷的"这个假设,会使"贫穷的农民"与"诚实的人"具有全同关系,进而使"富裕的农民"与"不诚实的人"也具有全同关系。这样,根据不相容选言推理的规则,就能有效地得出原文的结论。如果推理经检验是有效的,那就说明所揭示的假设是正确的。

第四节　论证的可靠性

在演绎论证中,如果前提是真实的而且推理是有效的,就称之为可靠的论证。结合怎样推导结论和如何揭示假设这两个批判性问题,我们熟悉了评估论证有效性的规则,以及运用这些规则进行评估的方法和步骤。接下来让我们了解评估前提的真实性的批判性准则,及其在评估论证中的应用。

一、关于真的理论

陈述是有真假可言的语句。判定一个陈述为真的标准是什么?这是一个重要而又易于产生争议的问题。让我们来了解在这个问题上较有代表性的三种理论。

1. 符合论

我们通常对两类东西谈论真假:一类是事物自身的真假,如真老虎和纸老虎、真币和假币等。亚里士多德在这个层面上说,是的就是真的,真的就是是的。另一类是认识、理解、陈述的真假,对此亚里士多德曾说:"把是的东西说成不是,或把不是的东西说成是,这就是假。把是的东西说成是,或把不是的东西说成不是,这就是真。"[2]

陈述的真假属于认识层面上的问题,一个陈述为真当且仅当它所说的内容符合事实。陈述"我的生日是10月22日"为真,当且仅当我出生在10月22日是一个事实。我们可以通过查验"我的"出生证等方式来确定这个陈述说出的是不是一个事实,符合事实的陈述为真,不符合事实的陈述为假。这就是符合论的基本观点。

对符合论的质疑之一是有许多被人们信以为真的陈述,没有与之相符合的事实。例如:

(1) 没有最大的素数。

(2) 你应该遵守你的诺言。

(3) 巴赫是18世纪最伟大的作曲家。

(4) 如果希特勒死于 1918 年,第二次世界大战就不会爆发。

似乎找不到与以上陈述相符合的事实,按符合论的观点,如果没有与这些陈述相符合的事实,这些陈述就不能被认为是真的。符合论的支持者试图消除这种质疑,其策略之一是,认为诸如(1)和(2)这样的陈述,有与之相符合的事实,如数学事实和道义事实等。然而,这种事实与出生日一类的事实相比,是难以接近和查验的,如果它们是事实,那也是非同寻常的事实。其策略之二是,认为诸如(3)和(4)这样的陈述,根本没有事实上的真假,因为它们没有陈述事实,而是表达了一种情感态度,或者做出了一种假设。

尽管符合论面临许多困难,对于判定事实性陈述的真假而言,它目前仍然是一种无可替代的理论。但是,这种理论不适合用来判定非事实陈述,或者基于无法查验的事实所做出的陈述的真假。所谓可查验的事实指的是能够通过直接或间接的观察而得到的经验事实,凭借经验事实可以判定对我们周围可观察世界有所言说的陈述的真假。

2. 贯通论

对符合论的质疑,除了它不能为判定非经验性陈述的真假提供恰当的解释外,甚至它也不能为判定经验性陈述的真假提供满意的解释。质疑者指出,符合论呈现给我们两个相隔离的世界,一边是事实,一边是陈述,使陈述与事实相符的主张,要求事实必须独立于陈述;另一方面,如果事实独立于陈述,我们怎么能拿事实与陈述进行比较,以便知道二者是否相符? 如果事实就是陈述所言,那陈述就自然与事实相符了。虽然对符合论的符合不能做诸如两半虎符相互咬合那样简单的理解,但是,对怎样符合的追问却引出了贯通论的观点。

贯通论在判定陈述为真的问题上,不是诉诸事实而是诉诸推理。如果一个陈述与我们信以为真的其他陈述是贯通的,或者说它是从我们确信为真的一系列陈述中推出的,那么它就是真的。这就是说,一个陈述为真必须得到其他被确信为真的陈述的支持,而且不能与它们发生矛盾,如果一个陈述与陈述系统中的一个或多个陈述发生矛盾,那它就是假的。简言之,一个陈述是真的,当且仅当它与被确信为真的陈述系统是相贯通的。

贯通论与符合论可以相互取长补短。当我们无法通过查验经验事实来确定一个陈述的真假时,我们必须依靠已被确信为真的陈述的支持。贯通论不能对被确信为真的陈述系统从何而来做出令人满意的解释,符合论会对此回答说:它们来自我们的经验。贯通论所面临的其他问题如:被确信为真的陈述未必都是真的;在由一系列陈述所构成的理论或信念系统中,某些陈述或信念的真实性是坚实的,而其他一些则有可能是脆弱的。

3. 实用论

实用论者认为,符合论和贯通论忽视了人们的观念或信念在解决问题中的作用。他们认为,包括思考和语言使用在内的所有人类活动,都起源于解决问题的需要。就人类的层面上说,如果颜色无助于人们确定果子是否成熟到可以吃的程度,人们将不会去学习和关注颜色的概念。就个体的层面而言,学习乘法口诀是因为它对我们有用,比如帮助我们准确计算装修一间卧室该买多少壁纸。由于思想和语言实质上是人们解决问题的工具,真作为陈述或信念的一种性质,在于它能够真正解决问题。简言之,一个陈述或信念是真的,当且仅当它能引导我们成功地解决现实问题。

对实用论的质疑之一是有许多坚实的信念无助于解决现实问题。例如,"没有最大的素数"在数学中被确信为真,是因为它得到了有效的证明,而不是这一信念本身有助于解决哪个现实问题。

质疑之二是真与问题解决之间的关系不像实用论者所说的那样密切。当然,基于真信念的行动要比基于假信念的行动更有可能获得成功,但是,不能由此得出结论说,每一个引导我们获得成功的信念都是真的。例如,我确信油箱中的燃料能行驶 250 公里,而且从承德到北京的距离是 220 公里。因此得出结论:我的车不用加油就能从承德行驶到北京。假如事实上油箱中的燃料能行驶 300 公里,而且从承德到北京的距离是 180 公里,结论所预言的情况仍然能够兑现。也就是说,引导我们获得成功的信念未必都是真的。同样,没有引导我们获得成功的信念也未必都是假的。医学通过多年对癌症的研究仍然没有获得在治愈癌症上的成功,但是我们不能说引导癌症研究的诸多信念是假的。

质疑之三是实用论必须考虑如何确定问题是否得到成功解决这个问题。要确定问题是否得到了成功的解决,必须诉诸经验事实或逻辑推理,经验事实告诉我是否不用加油便从承德开到了北京,逻辑推理告诉我是否解决了一个数学方程式。由此可见,实用论实质上预先假设了符合论和贯通论的观点。

考察关于真的理论引导我们得出了以下结论:(1)符合论为我们评估前提和结论的真实性提供了判定经验性陈述为真的批判性标准。(2)贯通论为我们评估前提和结论的真实性提供了判定非经验性陈述为真的批判性标准。(3)实用论本质上不能为我们提供判定陈述为真的标准,但是,它提醒我们在对陈述的意义进行解释时,要充分考虑到它在解决问题中的作用。

二、经验性陈述与非经验性陈述

为了便于判定前提和结论的真假,我们把陈述分为经验性的和非经验性的,是否有可查验的经验事实是区别这两种陈述的标准。辨别二者的简易方法是质问:它陈述的是经验性的主张吗?如果是,它就是经验性陈述。如果不是,它就是非经验性陈述。

让我们来看以下陈述:

(1)北大图书馆有第一版的《鲁迅全集》。

(2)汉武帝曾先后七次祭祀神坛。

(3)明天会下雨。

(4)90%的小甲鱼在出生后的前3个月夭折了。

(5)所有的天鹅都是白的。

这些陈述都是经验性陈述,有的经验事实易于查验,如陈述(1);有的不易于查验,如陈述(2)和(3),判定陈述(2)需要根据历史的记录,陈述(3)是基于过去和现在的经验性证据对未来可能发生的某一事件所做出的预见,判定所需要的是间接的经验事实。当然,我们也可以等到明天看一看天是否真的下雨了,然后判定昨天的预见是不是真的,这时依靠的是直接经验。

判定陈述(1)、(2)、(3)的真假,涉及的是与某个特定的对象相关的经验事实,称之为特殊的经验事实。判定陈述(4)、(5)的真假,涉及的是与一类对象相关的经验事实,称之为一般的经验事实。陈述(4)被称为基于样本事实所做出的归纳概括,如果要求我们通过调查全世界所有小甲鱼的生存状况,来确认这个陈述的真假,那几乎是不可能的。我们只能根据样本事实是否可靠,以及归纳程序是否合理来确定这类陈述的真实性。陈述(5)不同于陈述(4),陈述(5)概括了一类对象的全部,称之为全称陈述;陈述(4)只概括了一类对象中的一部分或一定的比例,称之为统计陈述。

陈述(4)和(5)都超出了可查验的经验性证据的支持范围,但是,在判定二者的真假方面却有所不同。判定全称陈述的真假,依靠的是反面的经验事例,只要发现一个反面事例,就能够证实一个全称陈述为假;如果没有发现反面事例,就暂时接受它为真。显然,我们不能用这种方法判定陈述(4)的真假,发现一个小甲鱼在出生的3个月后继续生存下来,或者没有生存下来,对陈述(4)的真假几乎不能构成任何威胁。只有当我们有确切的证据证明"超过10%的小甲鱼在出生3个月后继续活下来"为真,我们才能说陈述(4)是假的。

现在让我们来了解非经验性陈述:

(6) 政府应当提供失业救济金。
(7) 李白是唐代最伟大的诗人。
(8) 单身汉是未结婚的成年男子。
(9) 有些单身汉已经结婚。
(10) 所有的结果都是有原因的。

以上这些陈述都无法通过查验经验事实来确认它的真假,因而它们都是非经验性陈述。

对于陈述(6),有什么样的经验事实能确定它的真假?比如,大多数人赞成政府这样做,这是一个经验事实,政府承诺这样做也可能是一个事实，但是这些事实不能表明陈述(6)是真的，相反，没有大多数人的支持和政府的承诺并不能证明这一陈述就是假的。假如政府承诺这样做，并且做到了，这两件经验事实证明政府履行了他的承诺，但是不能证明政府所承诺的是真的。例如，我承诺：(11)帮你在图书馆借到第一版的《鲁迅全集》。如果我做到了，我的承诺及其履行并不能证明陈述(11)为真。若要证明它为真，需要查验所借到的书是不是第一版的《鲁迅全集》，以及是不是在图书馆借到的等经验事实，也就是说，陈述(11)的真假，不依赖于我的承诺及其履行这样的经验事实。同样，陈述(6)的真假也不依赖于政府的承诺及其履行这样的经验事实。但是，与陈述(11)不同的是，没有任何经验性的证据来确证陈述(6)的真假，所以我们称之为非经验性陈述。

　　类似地，陈述(7)也是非经验性陈述，有关李白的诗和他同时代的诗人的诗等经验性证据都不能充分地确证陈述(7)的真假。通常把陈述(6)和(7)称为价值陈述，前者表达了一个道义价值观念，后者表达了一个审美价值观念。那么，如何确定非经验性陈述的真假呢？根据贯通论的观点，我们只能诉诸已被确信的其他陈述来为它提供保证。如果已被确信的其他陈述能够为它提供正当的理由，我们就确信它是真的。

　　什么是正当理由？这取决于被确认的陈述的类型。比如，要确认勾股定理是不是真的，根据已知为真的数学知识证明它为真，这是正当的。如果通过测量直角三角形各边的长度来确认勾股定理，这是不正当的，因为它试图用经验事实来证明一个非经验性陈述的真假。再比如，如果需要确认一个价值陈述的真假，我们必须诉诸某些更一般的价值原则来为它提供保证。比如，政府应当按着大多数选民的愿望行事，这个原则能够为陈述(6)提供正当的理由，至于陈述(6)是不是大多数选民的愿望，可以用投票表决的结果这个经验事实来证明。简言之，确认非经验性陈述的真假需要用其他非经验性陈述作为确认的根据。

　　陈述(8)和(9)属于另一种类型的非经验性陈述，仅凭陈述(8)自身的语义就知道它是真的，仅凭陈述(9)自身的语义就知道它是假的，无需查验任何经验事实。通常称陈述(8)为分析陈述，称陈述(9)为矛盾陈述,它们都是非经验性陈述。

陈述(10)被称为因果律,它属于另一类重要的非经验性陈述。如果认为陈述(10)是假的,那将是不合理的。虽然有大量的经验事实支持这一陈述,但它本身却不是经验性陈述,因为我们没法用经验事实否证它。比如,我们试图用不知道得癌症的原因这一事实否证它,当我们这样做的时候已经假定癌症是有原因的。因果律不是一条经验的规律,而是科学和常识共同的潜在的假设。表达各种哲学和科学基本原理的陈述都属于这类非经验性陈述,比如,表达符合论、贯通论和实用论的基本观点的陈述,就属于这一类陈述。讨论这类陈述的真假是十分复杂的哲学问题,主要取决于理论的需要和人们在较深层次上的认同。

三、评估演绎论证的可靠性

论证的可靠性必须满足真实性和有效性这两个条件,因而评估演绎论证的可靠性有两大步骤:首先,根据推理规则判定推理是否有效。要完成这一步需要对日常思维中的论证进行重构,也就是找出未陈述的前提或结论,将论证中的推理重新构造成推理的标准形式,然后我们就容易根据推理规则判定它是否有效,就如同在前几节我们所做过的那样。

其次,根据符合论或贯通论的观点判定前提是否为真。根据符合论的观点,一个陈述怎样才可以说是与经验事实相符呢?以最弱的立场回答:不能与经验事实相矛盾。根据贯通论的观点,一个陈述怎样才可以说是与其他陈述相贯通呢?以最弱的立场回答:不能与其他可选择的陈述相矛盾。从这两种最弱的立场可以概括出以下原则:

如果发现与某个经验性陈述相关的反面事例,就确认这个陈述是假的。如果发现某个非经验性陈述与可选择的其他陈述相矛盾,就确认这个陈述是假的或者是不可接受的。否则,就暂时接受它为真。

我们称上述原则为**反例确认原则**,它对判定一个陈述为假是充分的,因而它是确认论证不可靠的最强原则;它对判定一个陈述为真是不充分的,因而它是确认论证可靠的最弱原则。

1. 假言论证的可靠性

就假言论证而言,确认前提或结论是否为假主要有以下几种途径:其一,考查假言陈述是否属于滑坡的谬误。其二,考查假言陈述是否属于与事实相反的假设。其三,考查是否存在与前提或结论相关的反例。

让我们就第三种途径来分析两则论证。先看第一则论证:

> 依我看,一直到现在,人们对爱神的威力还是完全不了解。如果他们了解,就会给爱神建立庄严的庙宇,筑起美丽的祭坛,举行隆重的祭典。可是一直到现在爱神还没有得到这样的尊崇。[3]

在这个论证中,小前提"人们还没有给爱神建立庄严的庙宇、美丽的祭坛和举行隆重的祭典"的真实性是令人质疑的,在古代人们早已建起尊崇爱神的庙宇和祭坛,如古希腊的阿弗洛狄特和古罗马的维纳斯,并对爱神进行祭典和颂扬。所以,这个论证是不可靠的。

再看第二则论证:

> 对写作思维操作模型的建构,首先是对写作思维原理——三种写作思维操作模型——的理解,主要是认真阅读教材,认真听老师的知识阐述、举例分析、操作演示。然后是对这些理论的思考、验证,看是否能推翻这些结论,如果不能推翻,就只有深信它,迷恋它,实践它,运用它。[4]

为了确认前提和结论的真实性,从文中的推理整理出以下形式:

> 如果不能推翻写作思维原理,就只有深信它,迷恋它,实践它,运用它。
> 人们不能推翻写作思维原理,
> ——————————————————
> 所以,只有深信它,迷恋它,实践它,运用它。

其中假言前提的真实性是令人高度质疑的,相关的反例是:"即使不能推翻写作思维原理,人们也不必深信它,迷恋它,实践它,运用它。"不能推翻的东西未必就是正确的,"地心说""物体越重下落的速度越快""光在真空中是直线传播的"等理论,在相当长的历史时期内不能被推翻,如果人们只是"深信它,迷恋它,实践它,运用它",天文学和物理学就不会有今天的进步。再者,即使写作思维原理是正确的理论,要得出"只有深信它、迷恋它"的结论,还必须假设它是唯一正确的理论。这过于绝对化。该推理的假言前提和结论的真实性是令人高度质疑的,所以该论证是不可靠的。

2. 选言论证的可靠性

就选言论证而言,确认前提或结论是否为假主要有以下几种途径:其一,考查选言陈述是否属于非黑即白的谬误。其二,考查选言陈述是否属于强加非此即彼的选择。其三,在提供无遗漏的、正当的选择的情况下,对不同的选择是否都做了仔细的考查。

非黑即白的错误实质是忽略其他合理的选择,试图迫使人们在非此即彼的两个极端中做出选择,或者通过给出一个十分荒谬的选择,然后根据这个荒谬的选择是不可选择的,来为自己做出的不正当选择进行辩护。相反,强加非此即彼的选择指的是对实际上仅有的一种选择强加非此即彼的选择形式。例如,从前有个国家,死囚在处决前,要请神来做最后的裁决。办法是用两个纸阄,一个上面写个"活"字,一个上面写个"死"字,让死囚来抓。如果抓到"活"字的阄,就可以得到赦免。有一个死囚在被处决前,他的仇敌想尽办法将写着"活"字的阄换成了写着"死"字的阄。这样,无论这个死囚抓到哪个阄,都不会有生路。这件事被死囚的朋友知道了,就准备和死囚一起揭发仇敌的阴谋。死囚却说:"这件事如果没有别人知道就千万要保守秘密,也许我能得到赦免。"在抓阄时,死囚将抓到的阄吞到肚里去了,于是他得到了赦免。面对无选择的选择,死囚用他的智慧击破了不真实的前提。

再如:

> 法官允许医院对不可能康复的患者撤掉他们赖以维生的医疗器械。而我认为这是谋杀。我们要么停止现在这种作法,要么对无生还希望的人尽快找到安乐死的方案。与其撤掉他们赖以维生的医疗器械,不如让他们安然地离去。

在该论证中,"撤掉他们赖以维生的医疗器械"与"安乐死的方案"事实上是相容的,因此对之不能强加"要么,要么"这种非此即彼的选择关系;"与其,不如"通常联结的是具有矛盾或反对关系的陈述,若用来联结有相容关系的陈述,就会导致一种矛盾的观点。

评估选言论证的可靠性,在关注是否有其他可供选择的可能被遗漏,以及是否存在强加非此即彼的选择的同时,还要注意:对不同的选择是否都做了仔细的考查。在"不是我错了,就是你错了"这种情境中,人们天然的倾向是确信:我没错。并由此推断:肯定是你错了。例如:

> 虽然这个瓶子的标签标明的是"醋",但是,当我将苏打加入时,里面并没有产生气泡。由于将苏打和醋这种酸性液体放到一起时,其混合物会产生气泡,所以这瓶里装的肯定不是醋。

为什么会如此武断呢?为什么不查一查你放入的是不是苏打?论证的结论是:"瓶子里装的肯定不是醋。"文中在提到"瓶子中的混合物没有产生气泡"时,对造成这一现象的原因可能存在多种可选择的解释,比如,加入的不是苏达,或者瓶子里装的不是醋,也可能是二者兼而有之。在对这些前提未进行确证的情况下便得出结论,因而该论证是不可靠的。

3. 一般原则的运用

演绎推理也被理解为从一般性的前提推出特殊性的结论。例如,直言三段论在论证中的应用,其潜在的逻辑原则是:"对一类对象的全部有所断定,对其中的部分也必然有所断定。"通常也把这条原则叫做三段论的公理,三段论的规则就是保证具体的三段论符合这个公理的规则。当然,在日常思维的论证中,作为论据使用的一般原则是多种多样的,不一定都是逻辑学的。

在论证中使用的论据主要有两种:一种是客观事实;另一种是理论原则。当我们使用理论原则作论据进行论证时,怎样判断一般原则的应用是恰当的?有两种思路:其一,判断其中的一般原则是不是真实的或者可接受的;其二,在推理过程中,是否存在对一般原则的曲解和误用。

先让我们就第一条思路来分析以下两则论证的可靠性：

> 当削减福利基金的议案引起争论的时候，我们肯定会听到自由党议员的宣称：这种议案对穷人将是有害的。然而，这些政客并不理解，随着预算的削减，税收就会减少，这样每个人将会有更多的钱而不是更少的钱。

作者反驳自由党议员的推理若能成立，必须依赖这样一个假设："所有的人都交税。"事实上，大多数穷人的收入达不到交税的水平，有许多穷人需要靠从福利基金中得来的救济维生。由于该论证所依赖的这个一般性前提是不真实的，所以得出了与结论相关的反例：随着预算的削减和税收的减少，会使许多穷人得到较少的福利。

让我们看另一则论证：

> 某一畅销书的出版商在促销材料中声称，这一畅销书向读者展示了如何获得不同寻常的成功的秘诀。当然，人人都清楚，正像"不同寻常的成功"的本义所说明的那样，没有什么书能够将只属于极少数人的成功之道教给大多数人。因而，尽管出版商有意进行了虚假宣传，在这种情况下，这样做并不意味着不道德。

该论证的理由是：虽然出版商有意进行了虚假宣传，但是，只要这种虚假宣传不会被人相信和接受，那么，这样做就不意味着是不道德的。潜在的理由是：虚假宣传虽然有欺骗的动机，只要没有人上当，就不是不道德的。这种判别道德行为的标准与通常的道德标准是不一致的，通常的判断标准是：如果一种行为具有恶意的动机，即使没有对他人构成伤害，那也是不道德的。

然后，我们就第二条思路来分析几则论证：

> 人们常说：人们在工作中付出的努力有多大，应该得到的酬劳就有多大。不过，稍微思考一下就会发现这是一个坏主意，因为它意味着那些用低等技术或靠自然体能去完成任务的人将会得到更大的奖励。

该论证在推论中把"多劳"这个概念的含义曲解为"靠低等技术而

多付出自然体能的劳动"，忽视了对劳动效率的考虑，并试图推翻"多劳多得"这个一般原则。

接下来看第二则论证：

> 简装书比精装书更易于破损，但是，简装书比精装书便宜，如果在固定预算的情况下，公共图书馆把所有的资金都用来采购简装书，就会增加图书馆的新书藏量，读者就会得到更好的服务。

该论证涉及"质与量"的关系问题。作者站在量的立场上，试图证明通过增加藏书量来提高对读者的服务水平。但是，由于作者在论证中把这一立场绝对化了，因而导致了反面事例的产生，比如，一些只在图书馆才能读到的大型工具书只出版精装本。量的方面的理想化导致了质的方面的严重亏损。

让我们看第三则论证：

> 大自然在不断地调节大气中的碳含量。大气中碳含量的增加会增加大气中的热量，大气中热量的增加会导致海洋中水分的蒸发，这样就会增加降雨量。而降雨又把大气中的碳带入海洋，最终变为海底的一部分。因此，一些研究大气污染的专家担心：燃烧矿物燃料会增加大气中的碳含量到一个危险的水平，那样会对人类生活构成很大的危害。但是，这些专家又宽慰人们说：大自然会不断地调节大气中的碳含量。

专家的宽慰依靠的一般原则是："大自然不断地调节大气中的碳含量以保持大气中碳含量的正常水平"，这虽然是自然界发展的一般规律，但是，这一规律却是在无数偶然的波浪起伏的复杂变化中实现的。所以，在强调必然性的同时，不能忽视碳含量在某一期间有较大起伏这种偶然性给人类生活带来的灾难。该论证涉及"必然与偶然"的关系问题，专家的宽慰过于依赖大自然调节碳含量的必然性，忽视了偶然性的存在。

评估演绎论证的可靠性，对准的焦点是推理的大前提或者假设，证明其不可靠的方法是指出与之相关的反例。如果论证中所议论的问题涉及"一般与个别""质与量""必然与偶然""可能与现实""有限与无限""相对与绝对""先天与后天"等潜在的关系或原则,在推理过程中将某一方面的观点绝对化,就会导致另一方面的反例。比如,上述第二则论证,对量的方面的绝对化就意味着质的方面会出现反例。

练习题

一、下列直言三段论是否正确？如不正确,它违反了哪条规则？

01. 凡是近视都戴眼镜,张教授戴眼镜,所以,张教授一定近视。

02. 中子是基本粒子,中子是不带电的,所以,有些基本粒子不带电。

03. 劳动模范要起模范带头作用,我不是劳动模范,所以,我不用起模范带头作用。

04. 有些人是懦夫,有些人是懒汉,所以,有些懦夫是懒汉。

05. 所有双蚁后火蚁都没有天敌,美国火蚁是双蚁后火蚁,所以,美国火蚁没有天敌。

06. 海豚不是鱼,海狮不是海豚,所以,海狮不是鱼。

07. 所有天才少年都很自负,有些天才少年是围棋手,所以,少年围棋手都很自负。

08. 并非所有的道德风险都能转嫁,个人信誉风险是道德风险,所以,个人信誉风险不能转嫁。

09. 没有游戏规则是不公平的,官场规则也是一种游戏规则,所以,官场规则是公平的。

10. 非物质文化遗产是一个民族文化的象征,英雄史诗《格萨尔王》是藏族文化的象征,所以,英雄史诗《格萨尔王》是非物质文化遗产。

二、将下列直言三段论省略的部分加以补充,并分析它是否正确。

01. 我们碰到的困难是前进中的困难,因而,都是能够克服的困难。

02. 因为思想是没法定价的,所以,直接出售思想不会得到报酬。

03. 研究历史必须坚持真理,坚持真理就不能割断历史。

04. 没有文化的军队是愚蠢的军队,愚蠢的军队是不能战胜敌人的。

05. 所有酒后开车肇事者都会遭受重罚,公安干警也不例外。

06. 《泰坦尼克号》是得奖影片,所以,它是优秀影片。

07. 因为我们是改革者,所以我们要解放思想。

08. 亲情是企业的核心竞争力,因为亲情是买不来的。

09. 并不是每个人都能当宇航员,因为宇航员要有超常的优良素质。

10. 没有知识分子是成功的政治家,因为知识分子不会耍手腕。

三、评估直言三段论。对给出的问题,选择一个最佳答案,也就是对问题最准确而完整的回答。

01. 王先生:由于周先生对我的作品所概括的许多特征是不准确的,这些特征不能够对我的作品进行恰当的评价。

以下哪项陈述可以从王先生的陈述中推出?

(A) 周先生对王先生的作品所概括的某些特征能够对其进行恰当的评价。

(B) 周先生对王先生的作品所概括的不能够评价其作品的特征都是不准确的。

(C) 周先生对王先生的作品所概括的特征至少有一个不能够对它进行恰当的评价。

02. 毫无疑问,所有年龄低于 18 岁的人不是教授。此外,众所周知,所有年龄低于 18 岁的人没有投票权。最后,有些优秀人物是教授,有些优秀人物是拥有投票权的人,有些优秀人物是不到 18 岁的人。

如果以上陈述为真,以下哪项陈述必然真?

(A) 优秀人物或者是教授,或者有投票权,或者不到 18 岁。

(B) 有些教授既不是有投票权的人,也不是优秀人物。

(C) 有些优秀人物既不是教授,也不是有投票权的人。

03. 在具有选举权的人当中,所有选民都是年满 18 岁的人,有些农民不是年满 18 岁的人,有些选民是农民,所有少年都不满 18 岁。

如果以上陈述为真,以下哪项陈述必然假?

（A）有些少年是选民。

（B）有些农民是选民。

（C）有些农民是少年。

04. 一些恐龙的头骨和骨盆与所有现代鸟类的头骨和骨盆具有相同的特征,尽管不是所有的恐龙都有这样的特征。有些科学家宣称:所有具有这样特征的动物都是恐龙。

如果以上陈述以及科学家的宣称为真,以下哪项陈述必然真?

（A）鸟类与恐龙比其他动物有更多的相似性。

（B）一些古代的恐龙与现代的鸟类是没有区别的。

（C）所有的恐龙都是鸟类。

05. 许多宽宏大量的父母是好父母,但是,有些自私自利的父母也是好父母,而所有的好父母都有一个共同的特征:他们都善于倾听。

如果以上陈述为真,以下哪项陈述必然真?

（A）有些善于倾听的父母是自私自利的。

（B）有些善于倾听的父母不是好父母。

（C）有些善于倾听的父母是宽宏大量的。

06. 人们不能对他们无法控制的事情负道义上的责任,因此,他们也不应当对这类事情所导致的不可避免的后果负道义上的责任。要确定成年人能否控制他们所接受的治疗可能是困难的,因此,在某些情况下,要想知道成年人是否对他们接受治疗的方式负道义上的责任也可能是困难的。然而,每一个人的行为方式有时都会像婴儿一样,接受不可避免的治疗后果。很明显,婴儿不可能对这些行为有控制能力,所以,成年人对所接受的治疗不负道义上的责任。

任何坚持上述主张的人会在逻辑上进一步承认以下哪项主张?

（A）婴儿在道义上从来不应当对他们的行为负责。

（B）存在某些共同的行为,无论谁做出了这种行为都不应当负道义上的责任。

（C）没有一个成年人应当对他或她的每一个行为负道义上的责任。

07. 电脑程序的不寻常之处在于，它们实际上是唯一的一种既受专利权、又受版权保护的产品。专利权保护一项创新所蕴涵的创意，而版权则保护那种创意的表达方式。然而，要想得到其中的任何一种保护，创意必须与其表达方式明确地区分开。

以下哪项陈述能够合理地从以上陈述中推出？

（A）有些电脑程序背后所蕴涵的创意能够与其表达方式区分开。

（B）任何一位编写电脑程序的人都是所写程序中蕴涵的创意的发明者。

（C）大多数受版权保护的产品也是其创意受专利保护的产品。

08. 一台安装了签名识别软件的电脑——这种软件仅限于那些在文档中签名的人进入计算机，它不仅通过分析诸如签名的形状，而且通过分析诸如笔尖的压力和签名的速度等特征来识别某人的签名。即使是最机灵的伪造者也不能复制该程序能分析的所有特征。

以下哪项结论能合逻辑地从以上陈述中推出？

（A）记录和分析某个签名所花费的时间使这种软件的日常运用变得不现实。

（B）没有人可以通过伪造签名的技巧而进入安装了这种软件的计算机。

（C）已经被授权的用户有时也会被拒绝合法进入装有这种软件的计算机。

09. 所有的物质实体都可以再分，而任何可以再分的东西都是不完美的。因而，灵魂并非物质实体。

以下哪项陈述是使上文结论成立的假设？

（A）所有可以再分的东西都是物质实体。

（B）灵魂是可分的。

（C）灵魂是完美的。

10. 没有脊椎动物是软体动物，所有的乌贼都是软体动物，所以，没有乌贼属于类人猿家族。

以下哪项陈述是上述推理所依赖的假设？

（A）所有类人猿都是软体动物。

（B）所有类人猿都是脊椎动物。

（C）没有类人猿是脊椎动物。

11. 对犯罪过于严厉的处罚，通常会削弱一个人对所犯罪行产生的内疚或羞耻感，而对犯罪感到内疚或羞愧的心理会减少一个人犯罪的倾向。因此，增加执法力度可能会强化人们忽视他人幸福的心理倾向。

以下哪项陈述是上述论证所依赖的假设？

（A）法律处罚并不取决于行为的道德属性。

（B）至少有些忽视他人幸福的行为是犯罪行为。

（C）对所犯下的重罪，每个人都多少会感到内疚或羞耻。

12. 历史的真实不等于真实的历史，鲁迅说《史记》是"史家之绝唱，无韵之离骚"。好的史学作品必须突破那种僵化的历史真实观，直接触及历史人物的灵魂，写出历史的本质真实来。

以下哪项陈述是上述论证所依赖的假设？

（A）好得史学作品既忠实地记述历史事实，又生动地刻画历史人物的灵魂。

（B）史学作品能够透过历史事实直接触及历史人物的灵魂。

（C）在所有的史学作品中，只有《史记》是好的史学作品。

13. 许多艺术家认为艺术批评家更易于写与他们所不喜欢的艺术作品相关的评论，而不是他所喜欢的艺术作品的评论。无论这个假设是否正确，大部分艺术评论专注于那些没有满足评论家口味的艺术作品。所以，大多数艺术评论所专注的艺术作品并不是伟大的展出作品。

以下哪项陈述是上述论证所依赖的假设？

（A）没有艺术评论家愿意写他或她所不喜欢的艺术作品的艺术评论。

（B）最伟大的艺术作品在它产生以后很长一段时间里从没有人认识到它的伟大。

（C）最伟大的艺术作品一定能够满足所有评论家的口味。

14. 从传统上讲，经理人按步骤逐步进行分析推理的决策过程，被认为是优于依靠直觉做出的决策过程。然而，一项近期的研究发现顶级经理人明显地比绝大多数中、低级经理人更多地应用直觉,这就证实了另一个观点:直觉比谨慎的、讲求方法的推理实际上更有效。

以下哪项陈述是上述论证所依赖的假设?

(A) 顶级经理人具有用直觉的方法或逐步分析的方法做出决策的能力。

(B) 顶级经理人在绝大多数情况下用直觉的方法做出决策。

(C) 顶级经理人在做出决策方面比中、低级经理人更有效。

15. 执法专家和大多数公众最终都认识到,所有法定的禁赌措施都犯了一个通病:不管如何努力,法律总难于执行。道德上对此的反感姑且不论,当某一法律无法生效时,它就不应该再被作为法律。因此,应当取消法定的禁赌措施。

以下哪项陈述是上述论证的结论赖以成立的假设?

(A) 没有一项有效的法律是无法实施的。

(B) 凡可以实施的法律都是有效的。

(C) 没有法定的禁赌措施是可以实施的。

16. 叙述清晰的能力经常被等同于拥有大量的词汇,拥有大量词汇的人不会也不愿意去进行那种在词穷时所需要的创造性的语言表达。所以,拥有大量的词汇会阻碍增强运用语言清晰表达的能力。

以下哪项陈述是上述论证所依赖的假设?

(A) 叙述清晰的人能够在词穷时清楚地进行自我表达。

(B) 能够清晰地表达自己的人没有去掌握大量词汇的动机。

(C) 仅仅增加词汇量对于教育人们清楚地表达是无用的。

17. 尽管西街中学在章程中规定,在其学生群体中必须包括那些需要特殊教育帮助的学生,但是,这所学校没有招收过一个有学习障碍的学生。因此,西街中学现在已经违反了它的章程。

以下哪项陈述是上述论证所依赖的假设?

(A) 所有具有学习障碍的学生需要特殊教育帮助。

(B) 学校应当招收需要特殊教育帮助的学生。

(C) 具有学习障碍的学生是仅有的需要特殊教育帮助的学生。

18. 这所大学的学生学习的课程范围十分广泛,刘明是这所大学的一名学生,所以,他学习了广泛的课程。

以下哪项论证的推理错误与上述论证中的最相似?

(A)这所学校里的学生学习数学这门课程,李伟是这所学校的学生,所以,他也学习数学这门课程。

(B)这本法律期刊的编辑们写了许多有关法律方面的文章,淑英是其中的一名编辑,所以,她也写过许多法律方面的文章。

(C)独立的大脑细胞是不能够进行思考的,所以,整个大脑也不能够进行思考。

19. 患红绿色盲的人不能分辨绿色和褐色,春兰不能分辨绿色和褐色,所以,春兰是患红绿色盲的人。

以下哪项推理中的错误与上文中的最相似?

(A)白皮肤的人易于被太阳灼伤,秋菊是白皮肤,所以,秋菊易于被太阳灼伤。

(B)患鼻窦炎的人不能辨别味道,冬梅不能辨别味道,所以,冬梅得了鼻窦炎。

(C)糖尿病人不能吃大量的糖,夏荷得了糖尿病,所以,夏荷需要特殊饮食。

20. 所有的储蓄账户都是有息账户,有些有息账户的利息是免税的,所以,有些储蓄账户的利息是免税的。

以下哪项推理中的错误与上文中的最相似?

(A)所有的艺术家都是知识分子。有些伟大的摄影师是艺术家,所以,有些伟大的摄影师是知识分子。

(B)所有伟大的摄影师都是艺术家,所有艺术家都是知识分子,所以,有些伟大的摄影师是知识分子。

(C)所有伟大的摄影师都是艺术家,有些艺术家是知识分子,所以,有些伟大的摄影师是知识分子。

四、评估假言和选言三段论。对给出的问题,选择一个最佳答案,也就是对问题最准确而完整的回答。

01. 我们迫切地需要公民很好地理解国际方面的事务。如果一个国家想在国际竞争的时代保持领先的地位,这种需要就是无可否认的。如果存在这样的需要,那么,我们所有的新教师就必须准备教公民们国际方面的内容。

如果以上陈述为真,以下哪项陈述必然真?

(A) 如果一个国家想在国际竞争中保持领先地位,新的教师就必须准备教公民们国际方面的内容。

(B) 如果新教师准备教公民们国际方面的内容,这个国家将在国际竞争中保持领先地位。

(C) 如果公民对国际事务有较好的理解,这个国家将在国际竞争中保持领先地位。

02. 要想精神健康,人们必须有自尊。人们只有不断赢得他们所尊重的人的尊重,才能够保持他们的自尊。他们要赢得这种尊重,就必须善待他们所尊重的人。

以下哪个结论可从以上陈述中推出?

(A) 精神健康的人会得到别人的善待。

(B) 精神健康的人善待他们所尊重的人。

(C) 善待他人才能得到他人的善待。

03. 由于最近的市场变化,信达公司必须在以后两年的时间内提高10%的生产率,否则它就会破产。事实上,从信达公司的生产结构来看,如果能提高10%的生产率,就能提高20%的生产率。

如果以上陈述为真,基于上文的以下哪项陈述必然真?

(A) 如果在以后两年中,信达公司达到了提高20%的生产率的目标,它就不会破产。

(B) 如果市场没有变化,信达公司就不需要提高生产率以防止破产。

(C) 如果信达公司不能达到提高20%的生产率的目标,它就会破产。

04. 如果一个国家的工业生产力得到了充分的利用,没有新资本的投入,就不会有工业增长,而降低利率则会产生新资本的投入。

以下哪项结论能从以上陈述中得出?

（A）降低利率可能是导致工业增长的一个先决条件。

（B）在利率上升时期的新资本投入不可能导致工业增长。

（C）新资本投入所产生的新生产力需要得到充分的利用，才会导致工业增长。

05. 早期宇宙中只含有最轻的元素，氢和氦。诸如碳这样的较重的元素，只有在星体核反应中才能形成并且在星体爆炸时被发散。一个最近发现的星云中含有几十亿年前形成的碳，那时宇宙的年龄不超过20亿年。

如果以上陈述为真，以下哪项陈述必然真？

（A）最早的星体中只含有氢。

（B）有些星体在宇宙产生的20亿年之前就已经形成了。

（C）星云中的碳后来构成某些星体的一部分。

06. 除非护士职业的低工资和高度紧张的工作条件问题得到解决，否则护士学校就不能吸引比目前数量更多的合格的申请者。如果护士学校的合格的申请者的数量不能超过目前的水平，要么护士职业必须降低它的录用标准，要么很快就会出现护士短缺的局面。虽然目前还不能确定降低录用标准是否能改变护士短缺的局面，但可以肯定的是无论是护士短缺，还是降低录用标准，目前高质量的健康护理都不可能保持下去。

以下哪项陈述能从上文中适当地推出？

（A）如果护士职业解决了低工资和高度紧张的工作条件问题，就会吸引到比目前更多的合格的申请者。

（B）如果护士职业解决了低工资和高度紧张的工作条件问题，那么高质量的健康护理就可以保持下去。

（C）如果护士职业没有解决低工资和高度紧张的工作条件问题，那么目前高质量的健康护理就不能保持下去。

07. 在18世纪的乐器上演奏18世纪的音乐，对于了解这些音乐的原声提供了有价值的信息。然而，18世纪的乐器若不经过修复就不可能用于演奏，并且修复这种乐器会毁坏研究者可能从中获得的有关18世纪的乐器制作方面的所有信息。

如果以上陈述为真,以下哪项陈述必然真?

（A）如果 18 世纪的乐器被修复,它们就不能用来提供有关用这样的乐器进行演奏的原始技术方面的信息。

（B）18 世纪的乐器是了解那个时期乐器制作技术的唯一信息来源。

（C）一件 18 世纪的乐器一旦被演奏过,它就不能够成为一个了解 18 世纪乐器制作技术的新信息的来源。

08. 如果音乐会中有令人鼓舞的演奏,观众们就会欣赏到一场精彩的演出。然而,除非观众中有细心的听者,否则,就不会有精彩的演出;若是一个细心的听者,则必须了解自己的音乐根基。

如果以上陈述为真,以下哪项陈述必然真?

（A）如果观众中没有细心的听者,音乐会中就不会有令人鼓舞的演出。

（B）如果观众没有欣赏到一场精彩的演出,则观众中就没有了解自己音乐根基的人。

（C）如果观众中有人了解自己的音乐根基,音乐会中就至少有一场演奏是令人鼓舞的。

09. 动物能通过声音和姿态在相互之间传递信息。但是,这并不表明动物掌握了语言,因为它不能证明动物有能力运用声音和姿态指示有形的物体或抽象的思想。

动物学家的论述建立在以下哪项假设基础之上?

（A）如果一系列的声音或姿态不包含指示有形事物或抽象思想的信息,那么它就不是语言。

（B）如果一种动物一系列的声音和姿态不是语言,那么它就不能接受抽象的思想。

（C）当动物相互之间用声音和姿态传达信息的时候,动物指示的既不是有形事物,也不是抽象的思想。

10. 只要待在学术界,小说家就不能变伟大。学院生活的磨炼所积累起来的观察和分析能力,对小说家非常有用,但是,只有沉浸在日常生活中,才能靠直觉把握生活的种种情感,而学院生活显然与之不相容。

以下哪项陈述是上述论证所依赖的假设？

（A）对日常生活中情感的把握不可能只通过观察和分析来获得。

（B）没有对日常生活中情感的直觉把握，小说家就不能成就其伟大。

（C）伴随着对生活的投入和理智的观察，会使小说家变得伟大。

11. 中国历史上，一般都给官员较低的薪水，这样皇帝易于控制他。因为薪水低了以后，官员肯定要贪污。皇帝就可以老抓住这一个把柄，想要治他就治他。如果薪水高了，官员没法贪污的话，皇帝就没办法治他了。

以下哪项陈述是上述论证所依赖的假设？

（A）迫使官员贪污是皇帝控制官员的最廉价的方法。

（B）迫使官员贪污是皇帝控制官员的唯一方法。

（C）迫使官员贪污是皇帝控制官员的最好用的方法。

12. 无论何时，当一部法国小说被译成英文后，在英国出售的版本都应该是英国英语版。如果在英国出售的版本中是美国英语，那么它的习惯用语和拼写对英国读者而言便是明显的美国式的，这会与小说的背景相抵触。

上文中的建议基于以下哪项假设？

（A）在英国出售的法国小说的英文译本没有以发生在美国的事情为描写背景的。

（B）英国小说的英国读者将会注意到用在小说中的习惯用语和拼写是英国式的。

（C）大多数法国小说没有被同时翻译为英国英语和美国英语。

13. 积极的财政政策用发国债的办法来弥补财政赤字，时间长了，旧债到期了，本息要还，那么发行的新债中肯定有一部分要用来还旧债。随着时间的推移，旧债越来越多，新债中用来还旧债的也越来越多，用于投资的就越来越少，经济效益就越来越差。

以下哪项陈述是上述论证所依赖的假设？

（A）积极的财政政策所产生的经济效益是递减的。

（B）用发国债的办法来弥补财政赤字的做法不能长期使用。

（C）国债在到期之前，其投资回报不足以用来偿还债务。

14. 如果不设法提高低收入者的收入，社会就不稳定；假如不让民营经济投资者获得回报，经济就上不去。面对收入与分配的两难境地，倡导"效率优先，兼顾公平"是正确的。如果听信"公平优先，兼顾效率"的主张，我国的经济就会回到"既无效率，又不公平"的年代。

以下哪项陈述是上述论证所依赖的假设？

（A）当前最大的社会问题是收入与分配的两难问题。

（B）"效率与公平并重"优于"效率优先，兼顾公平"和"公平优先，兼顾效率"。

（C）倡导"效率优先，兼顾公平"不会使经济回到"既无效率，又不公平"的年代。

15. 人类学的研究表明：不同文化之间，道德观各不相同。因而，只要存在不同的文化，各文化之间就没有共同的价值观。

如果以下陈述为真，除了哪项之外，都能削弱上文的论述？

（A）人类学家在研究不是用自己的母语表达的文化的价值观时，依靠的翻译手段不够完善。

（B）借助于日益先进的技术和全球交流，我们总有一天会共享一种文化和价值观。

（C）虽然不同文化间各有其特殊的价值观，但某些如"友谊是美好的"这样的道德准则，对任何文化都是适用的。

16. 私有化也好，市场自由化也好，都要有一个道德基础，就是不要损人利己。但是，在公有制企业，私人和私人之间的侵权、财产瓜分等，都不知道被损害的人是谁。如果找不到被损害的那个人，就可以说没有损人。

以下哪项陈述如果为真，最严重地削弱了上述论证？

（A）只有不损人利己，才能搞好私有化和市场自由化。

（B）找不到被损害的那个人不等于没有人受到损害。

（C）无论是否能找到被损害的那个人，损人都是不道德的。

17~18：一个人到底是做出好的行为，还是做出坏的行为，这与他生命的长短有关。如果他只活一天的话，他去偷人家的东西就是最好的,因为他不会遭受担心被抓住的痛苦。对于还能活20年的人来说,偷人家的东西就不是最好的,因为他会遭受担心被抓住的痛苦。

17. 如果以下各项陈述为真,除了哪项之外,都能削弱上述论证?

（A）只有遭受担心被抓住的痛苦,才不会去偷人家的东西。

（B）对于只活一天的人来说,最好的行为可能是饱餐一顿牛肉。

（C）生命的长短不是一个人选择做出好行为或坏行为的充分条件。

18. 以下哪项陈述是上述论证所依赖的假设?

（A）一个人在决定是否去偷人家的东西之前,能确切知道他还能活多久。

（B）凡是去偷人家东西的人可能都活不了几天了。

（C）担心被抓住不会给人带来痛苦,因为偷东西的人早有思想准备。

19. 智慧与聪明是令人渴望的品质。但是,一个人聪明并不意味着他很有智慧,而一个人有智慧也不意味着他很聪明。在我所遇到的人中,有的人聪明,有的人有智慧,但是,却没有人同时具备这两种品质。

如果以上陈述为真,以下哪项陈述不可能真?

（A）大部分人既不聪明,也没有智慧。

（B）大部分人既聪明,又有智慧。

（C）没有人聪明但没有智慧,也没有人有智慧却不聪明。

20. 自从有皇帝以来,中国的正史都是皇帝自己家的日记,那是皇帝照的标准像,从中不能看出皇帝的真实形态来。要了解皇帝的真面目,还必须读野史,那是皇帝的生活照。

以下哪项陈述是上述论证所依赖的假设?

（A）只有读野史,才能知道皇帝那些鲜为人知的隐私。

（B）只有将正史和野史结合起来,才能看出皇帝的真面目。

（C）只有正史记述皇帝的治国大事,野史记述的都是皇帝的日常小事。

21. 既不是生活水平的提高,也不是贸易的平衡,能各自独立地建立一个国家在国际市场上的竞争能力,生活水平提高与贸易平衡必须同时存在。因为生活水平可以在贸易赤字的情况下得到提高,而贸易也可以在一个国家生活水平下降的情况下获得平衡。

如果上文陈述的事实为真,对一个国家竞争能力的适当检测取决于:

(A) 在生活水平提高的同时达到贸易平衡。

(B) 在生活水平降低的同时达到贸易平衡。

(C) 在生活水平提高的同时贸易赤字增加。

22. 每年SAI公司的每个雇员必须参加SAI所提供的两个健康保险计划中的一个。一个计划要求雇员自己付数目相当多的钱;另一个计划则完全由SAI付钱。许多SAI的雇员参加了要求他们自己付钱的计划,这个事实并不表明他们感到这个计划的好处比另一个不需要付钱的计划好处多,这是因为_____

以下哪项陈述最能够合乎逻辑地完成上述论证?

(A) 要求雇员自己付钱的计划比SAI以外的公司所提供的一般健康保险计划使参加的雇员明显地少花钱。

(B) 只有为SAI公司工作至少十五年的雇员才有资格加入完全由SAI付钱的健康保险计划。

(C) 目前由SAI提供的两个健康保险计划实际上与过去十年中该公司所提供的健康保险计划是相同的。

23. 一位零售商按以下的政策促销商品:"在任何时间,或者是'经理促销',或者是'假日促销',或者二者兼而有之。任何一种促销都会持续一个月。在任何一个月,如果经理想要把某一类商品清仓,他就宣布经理促销;如果有假日在某个月份而且仓库中仍有剩余商品,他就宣布假日促销。"不过,八月份没有假日,而且这个月份仓库中也没有剩余商品。

以下哪项结论能从上文中推出?

(A) 如果在某个月中有假日,但仓库中没有剩余商品,则宣布假日促销。

(B) 如果经理促销在某个月进行,那么这个月仓库中一定没有剩余商品。

（C）如果某个月没有经理促销，则这个月一定有假日促销。

24. 经济的良性循环是指：不过分依靠政府的投资，靠经济自身的力量来实现社会总供给和社会总需求的基本平衡，实现经济增长。近几年，我国之所以会出现经济稳定增长的态势，是靠政府投资的加大实现的。

如果以上陈述为真，最能支持以下哪项结论？

（A）只靠经济自身所产生的投资势头和消费势头就能实现经济的良性循环。

（B）经济的良性循环是实现社会总供给与总需求的基本平衡的先决条件。

（C）某一时期经济的稳定增长不意味着这一时期的经济已经转入良性循环。

25. 如果危机发生时，公司能够采取非常有效的办法来消除危机，实际上能够增加公司的声誉。一个非常好的声誉，可能因为一个事件，转眼间就被破坏；而一个不好的声誉，往往需要很长时间的努力才能消除它。

如果以上陈述为真，最能支持以下哪项陈述？

（A）维持公司的声誉是董事会最重要的职责。

（B）破坏一个好声誉比消除一个不好的声誉更容易。

（C）消除一个不好的声誉比赢得一个好声誉还难。

26. 对诸如金属矿产这类不可再生资源的依赖现状必须改变，因为这类不可再生的资源是有限的。所以，我们最终或者没有资源可用，或者必须依赖可再生资源。

以下哪项陈述是上述论证所依赖的假设？

（A）有些可再生资源可以替代所有现在正被利用的不可再生资源。

（B）我们不可能以某些不可再生资源替代那些快枯竭的不可再生资源。

（C）可再生资源不可能被消耗殆尽。

27. 公正地对待一个人就是毫无偏见地对待他。但是,我们的朋友却通常期望我们把他们的利益看得比别人的利益更重要。这样,考虑到我们总是努力地维持我们的友谊,我们就不能公正地对待我们的朋友。

以下哪项陈述是上述论证所依赖的假设?

(A) 某些不是朋友关系的人际关系可以得到公正地对待。

(B) 人们应当像对待其他人一样公正地对待他们的朋友。

(C) 一个人不能既对人公正同时又将他的利益看得比别人的重。

28. 对赞扬的期望就是对获得别人认同的期望,而获得别人认同正是一个人善良的标志。但是,只有一个人的行为动机是出于帮助别人时,他才值得称赞。因此,那些帮助他人的人,如果他助人行为的主要动机是期望得到赞扬,那就不值得称赞。

以下哪项陈述是上述论证所依赖的假设?

(A) 对某个行为而言,期望获得别人认同的动机不可能是期望帮助别人的动机。

(B) 如果一个行为的动机只是为了获得赞扬,那么这种行为是不值得称赞的。

(C) 一个追求自身利益的人,只有同时也能使别人受益,他才值得称赞。

29~30: 对于上市公司而言,有分红的企业才能发行新的股票。可是,如果一个企业可以分红,那它就不需要融资。如果它需要融资,就没有办法分红。

29. 如果以上陈述为真,以下哪项陈述不可能假?

(A) 一个上市公司不需要融资,或者不是有分红的企业。

(B) 一个上市公司需要融资,或者不是有分红的企业。

(C) 一个上市公司融资的唯一渠道是发行新股票。

30. 如果以上陈述为真,以下哪项陈述不可能真?

(A) 一个上市公司需要融资,而且没有办法分红。

(B) 一个上市公司不是需要融资,就是需要分红。

(C) 一个上市公司既需要融资,也有办法分红。

31. 要么采取紧缩的财政政策,要么采取扩张的财政政策。由于紧缩的财政政策会导致更多的人下岗,所以,必须采取扩张的财政政策。

以下哪一个问题,对评价上述论证最重要?

(A) 既不是紧缩的,也不是扩张的财政政策是否存在?

(B) 扩张的财政政策能否使就业率有大幅度的提高?

(C) 扩张的财政政策是否会导致其他的不利后果?

32. 如果在这个节日期间零售商店的销售额下降的话,要么是人们对赠送奢侈礼品的态度发生了变化,要么是商品的价格上升到了大多数人难以承受的程度。如果是送礼的态度发生了变化,那么我们在这个节日期间就都有其他可做的事了;如果是价格上升到了大多数人难以承受的程度,那么去年工资上升的步伐肯定没有跟上价格的上涨。

如果以上陈述为真,并且去年工资的上升跟上了价格上涨的步伐,以下哪项陈述必然真?

(A) 这个节日期间,零售商品的价格没有上涨到大多数人难以承受的程度。

(B) 这个节日期间,人们对赠送奢侈礼品的态度没有发生变化而且商店的零售额也不会下降。

(C) 这个节日期间,要么人们对赠送奢侈礼品的态度发生变化,要么价格上升到大多数人难以承受的程度。

33. 如果在家庭漂白剂中加入灶具清洁剂,其混合物会释放出氯气,浴缸清洁剂与家庭漂白剂混合,其混合物也会释放出氯气。若是把普通肥皂加入到家庭漂白剂中,则不会释放气体。当一种未知的清洁剂加入家庭漂白剂时,没有释放氯气。

如果以上陈述为真,以下哪项关于未知清洁剂的陈述可由它们推出?

(A) 未知清洁剂是灶具清洁剂,或者是浴缸清洁剂。

(B) 未知清洁剂既不是灶具清洁剂,也不是浴缸清洁剂。

(C) 未知清洁剂是由普通肥皂和灶具清洁剂或浴缸清洁剂合成的。

34. 威尼斯的形势不容忽视。它的经济生存依靠维持其工业,以便向它的居民提供收入和工作。然而,它的自然生存则依靠消除工业污染,工业污染危及到了它的建筑及其根基。不幸的是,它的工业不可避免地会产生污染。

如果以上陈述为真,它们最有力地支持以下哪项陈述?

(A)威尼斯的经济基础近来已经恶化。

(B)威尼斯必定会遭受经济生存或自然生存的衰败。

(C)威尼斯的建筑及其根基只被污染所危及。

35. 当将客运和货运服务结合在一起时,铁路服务业会遭受损失。由于铁路服务业把精力分散在货运和客运两种服务上,因而两种服务中的每一种做得都不能使顾客满意。所以,如果铁路服务业要想获得商业上的成功,就必须全神贯注地经营其中的一个。

为使以上论证符合逻辑,它必须依赖以下哪项假设?

(A)铁路服务业的首要目标就是获得商业上的成功。

(B)除非铁路服务业使顾客满意,否则它就不会获得商业上的成功。

(C)如果铁路服务业把精力集中在客运服务上,它将会获得商业上的成功。

36. 学生宿舍区饮食管理委员会认为,快餐店的零售价格足够高了,因此,他们通知持有零售快餐许可证的快餐店,要保持目前的价格不变,否则将被吊销营业执照。

以下哪项为真,能使快餐店在没有违背通知的字面要求的情况下,挫败饮食管理委员会命令的意图?

(A)快餐店老板拜见校长,请他要求饮食管理委员会撤销他们的命令。

(B)快餐店维持原来的价格不变,但是减少了快餐的分量。

(C)如果维持目前的价格标准不会赢利,店主决定到别处经营。

37. 对于与居民人口量息息相关的整个地毯市场来说,扩展的空间是相对有限的。大多数人购买地毯不过一两次,第一次是在二三十岁,然后可能是在五六十岁的时候。这样,那些生产地毯的公司在地毯市场上占有一席之地的方式就只能通过吞并竞争者,而不是通过进一步拓展市场。

以下哪项对上述的结论提出了最有力的质疑?

(A) 大多数地位稳固的地毯生产商销售好多种不同牌子和品种的地毯,在市场上没留下空隙使新品牌挤入。

(B) 近十年里,本行业三分之二的合并行为结果都导致那些新合并公司利润和收入的下降。

(C) 地毯市场的几家主要商号通过降低生产成本而降低价格,这正在使其他的生产者自动放弃这个市场。

38. 当一项关于阿司匹林在防止人们患心脏病的能力的研究得到积极的结论后,研究人员立即把这些结果提交给医学杂志,医学杂志在6周后发表了这些结果。如果这些结果能早点发表的话,许多在这期间发病的心脏病患者将会避免患病。

以下哪项如果为真,将会最大限度地削弱上述论证?

(A) 医学杂志的工作人员为尽快发表研究的结论而加班加点地工作。

(B) 经常服用阿司匹林的人的胃溃疡的发病率高于平均水平。

(C) 只有当一个人经常服用阿司匹林两年后,患心脏病的危险才会减少。

39. 要变成一个器乐方面的专家,他必须练习。如果人们每天练习乐器三小时,他一定会变成一位器乐专家。所以,如果一个人是一位器乐专家,这个人一定每天至少练习三小时。

以下哪项最准确地描述了上述推理中的缺陷?

(A) 上文结论没有考虑到人们每天练习三小时仍不可能达到公认的专家的熟练程度。

(B) 上文结论没有考虑到每天练习少于三小时也可能使某些人成为器乐专家。

(C) 上文结论没有考虑到如果一个人每天没有练习至少三小时,那么他就不会成为一位专家。

40. 随笔作家:宇宙中一定的道德秩序(如善有善报、恶有恶报)的存在取决于人类的灵魂不灭。在一些文化中,这种道德秩序被视为一种掌管人们如何轮回转世的因果报应的结果;而另一些文化则认为它是神灵在人们死后对其所作所为予以审判的结果。但是,不论道德秩序表现如何,如果人的灵魂真能不灭的话,那恶人肯定要受到惩罚。

以下哪一项最准确地描述了上文推论中的逻辑错误?

(A) 只根据某事对某一道德秩序必不可少就推论出该事对于认识道德秩序的某一因素是足够的。

(B) 从灵魂不灭预示着宇宙间存在某一道德秩序推论出宇宙间存在某一道德秩序预示着灵魂不灭。

(C) 在对道德秩序进行定义的过程中预先假定了其结论。

五、评估论证中对一般原则的运用。对给出的问题,选择一个最佳答案,也就是对问题最准确而完整的回答。

01. 在美洲大陆,科学家再次发现曾经广泛种植的一种粮食作物,这种作物每一磅的蛋白质含量高于现在如小麦、水稻等主食作物。科学家声称:种植这种谷物对人口稠密、人均卡路里摄入量低和蛋白质来源不足的国家大为有利。

以下哪项陈述为真,对科学家的声称提出了最严重的质疑?

(A) 被重新发现的作物平均亩产量比现在的主食作物低得多。

(B) 许多重要的粮食作物如马铃薯最初都产自新大陆。

(C) 重新发现的农作物每磅产生的卡路里比目前的粮食作物要高。

02. 女人也可以当警察的想法是荒唐可笑的。毕竟女人的平均身高比男人矮 3—5 英寸,平均体重比男人轻 20—50 磅。在需要体能的职业中,女人比男人缺乏效力是显然的。

以下哪项陈述为真,最严重地削弱了上述论证?

(A) 在申请当警察的女子中,有些女子比目前在岗的某些男警察身材魁梧。

(B) 经过训练的女警察的体力与男警察的体力一样强壮。

(C) 警察职业中有许多文职工作可以由女子担任。

03. 科学家警告人们全球正在变暖,即由包括燃料木头、煤炭和石油产生的二氧化碳对大气污染的增加所导致的"温室效应"。一位煤炭工业的发言人声称:正如一些科学家相信的那样,地球在未来一千年内会进入另一个冰期,所以不必担心近期温度升高的影响,因为一场灾难能削除另一场灾难。

以下哪项陈述为真,对发言人的结论提出了最严重的质疑?

(A)温室效应带来的灾害已经开始发生并可能在未来五十年内加剧。

(B)许多目前产生的二氧化碳不是来自矿物燃料,而是来自燃烧从大片热带雨林地区清理出来的树木。

(C)温室效应是一个科学猜想,它是基于对高层大气中空气的不完全统计和这些空气如何吸收阳光产生热效应的理论而做出的。

04. 旧式的美国汽车被认为是空气的严重污染者,美国所有的州都要求这种车通过尾气排放标准检查,不合格的车辆禁止使用,其车主被要求购买新车驾驶。所以,这种旧式美国汽车对全球大气污染的危害在未来将会消失。

以下哪项陈述为真,最严重地削弱了上文的论述?

(A)我们不可能把一个州或一个国家的空气分隔开来,因为空气污染是个全球问题。

(B)在非常兴旺的旧车市场上,旧式的美国汽车被出口到没有尾气排放限制的国家。

(C)尽管旧式汽车被停止使用,但空气污染仍然会因为汽车总数的增加而加重。

05. 当北大西洋海域的鳕鱼数目大量减少时,海豹的数目却由原来的200万只增加到了300多万只。有人指出是海豹导致了鳕鱼的减少,但海豹却很少以鳕鱼为食,所以,不可能是海豹数量的大量增长导致了鳕鱼数量的显著下降。

以下哪项陈述为真,最严重地削弱了上述论证?

(A)在传统的鳕鱼捕鱼带,大量的海豹给商业捕鱼船带来了极大的不方便。

（B）海水污染对鳕鱼造成的伤害比对海豹造成的伤害更加严重。

（C）鳕鱼几乎只以毛鳞鱼为食物，而这种鱼也是海豹的主要食物。

06. 时常有这样一种观点：认为地球所提供给我们的矿物燃料的容量是有极限的，而我们正在接近这个极限。不管怎样，在过去的几十年里，技术进步的结果使得从贫矿中提炼矿物资源成为可能并且已经使油田和煤田的产量有了极大的增长。所以，没有理由相信地球提供给我们的能量资源的容量是有极限的。

以下哪项陈述为真，最严重地削弱了上述论证？

（A）即使我们耗尽了矿物燃料，地球仍贮藏有铀这样的核燃料。

（B）即使有了技术的进步，由于石油和煤仍是不可替代和不可再生的资源，总有把它耗尽的时候。

（C）从贫矿中生产出来的燃料含有很高的硫磺和其他不尽如人意的成分，这些成分加剧了空气污染。

07. 计算机可以取代老师是基于这样一种认识：学生被教授的内容包括对事实和规则的领会，老师的工作就是通过指导或者训练把这些事实和规则明确地、显而易见地传达给学生。如果教师将事实和规则编成计算机程序，它将会代替教师这个训练者和传播者的角色。但是，由于学生的理解不仅包括对事实和规则的理解，还包括对存在于事实和规则中的一般概念的领会，所以，用计算机来替代老师的希望最终是不可能实现的。

以下哪项陈述为真，最严重地削弱了上述作者的结论？

（A）对训练与掌握事实和规则来说，教师和计算机是同样好的。

（B）教师的工作在于使学生能够理解蕴涵在特殊事实和规则之中的一般概念。

（C）能教人们蕴涵在特殊事实和规则中的一般概念的计算机程序可能会有的。

08. 从卫星照片上得到的有关马龙尼亚热带雨林的资料显示，去年这一环境敏感地带的森林退化率比前几年显著下降了。马龙尼亚政府去年花费上百万美元强化法律，禁止烧毁和砍伐森林，政府声称：卫星资料表明，他们不断阻止毁坏森林行为的努力被证明是有成效的。

以下哪项陈述为真,最严重地动摇了政府的断言?

(A) 去年为保护森林拨出的许多钱并没有花在实施保护方面而是花在研究上了。

(B) 去年,在每年一度的6个月的干燥季节期间降雨量反常地大。

(C) 许多雨林的不可估测性使得从地面的直接观察来证实卫星资料是不可能的。

09. 学习筑巢在鸟类成功繁殖过程中扮演着重要角色。如斯诺博士近几年所记录下的画眉鸟的生育过程所表明的那样,他发现:第一次筑巢的鸟成功繁殖的概率大大小于其他较老的同类,也小于自己以后筑巢时的成功率。同大多数鸟类一样,画眉完全长成后才离开母巢。所以我们很难回避这样的结论:它们的成功繁殖得益于它们从长辈那里学到的筑巢经验。

以下哪项陈述为真,最严重地削弱了上述论证?

(A) 画眉在最初几年的试验性繁殖过程中,产下可孵化的蛋的能力逐年增强。

(B) 第二次筑巢的鸟类生育成功的概率比第一次筑巢的大。

(C) 较弱小的鸟类也能和比它们强壮的鸟类一样成功地生育。

10. 最近,东欧的大批熟练工人离开自己的工作岗位迁移到了西欧,因此,这些国家对仍然留在本国的熟练技术工人可能就有很大的需求。

以下哪项陈述为真,最严重地削弱了上述论证?

(A) 东欧国家的工厂一般雇用本国的工人,不从外国进口劳动力。

(B) 随着东欧经济的巨变,许多以前由熟练工人操作的岗位都被撤销了。

(C) 许多东欧在西方的移民找到工作后都需要学习新的技能。

11. 马医生:作为一个高级专科医师,为了训练他们的医术在医院连续工作超过24小时,这种过度的劳累会削弱他们较好的医疗判断的能力,尤其是在将要换班的最后那段时间。

王医生:几千年来的医疗实践都遵循着同样的常规训练方式,实践证明他们在接受训练期间一般都能做出较好的医疗判断。为什么经久以来一直采用的常规训练到现在要改变呢?

以下哪项陈述为真,是马医生对王医生最有力的还击?

(A) 在过去的几十年里,医院的高级专科医师的基本职责并没有改变。

(B) 现代医疗补偿办法使患者住院的时间缩短了,住院患者的病情要比以往重得多。

(C) 高级专科医师的工作量需要根据他们各自进行的医疗专长训练的特殊性来决定。

12. 从事旅游业的人深知旅游业对海滨地区的过度开发破坏了环境,这种开发还会使这些地区对旅游者失去吸引力,从而破坏旅游业。因而,从事旅游业的人永远不会故意破坏海滨环境。所以,关心海滨环境的人们对旅游业没有什么可担心的。

以下哪项陈述最恰当地指明了上述论证中的缺陷?

(A) 没有提供证据证明过度开发会破坏旅游业。

(B) 忽视了从事旅游业的人将会无意识地破坏海滨环境这种可能性。

(C) 将某一事件可能发生的事实作为该事件必然发生的证据。

13. 由风险资本家融资的初创公司比通过其他渠道融资的公司失败率要低。所以,与诸如企业家个人素质、战略规划质量或公司管理结构等因素相比,融资渠道在初创公司的成功上一定是更为重要的因素。

以下哪项陈述为真,最严重地削弱了上述论证?

(A) 风险资本家对初创公司在财务需要的变化方面比其他融资渠道更为敏感。

(B) 从追求长远目标来说,初创公司的战略规划没有企业家的个人素质重要。

(C) 风险资本家在决定为初创公司提供资金时往往根据以下因素,如企业家个人素质和公司的战略规划质量。

14. 因为光线与胶片的接触,每一张照片都具有一定的真实性。但是,从不同角度得到的照片总是反映了物体某个侧面的真实性,而不是全部的真实性,在这个意义上,它又是不真实的。因此,仅仅一张照片不能确切地证实任何事物。

以下哪项陈述是使上述论证成立的假设?

(A) 任何不能完全反映全部真实的东西都不能构成确切的证据。

(B) 在任何意义上照片都不可能证明事物的真实性。

(C) 如果从所有的角度将物体拍摄下来,就可以确切地证明它的真实性。

15. 区商委会主席:我们都知道在过去的十年里几乎没有新的公司迁到我区,或者在我区成立新公司的痛苦事实。但是,计划委员会最近关于每周有四家公司离开我区的估计明显夸大了事实。毕竟我区只有不到一千家公司,如果都以这样的速度迁出,我区的公司早就迁完了。

商委会主席的论述最容易受到以下哪种批评?

(A) 只着眼于从一个系统中出去的东西,而忽视了进入这一系统中的东西。

(B) 将仅适用于当前情况的论述不恰当地运用于过去相当长的一段时间。

(C) 运用一项不精确的论述来反对一项本身就是估计的论述。

16. 这个街区的垃圾可能要到星期四才能被清理。这儿的垃圾一般在星期三清理,而且垃圾清理员总是十分准时的,但是,由于星期一是个公共假日,如果星期一是假日的话,全市的垃圾都会迟一天清理。

上述论证是用以下哪种方式展开论证的?

(A) 分析了相互独立的多个证据,借以支持结论。

(B) 通过排除其他所有可能性的方法间接推出一个事件的发生。

(C) 对一个普遍规则适用于一个特殊的事例做出合理的解释。

17. 一般说来,某种产品价格的上升会减少其销量,除非在价格上升的同时伴随着该种产品质量的提高。不过,葡萄酒却是个例外,某一位生产商的葡萄酒价格的上升却常常会刺激其销量的增长,尽管葡萄酒本身没有变化。

以下哪项陈述为真,最能解释上述的反常现象?

(A) 消费者在商店选购葡萄酒时,常常利用价格的高低作为判断葡萄酒质量的指标。

（B）葡萄酒零售商和生产者一般可以通过打折来暂时增加某种葡萄酒的销量。

（C）定期购买葡萄酒的消费者普遍对自己所偏好的葡萄酒有牢固的看法。

18. 航空公司可以通过降低所有航班的票价来增加利润。降低票价的目的是鼓励自由旅行，这样可以使飞机满员。提供普遍的折价票确实卖出了大量的减价票。但是，过去提供的这些优惠措施实际上减少了航空公司的利润。

以下哪项如果成立，最能帮助解决上文描述的明显的不一致？

（A）在一个大城市和一个小城市之间旅行的票价要高于在两个大城市之间旅行的票价，尽管两者的距离是一样的。

（B）机票的全面折价倾向于减少通常是满员的航班的收益，但它不能吸引旅客去乘坐不普及的航班。

（C）策划一次广告运动使公众意识到折价机票的同时，彻底解释清楚对那些折价票的限制，这是困难的。

19. 大部分从太阳发出的到达地球大气层的紫外线辐射都被平流层的臭氧层所吸收，不会到达地球表面。在1986年至1996年间，北美上空平流层的臭氧层变薄了，大约下降了3个百分点。然而，研究站在北美上空测量的紫外线辐射的平均水平在同期却下降了。

以下哪项最好地调和了上面描述的明显的不一致？

（A）人工生产的氯化物使臭氧层变薄了。

（B）北美吸收紫外线辐射的臭氧污染在1986年至1996年间戏剧性地增加了。

（C）臭氧层会由于年度以及地球的部位不同而变薄。

20. 在整个欧洲的历史上，工资上涨阶段一般是跟随在饥荒之后，因为当劳动力减少时，根据供求关系的规律，工人就会更值钱。但是，19世纪40年代爱尔兰的土豆饥荒却是个例外，它导致的结果是爱尔兰一半人口的死亡或移民，但在接下来的10年中，爱尔兰的平均工资并没有明显的上升。

以下哪项陈述为真,将对上述这个一般中的例外提供最弱的解释?

(A) 爱尔兰地主驱逐政策强迫年老体弱者移居国外,而保留了相当高比例的体格健壮的工人。

(B) 技术的发展提高了工农业生产的效率,在劳动力较少的情况下保持经济发展。

(C) 饥荒后的10年里,出生率的提高大大弥补了由于饥荒造成的人口锐减。

注 释

〔1〕 标准的二难推理,其选言前提中的"或者"表示的是不相容的选择关系,相当于"要么,要么"或"不是,就是"。由于日常语言中的二难推理多用"或者",而且几乎所有的逻辑教科书用的也是"或者",在此仍沿用之。

〔2〕〔古希腊〕亚里士多德:《形而上学》,1011b26,北京:商务印书馆,1983。

〔3〕〔古希腊〕柏拉图:《柏拉图对话集》,王太庆译,第290页,北京:商务印书馆,2004。

〔4〕 马正平主编:《高等写作思维训练教程》,第12页。

第七章
归纳论证

第一节 枚举论证

在日常思维中,大多数论证运用的不是我们所讨论过的那种有条不紊、结论具有必然性的演绎推理,而是这里将要讨论的归纳推理。在我们所获得的观念中,有些是非常坚实的,比如,人不免有一死,或者地球是圆的。有些我们会对它持有疑虑,比如,人类历史的形成是由经济决定的,或者喝热的姜汤能治疗感冒。如果我们通情达理,对这些观念所持有的信心取决于归纳推理的强度。还记得吃柠檬和奶奶过生日的例子吗?归纳推理的强度彼此间差异很大,掌握评估归纳推理的批判性准则和方法是我们的主要任务。

在归纳推理中,前提真不能保证结论一定真,或者说,前提真为结论的真提供了一定程度的保证,因而所得出的结论是可能真而不是必然真的。基于这种区别,有时也称演绎推理为必然性推理,称归纳推理为或然性推理。归纳论证的主要形式有:枚举论证、类比和比喻论证、统计论证和因果论证。

一、全称枚举推理

在日常思维中,人们经常根据对一类事物的部分对象具有某种属性的考察,推出这一类事物的全部对象或者部分对象也具有该属性的结论,这种推理就是**枚举推理**。根据推理所得出的结论是全称陈述、特称陈述,还是单称陈述,区分出**全称枚举**、**特称枚举**和**单称枚举**三种推理形式[1]。我们把使用这三种推理形式的论证叫做**枚举论证**。

在一类事物中,根据已经观察到的那部分对象都具有某种属性的前提,推出这一类事物都具有该属性的结论,这种推理就是**全称枚举推理**,使用这种推理做出的论证叫做全称枚举论证。例如:

> 树木有年轮,从它的年轮知道树木生长的年数。动物也有年轮,易于引人注意的是乌龟的年轮,从龟甲上的环数多少,就可以知道它的年龄。牛马也有年轮,它们的年轮在牙齿上,从它们的牙齿就可以知道牛马的年龄。最近,日本科学家发现人的年轮在脑中。这些事实说明,所有生物都有记录自己寿命长短的年轮。

我们称被考察的那部分对象为**样本**,用大写字母 S 表示;称样本中的某一个对象为样本个体,用小写字母 a 表示;称这一类事物的全部对象为**总体**,用大写字母 A 表示。将 P 属性称为**样本属性**,将总体所具有的属性称为**描述属性**。

全称枚举推理是从所考察的样本属性概括出总体属性的推理,其推理形式如下:

A 的 S 都具有 P 属性
——————————————
所以,所有 A 具有 P 属性。

全称枚举推理是典型的归纳推理,因为它体现了归纳概括这个概念的实质。从哲学的认识论意义上说,演绎体现了由一般到个别的认识过程,归纳体现了由个别到一般的认识过程,二者是相互联系、相互补充的。英国哲学家弗兰西斯·培根说:"历来处理科学的人,不是实验家,就是教条者。实验家像蚂蚁,只会采集和使用;推论家像蜘蛛,只凭自己的材料来织成丝网。而蜜蜂却是采取中道的,它在庭园里和田野里从花朵中采集材料,而用自己的能力加以变化和消化。"[2]

全称枚举推理是日常生活和科学研究中最常用的归纳推理。一般性观念是世界观中的核心观念,在一个人生活的早期,这些一般观念是从父母或师长那里得来的,比如,善待他人,做人要诚实等。随着生活经验的积累，你会凭借自己的观察和努力不断加深这些信念并形成新的观念。这些指导你如何生活的一般观念来源于你的归纳概括。在科学研究中，全称枚举推理反映了科学研究最一般的过程：我们观察到某一类事物中的部分对象具有某种属性，同时没有观察到相反的事例，于是得出这一类事物的所有对象都具有这种属性，由此形成具有全称形式的科学定律或定理。例如：

> 铜是导体，它的晶体中有自由电子。铁是导体，它的晶体中有自由电子。铝是导体，它的晶体中有自由电子。所以，所有导体的晶体中都有自由电子。

通常我们把在科学实验基础上所做出的全称概括称为**科学归纳法**，如上述例子中的推理；把在经验观察基础上所做出的全称概括称为**简单枚举法**，如前面一个例子中的推理。二者的主要差别是样本属性与描述属性具有同质性的概率不同。

如果一个总体中的所有个体在某一方面都有相同的属性，那么任意一个个体在这方面的属性都是总体的属性。比如，医生为病人验血时，只需抽取病人血液的一小部分。母亲给婴儿喂牛奶时，只要尝一小口就能知道奶的温度。不同的个体之间在某方面所具有的无差别的属性称为**同质性**，有差别的属性称为**异质性**。

比较而言，在科学归纳法中，样本属性与描述属性具有同质性的概率较高，而在简单枚举法中，样本属性与描述属性具有同质性的概率较低。换句话说，科学归纳法的结论对反例同样没有豁免权。

全称枚举推理的极限形式是**完全归纳法**，如果前提所包含的样本个体穷尽了总体中的个体，则其结论具有必然的性质。例如：

> 数学家高斯少年时解过这样一道算术题：$1+2+3+\cdots\cdots+98+99+100=?$ 高斯发现：$1+100=101$，$2+99=101$，$3+98=101$，……，$50+51=101$。所以，$50\times 101=5050$。

完全归纳法的特点是前提所考察的是一类对象的全部，结论断定的范围没有超出前提的断定范围，本质上属于演绎推理，这里对它不作进一步的讨论。

现在让我们来掌握评估全称枚举推理的批判性准则：

准则1：没有发现与全称结论相关的反例。

反例指的是存在于总体中与结论相矛盾的实例。只要发现与结论相关的反例，无论有多少正面支持结论的实例，结论都是不真实的。比如，无论我们观察到多少天鹅是白色的，只要发现一只天鹅是黑色的，就能推翻"所有天鹅是白色的"这个结论。

准则2：样本容量越大，结论的可靠性就越大。

明显地，基于过少的样本所做出的概括是容易犯错误的，比如，根据你第一次所吃的那个柿子是涩的，就断言所有的柿子都是涩的。根据你认识的两个北方朋友具有粗犷豪爽的性格，就说所有北方人都是粗犷豪爽的。我们需要考察足够大的样本容量，也就是样本内所含个体的数量，才能确立我们对所做出的概括的信心。有关样本容量的问题，将在统计论证中做出进一步的讨论。

准则3：样本的个体之间差异越大，结论的可靠性就越大。

样本个体之间的差异通常能反映样本个体在总体中的分布状况，样本个体之间的差异越大说明样本个体在总体中的分布越广。例如，通过观察北美洲的棕熊、北极的北极熊和中国大熊猫的生活习性，发现它们的繁殖率都很低，所以，所有的熊都是繁殖率低的动物。棕熊、北极熊和大熊猫在形态、食物和生存环境等许多方面，有较大的差异，同时也能反映它们在总体中的分布较广。这条准则涉及样本的代表性问题，我们在统计论证中会集中讨论它。

准则4：样本属性与描述属性具有同质性的概率越大，结论的可靠性就越大。

从逻辑上说，样本属性与结论所概括的总体属性应当具有同质性，否则就一定会有反例。问题的关键是：样本属性与结论所概括的描述属性是不是同质的？这正是需要我们在推理中加以确认的，能够对它做出的担保之一是没有发现反例，但是，没有发现反例不等于没有反例，这种担保是不充分的。能够对它做出的担保之二是从经验观察或者科学实验中获得的事实，这些事实和相关的背景知识只能证明样本属性与描述属性具有同质性的可能性有多大，不能完全证明二者就是同质的,或者说,担保之二不能彻底排除反例的产生。担保之二虽然不能彻底排除反例的产生,但它可以降低反例产生的可能性,提高对结论的证据支持程度。

二、特称枚举与单称枚举

在一类事物中,根据所观察的样本个体具有某种属性的前提,得出总体中的其他一些个体也具有这种属性的结论,这种推理就是**特称枚举推理**。让我们看以下几则推理:

(1) 在亚洲观察到的天鹅是白的,欧洲观察到的天鹅是白的,非洲观察到的天鹅是白的。所以,美洲的天鹅也是白的。

(2) 在亚洲观察到的天鹅是白的,欧洲观察到的天鹅是白的,非洲观察到的天鹅是白的。所以,澳洲的天鹅也是白的。

(3) 在亚洲观察到的天鹅是白的,欧洲观察到的天鹅是白的,非洲观察到的天鹅是白的。所以,所有的天鹅都是白的。

(4) 在亚洲观察到的天鹅是白的,欧洲观察到的天鹅是白的,非洲观察到的天鹅是白的。所以,大多数天鹅都是白的。

(5) 在亚洲观察到的天鹅是白的,欧洲观察到的天鹅是白的,非洲观察到的天鹅是白的。所以,隔壁小李叔叔救回来的那只受伤的天鹅也会是白的。

特称枚举(1)和(2)与全称枚举(3)的区别是结论概括的范围不同,前者的结论是特称陈述,后者的结论是全称陈述。全称枚举是从样本到总体的推理,特称枚举是从样本到样本的推理。我们用 C 表示属于总体 A 而不属于样本 S 的个体集合,这种推理的形式如下:

A 的 S 都具有 P 属性
―――――――――――――――――――
所以,A 的 C 也具有 P 属性。

如果结论是单称陈述,如推理(5),就称之为**单称枚举推理**。单称枚举推理是从已考察的样本 S 到未知个体 a 的推理,其推理形式如下:

A 的 S 都具有 P 属性

所以，A 的这个 a 也具有 P 属性。

现在让我们来理解评估特称枚举和单称枚举的批判性准则。所有评估全称枚举的准则都是评估这两种推理的准则，需要澄清和强调的有以下三点：

首先，由于单称枚举和特称枚举的结论是对未知个体做出的断定，结论超出了前提的断定范围，其结论仍然面临着反例的威胁。比如，单称枚举(5)的反例：小李叔叔救回来的那只受伤的天鹅是黑色的，或者小李叔叔救回来的那只受伤的大鸟不是天鹅。再如，特称枚举(2)的反例：澳洲的某些天鹅不是白的，或者澳洲的某些天鹅是黑色的。但是，各自面临反例的可能性并不一样，一般说来，特称枚举面临反例的可能性大于单称枚举的，全称枚举面临反例的可能性大于特称枚举的，这主要是因为它们各自结论断定的范围不同。我们知道：结论面临反例的可能性越小，它的可靠性就越大。所以，在获得相同证据的情况下，单称枚举的可靠性最大，全称枚举的可靠性最小，特称枚举的可靠性则介于这两者之间。

其次，诸如例(4)这样的枚举推理，其结论具有特称的形式，但是，我们不把它视为特称枚举推理的标准形式，而是把它看作全称枚举推理的弱化形式。因为全称枚举推理及其弱化形式的结论所断定的对象，既包括总体中已被考察的对象，也包括未被考察的对象；而单称枚举和特称枚举的结论所断定的对象，均是总体中未被考察的对象。另外，与全称枚举相比，它的弱化形式通常不受反例的限制。比如，发现1只黑天鹅就能证明"所有的天鹅都是白的"为假，但是，如果总体中的个体数量很大，即使发现1000只黑天鹅也不能证明"大多数天鹅是白的"是假的。

最后，在日常思维实际中，单称枚举和特称枚举所推断的情况往往在未来才会出现，因而也称之为**预测推理**，其中单称枚举推理是最常用的形式。例如：

(6) 从过去太阳总是从东方升起，推断出明天太阳也将从东方升起。

(7) 从中国体育代表团已经在悉尼和雅典两届奥运会上夺取 25 块以上的金牌，推断中国体育代表团将在 2008 年北京奥运会上夺取 25 块以上的金牌。

(8) 从我以前多次搭乘飞机去深圳都安然无恙，推断明天搭乘飞机去深圳也将会平安无事。

在日常生活中，我们在许多情况下都不能够完全精确地判断未来要发生的事情，而实践的需要又迫使我们必须对未来的情况做出判断，于是就只好根据过去发生的事情来进行预测。"尽管我们知道信件会丢失、飞机会出事，甚至上街采购物品也会遇到横祸，但我们还是会照常邮寄信件、搭乘飞机、上街购物。这是为什么呢？因为根据过去的经验，发生意外事故的机会很少，不必过于提心吊胆。也就是说，根据归纳推理的结论，我们照常行动是可接受的。"[3] 所以，预测推理是一种非常重要的推理，人们把它称为"生活的向导"。

三、枚举论证的谬误

根据枚举推理的批判性准则，对枚举论证进行正面的评估是困难的事情，因为归纳论证不像演绎论证那样，它不具有从正面判定结论是否有效的推理规则。如同在没有发现反例的情况下，可以暂时接受枚举推理的结论一样，在没有发现谬误的情况下，可以暂时接受一个枚举论证是好的论证。评估枚举论证的实用方法是识别和掌握违背其批判性准则的常见错误类型。

枚举论证的谬误指的是在论证中违背枚举推理准则所犯的错误，常见的表现形式有特例概括、样本太少、机械概括和以偏概全，其共同特征是以不具有代表性的样本为根据，概括出一类对象的总体都具有某种属性的结论。基于这一共同特征，通常也统称这一类谬误为**轻率概括**。这类谬误的实质是严重忽视了与样本属性相反的事例存在，区分这类错误的主要标准是导致样本不具有代表性的各不相同的原因。

1. 特例概括

特例概括是以特例为根据,概括出一类对象的总体都具有某种属性的结论。例如,鲁迅在《内山完造作〈活中国的姿态〉序》中描述道:

> 一个旅行者走进了下野的有钱的大官的书斋,看见有许多名贵的砚石,便说中国是"文雅的国度";一个观察者到上海来一下,买几种猥亵的书和图画,再去寻寻奇怪的观览物事,便说中国是"色情的国度"。

旅行者和观察者犯了特例概括的错误。"特例"就如同这个词的本义一样,指的是特殊的、偶然的事例,甚至是戏剧性的事例,如"守株待兔""因噎废食"。特例本来就不具有代表性,以此为据,概括出全称的结论,必然会导致反例的产生。

我们把以典型分析为根据所做出的概括称为**典型概括**。比如,以对一两只麻雀的生理解剖为根据,可以得出"麻雀虽小,五脏俱全"的结论。典型概括所基于的样本属性具有高度的同质性,结论的可靠性不取决于样本的数量,正如恩格斯所说,十万部蒸汽机并不比一部蒸汽机能更多地证明热能转化为机械运动的道理。

特例概括与典型概括在表面上的相同特征是所考察的样本或样本个体都很少,内在的区别是前者以样本的偶有属性为根据,后者是以样本的同质属性为根据,因而前者属于谬误,后者属于正确的归纳推理。怎样把两者区分开?这取决于前提对样本属性的选择,以及与样本属性相关的知识背景。例如,人们可以选择:根据地球绕太阳公转一周而有"年"这一属性,得出"太阳系的行星都有年"这一结论。但是,却不可以选择:根据"地球上有生命"这一属性,得出"太阳系的行星都有生命"这一结论。根据背景知识,生命存在的条件并不是太阳系的各个行星都具备的。在判定归纳概括是否属于特例概括时,需要根据相关的背景知识对样本属性做出具体的分析。

特例概括的逆向形式被称为**特例的谬误**,或称"偶性谬误",指的是把一般原则误用于特殊的或者例外的场合。柏拉图在《国家篇》中说:"如果有人向他头脑清醒的朋友借了武器,而那个朋友后来疯了,想把武器要回去,在这种情况下,每个人都会同意一定不能把武器还给他,把武器还给他是不正义的,对疯子讲实话也是不正义的。"[4] 如果在对方精神不正常的情况下,仍坚持"欠东西应还"的正义原则,把武器还给他,就犯了特例的谬误。一般原则之所以被称为一般原则,就是因为它允许有例外。如果不允许有例外,那么根据杀人者偿命的原则,刽子手也要偿命。

2. 样本太小

样本太小是由于未满足在样本容量方面的要求,而使样本缺乏代表性,由此不足以概括出代表总体特征的结论。例如:

> 我不会说法语,你不会说法语,校长也不会说法语,所以我们学校没人会说法语。

样本太小与特例概括很相似,但是,样本属性**不足以**代表总体的属性,与样本属性**不能够**代表总体的属性是有差别的。比如,根据"我不会说法语,你不会说法语,校长也不会说法语",可以得出结论说:我们学校有不少人不会说法语。但是,根据偶尔有一只兔子在树桩上撞死了,不能得出结论说:有不少兔子会在树桩上撞死。

与日常的枚举论证相比,**统计概括**对样本容量的要求更高一些。统计概括的结论描述的是一种统计性的规律,这种规律是关于大数随机现象的规律,也叫大数定律。只有通过对同类随机现象进行大量的考察,才能相对准确地对它加以描述。如果考察的样本过少,结论就很可能是靠不住的。例如:

> 为了验证"春风百日化成雨"(意为春风刮后第一百天有雨)这条谚语的准确性,人们查阅了气象资料,在调查的 110 次春风中,有三分之一是应验的。经过进一步的分析,发现其中刮四级以上的春风有 39 次,相应地,第一百天下雨的有 37 次,准确率接近 95%。所以,刮四级以上的春风百日后有雨的可能性约为 95%。[5]

对于描述刮风与下雨之间的规律性而言，110次或者39次的样本数量显得太少了，其结论是靠不住的，或者说据此做出长期的天气预报可能会有很大的误差。

3. 机械概括

机械概括是由于忽视时间因素对样本属性的影响，机械地以样本属性为根据，对一类事物的现在或未来做出的概括。例如：

> 调查表明，目前中年消费者的零售支出，有39%都花在百货商店的商品和服务上了；但对年轻人而言，该百分比仅为25%。由于未来十年内，中年人口数将会剧增，所以百货商店应该把一些原来以年轻人为服务对象的商品换成吸引中年人的商品。

文中提到："未来十年内，中年人口数将会剧增。"这意味着两方面的变化：一方面是目前中年人的年长者将陆续退出中年人的行列；另一方面是目前年轻人的年长者将陆续加入中年人的行列。"中年人口数的剧增"意味着后一方面的变化加剧，今天的年轻人在未来的中年人中所占的比例不断加大。由此，文中的推论若成立，就必须假设：今天的年轻人在步入中年的时候，他们在消费方式上的变化只受年龄增长这种单一因素的影响，而且变化的结果必须与现在中年人的消费方式相同。显然，这种假设是不成立的。

该论证将目前两组消费群体所具有的样本特征，机械地推广到未来，得出随着中年人口数量的剧增，百货商店服务于中年消费者的零售收入会大幅上扬的一般性结论。这一推论是在没考虑目前的样本特征可能会在未来发生变化的情况下做出的，目前具有代表性的样本特征，在未来未必具有代表性。所以，该论证犯了机械概括的错误。

4. 以偏概全

以偏概全是由于忽视样本属性的异质性，或者根据有偏颇的样本所做出的概括。由于抽样不当而导致的**偏颇样本**的谬误是以偏概全的标准形式。这种谬误的一个经典例子，来自美国《文艺文摘》对罗斯福和兰顿在 1936 年竞选总统时的民意调查,调查者打电话给 10000 个美国选民,问他们在即将来临的总统选举中打算怎样投票,调查的样本包括各种回答者,他们来自各个州,有农村的和城镇的,有男人和女人。民意调查预示阿尔弗雷德·兰顿将彻底击败富兰克林·罗斯福。然而,事实上罗斯福却取得了压倒性的胜利。其原因是调查者通过打电话进行的调查,调查样本只代表了那时能够安电话的人,而当时拥有电话的人远没有现在这样普及。

有时人们使用**以偏概全**指称以下这种形式的谬误:根据部分具有的属性概括出整体的属性。例如:

> 据报道:回顾至今为止的有关医学研究,有充分的理由认为通常的咖啡饮用量不会伤害饮用者的心脏。因此,咖啡饮用者们可以放心享用,饮用咖啡对身体是无害的。

事实上,心脏只是身体的一部分,对心脏无害不等于对身体无害。统计概括所概括的是同一类事物,也就是说总体与样本属于同一类事物,而整体与部分并不属于同一类事物。这种形式的谬误与第五章讨论过的**合成的谬误**属于一个类型。

有时人们还用**以偏概全**指称一种论证策略,其错误的实质是逃避论证责任。例如:

> 物理主义者预料:所有心理的功能最终都能在神经生物学的术语中得到解释。要达到这个目标,要求对神经系统的基本功能及其相互作用有所理解,并且要求对心理学的官能(意志、理性等)做出刻画。到目前为止,已经有了大量的基本知识,对有关神经的基本功能以及诸如视知觉、记忆等心理特征都能做出较好的理解,所以,物理主义者断言,心理的功能在不久的将来能够用神经生物学的术语做出全面的阐释。

由于作者认为对神经相互作用的理解是解决问题的前提之一,而文中并没有指明在神经相互作用方面已经取得的任何知识,所以其结论仍然是悬而未决的。该论证只是部分地解决了它所提出的问题,却得出了问题得到全面解决的结论。

第二节　类比论证与比喻论证

在去年的一次徒步旅行中,我被一种陌生的藤蔓碰到,接触到它时皮肤立刻起了严重的皮疹。后来到其他地方徒步旅行时,又见到与去年那种藤蔓非常相似的植物,叶片纹理很深、浅绿色、闪闪发光,于是我认为皮肤碰到它会再起皮疹。类比推理就是这么简单易行,它根据两个事物之间所具有的相似性做出推断。类比不仅协助人们创造了一些科学史上的伟大原理,在日常生活中,我们至少应该把这样的信念归于类比:除了通过与你自己在痛苦的时候所说的话、所发出的声音以及所做的其他一切进行类比外,你怎么能知道你的同伴也处在痛苦之中?事实上,如果不进行类比,你会知道她有什么感受或想法吗?

类比是一种经常使用的推理方式,将它视为推理的助推器是再合适不过了。"类比在人类知识从原始愚昧状态到最高阶段的发展过程中扮演了重要角色。想到我们做的每个比喻、每个肯定的比较中都含有类比的成分,那自然表明类比是最简便而普遍的推理形式,它也许是通向人类知识的第一扇敞开的大门。"[6]例如:"苏联的办法把农民挖得很苦。他们采取所谓义务交售制等项办法,把农民生产的东西拿走的太多,给的代价又极低。他们这样来积累资金,使农民生产的积极性受到极大的损害。你要母鸡多生蛋,又不给它米吃;又要马儿跑得好,又要马儿不吃草。世界上哪有这样的道理!"[7]这个比喻论证隐含着类比推理。实验室的老鼠被分为两组,在其中一组老鼠的食物中添加苯胺染料后,有许多老鼠患了膀胱癌。在食物中不添加苯胺染料的另一组老鼠,则没有得膀胱癌。根据人与老鼠在生理学上的相似性,研究人员认为苯胺染料对人来说也是致癌物质。这则运用差异法做出的因果论证使用了类比推理。正如我们把差异法看作不同于类比的另一种推理方法一样,我们把比喻论证看作是不同于类比论证的另一种论证方法。

一、类比推理

根据两个对象 A 和 B 都有若干共同的属性,并且 A 还有另外某个属性,推出对象 B 也具有这个属性,这就是**类比推理**。把运用类比推理所做出的论证称为**类比论证**。例如:人们比较光和声两个不同的对象,发现它们都有直线传播、反射、折射、干扰等共同的属性,此外,还发现光有波动的属性,据此推断声也有波动的属性。这个推理在科学史上是人们提出光波概念的出发点。

类比推理的形式如下:

A 有属性 a,b,c,又有属性 p。
B 有属性 a,b,c,
―――――――――――――――
所以,B 有属性 p。

在类比中涉及的对象 A 是拿来做类比的事物,简称**类比物**,对象 B 是所类比的事物,简称**所比物**,对象 A 和 B 称为**相似物**。a,b,c 称为**前提属性**,p 称为**推出属性**。在上述例子中,声是类比物,光是所比物,直线传播、反射、折射、干扰等共同属性是前提属性,波动的属性是推出属性。

类比推理的结论只具有一定程度的可靠性。虽然相似物在某些方面具有相同的属性,它们也会在其他方面表现出不同的属性。老鼠比人要小得多,成熟和繁殖速度远比人类快,其体温和体形也与人有很大的不同。在徒步旅行的例子中,两根藤蔓的外表有许多相同之处,但它们的大小不同,生长的地理环境也不同。我可以进一步指出,一种是生长在较低而潮湿的地方,另一种则生长在较高而干燥的地方。无论相似物看上去如何类似,基于相似点的推论都有可能发生不测,我们有可能会最终证明,在结论所感兴趣的推出属性上是不同的。

不同的类比推理,其结论的可靠性程度差异较大。现在让我们来掌握评估类比推理的批判性准则:

准则1:在同样的情况下,前提属性越多,结论的可靠性程度就越高。

类似物之间相同的属性越多,它们就越有可能具有相同类型的内在结构或功能。因而当我们发现类似物之间有更多的相同属性时,就会增强我们对所做的类比的信心。例如,我们拿一支足球队和一家公司进行类比,二者都是由致力于达到一个共同目标的个体所构成的组织,而且知道团队协作是球队获胜必不可少的因素,所以团队协作也是一个公司获得成功必不可少的因素。这是一个常见的类比,但是,如果我们知道公司和球队不仅在有共同目标这一点上是相同的,而且还知道二者在有激烈的竞争对手、有制定战略和做出决策的领导者、重视在社会上的形象和知名度、对创造最大效益的人给予高薪和荣誉等方面,也是相同的,就会提高团队协作是公司获得成功必不可少的因素这一结论的可靠性。

准则2:在同样的情况下,类比物的规模越大,结论的可靠性程度就越高。

类比物的规模指的是类比物的数量及其分布状态,数量越多而且分布的场合之间差异越大,类比物的规模就越大。比如,在上述类比的基础上,我们拿三支足球队来进行类比,一支是来自欧洲职业联赛的球队,一支是来自中国职业联赛的球队,另一支是来自中国高校联赛的球队,这三支球队所处的层次、地域和环境都有很大的不同。如果他们都具有上述一系列属性,而且团队协作是他们各自获胜必不可少的因素,那么以此为据来推论团队协作是公司获得成功必不可少的因素,就会进一步提高上述类比推理结论的可靠性。

准则3:前提属性与推出属性之间的相关性越大,结论的可靠性程度就越高。

在类比中,我们在前提中加以考虑的相同属性与推出属性必须具有相关性,而对相关性的判断则是一项技巧性很高的任务。比如,两种植物都是藤蔓,颜色和形状相同,这些属性与推出属性肯定是相关的,因为根据常识,植物的外观特征一般来说是确定它们是不是同一种植物的最佳线索。当然,我们还会看到这两种植物都生长在路边,周围长着某些其他相同的植物等,这些相同的属性与推出属性就没有多大相关性。为了做出这样的判断,需要借助背景知识,它是我们在日常情境中最好的向导。

在类比中,相似物除了有共同属性外,还有不同的属性。正如相同的属性能增强我们对类比的信心一样,不同的属性会削弱我们对类比的信心,甚至推翻类比的结论。例如,根据火星和地球都有大气层、温度适中等相同属性,有人类推火星上也会有生物。但是,后来人们发现火星的大气里的氧气只有千分之一,与地球很不相同,所以推翻了火星上有生物的看法。通过指出不同点来削弱或者推翻类比的结论,相似物之间的差异也必须被判定是相关的。氧气含量的多少与生物的存在是密切相关的,而两个星球在大小上的差别与生物的存在就没什么相关性。

理解相关性这个概念,应当从 A 与 B 所具有的共同属性和不同属性两个方面来考虑。在用老鼠来做检验药品安全性的实验中,人与老鼠在生理方面所具有的许多共同属性,确实与推出属性有较强的相关性,但是,老鼠与人一样具有竞争性、会走迷宫、也会死去等,这些属性对结论没什么影响。老鼠不是灵长目、代谢速度快、生命周期短等差异,确实能削弱类比的结论,但是,老鼠更小、有尾巴、门牙更结实等差异则没什么意义。

评估类比推理的前两条准则是量的方面的标准,相关性准则是质的方面的标准。对相关性的判断是推理的关键步骤,无论是强化还是削弱一个论证,在缺乏相关性的情况下,前提属性的多少和类比物规模的大小,对结论的可靠性来说都是微不足道的。由于相关性不易判断,类比推理经常出错。我们把缺乏相关性的类比推理称为**错误类比**。例如,"木与夜孰长?智与粟孰多?"木头的长短属于空间方面,夜间的长短属于时间方面;智慧的多少属于精神方面,粮食的多少属于物质方面。各自的性质和衡量标准不同,不具有可比性。

我们建议要十分谨慎地使用这种推理方式,最好在猜测的最初阶段使用它,这样就给我们留下了进一步调查和确认的余地。另外,在对题材不熟悉的情况下,最好向专家请教。对于没有受过训练的人来说,看上去完全相似的两株蘑菇,可能一株无毒而另一株则是致命的。两种无色无味的气体,可能一种可以保你活命,另一种则会送你归西。

类比推理的简便易行一方面使它变得非常脆弱,另一方面却使它在引发思路上富有成效。诸如牛顿的万有引力定律、惠更斯的光波理论、爱因斯坦的相对论等许多科学史上的伟大进步,在打开第一扇大门时,类比推理都起着非常重要的作用。

二、比喻论证

比喻也称譬喻,既是一种修辞方法,也是一种说理方式。**比喻论证**就是用比喻给出理由支持某个主张的说理方式,拿比喻者之理论证被比喻者之理。例如:

> 若说:何以对付敌人的庞大机构呢? 那就有孙行者对付铁扇公主为例。铁扇公主虽然是一个厉害的妖精,孙行者却化为一个小虫钻进铁扇公主的心脏里去把她战败了。柳宗元曾经描写过的"黔驴之技",也是一个很好的教训。一个庞然大物的驴子跑进贵州去了,贵州的小老虎见了很有些害怕。但到后来,大驴子还是被小老虎吃掉了。我们八路军新四军是孙行者和小老虎,是很有办法对付这个日本妖精或日本驴子的。目前我们须得变一变,把我们的身体变得小些,但是变得更扎实些,我们就会变成无敌的了。[8]

毛泽东为了论证实行精兵简政的重要性和正确性,用了孙行者和铁扇公主、小老虎和黔驴两个比喻,这两个比喻隐含的道理是:小而有力者能够战胜大而厉害者。以此类推:八路军和新四军要把身体变得小些,变得更扎实些,就会战胜大而厉害的日本侵略者。

比喻论证所使用的推理形式如下:

事例 $I_1 \cdots I_n$ 隐含 P 而且 P 是可信的。
事例 E 隐含的 C 与 P 相同或相似。

所以,E 隐含的 C 是可信的。

在比喻论证中,把用来给出理由的比喻称为比喻者,用 $I_1 \cdots I_n$ 表示。比喻者所隐含的未明说的道理称为**潜在事理**,用 P 表示。把所推论的事例 E 称为被比喻者,把被比喻者 E 所隐含的道理称为**相似事理**,用 C 表示。

比喻推理与类比推理有所不同。其一,类比物必须是真实的事物或事件,比喻者则可以是虚拟或夸张的事物。其二,类比推理是根据相同或相似的属性推出其他相同或相似的属性,比喻推理的根据是潜在事理的相同或相似,它类似演绎推理中的等值推理,但不是真值意义上的等值,而是事理意义上的相同或相似。简言之,类比推理以属性相似作为推论的前提和根据,比喻推理则以事理相似作为推论的前提和根据。其三,类比推理的前提属性不仅是已知为真的,而且是直白的;比喻推理的潜在事理是含蓄的,为大多数人所熟知和认可的。

修辞式比喻是说明事物的方式。有时用它形象生动地描绘事物,如"豆腐西施杨二嫂像细脚伶仃的圆规"。有时用它说明那些难以说明白的事物或事物的形态、特征等,如"逝者如斯""单子没有可供事物进入的窗子"等。这种类似定义的说明方式,看似形容,实是直陈,时间不仅像河流,它就是河流,河流揭示了时间之所是。[9] 好的比喻,其比喻意义没有明说却胜似明说,这种说明方式是比喻推理的重要特征之一。

若使人确信一个道理,首先必须说明并且使人明白这个道理。"夫譬喻也者,生于直告之不明,故假物之然否以彰之。"[10] 其次,还必须用人们已确信的道理使人确信另一个未确信的相同或相似的道理。对潜在事理的确信从比喻者转移到被比喻者,这个转移过程既是推理过程,也是论证过程。如果只是用比喻来说明或描绘事物的形态或者特征,那就是修辞式比喻。如果不只是用比喻说明白了一个道理,与此同时也为确信另一个与之相同或相似的道理提供了理由,那就是比喻论证。

现在让我们从恰当性的角度来掌握评估比喻推理的批判性准则:

准则1:P 与 C 的一致性越大,推理的可靠性就越强。

比喻者之理与被比喻者之理应当有内在的一致性,而且这种一致性程度越高,以彼物比此物的推理效果就越好。"比类虽繁,以切至为贵。"[11] 相比的两个事例 I 与 E,从整体上看可以差异很大,甚至不相关联,但在相比的事理上必须相似、相通,所谓"物虽胡越,合则肝胆"。反之,"刻鹄类鹜,则无取焉。"如果比喻者之理与被比喻者之理缺乏内在的一致性,比喻推理就是不可靠的。例如:

> 贤舜,则去尧之明察;圣尧,则去舜之德化。不可两得也。楚人有鬻盾与矛者,誉之曰:"吾盾之坚,物莫能陷也。"又誉其矛曰:"吾矛之利,于物无不陷也。"或曰:"以子之矛陷子之盾,何如?"其

人弗能应也。夫不可陷之盾与无不陷之矛,不可同世而立。今尧、舜之不可两誉,矛盾之说也。[12]

东汉末思想家王符认为:韩非把"尧之明察"与"舜之德化"譬喻为"不可陷之盾"与"无不陷之矛",进而得出"尧舜不可两誉"的结论是不可信的,因为"不可陷之盾"与"无不陷之矛"是相害而不相容的,而"尧之明察"与"舜之德化"则是同仁而不相害的。[13]所以,事理不同的两个事例相譬喻,得出的结论是不能令人信服的。

准则2:对 P 的确信度越高, C 的可信性就越大。

在比喻论证中,对潜在事理 P 的确信从比喻者转移到被比喻者,这个推理过程必须满足一致性准则的要求。此外,这个过程还存在着对事理信任度的转移问题。比喻论证的可信性不仅取决于比喻推理的一致性,还取决于对比喻者的潜在事理 P 的确信程度。

亚里士多德在《工具论》中区分了两种推理类型:证明的推理和论辩的推理,这两类推理的主要区别是它们前提的性质不同。证明的推理,其前提必须是真实的;论辩的推理,其前提是人们普遍接受的意见。比喻推理属于论辩的推理,对 P 的争议性越小,说明人们对 P 的确信度越高,因而结论 C 的可信性就越大。下文摘自马丁·路德·金的著名演说《我有一个梦》:

> 从某种意义上说,我们来到国家的首都是为了兑现一张支票。我们共和国的缔造者在拟写宪法和独立宣言的辉煌篇章时,就签订了一张每一个美国人都能继承的期票。这张期票向所有人承诺——不论白人还是黑人——都享有不可让渡的生存权、自由权和追求幸福权。然而,今天美国显然对他的有色公民拖欠着这张期票。美国没有承兑这笔神圣的债务,而是开给黑人一张空头支票——一张盖着"资金不足"的印戳而被退回的支票。但是,我们决不相信正义的银行会破产。[14]

马丁·路德·金用承诺的期票必须兑现、欠债不能不还的道理,来论证美国政府应该还黑人以平等和自由的主张。由于欠债还钱的道理是无可争议的,所以还黑人以平等和自由的主张具有高度的可信性。

反之，P 的争议性越大，说明人们对 P 的确信度越低，因而结论 C 的可信性就越小。例如：

> 告子说："人性好比流水，从东方开了缺口便向东流，从西方开了缺口便向西流。人性本无善与不善之分，如同水流之不分东西一样。"

> 孟子说："水的流向诚然没有东西之分，但是水流难道没有上下之分吗？人性是善良的，好比水性是向下流一样。人没有不善良的，如同水没有不向下流的一样。"[15]

告子用"水流不分东西"喻证"人性不分善恶"，孟子却用"水流总是向下"喻证"人性是善良的"。他们各自的比喻论证都有其内在的一致性，但是，他们都不相信对方的比喻所提供的理由是正确的，因而通过各自的论证，他们都不能使对方确信自己的主张。

对于比喻论证，我们关注的主要问题不是它的真假问题，而是它的恰当性问题。如果比喻的潜在事理缺乏可信性，或者与所论证的事理缺乏一致性，就是**不恰当的比喻论证**。恰当性除了包括一致性和可信性的要求外，还涉及比喻在论证中能否成功运用的问题。绝大多数富有成效的比喻论证并非有意为之，而是信手拈来的。对于比喻论证能否成功运用的问题，这里需要强调两点：

其一，比喻者的潜在事理具有社会约定的性质，如"守株待兔""南辕北辙""响鼓不用重槌"等，离开一定的社会条件或语境，则难以进行恰当的运用。比如，在 20 世纪 60 年代，假如马丁·路德·金的听众是中国的老百姓，他的比喻论证恐怕就不得体了，因为那时中国的绝大多数老百姓了解自由，却不了解期票。

其二，无论比喻论证怎样漂亮、恰当，其结论都不是必然真的。在日常思维中，比喻论证是论证的辅助形式，它经常与其他论证形式结合在一起使用，如果将比喻论证的结论当作必然真的前提，在进一步的推理中加以使用，试图得出任何站得住脚的结论，那很有可能是不恰当的。

三、评估类比和比喻论证

将类比推理和比喻推理看作推理的辅助工具是比较合适的，它们的结论都是需要进一步的调查或论证来加以确认的。当论证中出现这两种论证形式时，可以围绕类比的相关性和比喻的恰当性，对其中可能存在的问题进行评估。

1. 评估类比推理的相关性

评估类比推理的相关性有以下两个要点：

(1) A 的前提属性 a,b,c 与推出属性 p 是否相关？
(2) 相似物 B 与 A 是否可比？

例如：

在 A 中学要求所有学生在校时穿校服之后，该校报告说学生们的纪律表现有明显的好转，很少有人迟到、缺席或者出现其他违纪现象。既然 B 中学的学生守纪表现令人担忧，这所学校的学生也应该穿校服。

首先，该论证假定 A 中学要求学生穿校服是导致学生纪律情况明显好转的主要原因。事实上，"学生穿校服"与"纪律好转"之间未必有实质的相关性，比如穿校服可能是 A 中学对学生守纪行为实施严格管理的一个表面现象。该论证在没有提供其他资讯的情况下，只根据"学生穿校服"与"纪律好转"在时间上的先后相继，就断定二者有因果关系，这是过于草率的。

其次，即使"学生穿校服"与"纪律好转"有实质的相关性，B 中学与 A 中学是否有可比性仍然是令人质疑的。一般说来，学生的纪律表现与学生的来源、学习表现、学校的规模和管理水平等因素相关，如果在这些方面 B 中学与 A 中学有较大的差异，二者就缺乏可比性。文中只表明在学生纪律表现不好这一点上，B 中学与 A 中学从前的情况类似，没有给出证据排除以下这种可能性：两所学校在与学生纪律表现相关的其他方面存在着较大的差异。所以，该论证在没有提供进一步分析和证据的情况下,做出的类比是错误的。

2. 评估比喻论证的恰当性

评估比喻论证的恰当性也有两个要点:

(1) I 隐含的事理 P 与事理 C 是否一致?或者是否具有可比性?

(2) 事理 P 或事理 C 是否可信?

王符对韩非的批评,主要是"矛盾之说"与"尧舜不可两誉"在一致性方面出了问题。孟子与告子的争论,表明他们不相信对方所坚持的事理 P 或事理 C,这是在可信性方面出了问题。

再如:

> 写作课学习的核心,首先是学习当代最新的写作原理,其次是建构写作思维的三种思维操作模型(技术),再次是进行写作过程的思维基本能力的训练,最后才是运用自己的写作思维的模型、能力去进行具体的文体写作的学习与训练、实践。学习写作的四个环节论,好比那个寓言故事所讽刺的那样:不吃前面三块馍,第四块馍是不能吃饱肚子的。那种认为只要吃了第四块馍就能吃饱肚子的人,显然是不可能的。[16]

在我看来,"写作的四个环节论"与"吃四块馍"的比喻缺乏一致性,虽然我们确信不吃前面三块馍,只吃第四块馍是不能吃饱肚子的,但是,诸如曹雪芹和高尔基等中外作家,他们至少没有"学习当代最新的写作原理",却写出了伟大的作品。这方面的反例使我们难以相信"学习当代最新的写作原理",就如同必须"吃第一块馍"那样是非吃不可的。

通过指明与事理 P 或事理 C 相关的反例,对事理 P 或事理 C 的可信性提出质疑,这是评估比喻论证的有效方法。这种方法在运用比喻推理进行反驳时也经常使用。例如:

> 1982 年,在拥挤不堪的 332 路公共汽车上,一位小伙子挤着了一位女青年,女青年开口骂道:"拱什么?拱什么?猪年还没到

呢!"小伙子机敏地回敬说:"恶犬狂吠!原来是狗年。"

1982年是农历狗年,接下来的1983年就是猪年了。女青年骂人的意思是:只有在猪年,猪才能拱。由于猪年还没到,所以你(骂为猪)不要往上拱。小伙子的推论是:照你那么说,只有在狗年,狗才能叫。由于她(骂为犬)正在狂叫,想必是狗年了。

第三节 统计论证

人们在对总体中的样本个体进行考察时,会遇到两种情况:一种情况是在所考察的个体中,每一个样本个体都具有 P 属性,无一例外,于是概括出总体或总体中的其他个体也具有 P 属性,这就是枚举推理。另一种情况是在所考察的样本个体中,有些具有 P 属性,有些不具有 P 属性,这时就需要对具有 P 属性的样本个体进行测量,基于对样本具有某种属性的统计,概括出总体或总体中的其他样本也具有这种属性的统计性结论,这就是统计推理。统计推理有统计概括和统计三段论两种形式,我们把运用这两种推理形式的论证叫做**统计论证**。

一、统计概括

在所考察的样本个体中,有些具有 P 属性,有些不具有 P 属性,我们把具有这种特征的样本属性叫做样本的统计属性。**统计概括**就是从样本的统计属性概括出总体的统计属性的推理。例如:

(1) 我从超市的桶中舀了一勺杂拌坚果,15粒坚果有5粒是杏仁。所以,桶里的杂拌坚果有1/3是杏仁。
(2) 心理学家在对500名文科生的调查中发现,其中85%的学生有数学恐惧症。所以,85%的文科生有数学恐惧症。

以上推理具有如下形式:

S 的 $x\%$ 有 P 属性
―――――――――――――
所以,A 的 $x\%$ 有 P 属性。

在以上形式中，"$x\%$ 有 P 属性 $(0<x<100)$" 表示被考察样本 S 和总体 A 的统计属性。

统计概括的可靠性主要取决于样本是否有代表性。只有从能够代表总体的样本出发，才能得到关于总体的可靠结论。但是，怎样才能使样本具有代表性呢？通常从样本的容量和样本与总体的相关性两方面来保证样本的代表性。以下我们主要围绕样本的代表性给出评估统计概括的批判性准则，每一条准则都是提高归纳强度的必要条件。

准则1. 样本越大越有代表性。

过少的样本难以保证样本的代表性，除非有证据表明样本属性与描述属性是同质的。不过，如何确定样本容量是一个重要而棘手的问题。我们不能给出一个精确的指标，这里只谈两个与确定样本容量有关的重要因素。

首先是**时间因素**，我们知道对样本的考察是很费时的，样本的规模过大是不现实的。比如，调查二千万选民的政治态度，也许调查还没有结束，选举活动已经结束。再说，随着时间的推移，选民的态度也会发生变化。

其次是**总体性质**，总体的性质指的是总体的规模和它的异质性程度。由于样本越大，越接近总体，所以总体的规模越大，其样本也应越大。但是，这种情况仅在一定程度上是适用的。当总体规模足够大时，比如说其中的个体数是无穷的或者是不知道的，总体规模对样本容量只有较小的影响，或者说样本的增大对接近总体几乎没什么作用。所以，当我们说样本越大越能为确信结论提供保证时，不意味着样本的数量与对结论的确信是成正比的，你不能说一个基于 3000 个样本的归纳概括，它的归纳强度是基于 1500 个样本的两倍。样本容量除了受总体规模的影响外，还受总体内部的异质性程度的影响。内部的异质性程度越低，所需要的样本容量越小；内部的异质性程度越高，所需要的样本容量越大。要获得适当的样本容量，对总体的了解是不可少的。

准则2. 样本与总体的相关性越大，样本就越具有代表性。

样本的代表性除了取决于样本的容量以外，还取决于样本与总体是否具有相关性，二者的相关性主要是由不同的抽样方法决定的。让

我们比较以下两则归纳概括:

(1) 不知道密云水库有多少种鱼,也不知道它的总量是多少。根据一次对捕鱼比赛所捕捞到的 1000 条鱼的统计,其中有 98% 是鲤鱼。由此推断,密云水库的鱼有 98% 是鲤鱼。

(2) 不知道密云水库有多少种鱼,也不知道它的总量是多少。根据对在不同的时间和地点捕捞的 1000 条鱼的统计,其中有 80% 是鲤鱼。由此推断,密云水库的鱼有 80% 是鲤鱼。

这两则概括的样本容量是相同的,显然,我们对第二个推断的信心更大一些,因为它的抽样有一定的代表性,而第一个推断中的抽样则有一定的倾向和偏差。比如,比赛以捕鱼总量和单尾鱼的最大体重定输赢,根据经验,密云水库的鲤鱼长的最大,所以参赛选手总是选择在鲤鱼集中,而且经常有大鲤鱼出没的地方捕捞,这就使样本产生了较大的偏差。如何避免样本的偏差,使样本的统计数值(样本属性)最大限度地接近总体的统计数值(描述属性),这就是样本与总体的相关性问题。显然,这种相关性程度越高,样本就越具有代表性。

我们用概率抽样这个概念来描述样本与总体的相关性,如果样本是根据总体的不同性质选择恰当的随机抽样方法选取的,那么样本与总体就有相关性,并把它称为**统计相关**。

在社会和自然界中,某一类事件在相同的条件下可能发生也可能不发生,这类事件称为随机事件。例如,一只口袋装两只黑色球、一只白色球和一只红色球,这四只球的大小、形状和重量完全一样,从袋子里任意取一球,"得到的是一只红色球"就是一个随机事件。不同的随机事件发生的可能性的大小是不同的,概率就是用来表示随机事件发生的可能性的大小的一个量。将必然发生的事件的概率规定为 1,将不可能发生的事件的概率规定为 0,而一般随机事件的概率是介于 1 与 0 之间的某个数。比如,从袋子中取得白色球的概率为 1/4,取得黑色球的概率则是 1/2。概率越大就表示该事件发生的可能性也越大。

概率抽样就是使总体中每一个体都有一个已知不为零的被选择的机会进入样本。概率抽样分为两大类:**等概率抽样**和**不等概率抽样**。

前者总体中每一个体被选择的机会均等,后者总体中每一个体被选择的机会不等。等概率抽样又称**随机抽样**。对于不等概率抽样,可以采用某些加权的方法对不相等的概率进行调整。在以各种方式抽取的样本中,随机样本的代表性最高。让我们来了解几种常用的随机抽样方法。

简单随机抽样:简单随机抽样是一种特殊的等概率抽样方法,总体中每一个体均有同等被抽选的机会,而且样本中的每一个体都是被单独选出的。日常的抛硬币、抽签等方法都是简单随机抽样。这种抽样方法在抽样时不进行任何分组、排列,使总体中的每一个体都有平等的被抽取的机会,它最直观地体现了随机抽样的原则,是最基本的概率抽样,其他的概率抽样可以看成是由它派生出来的。简单随机抽样是概率抽样的理想类型,没有偏见,简单易行。但是,当总体所含的个体数目太多时,采用这种方法就不方便了。比如,从北京市的所有家庭中抽取 1000 户作样本,用简单随机抽样法,需要将北京市 200 万以上的家庭全部登记造册,这是一项巨大的工作。另外,在构成总体的个体的异质性程度较大时,用这种方法会有较大的误差。

分层随机抽样:所谓分层抽样就是根据一种或几种特征将总体分为几个子体(子类或子群),每一个子体为一层,然后再使用简单随机抽样从每一层中抽取样本。当一个总体的内部层次明显时,分层抽样按群体的不同特征分布,从不同的层中获得尽可能均衡的样本数,使样本与总体更相似,从而改善了样本的代表性,能降低简单抽样所造成的误差。例如,在某个教师总体中,教授占总体的 20%,副教授占总体的 30%,讲师占总体的 40%,助教占 10%。按这四种职称类别进行分层抽样,使样本在各类教师中所占的比例也分别为 20%,30%,40% 和 10%。这时,样本似乎成了总体的一个"缩影"。在总体内的个体数目较多、结构复杂、异质性程度较高的情况下,分层抽样比较适用。一般说来,分层的数目越多,样本越大,样本就越有代表性。

系统随机抽样:系统随机抽样是简单随机抽样的一个变种,将总体的所有个体前后进行编号,然后根据这个编号次序和某个规定的间隔进行抽样。与简单抽样一样,系统抽样也要收集总体的名单,对所有个体进行编号。不同的是系统抽样是按等距间隔进行抽样,所以又称之为**等距抽样**。比如,抽样个体是登记在同样大小的卡片上,按随机排列的次序放在盒子中,如户籍卡片,就可以用一把尺子每隔一寸抽一张卡片。与简单抽样相比,这种方法不但工作量小,而且能使样本在总体中的分布更平均,抽样误差小于或至多等于简单抽样。不过,系统抽样是以总体的随机排列为前提的,如果总体的排列出现有规律的分布时,就会使系统抽样产生很大的误差,降低样本的代表性。比如,部队的名单一般是以班为单位排列的,十人一班,第一名是班长,最后一名是副班长;若抽样距离也是十时,则样本或者都由正、副班长组成,或者都由战士组成,失去了代表性。所以,在使用系统抽样时要注意考察总体的排列情况和抽样距离。与简单抽样一样,它适用于同质性较高的总体,当总体中不同类别之间所含个体的数目相差悬殊时,使用这种方法得到的样本的代表性可能会很差。

由此可见,根据总体的不同性质选择恰当的随机抽样方法能提高样本的代表性。提高样本代表性的后续方法是在确定了样本规模和抽样方法后,先对抽出的一小部分样本进行评估。比如,我们要调查某镇上的家庭平均人口和每月的平均消费水平,决定从全镇的 4000 户家庭中抽取 500 户作样本,在确定样本之后,先抽出 100 户,然后利用一些容易得到的资料,如全镇人口的性别比率为 107:100,而在抽取的 100 户中,人口性别比率为 105:100;又从其他报表得知全镇家庭三人以上的大户占 28%,二人与三人的小户占 56%,单身户占 16%。而在所抽到的 100 户中相应的比例为 25%,60%,15%。从上面的比较中看到,所抽样本与总体情况相似,这就说明样本较有代表性。一般地说,比较的变量越多,统计数值越接近,样本就越有代表性。

准则 3. 结论统计数值的参数区间越大,归纳强度就越高。

抽样调查的目的不是为了认识样本自身的属性,而是以此为根据推论总体的属性。根据随机抽样的统计值,所概括出的总体的统计值,不是一个精确值,而是一个估测值。样本的统计值是总体估测值的一个参数,围绕这个参数有一个正负误差的区间,称之为**参数区间**。例如,在某个有 10000 名员工的企业中,从中随机抽取的 400 名员工的月平均收入是1200元,由此推测,该企业全体员工的月平均收入在1100～1300元之间,其中的1200元是参数,100元的正负误差称为参数区间。也就是说,总体的估测值是一个参数值。比如,基于抽样调查,我们会说该企业员工的月平均收入在1200元左右。

显然,结论统计数值的参数区间越大,前提对结论的证据支持程度就会越强,对结论的确信程度也会越高,反之,则会越低。但是,统计数值的参数区间与其精确度却是成反比的,参数区间越大,数值的精确度越差。这就是说,对同一样本,若提高对其结论精确度的要求,就要相应降低对其确信度的要求;反之,若提高对其确信度的要求,就要相应降低对其精确度的要求。这一点对评估归纳强度是非常重要的。

二、统计三段论

统计三段论是统计概括的逆转形式。让我们看以下几则推理:

(1) 北京四中的毕业生有90%考上了重点大学,小明是北京四中的毕业生。所以,小明也可能考上了重点大学。

(2) 北京四中的毕业生有90%考上了重点大学,高三的二班是北京四中的毕业班之一。所以,二班的同学也可能有90%考上重点大学。

(3) 绝大多数儿童都爱吃冰淇淋,小文今年5岁。所以,小文也可能爱吃冰淇淋。

(4) 98%的女人都使用化妆品,前进棉纺厂的纺织工都是女的。所以,前进棉纺厂的纺织工也可能有98%的人使用化妆品。

上述推理被称为统计三段论。如果结论描述的是样本个体的属性,如推理(1)和(3),其推理形式是:

A 的 $x\%$ 有 P 属性。

这个 a 属于 A
_____

所以,这个 a 可能有 P 属性。

如果结论描述的是样本的属性,如推理(2)和(4),其推理形式是:

A 的 $x\%$ 有 P 属性。
这些个 a 属于 A

所以,这些个 a 的 $x\%$ 可能有 P 属性。

在日常思维中,统计三段论的小前提经常被省略,表现为以下更简明的形式:

A 的 $x\%$ 有 P 属性。

所以,这个 a 可能有 P 属性。

或者

A 的 $x\%$ 有 P 属性。

所以,这些个 a 的 $x\%$ 可能有 P 属性。

例如:

(5) 95%的地方政府都奉行地方保护主义,所以,这个地方的政府也可能奉行地方保护主义。

(6) 几乎所有的模特都很苗条,所以,今天上台表演的模特也可能很苗条。

除了省略小前提之外,使用大多数、绝大多数、几乎所有、通常、总是、一直等标志词代替统计三段论中的统计数字,这也是日常思维中统计三段论的一个显著特征。以上是统计三段论的肯定形式,当然,统计三段论也有否定形式。例如:

(7) 几乎没有运动员能跳过2.5米的高度,所以,这位运动员很可能不能跳过2.5米的高度。

(8) 绝大多数钞票不是假的,所以,这张钞票很可能不是假的。

(9) 我服用阿莫西林一直没有过敏反应,所以,这次服用也不会过敏。

现在让我们来了解评估统计三段论的批判性准则:

准则 1. 总体中的 x 越接近于 100,结论为真的可能性就越大。

很显然,以下基于推理(10)的前提所得出的结论为真的可能性,要比基于推理(11)的前提所得出的结论为真的可能性大得多。

(10) 田家庄 99% 的人都姓田,这个人是田家庄的人,所以他很可能姓田。

(11) 田家庄 55% 的人都姓田,这个人是田家庄的人,所以他很可能姓田。

准则 2. 样本或样本个体应当在总体中具有代表性。

让我们来看以下论证:

(12) 98% 的深圳人都来自外地,张华是深圳人,所以张华可能来自外地。

样本或样本个体是否有代表性,取决于样本或个体的属性是否享有 x 的属性。张华是外地人的可能性究竟有多大?如果我们只知道张华是深圳人,这种可能性会在 98% 左右。如果我们还知道张华是来自深圳福田村的"寓公"(以出租房子为生的土著居民),该论证的前提对结论的支持就相当有限了。如果是这样,则应形成以下论证:

(13) 绝大多数福田村的"寓公"是本地人,张华是福田村的"寓公",所以张华可能是本地人。

如何保证样本或样本个体享有 x 的属性?这是一个经验性的问题。统计三段论的大前提选择了总体的某种属性,如"来自外地",保证样本或样本个体享有 x 的属性的方法,是依靠经验考察样本或样本个体是否具有与大前提所选择的属性相关的属性,如口音、职业和相貌等与"来自外地"相关的属性。如果张华的口音有浓厚的东北味,从事的职业是软件设计,相貌体格有北方人的特征,这些额外信息大大提高了论证(12)的可信性;如果张华的口音和相貌明显具有深圳土著居民的特征,而且从事的是福田村房屋租赁的管理工作,这些额外信息则大大降低了论证(12)的可信性。无论是统计概括,还是统计三段论,其结论

总是向经验敞开的,而且会不断得到经验的修正。请看以下这则对话:

谍报队员:吉尔伯(职业间谍)看牙医的可能性仅有百万分之一。

谍报队长:对职业间谍来说,百万分之一的可能就是十分之九的可能。

准则 3. 结论统计数值的参数区间越大,归纳强度就越高。

如果统计三段论的结论描述的是样本的属性,而不是样本个体的属性,就涉及结论统计数值的参数区间的问题。显然,以下论证(14)的归纳强度弱于论证(15)。

(14) 95%的深圳人是外地人,所以在座的100个深圳人可能有95人是外地人。

(15) 95%的深圳人是外地人,所以在座的100个深圳人可能有95(±5)人是外地人。

三、统计推理的谬误

统计推理的谬误包括在论证中运用统计概括和统计三段论时所犯的错误。在统计概括中,常见的错误如样本太小、样本不具有代表性等,与枚举推理中常见的错误类似,在此不重复讨论。这里介绍的赌徒的谬误、平均数的谬误和精确度谬误,属于运用统计三段论时所犯的错误,其共同特征是在推理中将总体的属性误用于样本或样本个体,区分这类错误的标准是误用统计数据的表现形式各不相同。

1. 赌徒的谬误

赌徒的谬误指的是误用大数定律所产生的一种谬误。例如,在盘子上具有红、黑两色的轮盘赌中,每次出现红色的概率是1/2,赌徒输一次就增加赌注,以为这一次输了,下一次赢的机会就会增大;赢一次就减少赌注,以为这一次赢了,下一次不大可能还会赢。这就是赌徒的谬误。

随机事件发生的频率通常有一定的规律性,在重复进行大量的试验时,这种频率总是接近于某个常数,这个常数称为该随机事件发生的概率。当试验的次数足够多时,随机事件发生的频率与它们的概率可以无限接近。然而,就某一次随机事件而言,它都是独立的,上一次发生的事件既不会增加,也不会减少下一次事件发生的可能性。比如,抛掷硬币正面朝上的概率是1/2,即使硬币连续10次出现正面朝下的情况,下一次正面朝上的概率还是1/2。

有一个与赌徒的谬误相关的有趣例子,据说在第一次世界大战中,许多士兵躲在炸弹坑里,理由是两颗炸弹几乎不落在同一个地方。在第二次世界大战中,国际象棋大师班里在伦敦的住宅被炸之后,基于同样的理由返回他的住宅,结果他的住宅又一次挨了炸弹。

2. 误用平均数

在论证中,如果将总体的平均值或平均数的性质机械地分配给总体中的个体,就会导致反例的产生,犯了**误用平均数**的错误。平均数的含义本身就意味着个体的统计值围绕它有上下幅度的波动,而且在许多情况下这种波动的幅度是相当大的。比如,你可能不大相信一位身高1.8米的小伙子,在平均不足半米的河水中被淹死了,其实他是在河中取沙子时,掉进取沙后所形成的超过5米的深潭中被淹死了。再如:

马先生最近决定花5000美元购买一部1974年生产的R.R牌二手车,这个价格比目前这种车的平均售价低50%。买了这部车后,需要花10000美元的维修费才能把它修好。由于这部车是古典型轿车,预计5年后会涨价70%,如果把它修好并使用5年后,将会赚2000美元。对车的成本和维修费做了权衡之后,马先生决定购买并对它进行大修。

在马先生的决策过程中,存在误用平均数的错误。马先生以低于目前平均价的一半购买了这部车,但是,在计算5年后卖出这部车时,却是以目前的平均价,也就是10000美元为基数进行计算的。从中可以看到,一部车的实际售价通常会围绕平均价有较大幅度的上下波动,以目前的平均价为基数,只能预测出5年后这种车的平均售价是

17000美元,并不能据此断言马先生的这部车也能卖17000美元,实际的情况可能会围绕这个平均价有较大幅度的上下波动。

3. 精确度谬误

精确度谬误指的是由于忽视统计数值的参数区间而得出精确结论的错误。这种错误有可能发生在从样本到总体的概括中,也有可能发生在从总体到样本或样本个体的统计三段论中。

样本中的统计数值几乎不可能和总体中的统计数值完全相同,在从样本到总体的概括中,必须考虑到统计数值的误差,否则,如果得出的结论是一个精确值,这不但会大大削弱归纳概括的强度,而且会严重地损害结论的准确性和可信性。相反,在从总体到样本的统计三段论中,道理也是一样的。例如:

> 有两名儿童小明和小虎,心理学家对他们进行智力测验,测验的结果是小明的智商为98,小虎的智商是101,智商的平均值或者标准值是100。于是我们满怀信心地认为,小虎一定比小明聪明得多,因为小虎的智商高于平均值,而小明的智商则低于平均值。

该论证的结论过于武断,因为这一结论的得出没有考虑到统计数值的误差。对样本属性或总体属性进行测量所得出的统计数值并不是一个精确值,而是一个近似值。比如,小明的智商表述为98(±3),以及小虎的智商表述为101(±3)可能是比较准确的,也就是说,小明的智商在95~101之间,小虎的智商在98~104之间,从中很快就能发现小明的智商上升到101的可能性与小虎的智商下降到98的可能性的概率是相等的。如果我们再进一步考虑智商的平均值也会有一个波动的区间,比如说在90~110之间,我们就不能说小虎比小明聪明得多,因为他们的智商都在正常的范围之内[17]。总之,面对一个以精确数值表达的统计结论,或者是在区间数值被省略的情况下,必须牢记参数区间的概念。

四、评估统计数据

在论证中,运用统计数据作论据,就好比在法庭上使用第三者的证词一样,具有很强的证据支持效力。正因为如此,在论证中一旦有误用统计数据的情况发生,就如同老实人的谎言一样,具有更大的欺骗性。审查统计数据是否具备作为理由的资格,这是评估统计论证最重要的方面。

1. 独立数据

数据通常具有可比性,而且这种可比性是数据能够起到证据作用的必要条件,脱离比较基础的独立数据,在论证中的证据效力是不能令人信服的。例如:

S市人大常委会委员长在保举张三为该市市长的辩论中说:张三的领导能力已经被近三年来我市经济发展的成就所证实。仅在过去的一年中,全市有70%的工人增加了工资,创造了5000个新的就业机会,6个公司将他们的总部设在我市。

该论证所列举的统计数据就是独立数据,对于证明张三的领导能力来说是悬而未决的。若使列举的数据成为有说服力的证据,就必须与相关的数据进行比较。比如,与S市比较相似的C市的经济成就进行比较,如果在过去的一年中,C市有90%的工人增加了工资,创造了2万个新的就业机会,有30家公司将他们的总部设在该市,那么文中列举的数据不但不能证明张三的领导能力很强,反而却证明他的领导能力很弱。总之,没有比较的独立数据是缺乏证据效力的。

2. 数据的相关性

在归纳论证中,归纳强度取决于样本与总体的相关性。统计概括的结论不但描述对象的性质,如"密云水库的鱼有80%是鲤鱼",也描述对象的因果关系,如"刮四级以上的春风百日后有雨的可能性约为95%"。人们在论证中时常依靠统计相关来确认现象之间的因果联系,比如,通过对吸烟者患肺癌人数的调查,来确认吸烟是不是得肺癌的原因之一。

当我们依靠统计数据来解释或者确认一种因果关系时,必须考虑前提所选择的样本属性与结论所描述的总体属性是否相关,在不相关的两种属性之间强加因果联系是在论证中误用统计数据的常见形式之一。例如:

> 1840年,哈里森当选美国总统,病逝;1860年,林肯当选美国总统,被刺杀;1880年,加菲尔德当选美国总统,被刺杀;1900年,麦金利当选美国总统,被刺杀;1920年,哈丁当选美国总统,病逝;1940年,罗斯福当选美国总统,病逝;1960年,肯尼迪当选美国总统,被刺杀。自从1840年以来,凡在20的倍数的偶数年当选的总统都没有活着离开白宫,所以在1980年当选的美国总统也不会活着离开白宫。

该论证基于统计数据在某方面的巧合,认为"零年因素"是导致本年当选总统死亡的原因,事实上两者是不相干的。一位评论家在谈到这种滥用数据的谬误时,举了一个颇具讽刺性的例子:

> 近十年来,得克萨斯州博士的数量每年增加5.5%,而该州骡子的数量每年却减少5.5%,所以博士数量的增长导致了骡子数量的下降。

数据的相关性还表现在样本的归属问题上。相对不同的群体,某事在样本身上发生的可能性的大小通常是不一样的。所以,当我们衡量某事在一个样本身上发生的可能性时,必须确定这个样本属于哪个群体。

举例来说,一家保险公司在决定向一名申请购买保险的司机支付多少保险金时,他手中只有该国各类司机发生事故的统计数据,没有支付保险金的现成规定。当然,支付保险金的条件是这个支付金额既有竞争力,又能获利。

为了做出这个决定,公司调查员必须考虑这名司机在未来发生严重车祸的可能性。我们知道这是一名持有驾照的男子,其总体是该国所有持有驾照的男司机。除此之外没有其他资料。调查员需要对这名司机展开调查。比如,通过调查了解到,他超过25岁,于是把他归于25岁以上的男司机这个群体中,这个群体的事故发生率和严重事故发生率可能会相对低一些；还了解到，他已经安全行驶5年了，于是他被归于25岁以上、5年没发生事故的男司机这个新的群体中；此外，还了解到这个司机不喝酒、已婚、有孩子等。这样调查员不断以新的特征缩小司机的归属范围，同时取得了与所归属的群体相关的统计数据。调查员发现在被缩小的不同群体中，发生事故以及发生严重事故的可能性在不断下降。

调查员在确定司机所归属的群体的过程中，每选择一个新的样本特征，就会出现一种不同的可能性。其中的合理做法就是根据已有的不同群体的统计数据，不断选择相关的样本特征，尽可能缩小样本所归属的群体。依据背景知识，调查员不会选择诸如肤色、身高、体重、对食物的偏好这些不相关的属性作为样本归属的特征。如果在做决定时没有考虑样本的归属问题，或者选择不相关的属性作为归类的标准，调查员对事故在这个司机身上发生的可能性所做出的判断就会有很大的误差，或者说在结论中得出的统计数据就会缺乏相关性。

3. 数据的相对性

数据的相对性主要指的是百分比、基数与绝对值三者的相对关系，比如，百分比高不意味着绝对量大，还要看基数。忽视三者的相对变化而导致对数据的滥用，在论证中也是常见的现象。例如：

> 在一个具有代表性的样本中，所有HIV（艾滋病）检测呈阳性的男子，其中有75%是已婚的。所以，一般说来已婚男子是HIV的高危人群。

若得出上述论证的结论，必须对两个总体规模进行比较，即已婚男子总数和未婚男子总数的比较，必须通过比较这两个总体中HIV呈阳性人数的比例，而不是所有HIV呈阳性的男子中已婚者和未婚者各自所占的比例。比如，男子总体为1亿，其中8000万或者说80%是已婚的。假如有0.075%的已婚男子是HIV阳性，0.1%的未婚男子是HIV阳性。比较这两个总体，未婚男子与已婚男子相比，其高危比率要高出33%，因为0.1%与0.075%的比差为33%。但是，HIV呈阳性的已婚男子的数量是 8000 万中的 0.075，即 6 万人；而 HIV 呈阳性的未婚男子的数量是 2000 万中的 0.1%，即 2 万人。

当然，在 HIV 呈阳性的 8 万人中，已婚的男子占 75%，未婚的男子占 25%。这也就是说，已婚男子 HIV 呈阳性在所有 HIV 呈阳性的男子中所占的比例，与它在所有已婚男子中所占的比例不是一个概念，判断已婚男子是否是 HIV 的高危人群，主要取决于后者的比例。再如：

> 在某种饮用水中，铅的含量只有 0.0025%。
> 今年肺结核发病数量增长的比率是去年的 4 倍。

如果饮用水中含铅量的合格标准是 0.0015%，0.0025% 就不是一个微不足道的数据；增长的比率是去年的 4 倍，不意味着今年患病的人数是去年的 4 倍。假如前年患者的人数是 1000 例，去年是 1001 例，那么今年则是 1005 例，而不是 4004 例。这里，衡量的标准是增长的比率，去年与前年相比增长的是 1，这个增长数字的 4 倍是 4，因而今年的总数是 1005 例。

4. 数据的可比性

统计概括的结论总是涉及总体的性质，也就是总体的规模和它的异质性程度，由于忽略总体性质的差异而对两个统计数据进行比较，并试图在此基础上确立某一结论，这就犯了数据不可比的错误。一个著名的例子是美国海军的一则征兵广告：

> 在美国与西班牙作战期间，纽约市民的死亡率是 1.6%，而美国海军的死亡率仅为 0.9%。欢迎广大青年加入海军，美国海军的死亡率比纽约市民的死亡率还要低。

这里，1.6% 和 0.9% 是不可比的，因为各自所概括的总体性质有很大的差异。纽约市民中有婴幼儿、老年人和各式各样的病人，而美国海军士兵都是通过体检选拔出来的身强体壮、生命力旺盛的年轻人。再如：

> 大学附属综合医院 S 在抢救危重病人方面，其成功率与市属

三级医院 C 几乎是同样的。所以，在抢救危重病人方面 S 医院并不比 C 医院更加有保证。

如果去 S 医院就诊的危重病人的病情比去 C 医院就诊的病人相对较重，而且就诊的患者相对较多，该论证所提供的数据就不足以支持其结论。若使这两家医院在抢救危重病人方面的成功率是可比较的，还必须提供比较双方总体，也就是到各自医院就诊的危重病人的总人数的相关信息。

在对数据进行比较时，除了数据本身外，必须考虑其他可比较的基础，或者可比较的因素。例如，在比较有关犯罪率的数据时，可能需要考虑"犯罪"这一概念基础是否有相对的变化，比如几年前还没有"破坏生态环境罪"，相应的行为未计入犯罪数据中，而在今天增加了此项立法，相应的犯罪行为就被计入犯罪数据中，因此现在的犯罪率可能会高于以往的，然而，据此并不能充分肯定现在违法的社会现象比以往更加严重。再比如，过去我国对自然灾害的报道持消极态度，尤其是对灾害中造成死亡人数的报道十分保守，甚至是保密的，而现在则鼓励人们进行积极的、实事求是的报道。如果我们以公开发表的有关自然灾害的报道为基础，通过比较以前和现在的统计数据来说明问题，就必须考虑到有关报道自然灾害的政策变化这一重要因素对数据的影响。

以下这则幽默是对数据不可比的讽刺：

  航空协会发言人：飞机远比汽车安全！飞机每飞行 1 亿公里死 1 人，而汽车每行驶 5000 万公里死 1 人。

  汽车协会发言人：汽车远比飞机安全！汽车每行驶 200 万小时死 1 人，而飞机每航行 20 万小时死 1 人。

5. 利用数据制造错觉

运用图表直观地描述和展示统计数据是理解和分析数据的特征及其所体现的规律性的适宜手段，因而使用图表刻画数据所反映的特征和规律性，在现实生活中得到了广泛的应用。形象的图表与抽象的数字相比，具有较强的视觉效果，如果运用得当，可以获得事半功倍的说服效力；如果不正当地使用统计图表，就可能给人造成错觉，并误导人们得出不相干的结论。

让我们看以下这张图表，它反映了某个国家国民生产总值在一年中的增长情况，横坐标的时间单位是月份，纵坐标的数量单位是亿元：

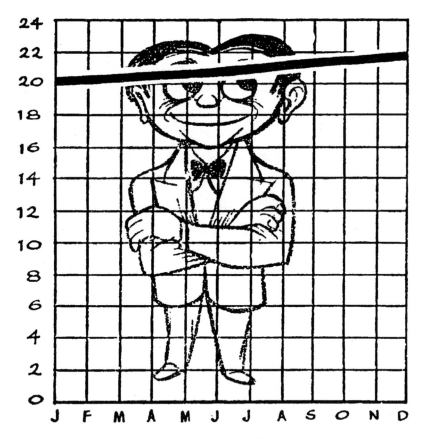

这是一张完整清晰的图表，标准地反映了一年中国民生产总值增长的具体状况和总体趋势，让人看上去一目了然。虽然你看到的是一张真实的图表，但是它未必是你所期望的或者是方便你使用的图表，比如用这张图表来证明国民生产总值增长的幅度看起来过于平庸，在不违背任何原则的情况下，对这张图表掐头去尾，再把纵坐标的数量级别做进一步的分割，就形成如下这张图表：

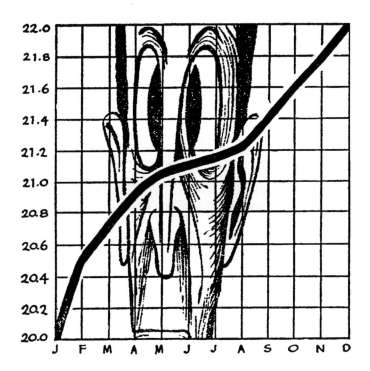

对于证明国民经济在这一年中具有强劲的增长势头,以及国民生产总值的增长获得大幅度的攀升而言,这无疑是一张更理想的图表。这种不正当使用图表的做法,与引用他人的观点时所犯的断章取义和夸大其词的错误如出一辙。[18]

不正当地使用图表是利用数据制造错觉的主要形式,不依赖图表的数字计算也能给人造成错觉。常见的形式之一是商场里的变相打折销售。例如,同样的商品,比如一双中高档运动鞋,同样的标价,比如400元。在 A 店买这双鞋打八折,花 320 元;在 B 店买这双鞋不打折,但消费满 100 元返 50 元的购物券,简单的计算法则告诉我这相当于一半的折扣。于是我在 B 店买了一双我早就想买的运动鞋,花了 400 元,手中还握有 200 元的购物券。这些购物券开始刺激我的消费欲望,我挖空心思、四处寻找合适的商品,经过艰苦卓绝的努力和准确的计算,决定再花 400 元给我妻子买一双鞋,这样又能得到 200 元购物券,然后用 400 元购物券刚好能为我 10 岁的儿子买一双运动鞋。购物的结果是花 800 元买了 3 双运动鞋,回到家的结果是儿子不喜欢鞋的颜色,夫人不喜欢鞋的款式。返券购物不退货,当初是为了买鞋而花钱,拿到购物券之后开始为了花钱而买鞋,结果深受其害。

第四节 因果解释与因果论证

在每天的思考中,思考事情的原因是至关重要的。我们试图明白什么因素会导致健康、幸福、成功和财富等,并根据谨慎思考的结果来做出决定,引导我们的行动。有些依据因果推论的决定是很平常的,你知道开车闯红灯会遭到重罚,就等绿灯亮了再通过路口;你知道闹钟能唤醒沉睡中的人,就在睡前按设定的时间把它调好。有些依据因果推论的决定则是影响深远的,当你认为吸烟不会对健康造成伤害时,就开始抽烟;当你了解到与某人在一起是幸福的源泉时,便决定和这个人结成伴侣。明白事情的起因不只是为了做出合理的决定。还记得孩童时代对雷声和闪电感到恐惧的情景吗?还记得不明原因的"非典"在社区流行时给我们造成的恐慌吗?了解事情的缘由可以消解迷惑、减轻焦虑,让我们在这个充满疑问的世界里安全地生存,罗马诗人维吉尔说:快乐就在能够察觉到事物缘由的人身上。

在了解事物的原因时,首先需要对事物的成因做出解释。比如,农作物收成不好可能是由于天灾,也可能是由于人祸。其次需要确认哪一种解释是对事物成因的最佳解释。对事物成因所做出的初步解释通常不是唯一的,在所提出的候选解释中,我们需要寻求有力的证据或理由排除那些缺乏竞争力的解释,证明某一种解释最有可能是导致结果产生的原因。我们在这一节关心的主要问题是:如何推出对事物起因的最佳解释?有哪些确证因果主张的论证形式和方法?人们在进行因果推论时经常会犯什么样的错误?

一、解释、假说和预测

"解释"一词有许多含义,如对语词含义的解释,对合同条款的解释,对概念和理论的解释,对操作程序的解释,对事实真相的解释,对一种制度的社会功能的解释,对犯罪动机和事故成因的解释,等等。我们在解释事物成因的意义上使用解释这个词,仅限于因果解释,它是对"为什么"型问题所做出的一种直接回答。还记得小王为什么发胖的例子吗?论证是对这种类型的问题所做出的另一种直接回答。

在思考事物的原因时,医生的"**诊断——处方**"模式为我们提供了一个典型的思考模式。我们以医生对王勇发高烧的诊断和治疗为例,来了解因果推论的框架、步骤和特征。

第一步:症状调查,得出初步诊断推理的结论。

医生开始着手工作的第一步是对患者进行症状调查,其中包括对患者的病史以及与疾病症状相关的生活习惯等方面的调查。医生通过对王勇发高烧的调查,掌握了以下事实:

(1) 王勇上背部有剧烈的刺痛。
(2) 体温很高而且干咳。
(3) 上背部体表没有变色、没有痛点。
(4) 王勇今年46岁,没有重病史。
(5) 王勇有20年吸烟的历史。

医生的背景知识和以上的症状事实构成了他初步进行诊断推理的前提,他开始推测王勇发高烧的原因,得出如下可能的答案:

(1) 上呼吸道感染
(2) 流行性感冒
(3) 肺炎
(4) 肺癌

通常我们把对事物的成因所做出的具有合理性的解释称为猜测或假说。[19]的确,上述答案都能对王勇的病症做出合理的解释,但是,每一种解释在合理性方面的竞争力并不相同。比如,与肺炎相比,上呼吸道感染的竞争力较弱,因为它能解释干咳,却无法解释高烧,上呼吸道感染即使达到支气管炎的地步,也不一定会伴随如此高的体温。同样,流感说的竞争力也可能较弱,它不能解释上背部剧烈的刺痛。肺癌与肺炎的合理性暂时难以拉开差距,因而被称为富有竞争力的假说。当然,还存在对发烧原因的其他种种可能的解释,比如胸膜炎、脑膜炎、肩周炎等等,不能否认可能会从这些未考虑到的炎症中杀出一条"黑马"来,最终取代肺癌与肺炎的竞争地位,比如"非典"。所以,诊断过程还没有结束,有待于做更深入的诊断调查。

第二步:诊断调查,排除不合理的结论。

医生开始为王勇做检查,敲击背部和胸部、听呼吸、检查呼吸系统、做 X 光检查等。X 光片肺部上的阴影有力地说明,肺部有炎症和积液,加上医生的诊断经验,医生排除了其他可能的解释,相信肺炎是诊断推理到目前为止所得出的最合理的结论,或者说肺炎是对王勇发高烧的最佳解释。

通常把由症状调查到目前为止的推理叫做**溯因推理**,这种推理的形式如下:

待解释的现象 e

如果 h_1,或者 h_2,…,或者 h_n,则 e

并非 h_1

并非 h_2

……

所以,h_n 是 e 的原因。

h 代表引起 e 现象的原因,如果能穷尽引起 e 现象的所有原因,并获得可靠的证据排除 h_n 之外的其他解释,或者简单地说,如果 h 是引起 e 现象的唯一原因,那么溯因推理的结论就是必然的。在理论上说是如此,就医生对王勇发烧的诊断来说是不可能的,他不可能将所有发烧的原因都列出来逐个加以检验排除,因为有许多发烧的原因人类至今还不知道。即使是那些知道的原因似乎也不允许逐一进行检查排除,时间和金钱的浪费不允许这样做。简单地说,医生只是根据医学理论和个人经验选出可能性较大的几种解释进行排除,所得出的结论具有猜测的性质。

第三步:处方治疗,检验诊断推理的结论。

显然,溯因推理的结论尽管有很大的合理性,但它仍然是一个预测,而不是定论。根据这个结论给患者开处方还多少有些让人提心吊胆。于是,医生按着肺炎的结论为患者开出验血单,如果患者得的是肺炎,其血液检验结果会呈阳性。血液化验的结果是阳性的,这使医生相信王勇得了肺炎。

通常将这一步的推理叫做**假说演绎法**,其形式如下:

如果 h,则 e

e
―――――――――――

所以,h

当然,血液检验结果也可能是阴性的,这会使医生感到诧异,他会再开一张检验单甚至开出更多项目的化验单,如果结果仍是阴性的,肺炎的结论就会被推翻,退出与其他结论竞争的行列,新的一系列检验会随之开始。

从推理形式上看,如果检验结果是阴性的,由此推翻肺炎的假说是强有力的,它具有假言推理否定式的有效形式。但是,从肯定的角度或者医生诊断的角度说,血液检验结果呈阳性只是部分地证实了医生对王勇发烧的解释,也就是说,肺炎引起王勇发烧是医生目前最合理的解释,并不是对王勇发烧的唯一解释。接下来的检验方式就是给王勇开治疗肺炎的处方,如果患者痊愈,就证明医生的诊断是正确的。对于那些缺乏检验确认手段和程序的疾病或医生来说,处方检验就成了最主要的检验方法,运用试错法不断地更换药方,直到将病治好为止。

"诊断——处方"模式表明,在因果推论中有两个关键的问题:如何推出对事物成因的最佳解释?如何确证一个最佳解释是不是事物的真实原因?在讨论这两个问题之前,遗留下的问题是:我们如何衡量和比较几个可能解释的相对合理性?在评估解释或假说的竞争力时,是否有一些可遵循的标准?下面让我们来了解这些标准。

准则1:同等条件下,一种解释的解释性障碍越少,越有合理性。

解释事物的成因,在一组互相竞争的可能结论中,每一个都试图解释我们所面对的现象。其中,有的解释遇到的障碍较少,有的遇到的障碍较多。显然,解释性障碍越少的解释,其合理性就越大。比如,上呼吸道感染的合理性比肺炎小,它不能解释高烧。

准则2：同等条件下，一种解释与背景知识冲突越小，越有合理性。

推理者的背景知识会直接参与我们的解释，并发挥重要的作用。为了提出可能的解释，我们必须知道与被解释现象相关的事实和知识，这是我们提出解释的大前提。

首先，我们对这个大前提的信任度有多高？的确，在科学史上，有一些与背景知识和传统观念发生尖锐冲突的假说，最终突破了传统观念的束缚，修正了我们的背景知识，掀起了科学史上的伟大革命。比如，哥白尼在《天体运行论》中提出的"日心说"。但是，在通常的情况下我们更忠实于现有的知识和信念，而不是那些奇谈怪论。我们的知识以及常识中的信念是经过证实而形成的一个稳定的系统，除非有令人信服而且颠扑不破的理由，否则它拒绝变动和修正。

其次，"与背景知识冲突"可以理解为一种解释本身所带来的解释性障碍。比如，流感说不能解释上背部剧烈的刺痛，这是它所遇到的解释性障碍。假如在王勇得病之前的一段时间，他没有接触过任何患流感的病人，医生近期也没有治疗过因感冒而发烧的患者，人们也认同这段时间不是流感发生的季节，这些事实不是王勇发烧的症状或者待解释现象，而是存在于背景知识中的事实，这些事实使人觉得流感说有点离谱和不可思议。流感说与这些事实的冲突是它本身所带来的另一类解释性障碍。显然，这类障碍越多，其合理性就越小。

准则3：同等条件下，一种解释出现的频率越高，越有合理性。

这条准则也与背景知识相关，比如，肺癌说的确有一定的竞争力，尤其是考虑到王勇吸烟的历史，但是，肺炎和肺癌哪一个更常见呢？如果再考虑到检验肺炎远比检验肺癌更经济和轻而易举，肺炎说的竞争力就相对有所上升，而肺癌说则居于相对次要的地位。从纯逻辑的角度说，王勇得了"禽流感"也是有可能的。然而，事实上我们总是从频率出现最高的那种可能性开始着手工作。

准则4：同等条件下，一种解释越简明，越有合理性。

在根据解释性障碍来评估一种解释的竞争力时，我们在运用一个更基本的标准：简明性标准。具有更多解释性障碍的解释，会将这种解释拖入更复杂的解释状态之中。比如，流感说若要成立，需要对它所面临的两方面障碍做出进一步的援助性解释,从而使这种解释变得越来越复杂。对于简明性本身,有人认为简明乃真理之所在,有人认为简明意味着经济和美,无论如何,在提出和评估对事物成因的解释时,简明性总是受到人们的青睐。

准则5:同等条件下,一种解释的可检验程度越高,越有合理性。

可检验意味着可证实或者可反驳,运用重复性实验或者其他途径对一种解释进行确证,它是任何一种合理的解释或假说提出的必要条件。比如,外星人控制着地球人的命运,对这一假说人们既不能证明它为真,也不能证明它为假,所以它不具有合理性。一般说来,可检验性也有程度的问题,通常从一种解释或假说中推出的可验证的结论越多,它的可检验程度就越高。

诊断推理在事故分析、犯罪调查、健康护理等专业领域是由专家来完成的。其实,人类在展开调查的每个层次上都运用到诊断推理。在日常生活中,我们每个人都是敏捷而内行的诊断专家。比如,听到门铃响了,我们预测有人站在门口;看见了烟,我们预测那儿起火了;小王的女朋友生气了,我们预测他忘记了昨天是她的生日。在这些例子中,只给出了合理性最强的结论,如果它们不算是琐碎的话,确实是经常发生在身边的诊断推理的实例。

二、因果推论的术语

在我们讨论如何推出和确证最佳解释的方法之前,明确推论因果关系的术语对我们来说是有帮助的,因果关系是复杂的,当我们用日常的语言讨论因果关系时,时常会留下许多无法解答清楚的问题。

原因与结果:如果现象A的存在引起了现象B的发生,我们就说A是导致B的原因,B是A所引起的结果。作为现象A的原因与作为现象B的结果通常被当作事件来看待,如开水浇到手上这一事件是手上起了水泡这一事件的原因,手上起了水泡这一事件是开水浇到手上这一事件的结果。不过,我们也在事实或条件的意义上使用"原因"这个词,我们可以把开水浇到手上看作是对某一事实的描述,也可以把它看作是对某一结果产生条件的描述。

远因与近因：原因总是发生在结果之前，而不是在结果之后。时间上的先后对于区分原因和结果来说是非常重要的一个因素。考虑如下所发生的系列事件：电线短路引起了在纯氧状态中塑料的燃烧，塑料燃烧导致飞船的指令舱起火，指令舱起火导致宇航员丧生。在这个有限的因果链条中，我们把其中的第一个原因，也就是短路称为远因；把与终端结果最临近的原因，也就是指令舱起火称为近因。由于对认识的要求不同，这个因果链条完全有可能不断地延伸，比如对于电路设计师而言，更重要的可能是找出短路的原因。由于远因是相对的，所以近因是我们关注的焦点。

充分原因与必要原因：对于给定的结果而言，充分原因就是能够独自产生这一结果的一个事实。比如，当氢弹引爆时坐在它的顶上肯定是导致这个人死亡的充分条件。对于给定的结果而言，必要原因是这样一个事实，没有它这个结果就不可能产生。比如，感染上流感病毒是得流感的必要条件，除非你以某种方式感染上了流感病毒，否则你不可能得流感。显然，感染上流感病毒不是得流感的充分条件，因为你的免疫力可能会抵御这种病毒。

因果意义上的充分条件或必要条件，与逻辑意义上的充分条件或必要条件是有区别的。例如，在逻辑上，已婚男子是男子的充分条件，这意思是说如果"某人是已婚男子"为真，"这个人是男子"就不可能假。但是，已婚男子并不是男子的原因。"已婚男子"是证明"某人是男子"的充分证据，不是使某人成为男子的充分原因，就如同"衣服变紧"是证明"某人发胖"的证据，而不是使某人发胖的原因一样。

那么，在日常思维中，"**如果……则**""**只有……才**"等联结词究竟是在什么意义上使用的？是在因果关系意义上使用的，还是在逻辑推理意义上使用的？判定这个问题主要取决于我们的思维意图。如果我们想从逻辑推理的角度评估论证的有效性，就把它们当作是在逻辑推理的意义上使用的；如果我们想从因果关系的角度分析论证中所讨论的因果主张，就把它们当作是在因果关系的意义上使用的。

有时，一个事实对于给定结果的发生来说既是充分条件，也是必要条件。例如，脑死亡既是死亡的必要条件，也是死亡的充分条件。另外,对于给定的结果,有时我们发现一组事实,其中的每一个都是这个结果产生的必要条件,而且这些事实结合起来就会成为这一结果产生的充分条件。例如,对农作物小麦的生长来说,播种、雨水或浇水、光照等每一项都是必要的,所有的必要条件结合起来就是小麦生长的充分条件。

单一原因与复合原因:如果由复合的事实协同起作用而导致了某一结果的产生,就称协同起作用的事实为复合原因。例如,一位司机参加朋友聚会时喝了不少酒,在开车匆忙回家的路上撞到了停在主路昏暗灯光下的卡车,结果车毁人亡。导致这一结果发生的原因是复合的:酒后驾车、超速行驶、光线不足和停在主路上的卡车。我们称复合原因中的某一个原因为部分原因,或者叫做助成事实。如果导致某一结果产生的事实不包含复合成分,这一事实就被称为单一原因。

复合原因与充分条件,或者部分原因与必要条件是有区别的。对给定的结果而言,复合原因可能是它产生的必要条件,也可能既是它的必要条件,也是它的充分条件。类似地,单一原因可能是其结果产生的必要条件,或者是充分条件,或者是既充分又必要的条件。但是,部分原因不可能是导致其结果产生的充分条件。当然,部分原因可能是其结果产生的必要条件,但它不必是其结果产生的必要条件。如超速行驶是导致车祸的部分原因,但它不是导致车祸的必要条件,不超速行驶就一定不会发生车祸吗?显然不必是。

实质性原因与统计性原因:因果陈述可以表达两个个别现象之间的因果关系,比如"小王吃了那颗阿莫西林胶囊导致他产生过敏反应"。也可以表达两类现象之间的因果关系,比如"细菌导致传染。"我们对以下两类因果陈述感兴趣:

1. 斩首导致死亡。
2. 吸烟易于致癌。

第一个陈述表达的是:对于每一个人来说斩首都是死亡的充分原因。对于第二个陈述,我们不能说每一个吸烟的人都将会得癌症,它表达的是:就很大的一个样本总体来说,吸烟有致癌的倾向性,或者说吸烟的人比不吸烟的人更容易得肺癌。我们把在所有情况下都能导致其结果产生的原因称为实质性原因;把在总体中倾向于产生某一结果的原因称为统计性原因,或称随机性原因。如何确立这两类因果陈述是我们要解决的主要问题。

因果主张与因果陈述:因果主张是一个被断定的陈述,这个陈述表达了现象 A 是现象 B 的原因。因果陈述被看作是对现象间的因果关系所提出的一种解释。在论证中未被断定的因果陈述通常都具有猜测的性质,我们称它为提出的解释,比如,发烧可能是由肺炎引起,也可能是由上呼吸道感染引起等。当我们发现足够的证据否定了其他的因果陈述,或者肯定了某个因果陈述,所得出的被确立的最佳解释就是该论证的因果主张。简言之,在因果推论中,将所提出的解释与被确证的解释区分清楚是非常重要的。

三、时间关联与统计关联

对于给出的因果陈述,或者对事情起因所做出的初步解释,如何确立哪些陈述是最接近事情真实原因的解释?有哪几类证据可以作为确立因果主张的根据?一般说来,有两种类型的相互关联可以作为确立因果主张的初步证据:时间关联和统计关联。

时间关联指的是在时间上的联系。对于特定的事件 A 和 B,当 A 发生在 B 之前,我们说 A 早于 B;例如,喝了几杯红酒之后,我感到头痛。当 A 与 B 一起发生时,我们说 A 与 B 是共时的;例如,在日本军队偷袭珍珠港的同时,爆发了美、日太平洋战争。如果 A 与 B 总是恒常伴随,我们说 A 与 B 是相互伴随的;例如,每当家猫出来,老鼠就会走开;再如,每当我剧烈运动时就胸口痛。时间关联通常用来确立实质性因果主张。

统计关联指的是在总体中的两个事实或者特征在统计上的相互关联。就总体而言,某一个特征的有或者无,与另一个特征出现的频率的高或者低相互关联,我们就说这两个特征之间有统计关联。例如,心脏病发病率和喝咖啡之间的关系,如果喝咖啡的人比不喝咖啡的人心脏病发病率高,那么喝咖啡和患心脏病之间就有统计上的相互关联。

在日常生活中,我们经常会观察到随着一件事情的改变,会引起另一件事情的变化。这种变化的方向可以是同向的,也可以是反向的。例如,随着花在复习上的时间增多,可能会伴随考试成绩的增长,也可能会伴随考试时选择答案时间的缩短。再比如,高中的平均成绩与考上大学之间,通常存在同向的变化;而在室外的气温与暖气的账单之间,则存在反向的变化。由于A与B的反向关联,就意味着A与B的缺失同向关联,所以我们只考虑同向关联。

除了两件事在方向上的改变外,我们还会注意到它们在强度上的变化。关联强度指的是两个事实或者特征改变关系的紧密程度。例如,学生高考前第一次模拟考试的成绩与第二次模拟考试的成绩之间的关系是紧密的,这就是说我们根据学生第一次的成绩预测他第二次的成绩,可能是比较准确的。当然,在第一次表现好的学生,不见得第二次就一定表现得好,而第一次分数低的学生,第二次的分数也不尽然就低。可见,这两者之间的关联性虽然紧密,但不够完备。换个角度说,在了解到学生第一次的成绩之后,调查他们在考前花了多少时间准备,也有助于我们预测他们第二次的成绩表现。在花多少时间准备与考多少分之间也有关联,但是,你会同意这其中的关联程度不会比两次考试成绩之间的关联程度更高,或者说,根据学生花多少时间准备考试,不会比根据第一次的考试成绩,对下一次考试成绩的预测更准确。我们使用统计的方法来衡量两个事实或者特征的关联程度,因而称之为统计关联。

现在,让我们来看因果推论。因果推论至少要有一个前提,这个前提是关于时间关联或者统计关联的陈述,以及基于这个前提所得出的结论:相互关联的两个事实或者特征之间具有因果关系。其形式如下:

A与B有时间关联或者统计关联。

所以,A导致B。

对于确立因果主张而言,我们需要比这一个前提更多的前提。这是因为,除了对A与B的相互关联做出"A导致B"这种因果解释之外,还能对它做出许多其他可能的解释。我们以A与B相互伴随或者

有统计关联为例,看一看对它能提出哪些可能的解释:

解释1:A与B相互伴随或者有统计关联,因为A导致B。例如,学术研究与学术水平有统计关联,因为学术研究导致了你学术水平的提高。再如,吃山楂与倒牙有时间关联,因为吃山楂是倒牙的原因。

解释2:A与B相互伴随或者有统计关联,因为B导致A。例如,心脏病与生活压力有统计关联,不是因为心脏病导致了压力,而是压力导致了心脏病。再如,室内的温度计与室外的气温下降相互伴随,不是因为温度计的度数下降导致气温的降低,而是因为气温的降低导致了温度计度数的下降。

解释3:A与B相互伴随或者有统计关联,纯属偶然的巧合,并没有因果关系。例如,在过去的20年中,我的头发每年脱发的比例与地球上野生植物消亡的比例吻合,显然,这两者之间没有因果联系。再如,手心冒汗与心跳加速有时间关联,常常同时出现,一起变化。但是,我们不能说手心冒汗引起心跳加速,或者相反。两者之间实际上没有内在联系。

解释4:A与B可能相互伴随或者有统计关联,因为C导致了A和B。例如,气短和心口痛可能相互伴随,但是,心口痛不是气短导致的,气短也不是心口痛导致的,是因为动脉硬化导致了气短和心口痛。还记得克萨斯州博士增长和骡子下降的百分比吗?可能是城市化的进程导致了博士的增长和骡子的下降。

解释5:A与B相互伴随或者有统计关联,因为A与B互为因果。例如,当男士A与女士B真心相爱,终生厮守时,A与B就是互为因果的。A与B互为因果可以形成"正反馈圈",比如A代表成功,B代表自信,成功能增强你的自信,较强的自信心反过来会增强你获得成功的能力。也可以形成"负反馈圈",比如意志消沉使你过多地喝酒,过多地喝酒使你感到身体糟糕并瞧不起自己,于是你的意志会更加消沉,这又促使你更加离不开酒。

解释6:A与B相互伴随或者有统计关联,因为A与C相结合导致了B,也就是说A是导致B的部分原因。例如,计划生育政策与育龄妇女中的妊娠率下降有统计关联,因为计划生育政策与育龄妇女的积极配合导致了育龄妇女中妊娠率的下降。

解释7:A 与 B 相互伴随或者有统计关联,因为 B 与 C 导致了 A,也就是说 B 是导致 A 的部分原因。例如,棒球队赢球与优秀的投手有统计关联,因为优秀的投手与全队的共同努力导致了棒球队赢球。

由此看来,对于确立因果主张来说,关键的是构成因果论证的第二个前提,它必须断定"A 导致 B"是对第一个前提所提供的相互关联的最佳解释,其结构如下:

A 与 B 有时间关联或者统计关联。
A 导致 B 是对其相互关联的最佳解释。
——————————————————
所以,可能是 A 导致了 B。

对于观察到的时间或统计关联,好的因果推论必须考虑如何排除其他可能的解释,确认 A 导致 B 是对其相关联的最佳解释,以此为据,才能使人有信心接受"A 导致 B"这一因果主张。

四、确立实质性因果主张

实质性因果主张所断定的是这样一种原因:在任何情况下都能导致其结果产生的原因。如金属加热导致其体积膨胀,月球在地球和太阳之间,而且三者运行成一条直线导致日蚀等。如何确立产生某一结果的实质性原因?

首先,正如 18 世纪苏格兰哲学家休谟所指出的,我们不能直接观察到现象间的因果关系,必须通过推理来确认它。其次,我们不能通过演绎推理来确认一种因果关系必然为真,因为任何结果都是不同于它的原因的另一个事件,不可能在原因中发现结果。我们用来确认因果关系的证据总是间接的,每当我们做出因果推论时,总是会给人留下一定的质疑空间。也就是说,我们确认因果关系的推理是归纳的。最后,经验概括虽然是确认因果关系的证据,但它只是初步的证据,我们需要比经验概括更有力的方法,这就是 19 世纪英国哲学家穆勒所提出的"求因果五法",通常称之为排除归纳法。

下面我们介绍其中的三种方法:求同法、求异法、求同求异并用法。

1. 求同法

求同法又称契合法,它根据被研究现象出现的若干不同场合,考察与之相关的先行现象,如果发现其中只有一种共同的现象与被研究现象恒常伴随,那么这两种现象之间就可能有因果关系。

求同法所依据的合理假设是:在结果出现的每一种场合中,其原因都会先行有所表现。例如,我们想知道秃顶的原因,于是开始考察各式各样秃顶的人,不同的年龄、不同的性别、不同的职业、不同的爱好和不同的生活环境等,发现只有缺钾是所有这些被考察过的秃顶的人所共有的现象,所以,缺钾可能与秃顶有因果关系。

求同法的特点是异中求同,通过排除现象间不同的因素,寻找共同的因素来确立现象间的因果关系。求同法可用以下图式直观说明:

场合 1:有先行现象 A、C、D,有被研究现象 B
场合 2:有先行现象 A、D、E,有被研究现象 B
场合 3:有先行现象 A、E、G,有被研究现象 B
……   ……   ……
─────────────────────────────
所以,可能是 A 导致 B。

求同法的不确定性表现在两方面:首先,探求给定的被研究现象的原因,需要考察与之相关的先行现象,可是与之相关的先行现象是大量的,我们不大可能对所有的先行现象做出考察,必须对它们有所选择。其次,为了缩小选择的范围,通常需要在考察之前,根据我们掌握的相关背景知识,对被研究现象的原因做出种种假设性解释,然后再通过异中求同的方式确定哪一种解释是最有可能符合事实的解释。例如,我们试图查找秃顶的原因,我们怀疑以下这些事实之一是秃顶的原因:饮酒、缺钾、吸烟和缺乏锻炼。我们考察四个不同的秃顶患者,发现的结果是:

1. A先生不饮酒,有缺钾症状,经常锻炼,吸烟。
2. B女士饮酒,有缺钾症状,从不锻炼,不吸烟。
3. C先生饮酒,有缺钾症状,经常锻炼,吸烟。
4. D太太饮酒,有缺钾症状,不锻炼,吸烟。

上述信息说明了什么?根据有结果出现一定有先行原因存在的假设,场合1排除了饮酒和缺乏锻炼作为共同的先行现象的可能性,场合2排除了吸烟作为共同的先行现象的可能性,包括场合3和场合4,未被排除的共同的先行现象只有缺钾。如果我们选择考察的假设性原因(饮酒、缺钾、吸烟和缺乏锻炼)之一是秃顶的实质性原因,那么缺钾就是对秃顶原因的最佳解释。

需要注意:假设性解释在帮助我们缩小考察范围的同时,也限制了我们的想象力,比如秃顶很可能是先天的遗传因素造成的,与后天因素无关。所以,运用求同法得出的结论不是必然的。

针对运用求同法推出的因果主张,所提出的批判性问题是:

(1) 不同场合中所具有的相同因素是不是唯一的?
(2) 不同场合中所具有的相同因素是部分原因,还是全部原因?

例如:

> 在一项学习实验中,一位研究人员将老鼠置于一个迷宫之中,有的老鼠是瞎子,有的老鼠是聋子,还有一些老鼠没有感官缺陷。但是,所有的老鼠都在几乎同样多的时间里学会了跑迷宫,完成了自己的任务。在实验中,老鼠运动的触觉都没有受到损伤。以这些事实为基础,研究人员得出结论:对老鼠学习跑迷宫来说,仅有动觉就足够了。

首先,该论证忽视了实验中不同的老鼠之间,可能存在其他相同的因素。比如,实验中老鼠的嗅觉可能都是正常的,而嗅觉与老鼠学习跑迷宫很有可能是相关的。其次,动觉可能至少需要与其他一种感觉相互作用,才能完成学会跑迷宫的任务。这些可能性不能在文中所述的事实基础上被排除,所以,研究人员的结论是令人高度质疑的。

2. 求异法

求异法又称差异法，它通过比较被研究现象出现和不出现的两个场合，根据两个场合中的其他现象完全相同，只有一个现象在被研究现象出现的场合中存在，在被研究现象不出现的场合中不存在，推出这个唯一不同的现象与被研究现象之间有因果关系。

求异法所依据的合理假设是：在结果未发生的情况下，导致它的原因将会缺失。例如，某食品研究中心把两块同样的鲜牛肉同时放上大肠杆菌和沙门氏菌，其中一块经过辐照后长时间内仍然保持新鲜，而另一块没有经过辐照的牛肉很快就腐烂了。由此推断，利用辐照的放射线杀死细菌是使牛肉保鲜的原因。

求异法的特点是同中求异，它主要是一种实验方法，而不是观察方法。由于自然现象复杂多样，很难在非人工条件下找到求异法所需要的两个场合，而在实验中却容易做到这一点。由于求异法以实验为基础，所以，求异法比求同法所得出的结论的可靠性程度要高。求异法可用以下图式直观说明：

场合 1：有先行现象 A、C、D，有被研究现象 B；
场合 2：有先行现象 C、D，　无被研究现象 B；
_____

所以，可能是 A 导致 B。

针对运用求异法推出的因果主张，所提出的批判性问题是：
（1）不同场合中所具有的差异因素是不是唯一的？
（2）不同场合中所具有的差异因素是部分原因，还是全部原因？
例如：

在欧洲，学龄儿童每天都花时间做柔软体操，而北美洲的学校则很少提供这样的每日柔软体操运动。对学龄儿童的体质检测表明：相对于欧洲的儿童来说，北美洲的儿童弱小、迟钝且不善跑。由此看来，除非北美儿童在学校做每日的柔软体操运动，否则他们的身体不会强壮起来。

首先,该论证假设:北美洲的学龄儿童相对弱小、迟钝且不善跑,其原因是由于不做类似每日柔软体操这样的运动造成的。这个假设是不可靠的,它没有排除这两个地区的儿童在其他方面可能存在的差别,如饮食习惯、营养状况等,这些方面的差别也可能是导致儿童相对弱小、迟钝且不善跑的原因。其次,即使不做类似每日柔软体操这样的运动是儿童身体素质弱的原因之一,甚至是唯一的原因,做每日柔软体操对改善北美洲学龄儿童的身体素质来说,也未必是必须的,除非做每日柔软体操是改善儿童身体素质的唯一可行的运动项目。

3. 求同求异并用法

求同求异并用法又称契合差异并用法,它根据被研究现象出现的若干场合(正面场合)中只有一种相同的现象,而在被研究现象不出现的若干场合(反面场合)中都没有这一现象,进而推断该现象与被研究现象有因果关系。

求同求异并用法是求异法的强化形式,它先在正面场合应用求同法,再在反面场合应用求同法,然后在正反场合之间运用求异法,通过把求同法引入求异法,要求正面和反面场合各有两组以上的例证,扩充了求异法的简单形式。这一方法可用以下图式直观说明:

    正面场合1:有先行现象 A、C、D、E,有被研究现象 B;
    正面场合2:有先行现象 A、E、F、G,有被研究现象 B;
    …… ……   ……
    反面场合1:有先行现象 C、D、E, 无被研究现象 B;
    反面场合2:有先行现象 E、F、G, 无被研究现象 B;
    …… ……   ……

    所以,可能是 A 导致 B。

例如,我们怀疑黄热病有传染性,而且怀疑大量患者染病的原因可能是由携带黄热病毒的蚊子叮咬传染上的。为了确证这一假设,我们找到四个健康的志愿者,分别让他们住在1、2、3、4号房间,外界的蚊子无法进入这些房间,与他们居住相关的不同因素有:叮咬过黄热病人的蚊子、被黄热病人弄脏的未消毒的被褥、黄热病人用过的未消毒的餐具等。

1号:被蚊子咬,吃素,用未消毒餐具、弄脏的被褥,得黄热病;

2号:被蚊子咬,使用弄脏的被褥、消毒餐具,吃荤,得黄热病。

3号:没有蚊子,吃素,用未消毒餐具、弄脏的被褥,没得黄热病;

4号:没有蚊子,使用弄脏的被褥、消毒餐具,吃荤,没得黄热病。

通过比较,排除了由于接触病人的排泄物,如汗液、粪尿、唾液等所造成的传染,得出血液传染是导致黄热病传染的直接原因。

运用求同求异并用法论证因果主张,评估其结论可靠性的批判性准则如下:

准则1:所考察的正反例证越多,结论的可靠性就越大。

所考察的场合和例证越多,越能够排除偶然巧合的情形,会降低把被研究现象与某个不相干的因素联系起来的可能性。

准则2:在比较中所选择的反面场合与正面场合越相似,结论的可靠性就越大。

由于被研究现象不出现的反面场合是无限多的,其中的绝大多数场合与被研究现象的原因是不相关的,尽管我们不要求除一种因素不同外,正反面场合的其他因素都相同,但是,除一种因素不同外,正反面场合的其他因素越相似,结论的可靠性就越大。

五、确立统计性因果主张

统计性因果主张所断定的是这样一种原因:在总体中倾向于产生其结果的原因。科学家有各种确认在总体中导致某一结果产生的原因的方法,我们将考察其中三种论证形式,或者说三种研究方式:从原因到结果的实验性研究;从原因到结果的非实验性研究;从结果到原因的非实验性研究。每种研究都假设一个总体作为研究对象,针对其中感兴趣的某个现象(结果),试图确认它产生的原因。

1. 从原因到结果的对照性实验方法

对照性实验方法的主要特征是通过对情境和变量实行一定的控制,来研究现象间的因果关系。实验不仅可以根据原因去预测结果,而且可以通过控制原因去发现预期的结果,以建立变量间的因果关系。探查某个现象(结果)的原因,研究者需要预先对原因提出一种假设性解释,然后通过实验操作进行确认。

一个典型的例子是罗森塔尔和雅各布森在 1968 年所做的一项实验。他们的研究所基于的一般假设是:"人们对他人行为的期望,通常可导致他人向所期望的方向改变。"他们提出的具体假设是:"那些被教师认为更聪明的学生,会由于教师的这种偏见而在实际上变得比其他学生更聪明。"他们选择一所学校的学生为样本,让几百名学生参加智力测验,然后从中随机抽出 20% 的学生,告诉他们说:老师说他们测验的成绩是最高的,因此是最有培养前途的。一年之后,又对这所学校的学生进行了测验,结果发现上述 20% 的学生,他们的平均成绩明显高于其余的学生。这便证明了教师的期望与学生成绩的提高之间有因果关系。

对照性实验方法以某个假设为出发点,这个假设是一种因果关系的陈述,它假定某些自变量(如教师的期望)会导致某些因变量(如学生成绩)的变化。然后进行如下操作:(1)在实验开始时对因变量(y)进行测试(前测);(2)把样本随机分为两组:在其中的一组引入自变量(x),让它发挥作用或影响,称这一组为实验组;另一组称为对照组,它与实验组的唯一差别就是不受自变量的影响。(3)在实验结束前再对因变量进行测试(后测);(4)比较前、后两次测试的差异值就可以验证当初提出的假设。如果有差异,说明自变量对因变量有影响,为证实假设提供了证据。如果没有差异,说明自变量对因变量没有影响,从而推翻假设。

上述对照性实验方法被称为典型实验设计,其主要优点是通过比较实验组和对照组前、后两次测试的差异值,不仅可以确定自变量的影响,而且可以排除外部因素的影响。其主要缺点是前测有时会对自变量的引入产生敏感反应。例如,在一项实验中,让受试者填写一份有关种族偏见的测量表,然后让他们看一部反对种族歧视的电影,过一段时间,再填写上述测量表,比较前后差异,就可以看出宣传工具对人们观念变化的影响。在对种族偏见的测量中,实验组的人两次填写同样的表格,就可能会意识到让他们看一部反对种族歧视的影片是什么意图,因而会影响第二次填表的效度。

为了避免前测产生的敏感性影响,通常采用无前测的实验设计。例如,在无前测的情况下,通过随机抽样选取样本,用随机分派的方式进行分组,在实验组看过反对种族歧视的电影后,测量两个组对种族偏见的态度,就可以看出刺激因素(影片)对人们观念的影响。由于两个组是随机分派的,因此可以假定他们的各种特征和所受影响是相同的,唯一不同的是实验组看过反对种族歧视的电影,而对照组没有看过,因而两个组之间的差异很有可能是刺激因素导致的。

运用对照性实验方法确立因果主张,评估其归纳强度的批判性准则如下:

准则1:初始样本越具有代表性,推理的归纳强度就越高。

对照性实验有两个主要的归纳步骤:初始实验样本的选择和对实验样本的分组。对初始实验样本的选择是归纳的前奏,在把一项实验的结论推广到总体时,存在很大的风险,尤其是在社会科学的调查研究中,总体中的个体的异质性通常较大,因而需要有足够大的、随机选取的并与总体相匹配的样本。例如,基于罗森塔尔的实验,将"教师的期望导致学生成绩的提高"推广到"人们对他人行为的期望通常可导致他人向所期望的方向改变",是有一定风险的,比如,将实验对象换成工厂中的工头和工人又会怎样呢?显然,工头的期望与工人的业绩之间的关系,与教师的期望与学生成绩之间的关系是有实质差别的。在社会科学的实验中,大部分的实验对象是选取自愿的受试者或是整群抽样,很难代表研究对象的总体,实验结果的适用范围是有限的。

准则2:除了实验刺激因素之外,实验组与对照组在所有相关方面越相似,推理的归纳强度就越高。

在对照性实验中,除了刺激因素(自变量)之外,所有外部变量应当保持不变或者较少变化,如有可能应尽量排除外部变量,以免影响或者混淆自变量与因变量之间的因果关系。控制外部变量的有效方法是以随机分派的方式对实验对象进行分组,根据随机抽样的原则,实验组和对照组的成员构成在各方面的条件上应是均等的。例如,在罗森塔尔的实验中,假如实验组的成员大部分是来自知识分子家庭、学理科的学生,而对照组的成员大部分是来自农民家庭、学文科的学生,那么实验后所测到的差异值,究竟是由于刺激因素(自变量)造成的,还是由于家庭环境或者所学科目等外部变量造成的?为了避免产生这方面的争议,除了实验刺激因素之外,实验组与对照组在所有相关的方面越相似,所得出结论的可靠性就越大。

准则3:如有可能应尽量采用双盲测试法。

所谓双盲测试指的是实验中的试验者和受试者双方,对有关实验的细节均无所知,以免实验结果受试验者的成见或者受试者的心理反应的影响。在测定药物功效的实验中,经常使用这种方法。假如我们想知道一种降低胆固醇的新药的效果,我们选择一群有代表性的样本个体,将他们随机分成实验组和对照组,有两种外表、包装和药品说明一模一样的产品,一种是降低胆固醇的新药,另一种是用玉米淀粉制成的没有活力作用的安慰剂。在试验者和受试者双方都不知情的情况下,给实验组的成员服用新药,给对照组的成员服用安慰剂,然后测量胆固醇下降的差异,检验新药的效果。在社会科学的实验中,难以通过这种方法彻底排除研究本身(包括前测、后测和研究者的偏见和暗示等)对实验对象的影响,正如罗森塔尔的实验所表明的:人们对他人行为的期望,通常会导致他人向所期望的方向改变。果真如此,实验人员可能会有意或无意地给实验对象以某种暗示,某些实验对象可能会有意迎合实验者的期望,或者故意与之唱反调,从而影响实验结果的有效性。不过,我们可以参照双盲测试法,尽量把研究本身对实验对象的影响降到最低。

准则4:实验组与对照组在实验结果上的统计差异越显著,推理的归纳强度就越高。

假如我们选择一群有代表性的样本个体,将他们随机分成实验组和对照组,并测量这两组人血液中胆固醇含量在平均水平上的差别,比如说其差别是 x,在对这两组不做任何刺激的自然状态下,一年以后再对他们的胆固醇含量进行测量,在平均水平上的差别还会是 x 吗?无论这两个组是多么相匹配,其差别总会有细微的变化。正因如此,当刺激因素引入实验后,所测量出的统计差异越显著,结论的可靠性就越大。比如,在实验之前,实验组成员的胆固醇含量比正常水平平均高出 10 个百分点,对照组成员的胆固醇含量比正常水平平均高出 9.9 个百分点。实验之后,实验组有 95% 的成员的胆固醇含量明显下降,平均降低 5 个百分点,这要比实验组仅有 5% 的成员的胆固醇含量明显下降,平均降低 2 个百分点,更有力地强化其结论的可靠性。

2. 从原因到结果的非实验研究

这种研究与对照性实验法的主要差别是:它的实验组和对照组不是随机分派的,而是根据自变量的有无选取的;这种研究通常是在自然环境中进行的,研究人员不能对自然场所的实验变量加以严格的控制。例如,我们想知道吸烟是否是导致肺癌的原因。我们可以选择一个足够大的样本,其中包括吸烟的和不吸烟的人,几年后统计吸烟组(实验组)和不吸烟组(对照组)各自的肺癌发病率,如果吸烟组比不吸烟组有较高的肺癌发病率,我们就能证实吸烟可能是致癌的原因。

实验的目的是检验变量间的因果关系,并使实验结果成为对总体进行概括的有效证据。但是,这两个目的很难同时达到,要精确测量自变量对因变量的影响,就要通过各种设计方式把情境因素和外部变量控制在最小的限度以内,以突出实验刺激对因变量的影响,这就会使实验环境人工化,使样本因缺乏现实性而削弱其代表性;要提高情境的真实性和样本的异质性,使实验结果具有广泛的概括性,则很难排除外部因素对实验结果的影响,尤其是对社会现象和社会行为的研究,影响结果的原因复杂多样,对这些变量很难进行控制、做出明确的界定和准确的测量。总之,若提高实验结果的准确性,就会削弱它的概括性,反之亦然。这也是实验研究与非实验研究的不同之处,前者的精确程度较高,概括能力较低;后者的概括能力较高,精确程度较低。

3. 从结果到原因的非实验研究

这种研究与从原因到结果的非实验研究是类似的,不同的是这种研究不是根据自变量的有无,而是根据因变量(结果或者效果)的有无来选取样本并分组。例如,我们想知道心脏病产生的原因。选择一个足够大的样本,其中包括有心脏病的人和无心脏病的人,检查由有心脏病的人构成的实验组和由无心脏病的人构成的对照组的胆固醇(假设性原因)含量,如果发现实验组成员胆固醇含量的平均水平明显高于对照组的,就能证实胆固醇含量过高可能是导致心脏病的原因。

在从结果到原因的非实验研究中,需要注意考察其他相关的差异因素。例如,在考察心脏病的原因时,生活或工作压力在两组中的表现也可能有较大的差别,如果患心脏病的人所受到的压力比没有患心脏病的大,那么压力与胆固醇含量一样,也可能是心脏病产生的原因。

非实验研究与实验研究的主要区别是对实验变量和外部变量是否能进行严格的控制。在社会科学的研究中,现实社会中大量的社会现象和社会行为总是特定社会环境的产物,去掉这种环境,这些现象和行为也许根本就不会发生。另外,实验中的社会过程往往也不能代表现实世界中的社会过程。这些是实验法最大的弱点。就此而言,根据现实世界的自然环境所设计的非实验方法要好一些。

六、因果论证的谬误

对因果论证的谬误或称**假因果**,可以分为两组来认识:一组是**轻断因果**,指的是仅仅根据两个现象之间的时间或统计关联,就断定二者之间具有因果关系,其中可以分为"以时间先后为因果"和"强加因果"两种来认识。另一组是**错为因果**,指的是由于忽视对事物的成因可能存在的多种解释所造成的错误,主要有"因果倒置""单因的谬误""远因的谬误"和"混淆原因"等。

1. 以时间先后为因果

因果联系在表面上有一个明显的特征,即原因总是在结果之前,结果总是在原因之后。但是,在时间上前后相继的两个现象之间不一定存在因果联系。如果只是根据这一表面特征就断定两个现象之间有因果联系,就会犯**"以时间先后为因果"**的错误。例如,中国古人遇月食便放鞭炮"驱天狗",在月食时放一段时间鞭炮后,月亮会重现,于是认为放鞭炮是驱走天狗,使月亮重现的原因。类似的例子:

> 妈妈拜了观音之后不久,弟弟的病就好了,看来拜观音还真灵验。

> 闪电总是先于雷鸣而出现,所以闪电引起了雷鸣。

很多事情都会发生自然的改变,如果在自然改变的同时也伴随某种行为的变化,便可能会误认为这种行为的变化是造成改变的原因。妈妈在拜观音时,弟弟的体内可能已经生成战胜病毒的抗体,妈妈不拜观音,弟弟的病也会自然痊愈。有一位爱鸟者,发现一只从鸟巢中掉下来的幼鸟,他开始用影片向小鸟展示飞翔的姿态和方法,用滑板等其他辅助性方法教这只鸟学会如何飞起来,你想会发生什么?过了几天这只鸟果然飞起来了。这是爱鸟者教导有方、小鸟学习进步的结果吗?当然不是,小鸟学会飞翔不是人为努力的结果,它是自然发生的事情。当我们根据时间先后来分析因果关系时,必须考虑其他可能存在的解释,尤其是当自然发生与人为努力这两种因素同时共存时,要注意对两者的分析。

根据时间先后来分析因果关系,第一手证据来自我们的观察。由于背景知识的缺乏和期望、诱导心理的影响,会造成观察方面的错觉,并导致因果分析方面的错误。我们观察到闪电先于雷声,并确信是如此,那是因为我们不知道光速远远大于声速。现在我们都知道二者是第三者云层放电的结果。人们愿意相信拜观音、跳求雨舞灵验,那是因为人们期望着弟弟的病好、老天下雨。尽量避免观察的错觉和期望心理的影响,这对预防以时间先后为因果的错误是有帮助的。

2. 强加因果

有因果联系的两个现象通常具有统计的关联,但是,具有统计关联的两个现象之间未必就有因果联系。如果只是根据两个现象在表面上所具有的统计关联之处，便假定两者之间存在因果关系，就犯了"**强加因果**"的错误。在讨论数据的相关性时，我们谈到过"零年因素"的例子，它就属于强加因果的谬误。再如：

> 我们别带王磊去野餐，每次带他去野餐，天就下雨。
>
> 高个子的孩子通常容易够得着高架子，而矮个子的孩子通常不容易够得着高架子。一项统计数据表明：矮个子的孩子比高个子的孩子更可能变成矮个子的成年人，所以，如果矮个子的孩子被教会够得着高架子，那么他们变成矮个子的成年人的比例将会下降。

王磊与下雨没有关系，根据曾经的几次巧合，埋怨王磊带来了坏天气，就犯了强加因果的错误。类似地，在"高个子"与"容易够得着高架子"所具有的表面相关之处，假定一种因果关系，也犯了强加因果的错误。另外，即使二者之间存在因果关系，"够得着高架子"只能是"孩子长成高个子"的结果，而不是"孩子长成高个子"的原因。所以，该论证的结论同时犯了因果倒置的错误。

3. 因果倒置

在因果解释中，如果错把原因当结果，或者错把结果当原因，就犯了"**因果倒置**"的错误。例如，微生物侵入是造成有机物腐败的原因，而有人却误认为有机物腐败是微生物侵入的原因，这是**倒因为果**。又如，在 19 世纪的英国，勤劳的农民至少有两头牛，而好吃懒做的人没有牛。于是，某改革家主张给没有牛的农民两头牛，以便使他们勤劳起来。这是倒果为因。实际上，勤劳是使人有两头牛的原因，并不是人有两头牛的结果。

倒果为因也称**以症状为原因**的错误。比如，研究人员发现得老年痴呆症的人，他的大脑里有铝沉积。但是，仅根据这一点不足以断定铝沉积是导致这种疾病的原因，因为脑组织中的铝沉积可能是老年痴呆症直接代谢的一个结果，或者说是得这种病的一个副产品。也可能存在第三种因素,比如一个病原体或者一种循环机能障碍,引发了老年痴呆症并引发了脑组织中的铝沉积。

区分症状和原因是一件棘手的事,在缺乏足够证据的情况下,以已然定局的形式公布所得出的结论,就犯了以症状为原因的错误。医生们唯恐出现这种错误,常常不说脑组织中的铝沉积是得老年痴呆症的原因,而是说二者之间有联系。

同样,在日常思维中界定原因和结果也不是一件简单的事情。想象一下铁锤敲打手表镜面使玻璃破碎的画面,玻璃破碎的原因是由于铁锤的击打吗?大部分人会这么想,根据自然法则,铁锤敲打玻璃会使它破碎。现在假设我们是在一家手表厂内,测试手表镜面遇到激烈撞击时的承受力度如何,那么许多人会认为玻璃本身的瑕疵是造成玻璃破碎的原因。

4. 单因的谬误

因果关系是复杂的,一般说来某个结果的产生都是由多种原因造成的。在确立因果关系时,如果将导致某一结果产生的多种因素简单地归结为其中的某一种因素,或者将导致某一结果产生的某个重要因素视为唯一的因素,就犯了**单一原因**的错误。

在认识因果关系时,人们倾向于把原因归结为特定的事件、中途插入的事件或者是那些新奇的、不同寻常的事件。比如,公牛队赢球就是因为有一个不同寻常的乔丹;这个节日过得不愉快全是因为那次倒霉的追尾事故;张华能找到那么好的工作就是因为他有一个权力很大的叔叔。这些表面上最显著的原因是事物的原因,通常我们也不会把它与其他原因等同看待,这都是无可非议的。但是,如果我们对这些表面上最显著的原因过分自信和偏爱,忽视其他原因的存在,甚至将它视为导致某个事件产生的唯一原因,就犯了单一原因的错误。事实上,人们很少因为对自己的推论缺乏信心而犯错误,相反,通常是对自己的推论太过自信才犯错误。

让我们看以下论证:

> 为了扭转邮政业务越来越不景气的局面,政府应该提高邮票

价格。提价会产生更多收益,减少邮件流量,舒缓对现有系统的压力,并改善员工的工作面貌。所以,这一做法必定是有效的。

首先,对于邮政业这个庞大的运营系统来说,"业务越来越不景气"的现象通常不是由某个单一因素造成的,需要对问题的成因做多方面的分析,才能找出问题的症结所在。比如,业务不景气可能是由于处理邮件的传统方式不能满足需要而导致服务质量下降所造成的,也可能是由于员工队伍庞大、人浮于事而导致工作效率下降造成的,还可能是由于采用了新的计算机化的邮件处理程序,而邮件的包装不合要求,或者员工的业务水平没有跟上造成的,等等。总之,"提高邮票价格的做法必定有效"这个结论若能成立,就必须假设:邮递价格低是导致业务不景气的唯一原因。这种把可能是由多种原因导致的结果简单地归于某一种原因的假设是不真实的。

其次,提价未必能降低邮件单位数量的成本,增加收益;提价也不意味着职员工资或工作积极性的提高,并因此而改善员工的工作面貌。也就是说,提价并不是这些所希望的结果出现的充分条件,至多是有益于出现这些结果的必要条件。另外,假如提价会导致邮件流量的减少,这一结果对邮政业务的繁荣恰恰是不利的。

再次,提价不但对文中谈到的希望出现的结果可能无济于事,而且可能会引起其他不利的后果。"邮政业务不景气"从一个侧面说明顾客对邮政服务可能存在不满的情绪,提价有可能助长这种不满的情绪;提价也有可能带动诸如运输、原材料等相关行业价格的增长,导致邮政业整体运营成本的增加,等等。在寻找解决问题的方法时,必须慎重考虑这些可能出现的负面后果。

从以上的案例分析中可以看到:对单一原因过分自信不仅会在分析事物的原因时造成很大的误差,而且还会导致对相应的解决方案过分乐观的错误。

5. 远因的谬误

为了解释当前的某个事件,有时需要诉诸在时间上很遥远的某个事件。比如,在许多年前接触过的石棉、苯胺染料或者受过的核辐射,对某人现在的状况可能会有很大的影响。在这种情形中,已知的基本的生物学和病理学的道理使我们确信,列举的远因很有可能是造成目前状况的主要原因。但是,当缺少类似的知识时,**诉诸远因**就是谬误,因为它忽略了这种可能性,即有其他重要的因素进入了由各种原因构成的长链之中。以下这首小诗就是对远因谬误的讽刺。

> 因缺一个铁钉,失了一只马掌。
> 因缺一只马掌,失了一匹战马。
> 因缺一匹战马,失了一名骑手。
> 因缺一名骑手,失了一支军队。
> 因缺一支军队,失了一场战争。
> 因缺一次胜利,失了一个王国。
> 这一切都是因为缺了一个铁钉。

事实并非如此,一个王国不只是因为缺少一个铁钉,很可能是因为缺少许多其他更重要的东西,而使王国遭到毁灭的。比如,缺少装好铁掌的备用马匹,缺少能随机应变、跑到邻近驿站的通信员,缺少如信鸽、狼烟之类的其他通信方式,缺少能征善战的军队等。"因缺一个钉"而没有传递过来消息,这不一定是王国毁灭的唯一因素或者最重要的因素。当我们因某事不得不责怪某人时,时常会犯远因的错误。例如:

> 什么魔力使你非要带孩子去那个鬼地方,如果不是你固执己见的话,我们就不会在那荒山野岭抛锚,孩子也不会因着凉而生病。费尽了周折才把孩子的腹泻治好,结果怎样?孩子的期末考试有三门不及格,这回你该满意了吧!

妻子可能已经为此事感到内疚了,丈夫仍在火上浇油。他无疑忽略了其他更为重要的促成因素,比如汽车早该检修了,抛锚时没有照顾好孩子,对孩子的腹泻治疗不及时或者孩子的胃肠向来不好,以及孩子的厌学情绪等。将孩子的考试成绩不好归咎于去了那不该去的地方,不仅犯了远因的错误,也犯了单一原因的错误。

6. 混淆原因

在因果论证中,如果将某一结果产生的一个必要原因当作导致这一结果产生的充分原因,或者将某一结果产生的必要原因或充分原因当作导致这一结果产生的唯一原因,就犯了**混淆原因**的错误。例如:

> 到目前为止,核威慑政策是成功的。第二次世界大战结束以后,对毁灭性的核战争的恐惧,使拥有核武器的超级大国都不敢轻易动用它。超级大国之间的第三次世界大战还没有爆发就足以证明了这一点。

"核威慑政策"对抑制第三次世界大战来说,可能是非常必要的因素,但它未必是充分的因素。现在还不知道核威慑的作用是不是抑制第三次世界大战的充分因素,也许其他一些因素,比如和平时期的经济建设,也起了相当大的作用。该论证将抑制第三次世界大战的必要因素视为充分因素,犯了混淆原因的错误。又如:

> 一项对过去20年中由于麻醉造成的医疗死亡事故的详细考察表明:安全方面最显著的改进来自于对麻醉师的良好训练。在此期间,绝大多数手术室里没有装配监控患者的氧气和二氧化碳水平的设备。所以,在手术室增加使用这种监控设备将不会显著降低由于麻醉造成的死亡事故。

"对麻醉师的良好训练"是"降低麻醉造成死亡事故"的必要因素,而不是充分因素;即使是充分的因素,也未必是唯一的因素。若使上述论证的结论成立,必须假设:"对麻醉师的良好训练"是"降低麻醉造成死亡事故"的唯一因素。显然,这一假设是不真实的。所以,该论证犯了混淆原因的错误。

前面讨论过以下这个问题:判别"**如果……则**""**只有……才**"等联结词究竟是在因果关系意义上使用的,还是在逻辑推理意义上使用的?并认为判别这个问题主要取决于我们的思维意图。现在让我们从推理的有效性和混淆原因两个不同的角度来评估以下论证:

如果大众公司不得不在产品生产的旺季改变它的供货商,那么今年公司赢利的情况肯定要比去年差得多。年终核算的结果表明,公司今年的赢利情况确实要比去年差得多,所以,大众公司肯定是在产品生产的旺季改变了它的供货商。

从推理有效性的角度评估:上述论证犯了充分条件假言推理的"肯定后件"的错误,推理是无效的。

从混淆原因的角度评估:若使论证的结论成立,必须假设:"在产品生产的旺季改变供货商"是导致"公司今年赢利的情况比去年差得多"的唯一原因。换句话说,该论证的错误实质是:在推理过程中,把导致某一结果产生的一个充分因素当作了导致这一结果产生的唯一因素。

从中可以看出,对混淆原因的分析需要借助逻辑推理揭示论证的假设,评估的焦点是对假设提出质疑,质疑其前提是否真实。从推理有效性的角度评估,评估的焦点是看它是否违反了推理规则,质疑其推理是否有效。

练习题

提示:练习中的问题是基于一段陈述中的推理提出的,选项中能对问题做出恰当回答的可能不只有一个,但是,要求你从中选择一个最佳答案,它对问题的回答是最准确、最完整的。回答问题时应当忠实、准确地理解问题所基于的文本陈述,不应当将与文本陈述不一致的或者脱离文本陈述的观点带入对问题的理解之中。

一、评估枚举、类比和比喻论证

01. 很清楚,最初为教学使用设计的个人电脑,并没有像当初所预言的那样成为教学中的重要角色。只要留心一下在过去的一年中,教学使用的电脑销售量的戏剧性下降,就可以证明这一点。

以下哪项中的逻辑错误与上述论证中的最相似?

(A)把一种语言翻译成另一种语言的机器翻译,不仅是在如预订机票这样狭窄的范围内,而是在一般的范围内进行翻译。实现这种想法的时机已经到来,因为专家们已经积累了40多年的研究经验,该是取得突破的时候了。

(B) 很明显,消费者已经厌倦了微波炉,这与他们当初接受这种新发明一样迅速。与微波炉投入市场后几年时间逐渐增长的销售量相比,去年微波炉的销售量下降了。这表明消费者认为微波炉不那么有用了。

(C) 对某一种特殊的投资制造刺激无疑会引起繁荣与萧条的周期,最近商业房地产价格的降低表明,尽管政府鼓励人们建造楼房,但是它不能保证那些楼房会全部出租或卖出。

02. 日本的俳句被界定为三行诗,其中,第一行中有5个音,第二行中有7个音,第三行中有5个音。英国诗人有意忽略这一事实,不顾音的多少,他们把所有的英文三行诗都叫做"带有俳句风格"的俳句。这表明英国诗人对外国的传统,包括那些他们自己的诗歌从其中演化出来的传统没有什么敬意。

以下哪项陈述准确揭示了上述推论中的错误?

(A) 把客观事实问题和主观情感问题混为一谈。

(B) 得出的结论比提供的证据所能保证的宽泛得多。

(C) 忽略某种东西不一定意味着对那种东西的否定。

03. 许多人在他们的有生之年里,每隔几年就会根据个人或经济状况的重大变化改变自己的遗嘱。当这些人粗心大意而忘记注明遗嘱的日期时,就为执行者带来困难:执行者常常不知道在几份未注明日期的遗嘱中哪一份是最近写的,也不知道最后立的遗嘱是否找到。所以,人们不仅应该注明遗嘱的日期,而且要在新的遗嘱中注明它替代的是哪份遗嘱,这样才不至于有不知从哪开始的问题。

以下哪项准确地概括了上述论证中推理的错误?

(A) 只是部分地解答了所提出的问题,却好像全面地解决了问题。

(B) 没有解决所提出的问题,而是让其他的人来为解决难题负责。

(C) 提出了解决问题的办法,但是忽视了这一办法可能引起的后果。

04. 核电厂产生的具有放射性的核废料,暂时被存放在厂内的临时存放处,这不是一个理想的长期存放之处。由于目前没有安全而永久性地贮存业已存在的核废料的合适方案,一些人建议应当打消试图寻找这种方案的念头,关闭目前所有的核电厂而且不再建造新的核电厂,这才是彻底解决问题的办法。

上文所提出的建议并没有完全解决它所提出的问题,这是因为:

(A)它将会阻碍生产电力的安全技术的发展。

(B)它没有为业已存在的核废料提供永久性的贮存方案。

(C)与我们从核电厂获得的益处相比,核废料的安全隐患不值一提。

05. 广告:任何认为润肤霜对皮肤并不重要的人都应当想一想地球的皮肤——土地在遭受旱灾时的情形。由于缺乏水分的经常湿润,地表变得沟壑纵横,支离破碎,葱绿的美景也消失了。因此,你的皮肤也应受到精心呵护,以免因缺乏水分而遭到破坏。这份呵护来自能有效防止皮肤干燥的雅嘉牌润肤霜的经常滋润。

以下哪项陈述准确描述了该广告在推理方面的错误?

(A)它没有认识到:改变人们对某一事物的认识,不意味着能改变该事物的实际状况。

(B)它依赖于"湿润"这个词的模糊性,该词既可用于某一过程,也可用于该过程的结果。

(C)它依赖于拿两个事物不完全类似的特征进行类比,而只有这些特征确实类似,才能得出其结论。

06. 天文台台长认为:有些人说花大量的钱用来研制巨大的天文望远镜,只会给天文学家带来益处。这种错误的认识如果当初用在麦克斯威尔、牛顿或爱因斯坦身上的话,那就会使他们的研究夭折,并且会使现今的世界得不到像半导体这样的发明和应用。要知道,这些发明和应用都来自于他们的研究。

以下哪项陈述指明了上述论证中最严重的错误?

(A)通过指责反对者所持观点是危险的而对他们进行人身攻击。

(B)在论证中没有把经济和智慧两方面的意义区分开。

(C)没有表明那些提议研制巨大天文望远镜的人与那些在科学

应用方面有获得成功潜力的著名科学家是可以比较的。

07. 1840年后英格兰经济的繁荣归因于当时所采取的自由贸易政策。因为仅在政策实施之后,经济形势才得以好转。

上述论证中的推理缺陷与以下哪项中的最相似?

（A）去年对沼泽地的彻底搜索没有发现沼泽鹰的迹象,所以,今年类似的搜索也不大可能会发现这种鸟的迹象。

（B）在银行提高利息以前,中等收入的人能负担得起大约是自己收入两倍的抵押贷款,所以,加息后就超出了他们的抵押能力。

（C）由于公司营利状况的改善是在副总裁新的振作士气方案实施之后开始出现的,所以,改善的结果归于这个方案的实施。

08. 威胁美国大陆的飓风是由非洲西海岸高气压的触发而形成的。每当在撒哈拉沙漠以南的地区有大量的降雨之后,美国大陆就会受到特别频繁的飓风袭击。所以,大量的降雨一定是提升气流压力而构成飓风的原因。

以下哪项论证所包含的缺陷与上述论证中的最相似?

（A）汽车在较长的街道上比在较短的街道上开得更快,所以,行走在较长街道上的人比在较短街道上的人更危险。

（B）许多后来成为成功企业家的人,他们在上大学时参加竞争性的体育运动。所以,参加竞争性体育运动一定是促使人成为企业家的重要因素。

（C）东欧的事件会影响中美洲的政治局势,所以,东欧的自由化会导致中美洲的自由化。

09. 以前人们经常通过对话进行交流,现在电视机更多地占领了人们的注意力。在看电视的时候,家庭成员之间的交流几乎停止。在没有交流的情况下,家庭成员之间的关系变得越来越脆弱,甚至破裂。所以,唯一的解决办法就是把电视机扔掉。

以下哪项论证中的错误与上文中的最相似?

（A）以前人们之间的友谊总是在一起分享空闲时间时建立起来的,但是,现在的经济压力使人们没有时间在一起了,所以,危及到了许多朋友之间的友谊。

（B）以前人们在收听广播的时候还可以干一些其他的事,现在人们总是被动地观看电视。所以,电视比广播更加分散人们的注意力。

（C）以前体育爱好者总是有规律地进行体育运动,而现在他们总是在原来锻炼的时间里观看体育比赛。如果不锻炼身体,健康状况就会下降。所以,唯一的解决办法就是不举行体育比赛。

10. 具有听觉的不足 6 个月的婴儿能迅速分辨相似的语音——不仅是那些抚养他的人所使用的语言的声音。而年轻的成人只能在他们经常使用的语言中迅速地分辨这种声音。人们知道,生理上的听觉能力在出生后开始退化。所以,婴儿与年轻的成人之间这种辨别相似语音能力的差别是听觉的生理退化导致的。

以下哪项最准确地概括了上文中的逻辑缺陷?

（A）以事件存在的证据不足为根据来证明这一事件不可能存在。

（B）在仅有表面的相关联之处假定一种因果联系。

（C）把可以作为观察到的差别的一种解释当作对这种差别的充分解释。

11. 财政专员:预算委员会预计在下一个财政年度中会有 10 亿元的赤字。现在已没有办法来增加资金,我们唯一的选择就是减少支出。你们面前的这份计划书概述了在下个财政年度中减少财政支出的可行性,已达到节省 10 亿元开支的目的。只有接受这个计划,我们才能解决面临的问题。

以下哪项陈述准确地揭示了财政专员论述中的错误?

（A）依赖了不够确定的信息资料。

（B）把可行的解决方案和必须的解决方案混为一谈。

（C）轻信了没有办法增加资金的观点。

12. 14 世纪中叶,欧洲各式各样的作家都显示了他们对游戏的兴趣,但是,这时期的作家没有一个提到过玩扑克。14 世纪的成文法也没有提及对玩扑克的禁止或限制,尽管提到了骰子、棋类和其他的游戏。

如果以上陈述为真,以下哪项是最有可能被接受的结论?

（A）玩扑克的游戏源于何时至今仍没有定论。

（B）那一时期玩扑克在欧洲可能还不普及。

（C）文字记载没提到的游戏不一定没有人玩。

13. 许多电视观众根据电视新闻的报道力度来估计一种类型的事故或犯罪的发生率。电视新闻对于那些包含刺激性画面的事故，如火灾、摩托车事故的报道多于那些有极少视觉刺激的普通事件，如作假账的报道。

如果以上陈述为真，从中适当推出以下哪项结论？

（A）与诸如纵火这样的犯罪相比，像作假账这样的犯罪更不易于被告发。

（B）相对作假账而言，电视新闻的观众倾向于过高估计火灾和摩托车事故发生的数量。

（C）电视新闻中所选择的新闻事件通常取决于新闻报道者能为之选送的数量。

14. 在池塘里用过 BTI 几分钟后，池塘里 80% 的蚊子幼虫都会死掉。但是，BTI 对鱼、鸟、有益的昆虫或植物无害。定期使用 BTI 消灭蚊子幼虫，能减少在池塘里繁殖的恼人的蚊子的数量，而同时又不会减少池塘和周围的鱼、青蛙和其他益虫的数量。

以下哪项陈述是上述论证所依赖的假设？

（A）在某一给定地区控制蚊子数量最有效的办法是在那一地区消灭蚊子幼虫。

（B）池塘拥有者在池塘及其周围想要消灭的昆虫害虫只是蚊子。

（C）池塘里及其四周的鱼、青蛙和其他益虫不依赖蚊子作为主要的食物来源。

15. 一些受大众喜欢的电视广告是那些幽默广告。但是，作为一种广告艺术，幽默有它的弱点。研究表明，许多幽默广告的观众清晰地记得这则广告，却几乎没有人能记得广告中被推销产品的名称，这使得人们对幽默广告的效力产生怀疑。

以下哪项陈述是上述论证所依赖的假设？

（A）令人高兴的、幽默的广告比严肃的广告更不容易被记住。

（B）在产品名称的设计上失败的广告不会增加产品的销量。

（C）广告的最终目标是增加被推销产品的知名度。

16. 由于政府与私人部门的工资相差悬殊，从而使得许多有经验和有能力的政府管理人员离开了他们的岗位，到私人部门去就职。政府只有把薪水提高到和私人部门同样的水平，才能使那些很有能力的管理人员重新回到他们原来的岗位，政府的管理工作才能得到改善。

以下哪项陈述是上述论证所依赖的假设？

（A）从私人管理部门中得到的经验对政府管理工作有很大的价值。

（B）决定政府管理职能的重要因素是管理者所具有的大量经验。

（C）那些已经从政府部门转移到私人部门工作的人将会重新选择他们的职业。

17. 近来，信用卡公司遭到了用户团体的抗议，抗议公司收费偏高。事实上，信用卡公司收费的比率比银行通常向私人贷款的利率确实高几个百分点，但是，用户们忽视了这样一个事实：信用卡给使用者带来很大方便，使用户能够在大甩卖时及时买到各种商品，这样，购物时的低成本抵消了信用卡的额外费用。

上述论证以下面哪项陈述为假设？

（A）在购买降价商品时节省下来的费用至少与消费者购置信用卡时所付出的额外费用持平。

（B）消费者购买的廉价物品的价格仍然很高，使得销售者足以收回成本并且使生产者适当获利。

（C）使用信用卡购买商品的消费者是私人，他们可能没有使用银行低利率贷款的资格。

18. 一个高效、具有吸引力的地铁系统能带来良好的经济效益。城市管理部门总是应当做能够带来经济效益的事情。所以，城市需要购买新的地铁列车。

上述论证的结论基于以下哪项未陈述的前提？

（A）城市应当对一个高效、有吸引力的地铁系统进行投资。

（B）节省成本的地铁列车是一个高效地铁系统的内在组成部分。

（C）城市对新地铁列车的投资比其他可选择的投资项目能带来

更大的经济效益。

19. 某些科学家相信:所有的人都是生活在大约 200 万年前的女祖先的后裔,这个结论是通过对人类的 DNA 的线粒体的研究得出的。人类的 DNA 有 96% 的线粒体是相似的,基于这一事实,这些科学家运用 DNA 的线粒体的突变,来逆推已经过去了的时间,也就是自人类的女祖先存在以来的时间。

以下哪项陈述如果为真,最能支持上述科学家的理论?

（A）DNA 的线粒体只在现代人类的高级女祖先的细胞中才有。

（B）人类中共有的特殊的 DNA 的线粒体在细胞中的作用是未被了解的。

（C）DNA 的线粒体按一致性原则经受突变,并按可预见的比率和母系的方式遗传下来。

20. 古生物学家新近发现的蜈蚣化石有 4.14 亿年之久。这些化石比先前鉴定的最早的陆地生活的动物还要至少早 2000 万年。古生物学家满怀信心地认为这些蜈蚣生活在陆地上,尽管这些蜈蚣化石是在含有水生动物遗迹化石的岩石中发现的。

以下哪项陈述对古生物学家的观点支持程度最小?

（A）化石中蜈蚣的腿特别适宜在陆地上爬行。

（B）发现蜈蚣化石的岩石是偶尔由河水覆盖的泥土层组成的。

（C）在发现蜈蚣化石的岩石中发现的水生动物化石比陆生动物化石的数量多。

21. 大学教授:现在的大学生写字越来越难以辨认,今年几乎所有交给我的论文都写得很乱,错别字也很多。

以下哪项陈述为真,最能削弱大学教授的论证?

（A）这个教授的学生状况是否能够代表所有的学生还需要证实。

（B）论证没有证明大学教授能够判断学生的写作水平。

（C）论证并未排除这个大学教授不是一个好老师的可能性。

22. 在有关占星术的一个电视节目中,调查员在社区里找到了 20 名出生在双子星座并且在一个关于性格测验的电视节目中愿意被采访的志愿者,测试给调查者个人的印象是:每一个志愿参加者的性格都比一般的人更善于交际。由此断言,人出生的星座影响人的性格。

以下哪项陈述如果为真,最严重地削弱了上述论证的结论?

(A) 调查者对其他人的性格的印象往往会被他以后与这些人的接触和交往所印证。

(B) 社区里出生在双子星座的人与总人口中同样的人相比不可能占很大的比例。

(C) 那些不善于社交和性格内向的人不可能同意参加这样的调查,尽管他们中的一些人也出生在双子星座。

23. 新近介绍的 DNA 酶解图谱是一种生化程序,每个单独的 DNA 图谱都能够表现各自独立的、不同的遗传特性。在犯罪现场发现的罪犯留下的遗传性物质,如毛发等,可以作为确认罪犯的证据。持这种观点的人基于这样一个前提:用这种方式得到的不相同的 DNA 图谱具有天文数字般大的可能性,在人类的生活中,两个人具有相同的 DNA 图谱几乎是不可能的。

以下哪项陈述如果为真,对上述议论中的观点提出了最大的质疑?

(A) 人和其他动物共同分享的大量遗传物质没有包括在 DNA 的生化程序中。

(B) 在人类总的人口数量中有各种不同的亚族群体,其中各自的遗传个性为他们所共有。

(C) 使用 DNA 酶解图谱的技术能查出生活在一个大家庭的成员的遗传性疾病。

24. 做生意要有个好的行为准则,比如,人要有良心,有好的意愿,替别人着想,不赚不义之财等。温州人在全世界生意做得这么大,很大程度上是因为他们有个好的行为准则,他们从来不和政府对抗。

如果以下各项陈述为真,除了哪项外,都能削弱上述论证?

(A) 全国第一例商贩打县官的案例发生在温州。

(B) 温州的假冒伪劣产品曾经是全国最闻名的。

(C) 温州人现在的生意赚的主要是外国人的钱。

25. 有人曾警告:未来 100 年内的物种灭绝将再次达到一个高潮。最近一篇文章的作者们对这一警告进行了分析。他们认为,没有证据能够证实现在物种灭绝的速度更快了。然而,他们错了,只要看看有关鱼类的数据就够了。北美的鱼类在整个20世纪,就有40个种和亚种灭绝,1900—1950年间有13种,1950年以来有27种。

对以下哪个问题的回答最有助于评判上文的观点?

(A) 从鱼类物种灭绝的方式上看,它们与整个物种相比是否有代表性?

(B) 20世纪灭绝的北美鱼类物种是否有来自北美以外地区的物种?

(C) 在1950年面临灭绝危险的北美鱼类中,现在又繁盛起来的比例有多大?

26. 目前还不知道使牛致命的疯牛病是否在感染的各个阶段都可以将病毒直接传染给其他动物,如果可以的话,将会使很多牛感染上这种疾病。目前,在没有表现出明显症状之前,还没有有效的办法诊断。所以,如果有直接传染,就不能够通过_____来根除这种疾病。

以下哪项陈述能最好地完成上述论证?

(A) 将已经表现出患疯牛病的典型症状的牛与牛群分离开并杀死这些有典型症状的牛。

(B) 开发一种终生有效的疫苗,并注射给所有的牛。

(C) 开发一种能够诊断任何已感染的牛的方法,并杀死所有已经感染的牛。

27. 私房主差不多只是依靠有效的化学灭草剂来尽量清除花园中的蒲公英。这种灭草剂只对成熟的蒲公英才具有毁灭性的作用,而对于处在萌芽或幼苗时的蒲公英不起作用。幼苗的数量以20:1的比例超过成熟的植物,无论在什么时候都如此。

如果一个人希望只用这种除草剂除掉他花园中所有的蒲公英,他最需要知道以下哪一个问题的答案?

(A) 完全成熟的蒲公英平均需要生存多长时间。

(B) 花园中蒲公英的幼苗所占的比例是多少。

(C) 蒲公英已经完全成熟但尚未吐籽的时间在何时。

28. 刀耕火种的农业需要烧掉数亩林木,把植物的灰烬留在地里为以后三四年的粮食丰收作丰富的肥料。但是,在修整干净的地里养分就从土壤中滤掉,如此,土地就变得太贫瘠以致无法进行农艺。新的土地就要通过刀耕火种的方法来整理,这个过程又从头开始。由于热带大部分农业使用这种方法,因此,在这一地带的森林将最终被永久地根除。

上述论证以下面哪项陈述为假设?

(A) 热带森林用刀耕火种的方法修整过后不能很好地再生以恢复原貌。

(B) 其他农艺方法不像刀耕火种方法这样对热带地区的环境造成破坏。

(C) 刀耕火种的方法在第一年比任何其他耕作方式都能取得更大的丰收。

29. 人类学家坚定地断言:对一种文化来说,只有当来自它外部的压力被来自它内部的首创精神所取代的时候,它才能有所发展。换句话说,只有民族文化才是推动文化发展的动力,非主体文化可以提供有价值的建议,但是,任何把外来文化的观点强加给它的做法,都会威胁它的独立和发展。如果我们把每一个单独的学校视为一个被割开的文化圈的话,那么,教育进步的关键是_____。

以下哪项陈述能最好地完成以上论证?

(A) 每个学校必须独立于外来的压力才能有所发展。

(B) 外来的因素必须被阻止参与学校的发展。

(C) 学校的独立性越大,教育进步的幅度就越大。

30. 有些人认为观看电影中的暴力镜头会导致观众好斗的行为,难道观看某些人吃饭也能填饱一个人的肚子吗?

以下哪项中的推理与上文中所用的最相似?

(A) 有些人认为挪用公物做私人用途是不道德的,难道从商店里偷东西不是不道德的吗?

(B) 有些人认为民族主义是有一定道理的,难道民族主义不曾被用来当作犯罪的借口吗?

(C) 有些人认为经济学家可以控制通货膨胀,难道气象学家能控制天气变化吗？

31. 美国的国际贸易额总是不高,从原材料到最终产品的消费基本上都是在自己国内完成的。目前,在美国负有越来越多的外债时,这种经济的缺点就暴露得越来越明显,这样的教训是很简单的:就像一只狗不能靠吃自己的尾巴生活一样,一个国家也不能离开国际贸易而生存。

上述论证运用了以下哪种论证方法?

(A) 通过从某一主张推出一个与事实相矛盾的陈述来削弱这个主张。

(B) 引用一个比喻对造成当前经济状态的原因进行论证。

(C) 通过向一种经济形态的道德基础提出质疑而展开论证。

32. 某国反对开发泥煤的人认为,这样做会改变富含泥煤的湿地地区的生态平衡,从而会使该国的大量饮用水源受到污染。然而,事实并非如此。以爱尔兰为例,泥煤已被开采了数个世纪,水源并没有受到污染,所以,我们也可以安全地进行开采。

以下哪项陈述为真,最强有力地支持了上文的论述?

(A) 爱尔兰富含泥煤的湿地的原始生态面貌与该国未经开采的湿地基本一样。

(B) 未来几年内其他工业的发展可能会对该国的水源带来负面影响。

(C) 该国的泥煤资源远远大于其他常年开采泥煤国家的泥煤资源。

33. 医生在探索 A. M 的病因时受到了 M. P 这种疾病形成原因的启发。这两种病都发生在年龄相似的一类人当中,两种病的明显症状是发高烧、淋巴肿大和食欲不振。另外,这两种疾病的潜伏期实际上是相同的。所以,这些医学研究者确信导致这两种疾病的病毒是相似的。

作者的结论依赖的假设是:

(A) M. P 这种病比 A. M 这种病对大众健康的危害更严重。

(B) A. M 是只发生在人类身上的一种疾病。

(C) 具有类似症状的疾病会有类似的病因。

34. 几百万年以前,当两栖动物第一次出现在地球上时,穿透大气层的紫外线辐射要比现在大得多。因此,目前两栖类动物数目的急剧减少,并不是由最近穿透地球大气层的紫外线的增加所造成的。

以下哪项陈述是上述论证所依赖的假设?

(A) 现代两栖动物的卵不比早期两栖动物的卵更易于受紫外线辐射的伤害。

(B) 现代两栖动物的栖息地不大可能像早期两栖动物的那样能够遮蔽紫外线。

(C) 现代两栖动物不能像早期两栖动物那样易于适应紫外线辐射程度的变化。

35. 生长在大豆或其他豆类植物根部的根瘤菌能产生固态氮,这是如小麦等其他非豆类庄稼生长不可缺少的植物营养之一,通常非豆类庄稼必须从人造氮肥中得到供给。所以,如果生物技术能成功地使小麦的根部也成为根瘤菌的寄生地,就会减少对人造肥料的需求。

上述论证依赖于以下哪项假设?

(A) 生物技术应当朝着使植物的生长不需要人工肥料的方向发展。

(B) 小麦和其他植物根部的根瘤菌寄生地没有天然形成的。

(C) 生存在小麦根部的根瘤菌将会产出固态氮。

36. 头部受伤是摩托车事故中最严重的伤病,在使用纳税人的钱医治这类受伤者当中,不戴头盔出事故的车手平均所花的医疗费用是戴头盔的两倍。司法部门已经通过立法规定摩托车骑手必须戴头盔,以减少车祸和出事故时头部损伤的程度,从而节省纳税人的钱。所以,为了进一步减少类似的费用,其他地区司法部门也应通过要求摩托车骑手必须戴头盔的立法。同样的原因,司法部门也应当要求马的骑手戴头盔,因为骑马更易于导致头部损伤。

作者关于马的骑手应当戴头盔的结论依赖于以下哪项假设?

(A) 花在因骑马而导致的头部损伤的医疗费用是税收支出的一部分。

(B) 受害者戴头盔可以避免大多数在骑马或骑摩托车发生事故

时所造成的死亡。

（C）在决定是否应当通过一项立法时，司法部门首要考虑的问题应是公民的安全。

37. 人们习惯于说：艺术的创造力仅限于人类存在的范围之内，并且认为它是人和其他动物区别开来的标志。今天，智能计算机能创造出几乎和抽象派艺术家的作品难以区分开的肖像画。所以，把艺术的创造力视为人类独自具有的传统观点被证明是错误的。

以下哪项陈述为真，最严重地削弱了上述论证？

（A）艺术的创造力不仅表现在绘画上，还体现在其他领域。

（B）由计算机创造出来的肖像画是直接按照人设计的程序做出的。

（C）许多对抽象派的艺术不熟悉的人对现代艺术的优劣是无法辨别的。

38. 目前流行的电影使孩子形成一种对世界扭曲的看法，动画片把动物描绘成忠实的、富有同情心和心地善良的朋友；意大利人拍摄的西部片，其中扮演男人和女人的角色却被描绘成骗人的、奸诈的、残暴的和淫荡的，这使孩子们对动物的重视程度远胜过对人类的重视程度。

以下哪项陈述为真，最能削弱上述论证？

（A）动画片的制造者没想使孩子产生动物高于人类的看法。

（B）儿童们认为动物比人好并不等于他们混淆了善恶的标准。

（C）不允许儿童们观看意大利人拍摄的西部片。

39. 在我们的法律体系中存在着一些不合理性。在刑法中，尽管作案的动机是一样的，但是，对于成功作案的人的惩罚，比试图作案而没有成功的人的惩罚要严重得多。然而，在民法中，一个蓄意诈骗而没有获得成功的人却不必支付罚款。

以下哪项陈述为真，严重地削弱了上述议论中的看法？

（A）学民法的人比学刑法的人更容易找工作，可见民法与刑法大不相同。

（B）对这个国家来说，刑事审判比民事审判要付出更高的代价。

（C）刑法的目标是惩罚罪犯，而民法的目标则是给受害者以补偿。

40. 创造力必须经过培养,画家、音乐家和作家的实践都自觉或不自觉地从新的、有趣的角度去理解世界。教师通过向学生们展示从不同的角度去观察日常生活中的事件的意义,能够激励学生的创造性。

以下哪项陈述为真,最严重地动摇了上述论证?

（A）某些不是画家、音乐家和作家的人也能从新的、有趣的角度去理解世界。

（B）教师向学生展示观察事物的不同角度的做法,可能会约束学生创造力的发展。

（C）教育应该强调实践技能而不是创造性思考,因为实践技能会帮助人找到好工作。

二、评估统计论证

01. 任何过度操劳和紧张的结合都不可避免地导致失眠,H 公司的所有管理人员都深受紧张之苦,这些管理人员大多数不顾医生的警告,每周工作 60 小时以上,而其他管理人员通常每周工作不会超过 40 小时。H 公司只给那些每周工作 40 小时以上的员工发奖金。

以上陈述最能支持以下哪项结论?

（A）H 公司管理人员的工作压力比其他公司管理人员的工作压力更大。

（B）H 公司所发的奖金大部分被管理人员获得。

（C）H 公司大多数经常领取奖金的管理人员有失眠症。

02. 对于一部分妇女来说,生孩子的费用可能是一个无法预料的沉重负担。平均的出生费用一般是 3200 美元,如果伴有并发症就要多花数千美元。每年处在主要生育年龄即 18~24 岁之间的妇女在美国的育龄妇女中约占 40%,其中没有为生育费用支付健康保险的人多于 25%。

如果以上陈述为真,以下哪项也必然真?

（A）美国每年约有 75% 的生育妇女有生育费用的健康保险。

（B）美国每年约有 60% 的生育妇女的年龄小于 18 岁或大于 24 岁。

（C）美国处在主要生育年龄的妇女约有 75% 在生育时没有并发症。

03. 实际上,所有参加最近一次问卷调查的响应者都表示忠于两个主要政党中的一个。但是,来自每个党派超过 1/3 的投票者都说不满意两党的统治哲学,如果有第三个党派存在的话,他们可能会加入。即使这个民意测验真实地反映了一般投票者的意见,一个新的党派却没有机会赢得 1/3 的投票者,这是因为_____

以下哪项陈述能够合乎逻辑地完成上述论证?

(A) 对两个党派不满的成员被完全不同的统治哲学所吸引。

(B) 大多数响应者高估了对两党不满的投票者的比例。

(C) 近一半对两党不满的响应者声明他们可能放弃投票。

04. 去年全球造纸行业使用的新鲜纸浆(直接用天然植物纤维制造的纸浆)是再循环纸浆(用废纸制造的纸浆)的两倍。一位造纸行业的分析人士预计,到 2010 年该行业每年使用的再循环纸浆至少与其所使用的新鲜纸浆持平,但是,使用的新鲜纸浆将比去年多。

如果该分析人员的预测被证明是准确的,以下哪项预测也一定准确?

(A) 在 2010 年,造纸行业使用的再循环纸浆至少是去年所用的两倍。

(B) 在 2010 年,造纸行业使用的纸浆总量至少是去年所用的两倍。

(C) 在 2010 年,造纸行业会比去年生产更多的只用再循环纸浆造的纸。

05. 哺乳类动物侏儒个体的身体相对于非侏儒个体的身体的比例,较之侏儒个体的牙齿相对于非侏儒个体的牙齿的比例要小。最近发现一个成年侏儒长毛猛犸象的不完整的骨骼遗迹,它的牙齿是正常成年长毛猛犸象的 3/4。

以上陈述如果为真,最有力地支持了以下哪项陈述?

(A) 这个成年侏儒长毛猛犸象的身体,不到正常的非侏儒成年长毛猛犸象身体的 3/4。

(B) 哺乳类动物的成年侏儒的个体的牙齿,通常是同种类的非侏儒成年个体牙齿的 3/4。

（C）多数哺乳类动物的侏儒个体的大小,通常不超过同种类的非侏儒个体大小的3/4。

06. 在西湖的野鸭群中雄雌的比例是55:45,在东湖的野鸭群中雄雌的比例则是65:35。在尚未有生育能力的野鸭子中,雄性只略多于雌性;但是,在较年长的野鸭子中,雄性却远多于雌性。由于成年的雄鸭远多于未成年的雄鸭,我们可以推断:在总体上性别比例的差距越大,野鸭群中较年长的雄鸭所占的比例就越大。

从上文中能推出以下哪项陈述?

（A）西湖鸭群中成年雄鸭的比例小于东湖鸭群中成年雄鸭的比例。

（B）东湖鸭群中未成年野鸭的比例高于西湖鸭群中未成年野鸭的比例。

（C）东湖鸭群中在生育季节生出的未成年鸭子的数量多于西湖中的。

07. 根据过去15年中所作的四项主要调查得出的结论是:以多于85%的同龄儿童的体重作为肥胖的标准,北美肥胖儿童的数量一直在持续上升。

如果上述调查中的发现是正确的,据此可以得出以下哪项结论?

（A）15年来,北美的孩子做的运动越来越少了。

（B）15年来,北美不肥胖的孩子的数量也在持续上升。

（C）北美孩子发胖的可能性会随其年龄的增长而变大。

08. 在1985年至1995年间,疗养院的占用率平均为容纳能力的87%,而接受入住的比率平均每年保持在每1000张床位接受95人的水平。在1995年至2000年间,占用率上升到平均为容纳能力的92%,而接受入住的比率却下降到平均每年每1000张床位接受81人的水平。

如果以上陈述为真,以下哪项结论最有可能被推出?

（A）疗养院的住户在疗养院居住的平均时间在1995年至2000年间增加了。

（B）每当疗养院的占用率上升时,其接受入住的比率就会下降。

（C）一家疗养院拥有的床位越多,它的占用率可能就越低。

09. 在加拿大,现在越来越多的人越过国境线到价格较低的地方购物。加拿大以外的商品价格较低,很大一部分原因是在那里进行交易不用支付加拿大社会服务体系的商品服务税。

以下哪项陈述最有可能是上述信息所支持的结论?

(A) 如果境外购物的上升趋势继续保持在较高的水平,而且政府支付给加拿大社会服务体系的资金不变,预计加拿大的商品服务税的税率将会上升。

(B) 如果加拿大对境外购买的商品征收较多的关税,别的国家也会相应地对从加拿大购买的商品征收关税,因而会损害加拿大的商业利益。

(C) 境外购物者所购买的商品在越过边境进入加拿大时要交纳加拿大规定的税收。

10. 由于雪橇和捆绑技术的提高,在滑雪场坡道上受伤的事故率已明显下降——从1950年的0.9%下降到1980年的0.3%。而其他与滑雪相关的事故,即发生在滑雪场而不在坡道,却从1950年的10%上升到1980年的25%。这些事故,如绊倒等,随着每个滑雪者饮酒量的上升而上升。

从上文中能推出以下哪项陈述?

(A) 随着滑雪场坡道上事故的减少,其他与滑雪相关的事故数量明显增加。

(B) 雪橇和捆绑技术的提高影响到与滑雪相关的各种事故的发生率。

(C) 1980年发生在坡道上的事故占全部与滑雪相关事故的比例小于1950年的比例。

11. 在大的住宅区,饲养宠物是被禁止的,一个宠物爱好者组织试图改变这个规定,结果失败了。因为住宅区规则变更程序规定:只有获得10%的住户签字的提议,才能提交全体住户投票表决。最终这些宠物爱好者的提议被大多数居民投票否决了。

以下哪项陈述是上述论证所依赖的假设?

(A) 宠物爱好者成功地得到了10%的住户的签字。

（B）宠物爱好者只得到了少于10%的住户的签字。

（C）90%的住户不同意改变禁止饲养宠物的规定。

12. 暴力犯罪已经成为这个小镇的一个严重问题,与去年相比,当地执法机构已经接到了比去年多了17%的关于暴力犯罪的投诉。这表明当地的居民成为暴力犯罪的受害者的可能性,平均来说在增大。

以下哪项陈述为真,最不支持上述论证?

（A）总体来说,60岁以下的人与60岁以上的人相比,更不容易成为暴力犯罪的受害者。

（B）由于小镇上各个社区的努力,越来越多的人乐意将暴力犯罪告知到合法的权力机关。

（C）社区官员们透露说有一小部分惯犯制造了这个小镇大部分的犯罪。

13. 一个随机抽取的顾客样本群体对一项市场调查中的问题做了回答。6个月后,另一个随机抽取的顾客样本群体回答了相同的问题,只是问题排列的顺序有所调整。两组样本对许多单个问题的回答方式却有很大的差别,这表明有时只因问题的排列顺序不同就会导致对问题的不同回答。

上述论证依赖以下哪项假设?

（A）对问题的重新排列并没有使6个月前的每一个问题的前后顺序都发生变化。

（B）调查中不含这样的问题:顾客在一年中的不同时间会对这些问题做出不同的回答。

（C）第一次调查样本中的顾客与6个月后第二次调查样本中的顾客完全不同。

14. 《拯救地球》这本书的说服力,足以使每位读者都注意到环境保护主义者要传达的信息。地球村的成员上个月赠送出了2000本《拯救地球》,地球村的人据此宣布,上个月又至少有2000个人加入了环保主义者的阵营。

以下哪项陈述是上述论证所依靠的假设?

（A）在地球村成员赠书的一个月期间,没有其他组织同时赠书。

（B）所有收到地球村成员赠书的人，在收到书以前都不是环保主义者。

（C）每个收到赠书的人都会支持地球村的环保项目。

15. 检测系统 X 和 Y 所依据的原理不同，却都能检测出所有的产品缺陷。但是，它们也都会错误地淘汰 3% 的无缺陷的产品。由于误测会造成较高的检测成本，所以通过安装这两套系统，而不是其中的一套系统，而且只淘汰两套系统都认为有缺陷的产品，这样就会省钱。

上述论证所依靠的假设是：

（A）X 系统误测的 3% 无缺陷的产品与 Y 系统误测的不完全相同。

（B）X 系统误测的 3% 无缺陷的产品与 Y 系统误测的完全相同。

（C）在同等价格的产品中，X 和 Y 系统是市场上最少出错的检测系统。

16. 立法者：我们不应当在政府所创造的就业项目上浪费纳税人更多的钱。在这个项目开始实施后，该国的失业率实际上是上升了，显然，这个项目是失败的。

以下哪项陈述是立法者的论证所依赖的假设？

（A）如果创造就业的项目不存在的话，失业率不会比现在升得更高。

（B）现在的失业率高于创造就业项目开始前的任何一个时期。

（C）在减少失业方面，其他的政府项目不比创造就业项目更有效。

17. 加入 W 旱冰俱乐部的要求之一是具备滑旱冰的高超技艺。该俱乐部主席曾表达了这样的忧虑：今年俱乐部在批准接纳会员时，可能会歧视已经具备资格的妇女。但是，今年获准加入俱乐部的申请者当中有一半是妇女。这说明今年俱乐部在接纳会员时没有歧视具备资格的女性申请者。

上述论证的结论所依赖的假设是：

（A）在 W 旱冰俱乐部只有半数滑旱冰的人是妇女。

（B）在 W 旱冰俱乐部，在滑旱冰的人中男人只占半数。

（C）在今年具备加入俱乐部资格的全部申请者中，妇女只占半数。

18. 直到1984年,只有阿司匹林和退热净分享利润丰厚的非处方止痛药市场。然而在1984年,据预测布洛芬占据了非处方止痛药销售量的15%。因此,商业专家预测1984年阿司匹林和退热净合计的销售量将下降15%。

商业专家的预测所基于的假设是:

(A) 大多数消费者倾向于使用布洛芬而不是阿司匹林。

(B) 生产和销售退热净和阿司匹林的公司不生产销售布洛芬。

(C) 布洛芬的投入不会增加非处方止痛药市场的总销量。

19. 美国某州对在辖区内购买的大多数商品征收其价格7%的销售税,因此,如果这项税收被视为一种收入税的话,它与联邦收入税政策的要求正好相反:即收入越低,每年被征收的收入税的比率就越高。

以下哪项陈述被假定为前提,可以适当地得出上文的结论?

(A) 不同收入水平的人在该州税法适用的产品上所花费的钱数是相同的。

(B) 联邦收入税对高收入的人有利,而该州的销售税则对低收入的人有利。

(C) 一个州的销售税越低,越倾向于把较富的人的收入再分配到社会的其他人那里。

20. W公司每年向顾客销售几百万盘录像带,每盘售价25美元,利润为10美元。然而,由于人们以低得多的价格购买非法盗版的录像带,W公司在蒙受损失。到目前为止,已有100万盘盗版录像带以5美元一盘的价格售出。所以,盗版行为已使该公司至少损失了1000万美元的潜在利润。

以下哪项陈述是上述论证所依赖的假设?

(A) 一盘盗版录像带的单价不会再低于5美元。

(B) 如果没有盗版录像带,W公司至少能以每盘25美元的价格多售出100万盘录像带。

(C) 盗版录像带的质量很好,以至于很难区分哪些是盗版的,哪些是原版的。

21. 在美国西部的公共土地放牧,没有给这一地区带来广泛的环境危害,否则那片土地的环境条件就不会改进。在 20 世纪 30 年代,这一地区的公共土地有 36% 的土地植被覆盖不足,目前却只有 14% 的土地植被覆盖不足。

以下哪项陈述为真,最严重地削弱了上述论证?

(A) 美国西部的私有土地比公有土地植被茂盛,在私有土地上牧养的牛群膘肥体壮。

(B) 目前在西部公有土地上开展的娱乐项目对环境的破坏,比在此放牧造成的破坏严重得多。

(C) 20 世纪 30 年代发生过一场罕见的干旱,波及了美国西部公有土地的绝大部分地区。

22. 在今年的上半年,大约销售了 300 万台录像机,这个数字只是去年销售的录像机总量的 35%。所以,今年录像机的总销售量势必要低于去年。

以下哪项陈述为真,最严重地削弱了上文的结论?

(A) 去年销售的录像机总量比前年低。

(B) 大多数想拥有一台录像机的人都已经购买了一台。

(C) 一年中录像机的销售量有 70% 通常都是在 11 月和 12 月售出的。

23. 垃圾处理公司收集垃圾用来填平地面和焚烧植物,公司的报告中说,无法处理的塑料在他们处理的垃圾中所占的比例逐渐增加。很明显,试图减少人们扔在垃圾箱中的塑料总量的努力失败了。

以下哪项陈述为真,最严重地削弱了上述论证?

(A) 塑料在燃烧时产生有害污染物,由垃圾处理公司处理的塑料都被埋到地下了。

(B) 过去由垃圾公司处理的纸、玻璃、金属罐现在越来越多地被重新回收利用了。

(C) 使用塑料包装的产品的百分比正在增加,生产出来的塑料的总量却仍然保持不变。

24. 为一份国际经济学时事通讯做调研的人口统计学家们宣称,K 国的人均收入远远低于 B 国的人均收入,但他们同时宣称,K 国的贫困现象相对很少,而 B 国却有过半的人口生活在极端的贫困中。所以,人口统计学家们的观点至少有一种是错误的。

上述论证最易于受到以下哪种批评的攻击?

(A) 它拒绝接受有关两国人均收入的经验性主张,却没有通过提供进一步的经济方面的证据来证实这种主张不可信。

(B) 它忽视了这种可能性:两国生活在贫困中的人口比例不同,但这两个国家中生活在贫困中的人口总数也许是相同的。

(C) 它没考虑到这种可能性:与 B 国的收入不一样,K 国所有人的收入可能非常接近该国的人均收入。

25. 最近,航空公司通过打四折的票价来吸引旅客。由于低价票只能在飞机起飞前两天才能买到,航空公司希望通过提高售票的数量来推动总收入的增长。不过,这不是一个好主意,因为那些本来该买全票的商业旅客会乘机买减价票,并由此而减少了票价的收入。

以下哪项陈述为真,严重地削弱了上述论证的看法?

(A) 乘机购买折价票的商人比被折价票吸引来的其他乘客的数量多。

(B) 航空公司必须满负荷或接近满负荷运转,才能显示出这种做法所带来的利润。

(C) 绝大多数的商业旅行者都必须提前两天以上安排他们的旅行日程。

26. 对公司的大量抽样调查表明,公司总裁的平均年龄是 57 岁。20 年前,这些公司总裁的平均年龄大约要比现在年轻 8 岁。基于这些数据,我们认为现在公司总裁的年龄在总体上偏大了。

以下哪项陈述对上文推出的结论提出了最严重的质疑?

(A) 公司总裁获得现在职位的时间没有被明确说明。

(B) 资料仅仅来源于已经至少运营 20 年的公司。

(C) 没有提供对有关公司抽样的准确数目。

27. 在 2500 个首次心脏病发作幸免于死的人当中,不抽烟的人平均在 62 岁首次发作心脏病。但是,在这 2500 人当中,每天抽两包烟的人平均在 51 岁首次发作心脏病。所以,不抽烟者比每天抽两包烟者要晚 11 年首次发作心脏病。

从所给的材料得出的结论是错误的,因为这个材料没有包括:

(A) 抽烟者和不抽烟者所遭受的心脏病发作的相对严重性。

(B) 被研究的 2500 人中有多少遭受了第二次心脏病发作。

(C) 没有提供在第一次心脏病发作中幸免于死的人的数据。

28. 在今年出售大学考古博物馆时,人们对收购馆藏品的报告的准确性产生了疑问,为了预防争吵,今年的报告由其他大学的三个考古学家来复审,因为这三个人会被允许查阅一切与报告有关的档案和资料。他们肯定可以判断报告是否准确。

上文论证的推理是错误的,因为:

(A) 没有说明这三个考古学家是否有权查阅许多年以来的馆藏记录。

(B) 忽略了一些与报告无关的文件可能会提及馆藏的出售和购买的信息。

(C) 没有说明该博物馆的规模和馆藏品的价值。

29. 据有关部门的统计资料表明:约有 7600 万职业妇女有学龄前的子女需要照顾,约有 6400 万妇女是家庭中唯一有收入的人。从这些数据中可以看出,有学龄前子女需要照顾而不是家庭中唯一有收入的妇女在职业妇女中所占的数量较少。

上述推理的严重错误是:

(A) 忽略了两个数据所描述的被调查者没有或仅有少部分重叠的可能性。

(B) 忽略了有学龄前子女的家庭也有较大的子女的可能性。

(C) 没有提供关于男人是家庭唯一有收入者的信息。

30~31:美国人口的总体平均寿命是 73.9 岁,但在夏威夷出生的人平均能活到 77 岁,而在路易斯安那出生的人平均才活到 71.7 岁。如果一对从路易斯安那来的新婚夫妇在夏威夷开始他们的家庭生活,那么,他们的小孩预计将比他们留在路易斯安那活得更长。

30. 以下哪项陈述为真,最严重地削弱了上文得出的结论?

(A) 路易斯安那州的州长错误地宣称关于该州的统计数据是不

准确的。

（B）夏威夷现有人口的长寿在很大程度上是由遗传的因素决定的。

（C）绝大多数的夏威夷岛屿的空气污染大大低于美国全国的平均值。

31. 以下哪项陈述为真,最能强化上文得出的结论?

（A）对长寿有利的环境因素在夏威夷非常多,在路易斯安那却相对较少。

（B）在所有移居到夏威夷的路易斯安那人中,有25%的人寿命长于77岁。

（C）在过去的10年中,路易斯安那人平均预期寿命的增长率高于夏威夷人。

32~33：尽管奇异和幻想类作品是世界文学的一部分,但直到最近幻想类作品在北美才有所复兴。在过去20年里,为成人创作的幻想类小说在所有成人阅读的小说中的销售比例从1%上升到了10%,同一时期,对这类小说的各种评论也有明显的增加。一些书商认为,幻想类小说销售量的上升主要得益于有促销作用的书评。

32. 以下哪项陈述为真,最严重地削弱了书商对幻想类小说销量上升的解释?

（A）出版商经常以小说是否会获得满意的评论为标准来选择出版的书籍。

（B）几乎没有幻想类小说的读者看那些评论并据此作出购买书籍的选择。

（C）对许多新出版的幻想小说的评论同时涉及以前出版的著名的幻想类作品。

33. 以下哪项陈述为真,最能强化书商对幻想类小说销量上升的解释?

（A）由于生活的复杂和艰难使许多读者喜欢阅读像幻想类小说这样的富有喜剧色彩的作品。

（B）幻想类小说的主要出版商近10年来针对这些读者采用了特

殊的广告方式。

（C）幻想类小说受到著名评论家的评论后,读者从中认识到幻想类小说也适合于成人阅读。

34. 过去几十年来,在高等教育计划招收的学生中,女生所占的比例呈上升的趋势,以下的事实部分地表明了这一点。1989 年,20~21 岁的女性中只有 11% 被招进了大学；1999 年,20~21 岁的女性中却有 30% 被招进了大学。

对 1989 年和 1999 年在以下哪方面特征的比较最有助于评价上述论证?

（A）20~21 岁的女性中未被招进大学的比例。

（B）20~21 岁的女大学毕业生在女性中所占的比例。

（C）20~21 岁的男性中被招进大学的比例。

35. 对某种溃疡最常用的一种疗法可在 6 个月内把 44% 的患者的溃疡完全治愈。治疗这种溃疡的一种新疗法在 6 个月的试验中,有 80% 的溃疡经治疗得到了明显的好转,61% 的溃疡经治疗痊愈。由于在实验中治疗的溃疡比平均的病情更严重,因此,这种新的疗法显然在疗效方面比最常用的疗法更显著。

对以下哪个问题的回答最有助于评价上述论证?

（A）使用这两种治疗方法的成本是否存在很大差别?

（B）在 6 个月内用最常用的疗法医治该种溃疡的患者中,取得明显好转的比例是多少?

（C）在参加 6 个月新疗法实验的患者中,对好转不满意的患者占多大比例?

36. 一篇译文总是反映了译者的写作风格。有时一篇较长的公文需要很快翻译出来,几位译者同时工作,每人负责翻译一部分。在这种情况下,结果通常是译文打上了不同人的特征,而且写作风格经常不协调。某些语言翻译的计算机程序翻译起来则不受译者的干扰,并且比人译得快,译文风格统一,翻译的准确率达到 80%。所以,一旦一篇较长的公文需要很快翻译出来时,最好使用计算机程序而不用人工翻译。

在评估这一论证时,以下哪一个问题的重要性最小?

（A）译文风格多样的问题是否可以通过给译者一个风格上统一的标准得到解决？

（B）计算机翻译程序是否像人工翻译者一样,各有不同的写作风格？

（C）计算机翻译是否有语法和语义上的错误,这种错误是否会使文本的含义有重大的改变？

37. 以下诸项结论都是根据1998年度某公司的雇员向部门负责人呈报的报销单统计做出的。

此项统计做出后,额外报销单证的发现对以下哪项结论的准确性影响最小？

（A）会计部只有15位职员提供报销单,声明至少花费500元。

（B）销售部至少有25位职员提供报销单,声明至少花费35000元。

（C）生产部不多于500位职员提供报销单,声明花费不多于2000元。

38. 政府每年都公布对G海域鳕鱼储量的估计数值,这个数值是综合两个独立的调查数据得出的,一个是根据研究考察船每年一次的抽样捕捞量做出的;另一个是以上一年商用渔船单位捕捞量(在一公里长的范围撒网停留一小时所捕捞的鳕鱼量)的平均吨位数为基础而做出的。在过去的几十年中,这两项调查所得到的数据是非常近似的,而在最近10年中,基于商用渔船单位捕捞量的调查数据明显上升,而基于研究考察船抽样捕捞量的调查数据却明显下降。

以下哪项陈述能够解释两项调查数据差异的不断变大？

（A）商用渔船通常超额捕鱼,并且少报数量。

（B）过去的10年中,技术的进步使商用渔船能准确地发现大鱼群的位置。

（C）研究考察船只用30天的时间采集鳕鱼样本,而渔船则全年捕捞。

39. 环境科学家:确实,在过去的10年中,政府为保护沼泽的拨款增加了6倍,而需要保护沼泽的总面积只增加了2倍(虽然10年前这个总面积就已经很大了)。即使把通货膨胀因素考虑在内,拨款也至少是10年前的3倍。但是,目前政府保护沼泽的拨款还是远远不够的,需要增加。

以下哪一项最能够协调环境科学家论点与论据之间的不一致?

(A) 在过去10年中,政府聘请的保护沼泽的科学家的工资涨幅高于通货膨胀率。

(B) 现在有更多的人,包括科学家和普通人,都在努力保护包括沼泽在内的自然资源。

(C) 与现在不同的是,10年前保护沼泽的拨款几近于无。

40. 一个社会的婴儿死亡率通常标志着这个社会的一般健康水平。虽然在美国的部分地区婴儿死亡率比发展中国家还要高,但从美国全国的总体比率来看,婴儿死亡率一直是持续下降的。不过,这种婴儿死亡率的下降却不足以表明美国现在的婴儿在出生时的一般健康水平比以前好。

以下哪项陈述为真,对上文中明显的不一致能提供最好的解释?

(A) 作为总体比率的婴儿死亡率的数字掩盖了个别地区的缺陷。

(B) 美国获得了足以挽救早产和体重不足的婴儿的高超技术,这些婴儿需要在医院里延长寿命。

(C) 婴儿没有得到抚养者精心的照料而影响了他们的成长,并且使他们的体重增长缓慢。

三、评估因果论证

01. 一种在所有葡萄中都含有的化学物质可以帮助人们降低血液中的胆固醇,这种化学物质也存在于红葡萄酒和葡萄汁中,但在白葡萄酒中却不存在。红葡萄酒和葡萄汁都是用整个的葡萄制作的,而制作白葡萄酒却不用葡萄皮。

如果以上陈述为真,最能支持以下哪项结论?

(A) 经常饮用像红葡萄酒或白葡萄酒这样的饮料能显著降低血液中的胆固醇。

(B) 红葡萄的皮而不是其他葡萄的皮中含有降低血液胆固醇的化学物质。

（C）降低血液胆固醇的化学物质在葡萄的皮中而不在葡萄的其他部分中。

02. 未来深海水下线缆的外皮是由玻璃制成的,而不是特殊的钢材或铝合金。原因是金属具有颗粒状的微观结构,在深海的压力之下,粒子交结处的金属外皮易于断裂。玻璃外皮就不会有这种情况,玻璃看起来是固体,但它在压力之下可以流动,所以可将它视为液体。

以下哪项陈述最有可能从上文中推出?

（A）液体没有颗粒状的微观结构。

（B）被称为固体的东西只不过是移动极其缓慢的液体。

（C）只有断裂的玻璃是微观粒状的。

03. 数学教员指定一些修读微积分的学生参加由学生自己组织的研讨班。由于参加研讨班的学生比未参加的学生在该门课中获得了较高的结业平均成绩,所以,学生取得微积分的优异成绩应归功于他们参加了研讨班。

以下哪项陈述是上述推理所依赖的假设?

（A）参加研讨班的学生本来不比那些未参加的学生有更好的基础或更大的学习动力。

（B）参加微积分研讨班所花的时间不会对其他课程的成绩有显著的不利影响。

（C）参加研讨班的学生比那些未参加的学生从教师那里得到了更多的个别关注。

04. 孩子看的电视越多,他们在数学知识方面的能力就越差。美国有 1/3 以上的孩子每天看电视超过 5 个小时,而在韩国这个数字只是 7%。但是,在美国能理解高等测量和几何概念的孩子少于 15%,而在韩国却有 40% 的孩子具有这方面的能力。所以,如果美国的孩子想学好数学,他们就必须少看电视。

以下哪项陈述是上述论证所依赖的假设?

（A）美国的孩子在高等测量和几何概念方面的兴趣比韩国孩子的兴趣低。

（B）如果每天看电视少于 1 小时,孩子在高等测量和几何方面的能力就会提高。

（C）美国的孩子在高等测量和几何方面所接受的教育一点也不比韩国的孩子差。

05. 两组儿童在一起玩耍,一组曾看过具有暴力行为的电视节目,另一组没看过。在玩耍中,看过有暴力镜头电视节目的孩子比那些没看过的孩子有更多的暴力行为。因此,若想阻止那些孩子在玩耍中的暴力行为,就不能允许他们观看具有暴力镜头的电视节目。

以下哪项陈述是上述论证依赖的假设?

（A）发生在实际中的暴力行为与观看暴力行为没有必然联系。

（B）在导致两组孩子的行为差异上,没有其他不同的原因。

（C）受到暴力对待的孩子应当以暴力来回报。

06. 同卵双胞胎的大脑具有相同的遗传基因。当双胞胎中只有一个是精神分裂症患者时,患者大脑中的某部分小于双胞胎中另一个未患病的大脑的相应的部分,而当双胞胎中的两个人都不是精神分裂症患者时,则没有这样的区别。所以,精神分裂症肯定是由于大脑的某部分的生理结构遭到损坏导致的。

以下哪项陈述是上述论证所依赖的假设?

（A）患精神分裂症的人的大脑小于任何没有患精神分裂症的人的大脑。

（B）精神分裂症患者脑中相对较小的部分不是由精神分裂症或药物的使用造成的。

（C）同卵双胞胎中一个人的大脑平均不比非双胞胎的人的大脑小。

07. 作为一个促销实验,欧米加公司分发了400万份产品目录。该目录有两种版本,其中的一种对所售的每种产品的描述都有一个提到"手工制造"的标签,收到这种目录的消费者的购买量,比收到没有提到这种标签目录的消费者的购买量要多20%。所以,提及这个标签起到了促销的作用。

以下哪项陈述为真,最有力地削弱了上文的结论?

（A）收到有标签提示的消费者以前用过这家公司的产品,收到没有标签提示目录的消费者则没用过。

（B）调查表明在促销活动期间,不论消费者得到的是哪种目录,他们购买和退货的速度都相等。

（C）欧米加公司寄出的提到"手工制造"标签的目录比没提到这种标签的目录多20%。

08. 警察在某地区新实施了一项措施,对凌晨1~5时通常不使用的汽车,在车窗上装饰一种特殊的贴花,准许警察在1~5时之间拦截带有这种特殊贴花的汽车,检查驾驶员的执照。结果发现：带有这种特殊贴花的汽车失窃率比从前大大降低了。

回答以下哪个问题对评价上文中的结论最重要？

（A）汽车所有者是否采取了其他足够谨慎的防止汽车被盗的特殊措施？

（B）该地区究竟有多少汽车采用了警察实施的新措施？

（C）该地区积极采用这项新措施的汽车是否有时在白天被盗？

09. 人们发现用不同材料制作的、具有不同形状的摆,只要摆的长度相同,它们摆动时的振动周期就相同。所以,摆的长度是摆振动周期相同的原因。

以下哪项论证中的推理与上述论证中的最相似？

（A）食品研究人员把两块同样的鲜牛肉同时放上大肠杆菌,其中一块经过辐照后长时间内仍然保持新鲜,而另一块没有经过辐照的牛肉很快就腐烂了。所以,利用辐照的放射线杀死大肠杆菌是使牛肉保鲜的原因。

（B）棉花能保温,积雪也能保持地面温度。据测定,新降落的雪有40%—50%的空气间隙,棉花是植物纤维,雪是水的结晶,很不相同,但两者都是疏松多孔的。由此可见,疏松多孔是保温的原因。

（C）某国家近年来的流通货币量有所增加。随着商品总量的增加,近几年来货币流通速度并没有发生变化,但是,流通中的货币量却超过了商品总量增加值的15%。因此,这个国家的物价在近几年内上涨了15%。

10. 一种海洋蜗牛产生的毒素含有多种蛋白,把其中的一种给老鼠注射后,会使只有两星期大或更小的老鼠陷入睡眠状态,而使大一点的老鼠躲藏起来。当老鼠受到突然的严重威胁时,非常小的那些老鼠的反应是安静地待着,较大的那些老鼠会逃跑。

以上陈述的事实最有力地支持了以下哪项假说?

(A) 老鼠对突然的严重威胁的反应受其体内生成的一种化学物质的刺激,这种物质与注射到老鼠体内的蛋白相似。

(B) 如果给成年老鼠大剂量地注射这种蛋白,也会使它们陷入睡眠状态。

(C) 非常小的老鼠还没有生长出正常应付常见遭遇的足够的激素。

11. 售货员:显像管是任何一台电视机的核心元件,P 牌电视和 T 牌电视使用相同质量的显像管。由于 P 牌电视的价格较低,所以,当你购买 P 牌电视时,等于用较低的价钱买到了图像质量相同的电视。

售货员的结论以如下哪项陈述为假设?

(A) 电视的图像质量只由显像管的质量来决定。

(B) 售货员销售 P 牌电视赚的钱少于销售 T 牌电视的。

(C) 售货员每天卖出的 P 牌电视比 T 牌电视多。

12. 光线的照射有助于缓解冬季忧郁症。研究人员曾对 9 名患者进行研究,他们均因冬季白天变短而患上了冬季抑郁症。研究人员让患者在清早和傍晚各接受 3 小时伴有花香的强光照射。一周之内,7 名患者完全摆脱了抑郁,另外两人也表现出了显著的好转。由于光照会使身体误以为夏季已经来临,于是治好了冬季抑郁症。

以下哪项陈述为真,最能削弱上述论证的结论?

(A) 在实验中使用花香伴随,这对改善患者的病情也有不小的作用。

(B) 9 名患者中最先痊愈的 3 位均为女性,男性患者治疗的效果较为迟缓。

(C) 每天 6 小时的非工作状态对抑郁症患者的康复起了重要的作用。

13. 家畜具有某些由这些物种进化的历史所形成的行为倾向。由于在这些动物身上强加一种与它们的行为倾向相冲突的组织安排,现行的农场管理实践比那些更符合这些动物的行为倾向的管理实践更严重地导致这些动物的痛苦和压抑,因为这些动物倾向于抵抗这类组织安排,现行的管理实践也比其他的农场管理实践更缺少效率。

如果以上陈述为真,以下哪项结论能从上文中适当地推出?

(A) 某些家畜的行为倾向可能会通过有效的农场管理实践而得到改善。

(B) 为了有效地完成农场管理实践,有必要了解家畜的进化史。

(C) 在减少家畜的痛苦和压抑方面所做的某些改善,能导致效率的提高。

14. X公司的生产效率受到损害的原因是雇员们对电话的滥用。管理者决定每两个雇员共用一部电话后,生产效率便明显提高了,而且没有引起雇员们的不满。但是,当公司为了提高生产效率而把电话全部撤销时,遭到了雇员协会的强烈抗议。

以下哪项中的推理与上述的最相似?

(A) 某个地区空气质量下降是大量燃烧有机燃料造成的。环境部门禁止在这一地区使用燃煤取暖后,该地区的空气质量有了明显的改善。如果禁止燃烧一切有机燃料,那么这一地区的空气质量将会彻底得到改善。

(B) 狗的喂养者发现,当他削减狗的食物时,狗却变得更加健壮。为了最大限度地使他的狗变得健壮,他将根除狗的所有食物。

(C) 城市交通干道建设得越宽,吸引来的汽车越多。由于交通干道拓宽的空间是有限的,所以,只靠重点建设交通干道不能彻底解决城市交通阻塞的问题。

15. 在过去的几个世纪里,北美的主要能源经历的几次转变,先是从木头到煤,然后是从煤到石油和天然气。在每次转变时,新的、占主流的燃料与以往相比都是含碳越来越少,含氢越来越多。合乎逻辑的结论是:未来主要的能源将是纯粹的氢。

以下哪项表述了支持上述论证的潜在的一般原则?

(A) 假如从一个系统的某一状态向该系统的另一状态的转变能

够接连不断地发生,那么,其最终的状态将会复现。

(B) 假如两种能够满足人们需要的属性同属于一个有用的物体,那么,该物体的最佳形态就是使这两种属性平分秋色。

(C) 假如一个事物变化的每一步都包含一种属性的削弱和另一种属性的增长,那么,当该变化结束时,第一种属性就会消失,而只剩下第二种属性。

16. 一项有关国家气象服务局的风暴检测雷达系统的测试表明,1977年的雷达系统比新的计算机化系统可靠十倍。因此,用于新雷达系统的技术一定没有用于1977年的雷达系统中的技术复杂精密。

上述论证的结论依赖以下哪项有疑问的假设?

(A) 检测风暴的雷达系统的可靠性是由故障发生的频率决定的。

(B) 检测风暴的雷达系统所使用的技术的复杂精密程度是由该系统的可靠性决定的。

(C) 检测风暴的雷达系统的可靠性是由它们预测天气形势的准确性决定的。

17. 由于外科医生数量增加的速度比手术数量增加的快,同时,由于不开刀的药物治疗在越来越多地代替外科手术,近年来每个外科医生的年平均手术量下降了四分之一。可以推断,这种趋势如果持续下去,外科医术水平会发生大幅度下降。

以上论证基于以下哪项假设?

(A) 外科医生的医术水平不可能保持下去,除非他以一定的最小频率做手术。

(B) 外科医生现在将他们的大部分时间用在完成不用开刀的药物治疗工作上。

(C) 某些经验丰富的外科医生目前所做的手术比他们通常所做的量要大得多。

18. 当CD刚进入市场时,它们的价格远远高于磁带,生产商说这是由于采用了不同寻常的新技术导致生产CD的高成本所造成的。随着生产技术的日益成熟,CD的价格的确下降了,而长期生产的磁带的价格反而上升了。

以下哪一项最好地解释了上文中磁带价格的上升?

(A) 消费者十分肯定 CD 提供的高品质的音响效果,并愿意为此付出更高的价格。

(B) 消费者更多地购买 CD,磁带的生产不断萎缩,生产成本随着销量下降而上升。

(C) 当 CD 刚进入市场时,人们仍购买磁带,而不愿花高价购买使用 CD 的设备。

19. 卡尔契斯是由火山岩石构成的地区,其中布满了沟渠,从史前的冰川地点流向一条河流。这些沟渠明显地是由流动的河水冲凿而成的。冲凿是在冰川溶化时逐渐发生的,这一点已被当作事实加以接受。但是,一个地理学家得出如下结论:沟渠是在短时间内由巨大的洪水冲凿而成的。沟渠确实显示出迅速形成的地形的根据,但是,洪水理论一开始就遭到排斥,因为科学家了解到没有出现过使那么多的冰忽然融化的大自然进程。矛盾的是,今天的科学界却普遍接受了洪水理论,尽管他们仍然不知道何以使那么多的冰忽然融化的大自然进程。

以下哪项合理地解决了上面论述中所描述的矛盾?

(A) 暗示沟渠是由水冲凿的波纹已在沟渠的地表上发现。

(B) 人们知道卡尔契斯在许多方面与其他火山岩的形成相似。

(C) 科学家现在相信史前冰川曾拦阻一片水源,逐渐形成一片大湖,然后退缩。

20. 有一项实验的内容是:受试者被要求从一大堆抽象的图样中识别出一个样式,然后选择另一种图样来完善这个样式。实验的结果令人吃惊,在实验中表现最出色的受试者正是那些脑神经细胞耗能最少的人。

以下哪项假说最能够解释此项实验中的发现?

(A) 当受试者尝试识别样式时,其脑神经细胞的反应比作其他类型的推理少。

(B) 较善于识别抽象样式的人具备更有效能的脑神经联系。

(C) 当最初被要求识别的样式选定后,受试者大脑消耗的能量增加。

21. 一位老师拿着两幅画来到了教室。她说第一幅曾经悬挂在著名的博物馆内,而另一幅则出自一位不知名的业余爱好者之手。老师问及哪一幅画较好,班里的同学都选了第一幅。这位老师后来又以同样的顺序把这两幅画带到另一间教室,这一次她说第一幅出自业余爱好者之手,第二幅曾经悬挂在知名博物馆内。在这个班级,同学都认为第二幅画较好。

如果以上陈述为真,最强的支持了以下哪项陈述?

(A) 大多数学生不会喜欢任何他们认为是出自无名业余爱好者之手的艺术作品。

(B) 一些学生在判断画作的问题上会受到他们被告之的有关历史背景的影响。

(C) 每个学生都更喜欢挂在所有知名博物馆中的画作。

22. 在一项研究中,让幼猴在作为妈妈的两个替身中做出选择,前者是配有奶瓶身着金丝绣服装的替身,后者是配有奶瓶身着在柔软的小山羊皮上绣着金线的服装的替身,它们毫不犹豫的选择了后者。当它们面临配有奶瓶身着金丝绣服装的替身和身着在柔软的小山羊皮上绣着金线的服装但不配奶瓶的替身这种选择时,它们毫不犹豫的选择了前者。

上文中的信息为以下哪项陈述提供了最大的支持?

(A) 幼猴对温暖和舒适的欲求和对食物的欲求几乎是同样强烈的。

(B) 对幼猴来说,小山羊皮不如其他动物的毛皮更像妈妈的皮毛。

(C) 幼猴对食物的欲求强于它们对温暖和舒适感的欲求。

23. 在一个最近的研究中,A 组(由 65~75 岁的人组成)和 B 组(由大学生组成)被要求在一个规定的时间打一个电话,号码是固定的,每个电话开始时会自动记录。在记起要在规定的时间打电话方面,A 组做的要比 B 组好得多。B 组有 14 次遗忘,而 A 组只有 1 次遗忘。很明显,至少这种类型的记忆不会随着年龄的增长而衰退。

如果以下各项陈述都为真,哪种说法对于得出上述结论的帮助最弱?

（A）两个组中参加实验的人数是相同的。

（B）由一组共同的研究者接听这两组被研究者打来的电话。

（C）两个组在拨打电话前,得到的提示次数大约是相同的。

24. 陨石撞击地球所形成的陨石坑在地球上的不同地区都有,但是,在地质较稳定的地区出现的最为密集。这种陨石坑相对密集的现象,肯定是由于地质稳定地区有较少的地表变化所造成。

以下哪项陈述是上述论证所依赖的假设?

（A）一个落在先前陨石所落下的同一地点的陨石,会抹掉上一次碰撞的所有痕迹。

（B）在整个地球的历史上,陨石的碰撞均匀地分布在地球表面的各个地方。

（C）地质学家对地球上地质较稳定地区的研究比对缺乏稳定性地区的研究更广泛。

25. 虽然普遍的猜想认为地表以下深层的地方对微生物的存活来说太热了,一些科学家还是争辩说那里有与地表隔绝了数百万年的活的微生物群体,这些科学家立论的根据是:从1.74英里深的钻孔里取出的样本物质中发现了活的微生物。

以下哪项陈述是这些科学家的论证所依赖的假设?

（A）这些出自地下的微生物与先前科学家所熟知的物种相关。

（B）得到样本的地层从地球形成时就一直在地表以下。

（C）这些微生物不是由接触地表土壤的钻机设备带入地下的。

26. 由一组有经验的研究人员做出的一项实验结果报告是有争议的,科学家尝试重复这项实验但没有得到与上述报告相同的结果。指导这一重复实验的科学家从中得出的结论是:原先报告的结果是由于错误的测量方法造成的。

指导这一重复实验的科学家的论证假设:

（A）原先的实验没有被描述得足够详细致使完全重复这一实验变得不大可能。

（B）最初报告的结果引起争议这一事实本身说明这些结果很可能是错误的。

（C）重复实验不会像最初的实验那样被错误的测量方法所损害。

27. 解释恐龙以及其他种类动物灭绝的一个受到特别注意的理论是小行星和地球相撞造成的全球性灾难所致。支持这一理论的论据是在世界范围内发现的泥土层里有外星的化学因素，这一泥土层是处于和假定事件同时发生的地质层里。一种新的不同意见认为，这和任何小行星的影响都无关，原因是巨大的火山运动把大量的灰尘抛入空气中致使地球冷却下来从而引起生物灭绝。

以上论述中火山理论的假设是：

（A）巨大的火山运动不是由小行星撞击地球造成的。

（B）如果小行星和地球相撞确实发生过的话，没有一个恐龙能幸免于难。

（C）生物灭绝如果是由于小行星的影响而造成的，毁灭的时间会很短。

28. 地壳中的沉积岩是随着层状物质的聚集，以及上层物质的压力使下层的沉积物硬化为岩石而形成的。一个含有非常丰富的铱元素的沉积岩层，被认为是支持约6亿年前陨石撞击地球理论的有力证据。陨石中的铱元素含量远远高于地壳的含量，陨石对地球的撞击在地球的大气层中生成了巨大的富含铱元素的尘埃云层，当这些尘埃落到地面之后，随着新的层面的积累，就形成了这层富含铱元素的沉积岩。

以下哪项陈述为真，最严重地削弱了上文中提出的理论？

（A）题干所提到的巨大的尘埃云层，会隔断太阳光对地球的照射，从而降低地球表面的温度。

（B）无论是否含有铱元素，沉积岩的不同层面都能用来确定史前事件发生的时间。

（C）6亿年前大规模的火山爆发形成了这个富含铱元素的尘埃云层。

29. 食品上的细菌能在塑料砧板表面存活数天，使用木质砧板，细菌则几乎能立即渗入砧板而使其表层不受污染。因而，使用木砧板无需像塑料砧板那样需要冲洗，以免污染在它上面切割的食物，只要扫除表面的食物残渣就足够了。

以下哪项陈述是上述论证所依赖的假设？

（A）冲洗塑料砧板不能除去它表面上的所有细菌。

（B）与塑料砧板相比，木砧板的唯一优点是防止细菌污染。

（C）渗入木砧板的细菌在木砧板被用过之后不会再回到砧板表面上来。

30. 大众意识到血液中的高胆固醇含量有导致血栓而引起中风的危险。但是，血液中的低胆固醇含量会增加另一种致命的危险——脑动脉胀裂造成的脑出血。血液中的胆固醇扮演着维护细胞膜的重要角色，血液中的胆固醇含量偏低会削弱血管壁而使之易于断裂。这个结论支持了日本学者的观点：西方的日常饮食比非西方的日常饮食更有益于抵抗脑出血。

上述论证所依赖的假设是：

（A）西方的饮食比非西方的饮食更有益于健康。

（B）西方的饮食比非西方的饮食会导致更高的胆固醇含量。

（C）血液中的高胆固醇含量能防止血管壁变得脆弱。

31. 这里有一个控制农业杂草的新办法，它不是那种能杀死特殊野草而对谷物无害的除草剂，而是对所有植物都有效的除草剂，同时运用特别的基因工程使谷物对这种除草剂具有免疫力。

以下哪项陈述为真，对上述新办法的实施构成了最严重的障碍？

（A）最新的研究表明，进行基因重组并非想象的那样可以使农作物中的营养成分有明显的提高。

（B）这种万能除草剂已经上市，但它的万能作用使人们认为它不适合作为农业控制杂草的方法。

（C）基因的重组使单独的谷物植株免受万能除草剂的影响，但这些作物产出的种子却因基因重组而不能再发芽。

32. 脊髓中受损害的神经不能自然地再生，即使在神经生长刺激物的激发下也不能再生。人们最近发现其原因是脊髓中存在着神经生长抑制剂。现在，降低这种抑制剂活性的抗体已经被研制出来，在可以预见的将来，神经修复会成为一项标准的医疗程序。

以下哪项陈述为真，对上述预测的准确性构成了最严重的质疑？

（A）防止受损神经的再生只不过是人体中神经生长抑制剂的主要功能的一个副作用。

（B）某种神经生长刺激剂与那些减少神经生长抑制剂活性的抗体具有相似的化学结构。

（C）通过使用神经生长刺激剂,研究人员已经能够激发不在脊髓内的神经生长。

33. 最近的调查表明,仅靠犹豫不决、闪烁不定的态度和骨碌碌乱转的眼神不能够确切地判断一个人是否在说谎。研究指出,那些不能够被人控制的动作可以作为更好的线索,至少在谎言对说谎者十分重要的时候是这样,这类动作包括能够表示情绪激动的瞳孔放大以及能够表示忧伤、恐惧、气愤的脸部肌肉的微小运动。

在使用上文所提出的"更好"的线索判断谎言时,以下哪项最能说明应当谨慎使用的原因?

（A）当一个人说谎时,他会注意到自己正在被密切地观察着。

（B）一个老练的骗子,能做到对其眼球和其他身体动作最为恰当的控制。

（C）由于被怀疑说谎或其他因素,一个说真话的人也会在感情上有反常的波动。

34~35：一位研究者发现,在精神健康测试中,免疫系统活力低的人比免疫系统活力正常或者高的人的得分要低得多。研究者由这个实验得出结论:免疫系统防御生理疾病,也防御精神疾病。

34. 研究者的结论依赖于以下哪项假设?

（A）免疫系统活力高的人比免疫系统活力正常的人能更好地防御精神疾病。

（B）精神疾病对身体系统的影响类似于生理疾病对它的影响。

（C）精神疾病不会导致人的免疫系统活力的降低。

35. 以下哪项陈述为真,最严重地削弱了研究者的结论?

（A）少数免疫系统活力高的人与免疫系统活力正常的人在精神测试中的得分是近似的。

（B）免疫系统的活力低的人比免疫系统的活力正常或者高的人

更易感染病毒。

(C) 对正常的人来说,高度紧张导致精神疾病,而精神疾病导致免疫系统活力的降低。

36. 当大学生被问到他们童年时代的经历时,那些记得父母经常遭受病痛的人,正是那些成年后也经常遭受同样病痛的人,比如头痛。这个证据证明,一个人在儿童时代对成人病痛的观察会使这个人在成年后更易于得这种病痛。

以下哪项陈述为真,最严重地削弱了上述论证?

(A) 那些记得自己小时候常处于病痛的学生不比其他大多数学生更易于经历病痛。

(B) 经常处于病痛状态的父母在孩子长大后仍然经常遭受同样多的病痛。

(C) 反映一个人成年经历的事情可能会唤起他对童年时的回忆。

37. 在最近的经济衰退时期,银行贷款的减少是导致衰退的一个原因。在经济衰退以前,银行紧缩了发放贷款条件的规定。因此,如果贷款规定放宽,银行就会发放更多的贷款。

以下哪项陈述是上述论证所依赖的假设?

(A) 经济衰退并未导致作为银行贷款基础的储蓄总量的大幅度减少。

(B) 紧缩贷款条件并非导致经济衰退的原因。

(C) 银行贷款条件放宽并不足以补偿经济危机带来的损失。

38. 认为自己在高中的学习不会成功的学生,经常辍学去参加工作。然而,去年本市的高中生辍学率明显低于前年。这令人鼓舞地表明,两年前实行的激励高中生士气和降低辍学率的教育措施已经见效。

以下哪项陈述为真,最严重地削弱了上文的论述?

(A) 经济危机导致了本市失业率的急剧上升。

(B) 辍学学生的士气在没有进入高中以前就已经十分低沉了。

(C) 防止辍学的教育项目主要是针对那些辍学率最高的高中的。

39~40:将六个罐装饮料固定在一起的塑料环对野生动物构成了威胁,动物们经常被这些废弃的塑料环缠住,并因此而窒息。由于我们的倡导,所有的饮料公司都将使用一种由新型塑料制造的包装环,这种包装环在三天的日晒之后会自行分解。一旦我们完成了新旧包装环的更替,野生动物因塑料环而被窒息的威胁就会解除。

39. 以下哪项陈述是上述论证依赖的假设?

(A) 更换这种塑料环不会给饮料公司带来显著的财政负担。

(B) 野生动物不会在新塑料环经受日晒分解之前被它们缠住。

(C) 旧塑料环不会对野生动物们造成除窒息以外的其他严重的威胁。

40. 以下哪项陈述为真,最严重地削弱了以上论证?

(A) 这种包装环的更换至少需要两年的时间来完成。

(B) 使用新塑料环后,自然环境中仍遗留大量被废弃的旧塑料环。

(C) 新塑料环分解后如果被水生动物食入的话,对它们的健康会有害。

注 释

[1] 参见宋文坚主编:《逻辑学》,第293—299页,北京:人民出版社,1998。
[2] 〔英〕培根:《新工具》,第75页,北京:商务印书馆,1984。
[3] 宋文坚主编:《逻辑学》,第299页。
[4] 柏拉图:《柏拉图全集》,第二卷,第277页。
[5] 《普通逻辑》编写组:《普通逻辑》,第288页,上海:上海人民出版社,1993。
[6] 塞尔瓦托·坎纳沃:《跳出思维的陷阱》,第248页。
[7] 毛泽东:《论十大关系》,《毛泽东著作选读》,下册,第727—728页,北京:人民出版社,1986。
[8] 毛泽东:《一个极其重要的政策》,《毛泽东选集》第3卷,第882—883页,北京:人民出版社,1991。
[9] 参见陈嘉映:《语言哲学》,第375页。
[10] 王符:《潜夫论·释难》。
[11] 刘勰:《文心雕龙·比兴》。
[12] 韩非:《韩非子·难一》。
[13] 参见刘培育主编:《中国古代哲学精华》,第284页,兰州:甘肃人民出版社,1992。

〔14〕 引自何文主编:《世界名人演说总集(外国卷)》,第671—672页,海口:海南国际新闻出版中心,1997。

〔15〕 参见孟子:《孟子·告子上》。

〔16〕 马正平主编:《高等写作思维训练教程》,第11—13页。

〔17〕 参见 Darrell Huff, *How to Lie With Statistics*. New York: W. W. Norton, 1952, pp.53-57。

〔18〕 参见 Darrell Huff, *How to Lie With Statistics*. pp.60-63。

〔19〕 注:在严格的意义上,假说指的是一种尚待检验的理论,如魏格纳提出的"大陆漂移说",通常称之为科学假说。

第八章
批判性写作

写论证性的文章涉及两方面的问题：一方面是如何写出一篇好文章的问题。比如写议论文，怎样选题或破题，如何寻找和运用理论或者事实论证自己的主张，怎样安排文章的结构，如何使用清晰准确的语言进行表达等，这些问题大多属于创意性问题，也就是可以充分发挥个人的才智和能动性来解决的问题。另一方面是如何评估一篇文章好坏的问题。这方面的问题大多属于分析性的问题，也就是根据某一组评判标准给写出的文章打分的问题。例如，在议论文写作的考试中，学生需要解决的问题大多是创意性问题，所从事的工作就属于创意性写作；教师在阅卷时需要解决的问题大多是分析性问题，如果要求教师针对某一份作文答卷，写一篇详细的评估报告，而不是简单的几句评语，他所从事的工作就属于分析性写作。

怎样写好论证性的文章？这是一个非常大的话题，本章将集中讨论分析性写作，掌握分析性写作的批判性准则和写作方法。这样做的主要理由是：其一，就如同了解教师如何评判一篇作文的好坏，有助于我们把作文写得更好一样，学习分析性写作有助于我们把论证性的文章写得更好。其二，无论是创意性写作，还是分析性写作，都需要有较好的逻辑基本功。就训练和提高写好论证性文章的逻辑基本功而言，分析性写作是优于创意性写作的训练项目。其三，批判性写作与批判性阅读有密切的关系，通俗地说，撰写批判性阅读的读书报告就是分析性写作。学习分析性写作对养成批判性阅读习惯、提高综合运用批判性思维技术和方法的能力等，都有很大的帮助。

第一节　分析性写作与批判性准则

从批判性思维的角度说,我们对论说文这类富有论证性的文体写作感兴趣,而对记叙文这类缺乏论证性的文体写作不感兴趣。广义的批判性写作指的是运用批判性思维的技术和方法进行写作的一种写作方式。狭义的批判性写作指的是一种评估性写作,根据批判性思维的一系列准则对给出的论证的可靠性进行评估,并写出分析评估报告。狭义的批判性写作又称分析性写作,属于类似写评估报告那样的应用文写作。

一、批判性阅读与分析性写作

在日常的阅读和交流中,有一种阅读理解方式和海绵遇到水时的情形差不多,一股脑地吸收信息和知识,越多越好。这种方式有它的优点,吸收的信息和知识越多,就越能为理解这个纷纭复杂的世界和进一步思考更复杂的问题打下丰厚的基础。不过,这种海绵吸水式的理解方式更多地需要专心致志和死记硬背,较少地需要考问、鉴别、评估、选择等绞尽脑汁的智力活动。一旦你通过吸收知识,开始把自己变成一个思想者,判定哪些态度和信念应当赞许或反对,哪些观点、建议和方案应该接受或拒绝等方面,这种被动的理解方式就一筹莫展了。

针对海绵吸水式的阅读理解方式,我们倡导用一种批判性阅读理解方式来对它加以改善。我们曾讨论过,对于人文社会科学领域中的大多数问题来说,只有最佳答案而没有唯一正确的答案。判定一种主张是否应当被接受,主要取决于支持这一主张的理由的强弱。批判性阅读就是针对论证的主张,考问其理由的真实性或可信性以及推理的有效性,鉴别论证中可能存在的种种谬误,对你所读到或听到的信息做出积极主动的反应。

批判性阅读是分析性写作的基础,反过来说,分析性写作就是撰写批判性阅读的读书报告。无论是批判性阅读,还是分析性写作,都应当遵循宽容原则和中立原则。

二、宽容原则与中立原则

宽容原则用于对给出的论证的理解,指的是以合理性的最大限度来理解论证的原则。恰当的评估是建立在公正、准确的理解之上的,理解的宽容原则意味着理解者必须跳出自我,站在作者的立场上来理解他所提出的问题、所坚持的主张和所做出的论证,论证越繁杂混乱,对理解者的耐心和分析能力的要求就越高。

理解的宽容原则意味着理解者需要多少具备一点兼容精神。日常的阅读理解过程,通常不是一种单纯的理解活动,时刻伴随着与作者的沟通与对话,不断发表着与作者相同或不同的看法。这种阅读时常会陷入以下误区:遇到与自己不谋而合的观念或主张则大加赞赏,有过而无不及;遇到与自己大相径庭的主张则横加指责,视为异端邪说加以消灭。过分关注作者的立场和主张,完全忽视作者的根据和理由,这是一种很不好的阅读习惯。改变这种习惯就从暂时放下你的所有看法开始,包括那些根深蒂固的观念,进而暂时承认作者主张的合理性,然后,你才能静下心来,按照合理性原则准确地理解作者是怎样论证他的主张的。

兼容精神表现出来的是一种好的阅读态度和品质,它允许对抗性的观念和论证瑕疵存在,引导和帮助我们去发现作者的论证。允许对抗性的观念和论证瑕疵存在,不是因为它们应当存在,而是因为它们已经存在。无论是想要消除一种不良的观念,还是想要改善一则有瑕疵的论证,都必须首先承认并准确把握它的存在。

理解的宽容原则还意味着堂堂正正,不钻牛角尖和不吹毛求疵。不断地和作者主张的观点抬杠,鸡蛋里挑骨头,无端地曲解作者的论证等,这类阅读理解的方式都不符合宽容原则。

中立原则用于对给出的论证的评估,指的是以批判性准则来评估论证的原则。评判事物的准则大致可分两类:一类是私有标准;另一类是公有标准。判定你喜欢什么,依据的标准就属于私有标准,所谓萝卜白菜各有所爱。判定你吃的东西含有什么营养,依据的标准就属于公有标准,无论你喜不喜欢,白菜里有碳水化合物都是不争的事实。再如,判定你喜欢哪位足球明星,标准是私有的;判定你的那位球星在比赛时的某个动作是否该吃黄牌,所依据的踢球规则就属于公有标准。批判性准则是类似踢球规则那样的中立准则,它是针对论证的可靠性而建立起来的准则,无论做出论证的作者是谁,主张的是什么样的观点,是经典的名著,还是幼稚的习作,都同样适用。

论证的可靠性是批判性阅读所关注的核心目标,也是评估论证好坏的核心标准。如果一个论证的理由是真实的或可接受的,而且其推理是有效的或者是强有力的,我们就说这个论证具有可靠性。

以论证的可靠性为标准来评估论证的好坏,会引导我们思考以下这类问题:

理由是否坚实可靠?
理由的使用是否正当?
潜在的假设是否真实可信?
理由对主张的支持是否强有力?

当然,思考这类问题也会产生争议,比如,你可能认为作者的某个前提是不真实的,你需要以逻辑的方式,比如指出这个前提的反例,而不是以辩论的方式,比如提出一个截然相反的理由,来解决这个争议。中立原则既需要宽容原则的帮助,也使我们通过对论证的评估养成按照宽容原则进行理解的习惯,二者是相辅相成的。

结合论证的三个要素:主张(结论)、理由(前提)和推理(论证方法),围绕论证的可靠性,我们已经讨论过一系列批判性准则和常见的谬误,让我们来对它们做一个简要的总结,而不是列出包括所有名目和细节的清单,以便为批判性阅读和写作提供更简明的思维背景。

三、阅读与写作的批判性准则

我们在第一章讨论过批判性思维的一般准则:思考应当具有清晰性、相关性、一致性、正当性和预见性。在批判性阅读和写作中,需要结合这五个一般准则对所读到的论证做出批判性反应,判断论证是不是强有力的。让我们分别从主张、理由和推理三个方面重温评估论证的准则,基于这些准则需要做出哪些批判性反应,以及检查在论证中可能会出现哪些谬误。

1. 针对主张的理解与评估

在批判性阅读和写作中,针对论证的主张或者推理的结论,需要做出的批判性反应是:

(1) 议论的主要问题是什么?
(2) 主张或者结论是什么?
(3) 结论中的主要概念是什么?
(4) 对概念的定义是否清晰、准确?
(5) 对概念的解释和运用是否一致?
(6) 理由或者解释与主题是否相关?

前三个问题涉及的是识别性反应,后三个问题涉及的是评估性反应。在做出评估性反应时,检查论证是否存在以下谬误:

(1) **含混笼统的谬误**:语词或概念的意义模糊暧昧。
(2) **混淆概念**:把不同的概念当作同一概念来使用。
(3) **分解的谬误**:将集合体或整体的意义分配给所属的个体或部分。
(4) **合成的谬误**:将个体或部分的意义归于由它所组成的集合体或整体。
(5) **熏鲱的谬误**:通过引入一个不相干的问题来转移论题。
(6) **稻草人的谬误**:虚构或者歪曲对方的主张。
(7) **反唇相讥**:引用对方的过错来逃避对己方的批评。
(8) **不一致的谬误**:不一致的问题;不一致的主张。

2. 针对理由的理解与评估

针对论证中给出的理由,需要做出的批判性反应是:

(1) 理论根据(理论、原则、规律、法则等)是什么?

（2）事实根据（事实、数据、实验、经验等）是什么？

（3）主要的假设是什么？

（4）理由的使用是否正当？

（5）数据的使用是否合理？

（6）理由与主张是否一致？

前三个问题涉及的是识别性反应，后三个问题涉及的是评估性反应。在针对理由做出评估性反应时，检查论证是否存在以下谬误：

（1）**非黑即白**：忽视第三种情况存在的非此即彼的选择。

（2）**滑坡的谬误**：基于一系列未确证的假设对事件做出的预测。

（3）**循环论证**：以所主张的观点本身作为论证的理由。

（4）**诉诸无知**：以未知作为所知的根据和理由。

（5）**人身攻击**：以对人的抨击和指责等为根据驳斥他人的观点。

（6）**诉诸恐惧**：通过激起人的恐惧来迫使人接受其主张。

（7）**诉诸怜悯**：以值得同情为理由来证明某一主张的合理性。

（8）**诉诸公众**：以多数人认为如此为理由来判定某种观点的真假或价值。

（9）**诉诸权威**：滥用权威者的言论或身份。

（10）**诉诸传统**：仅以一种看法与传统的关系为根据来判定它的真假或价值。

（11）**诉诸起源**：只根据某种理论或者观点的起源来判定它的真假或价值。

（12）**误用数据**：因忽视数据的相关性、相对性和可比性等而导致的数据误用。

（13）**以偏概全**：以对所提出观点的部分论证替代总体的论证。

（14）**绝对判断**：导致反例的断言。

3. 针对推理的理解与评估

针对推理强度(理由对主张支持程度的强弱)进行评估,需要做出的批判性反应是:

(1) 论证运用了哪种推理类型?
(2) 演绎推理是否符合规则?
(3) 样本或事例是否有代表性?
(4) 类比或比喻推理是否恰当?
(5) 统计推理是否正确?
(6) 因果推论是否排除了其他有竞争性的假说?

第一个问题涉及的是识别性反应,其他五个问题涉及的是评估性反应。在针对推理强度做出评估性反应时,对于演绎推理,根据推理规则来检查诸如直言三段论中的"**中项不周延**"、假言三段论中的"**肯定后件**""**否定前件**"等错误。对于归纳推理,检查其中是否存在以下谬误:

(1) **特例概括**:以特例为根据概括出一类对象的总体特征。
(2) **样本太小**:支持结论的样本未满足样本容量的要求。
(3) **机械概括**:忽视时间因素的影响而对事物的现在或未来做出概括。
(4) **错误类比**:缺乏相关性的类比推理。
(5) **不恰当的比喻论证**:比喻的潜在事理与所论证的事理缺乏一致性。
(6) **赌徒的谬误**:误用大数定律所产生的一种谬误。
(7) **误用平均数**:将平均数的性质机械地分配给总体中的个体。
(8) **精确度谬误**:忽视统计数值的参数区间而得出精确结论的错误。
(9) **以时间先后为因果**:仅以时间上的前后相继来断定两个现象间有因果关系。
(10) **强加因果**:仅以表面具有的统计关联便断定两个现象间

有因果关系。

（11）**因果倒置**：错把原因当结果，或者错把结果当原因。

（12）**单一原因**：将导致结果产生的多种因素简单地归结为其中的某一个因素。

（13）**诉诸远因**：忽视其他因素在原因长链中的影响而诉诸遥远的单一因素。

（14）**混淆原因**：将必要原因当作充分原因，或者将充分原因当作唯一原因。

第二节 分析性写作的步骤和方法

分析性写作在日常思维中的应用，针对的都是整篇的文章、演说、报告和论辩等。为了方便掌握分析性写作的步骤和方法，以及通过这种写作相对集中地训练批判性思维的能力，培养批判性阅读习惯，我们以从整篇文章中所摘取的一段相对完整的论证作为理解和评估的对象，介绍分析性写作的步骤和方法。让我们看以下文摘：

> 下文摘录于经营食品加工的"奥林匹克食品集团"给它的股票持有者的一份年度报告："加工业的成本会随着它经营时间的增加而逐渐下降，这是因为企业能运用不断积累的经验来改进工艺，提高效率。以彩照冲印为例，1990年冲印一张普通彩照成本为0.8元，到2000年下降为0.2元。食品加工的情况也一样。我们奥林匹克食品公司马上要迎来25周年庆典，这么长的从业经历，无疑可以使我们建立信心：本公司可以实现成本最小化和利润最大化。"

分析性写作的要求：讨论该论证运用推理的合理性情况，在你的论述中必须对论证中的推理方法和论据的使用做出分析。例如，考虑有哪些作为思考基础的假设是存在疑问的，对所用论据是否存在其他可能的解释，是否存在明显的逻辑漏洞，或者可能存在削弱结论的反例等。你也可以讨论什么样的证据能强化或削弱该论证,对论证做怎样的调整能使它更加可靠,或者还需要提供哪些方面的信息能帮助你更好地评估该论证的结论。

第一步:如何发现分析性写作的分论点?

A. 识别:提出批判性问题

  a. 结论是什么?

  ——奥林匹克公司有信心实现成本最小化和利润最大化。

  b. 主要论据是什么?

  ——经营经验的积累:彩照仅10年,本公司将近25年。

B. 分析:提出批判性问题

  a. 结论中的主要概念是什么?

  ——成本最小化;利润最大化(核心概念)。

  b. 论据的支持能力如何?

  ——经营经验不足以保证实现成本最小化的目标。

  ——经营经验即使能保证实现成本最小化的目标,它仍然不足以保证公司实现利润最大化的目标,因为成本最小化只是实现利润最大化的有利条件之一。

C. 评估:概念、理由和论证方法有哪些缺陷

  a. 错误类比

  ——工业品加工与食品加工有实质差别,如食品加工有保鲜和卫生等要求,而工业品加工则没有这类要求。

  b. 令人高度质疑的假设

  ——除非假设经营经验是影响成本最小化和利润最大化的唯一因素,否则,论证不能成立。

  c. "混淆条件"

  ——"混淆条件":将实现利润最大化的必要条件视为充分条件。

第二步：如何对评估的分论点进行论证？

A. 使用反例削弱方法，寻找支持分论点的理由

    a. 为什么经营经验不足以保证实现成本最小化？

    ——分析影响成本最小化的其他因素。

    b. 为什么低成本不足以保证实现利润的最大化？

    ——分析影响利润最大化的其他因素。

B. 识别与阐述：熟悉常见错误的特征及其表述

    a. 为什么说论证中的类比是错误的？

    ——指出不可比的因素。

    b. 为什么说论证所依赖的假设是不成立的？

    ——指出与假设相关的反例。

    c. 为什么说论证犯了"混淆条件"的错误？

    ——误将必要条件视为充分条件。

第三步：如何组织文章结构、进行语言表达？

A. 结构安排

    a. 从哪开始？

    ——遵循由浅入深的原则。表面：经营经验与成本最小化的关系；深层：成本最小化与利润最大化的关系。

    b. 在哪展开？

    ——在主要根据（经营经验）与核心概念（利润最大化）的关系上展开。

    c. 到哪结束？

    ——对严重的逻辑漏洞做总体的分析与概括，评估论证的可靠性。

B. 语言表达

    a. 使用清晰、准确的语言

——尽量不用形容词和比喻,杜绝夸张性语言……

b. 详略得当

——掌握好对分论点进行论证的尺度,避免多余或过多的解释……

c. 怎样表述逻辑缺陷?

——避免使用标签式术语,使用解释逻辑错误的通俗性语言……

参考样文:

经营经验是影响利润最大化的唯一因素吗

奥林匹克食品集团认为:有信心实现成本最小化和利润最大化这一经营目标,但是,这一信念所依赖的根据是不可靠的。

其一,奥林匹克公司仅以近25年的经营经验不足以保证他们实现成本最小化的目标。诚然,技术和经验的提高能帮助食品加工降低成本,而其他一些特殊的因素却可能会导致加工成本的增加。比如,随着居民生活水平的提高,消费者可能会对食品加工提出更高的保鲜要求,这会增加食品加工的服务成本。再比如,为了加强食品加工业的行业规范,政府和卫生部门可能会颁布和执行更严格的卫生检查标准,与食品加工相关的生产、贮存等环节的卫生条件的改善,也会增加食品加工的成本。因此,单凭经营经验不足以保证实现成本最小化的目标。

其二,即使奥林匹克公司能以近25年的经营经验保证他们实现成本最小化的目标,这一目标的实现仍然不足以保证该公司实现利润最大化的目标。公司的利润收益取决于多方面的因素,降低加工成本只是其中的因素之一,其他诸如产品销售情况、原材料供应、消费者的偏好、市场竞争、产品质量等,这些方面发生任何不利的变化,都会影响公司的利润。公司必须加强在这些方面的应变能力,才有可能实现利润最大化的目标,仅仅依靠长期的经营经验是远远不够的。

其三,对工业品加工来说,随着经营时间的延长和技术与管理水平的提高,通常会降低加工成本,增加收益。但是,由于食品加工与工业品加工之间存在许多不可比的因素,如卫生和保鲜等方面的要求,简单地将工业品加工中的一般情况推广到食品加工业是错误的类比,援引彩照冲印的事例缺乏说服力。

总之,该报告的结论是在假设经营经验是保证实现成本最小化和利润最大化的唯一条件下做出的,这一假设显然是不成立的。另外,实现成本最小化并不意味着一定能够保证实现利润的最大化。奥林匹克公司若要使它的股民确信其有赢利的能力,就必须对其处理影响成本降低和公司收益的许多其他关键性问题的实力做出翔实的阐释和有力的论证。

第三节 批判性写作赏析

在阅读整篇文章时,能否准确地洞察论证的瑕疵,需要有较强的批判性思维能力。批判性思维准则是理性的底线,任何人似乎都不敢宣称他在批判性思维准则面前具有豁免权,或者具有抵抗谬误的先天免疫力。

在20世纪30年代中国文坛上的那场大论战中,时称"匕首"的鲁迅与时称"豹隐诗人"的梁实秋堪称"忘年敌手",这两位主将在八年的论战中,共发表了130多篇文章,"论、辩、讥、讽、骂"五味俱全,其中颇显批判性思维的功力。让我们选取其中的一轮交锋,来欣赏鲁迅的批判性思维能力在论辩中的表现。

"资本家的走狗"
梁实秋(1930年3月)

写完前一段短文,看见了《拓荒者》第二期第六七一页起有一篇文章,题目是《阶级社会的艺术》,也是回答我的《文学是有阶级性的吗》那篇文章的。《拓荒者》的态度比较鲜明,一看就晓得那一套新名词又运用出来了——马克思、列宁、唯物史观、阶级斗争……等等等等。但是文章写得笨拙,远不如鲁迅先生的文章的有趣。

这篇文章使我感得兴味的只有一点,就是,这篇文章的作者给了我一个称号——"资本家的走狗"。这个名称虽然不雅,然而在无产阶级文学家的口里这已经算是很客气的称号了。我不生气,因为我明了他们的情形,他们不这样的给我称号,他们将要如何的交代他们的工作呢?

"资本家的走狗"。那意思很明显,他们已经知道我不是资本家了,不过是走狗而已。我既不是资本家,我可算是哪一个阶级的呢?不是资产阶级,便是无产阶级了。究竟什么是资产阶级,什么是无产阶级呢?查字典是不行的,《韦伯斯特大字典》是偏向资产阶级的字典,靠不住。最靠得住的恐怕还是我们的那部《拓荒者》。第六七二页上有一个定义(我暂时还不知道哪里发售无产阶级大字典,所以暂以这个定义为准):

> 无产者——普罗列塔利亚(proletariat)是什么呢?它是除开出卖其劳动以外,完全没有方法维持其生计的,又不倚赖任何种类资本的利润之社会阶级。

这个定义是比《韦伯斯特大字典》的定义体面多了,中听多了!我觉得我自己便有点像是无产阶级里的一个了,因为我自己便是非出卖劳动便无法维持生计。我可不晓得"劳动"是否包括教书的事业,我的职业是教书,劳心,同时也劳力,每天要跑几十里路,每天站立在讲台上三四小时,每天要把嘴唇讲干,每天要写字使得手酸,——这大概也算是劳动的一种了罢?我不是不想要资产,但是事实上的确没有资产,一无房,二无地,那么,照理说我当然是无产阶级的一分子了,我自己是这样自居的。为什么无产阶级文学家又说我是"资本家的走狗"呢?假如因为我否认文学的阶级性,无产阶级文学家便说我是资本家走狗,那么,资本家又何尝不可以用同样的理由说我是无产阶级的走狗呢?也许无产阶级不再需要走狗了,那么,只好算是资本家的走狗了。

大凡做走狗的都是想讨主子的欢心因而得到一点点恩惠。《拓荒者》说我是资本家的走狗,是哪一个资本家,还是所有的资本家? 我还不知道我的主子是谁,我若知道,我一定要带着几份杂志去到主子面前表功,或者还许得到几个金镑或卢布的赏赉呢。钱我是想要的,因为没有钱便无法维持生计。可是钱怎样的去得到呢? 我只知道不断的劳动下去,便可以赚到钱来维持生计,至于如何可以做走狗,如何可以到资本家的账房去领金镑,如何可以到××党去领卢布,这一套的本领,我可怎么能知道呢? 也许事实上我已经做了走狗,已经有可以领金镑或卢布的资格了,但是我实在不知道到哪里去领去。关于这一点,真希望有经验的人能启发我的愚蒙。

"丧家的""资本家的乏走狗"

鲁　迅(1930 年 4 月)

梁实秋先生为了《拓荒者》上称他为"资本家的走狗",就做了一篇自云"我不生气"的文章。先据《拓荒者》第二期第六七二页上的定义,"觉得我自己便有点像是无产阶级里的一个"之后,再下"走狗"的定义,为"大凡做走狗的都是想讨主子的欢心因而得到一点恩惠",于是又因而发生疑问道——

《拓荒者》说我是资本家的走狗,是哪一个资本家,还是所有的资本家? 我还不知道我的主子是谁,我若知道,我一定要带着几分杂志去到主子面前表功,或者还许得到几个金镑或卢布的赏赉呢。……我只知道不断的劳动下去,便可以赚到钱来维持生计,至于如何可以做走狗,如何可以到资本家的帐房去领金镑,如何可以到××党去领卢布,这一套本领,我可怎么能知道呢……

这正是"资本家的走狗"的活写真。凡走狗,虽或为一个资本家所豢养,其实是属于所有的资本家的,所以它遇见所有的阔人都驯良,遇见所有的穷人都狂吠。不知道谁是它的主子,正是它遇见所有阔人都驯良的原因,也就是属于所有的资本家的证据。即使无人豢养,饿的精瘦,变成野狗了,但还是遇见所有的阔人都驯良,遇见所有的穷人都狂吠的,不过这时它就愈不明白谁是主子了。

梁先生既然自叙他怎样辛苦,好像"无产阶级"(即梁先生先前之所谓"劣败者"),又不知道"主子是谁",那是属于后一类的了,为确当计,还得添几个字,称为"丧家的""资本家的走狗"。

然而这名目还有些缺点。梁先生究竟是有智识的教授,所以和平常的不同。他终于不讲"文学是有阶级性的吗?"了,在《答鲁迅先生》那一篇里,很巧妙地插进电杆上写"武装保护苏联",敲碎报馆玻璃那些句子去,在上文所引的一段里又写出"到××党去领卢布"字样来,那故意暗藏的两个×,是令人立刻可以悟出的"共产"这两字,指示着凡主张"文学有阶级性",得罪了梁先生的人,都是在做"拥护苏联",或"去领卢布"的勾当,和段祺瑞的卫兵枪杀学生,《晨报》却道学生为了几个卢布送命,自由大同盟上有我的名字,《革命日报》的通信上便说为"金光灿烂的卢布所买收",都是同一手段。在梁先生,也许以为给主子嗅出匪类("学匪"),也就是一种"批评",然而这职业,比起"刽子手"来,也就更加下贱了。

我还记得,"国共合作"时代,通信和演说,称赞苏联,是极时髦的,现在可不同了,报章所载,则电杆上写字和"××党"捕房正在捉得非常起劲,那么,为将自己的论敌指为"拥护苏联"或"××党",自然也就髦得合时,或者还许会得到主子的"一点恩惠"了。但倘说梁先生意在要得"恩惠"或"金镑",是冤枉的,决没有这回事,不过想借此助一臂之力,以济其"文艺批评"之穷罢了。所以从"文艺批评"方面看来,就还得在"走狗"之上,加上一个形容字:"乏"。

赏析:"丧家的"与"乏"

梁实秋先生的文章有两处严重的逻辑漏洞,在鲁迅所摘引的文字中存在如下两个推论:

推论1:

> 如果某人是走狗,你就必须指出其主子是谁。
> 若不能指出他的主子是谁,
>
> ---
>
> 就不能说他是走狗。

推论 2：

走狗做事有功，大都能从其主子那得到赏钱，如同某些人到××党领卢布那样。

我不知道到哪里去领赏钱，

―――――――――――――――――――

所以，我不是走狗。

欣赏推论 1：这则推论涉及概念的内涵与外延的关系问题。"指"与"非指"：你能指出这棵树或那棵树在哪里，但你不能指出"树"在哪里；"树"虽不能指，却能说，我们可以指着任何一棵树说：这株植物或这种植物是树。"树"是一个类名，它是称呼由所有能指的树而构成的一个类的名字，所有能指的树所具有的共同含义，就是这个类的含义，也就是这个类名的含义。

"资本家"也是一个类名，虽然人们无法指出梁先生是哪一个资本家的走狗，即无法指出梁先生是这一个或那一个资本家的走狗，却能说梁先生是资本家的走狗。也就是说，有两种意义上的走狗：一种是这个资本家或那个资本家这类专名的走狗，这种走狗既能指也能说；另一种是"资本家"这个类名的走狗，这种走狗只能说，不能指。

梁先生的推论基于"不能指"来推断"不能说"，这是不能成立的，因为有不能指却能说的走狗存在，鲁迅名之为"'丧家的''资本家的走狗'"。

这则推论还涉及推论的理由是否充分的问题。"能指出其主子是谁"是判定"某人是走狗"的充分条件。但是，"不能指出其主子是谁"不是判定"某人不是走狗"的充分条件。就如同"磨擦"是"生热"的充分条件，但是，"不磨擦"不是"不生热"的充分条件。"不磨擦"难道就一定"不生热"吗？当然不一定，除非"磨擦"是"生热"的唯一条件。所以，"不能指出其主子是谁"不是断定"某人不是走狗"的充足理由。在这里，是不是走狗并不重要，重要的是理由能否成立，根据是否充分。

欣赏推论 2：推论 2 是接着推论 1 说的：你们说我是走狗，却不能指出我的主子是谁，你们才是走狗呢！我不但能指出你们的主子是谁，而且还能证明你们在主子那里领到了金镑和卢布。这已经违反了相关性准则,大大超出了文学批评的范围。所以,鲁迅说他是"乏"走狗,在文学批评上无计可施、没什么好的理由可讲,便开始进行"人身攻击"、拖放"熏鲱"了。

"丧家的"和"乏"这两个限定语运用的清晰、准确、恰当、辛辣,展示了鲁迅在批判性思维方面的深厚功力。

练习题

分析性写作提示:对以下给出的论证分别进行分析和评估,各自写出一篇600字左右的短文。讨论该论证运用推理的合理性情况,在你的论述中必须对论证中的推理方法和论据的使用做出分析。例如,考虑有哪些作为思考基础的假设是存在疑问的,对所用论据是否存在其他可能的解释,是否存在明显的逻辑漏洞,或者可能存在削弱结论的反例等。你也可以讨论什么样的证据能强化或削弱该论证,对论证做怎样的调整能使它更加可靠,或者还需要提供哪些方面的信息能帮助你更好地评估该论证的结论。

论证01:在全球9家航空公司的140份订单得到确认后,空中客车公司(世界最大的民用飞机制造商之一)于2005年10月6日宣布,将在全球正式启动其全新的A350远程客机项目。中国、俄罗斯等国家作为合作伙伴,被邀请参与A350飞机的研发与生产。其中,中国将承担A350飞机5%的设计和制造工作。这意味着未来空中客车公司每销售100架A350飞机,就将有5架是由中国制造的。这表明中国经过多年艰苦的努力,民用飞机研发与制造的能力得到了系统的提升,获得了国际同行的认可;这也标志着中国已经可以在航空器设计与制造领域参与全球竞争,并占有一席之地。由此可以看出,在经济全球化时代,参与国际合作将带来双赢的结果,也是提高我国技术水平和产业国际竞争力的必由之路。

论证02:在H省的各个市,学校教育开支中的大部分资金来自各市政府的税收。然而,该省不同的城市对学校教育的重视程度是不同的。举例来说，D 市和 C 市的居民数量和土地面积大致相同，但是，D 市每年用于学校教育的财政预算却是 C 市的两倍。显然，D 市的政府和居民比 C 市更加重视和关注学校教育。

论证 03：在最近一次对汽车工厂工人的电话调查中，年纪大的工人较少有人报告说："有管理人员在场会提高他们的工作效率。"在 18～29 岁的工人中，有 27% 的人说："当他们的顶头上司在场时，他们的工作会更有效率。"相比之下，30～49 岁的工人中有 12%，50 岁及以上的工人中只有 3% 这样认为。显然，如果我们精品印刷公司主要雇用那些年纪大一些的工人，就会提高我们的劳动生产率，而且会节省雇员开支，因为对管理人员的需求将会减少。

论证 04：《作家》杂志最近的一次研究显示，在人们的日常对话中，提到看电视与提到看小说的比率是 23:1。这一结果说明，与电视行业相比，出版和图书销售行业的赢利能力可能会下降。因此，想以作家为职业的人应该接受为电视而不是为印刷媒体而写作的训练，并积累相关的经验。

论证 05：在最近一项为期 6 个月的研究中，我们为 100 名 6～12 岁的小学生在学校提供早餐，结果发现参加早餐计划的学生比其他学生更少缺席或迟到。显然，在学校吃早餐对减少学生缺席或迟到起到了很大的作用。众所周知，经常吃健康早餐的学生通常在学校的学习和纪律表现也很好。因此，为了减少我们这一地区所有小学和初中的缺席和迟到现象，提高学生们的学习成绩，每所学校都应该为所有学生提供早餐。

论证 06：省卫生与防疫委员会最近就垃圾场对附近的居民健康可能造成的危害进行了一次调查。调查一共检测了 5 个垃圾场，抽查了 300 位居民。研究发现，在垃圾场附近居住的居民中，未查明原因的皮炎发病率与他们的居住环境只有很小的相关性，尽管住在最大的垃圾场附近的居民患皮炎的比例确实要高一些，但是，除此之外，垃圾场的规模与居住在附近的居民的健康是没有关联的。所以，委员会乐观地宣称，现有的垃圾场系统不会对附近居民的健康造成严重的危害，没有必要限制本省垃圾场的规模，也没有必要对在垃圾场周围建造住宅的数量加以控制。

论证07：通常当人们衰老的时候，他们的骨质变得疏松，容易发生骨折。最近的一项研究认为，老年人降低骨折危险的最好办法是每天加倍服用推荐用量的维生素D和钙。这项为期3年的研究跟踪了一组在敬老院生活的75~80岁的妇女，她们每天服用的维生素D和钙是推荐用量的两倍，而且，这些妇女每天参加轻微的举重活动。3年之后，这些妇女骨折的发生率大大低于同龄人的平均水平。

论证08：对F市居民最近的一次调查显示，他们的饮食习惯比10年前更加贴近政府推荐的营养建议。科学研究表明，"吉瑞"是一种能够减少人体胆固醇的物质。在F市，含有"吉瑞"的食品销量比10年前增长了4倍，油炸食品销量的下降也证实了居民选择健康饮食的趋势，油炸食品是那些比较健康的居民很少食用的食品。由此可见，F市的居民选择了更健康的生活方式。

论证09：小学教育过分强调对阅读能力的培养。很多对单调阅读活动不感兴趣的学生，仅仅因为他们的阅读能力欠佳而放弃学习。但是，录制在盒式磁带上的教材为学生在教育的关键阶段提供了重要的补充。很多研究证实了那些由家长为他们朗读的学生，阅读能力得到了很大的提高，相应地，听录制教材也会让学生更乐意阅读和学习，提高他们的阅读能力。所以，地方教育委员会应该鼓励学校使用录制的教材。

论证10：有两个人在山间打猎，遇到一只凶猛的老虎。其中一个人扔下行囊，撒腿就跑，另一人朝着他喊："跑有什么用，你跑得过老虎吗？"头一个人边跑边说："我不需要跑赢老虎，我只要跑赢你就够了！"这个故事告诉我们，企业经营首先要考虑的是如何战胜竞争对手，因为顾客不是选择你，就是选择你的竞争者，所以只要在满足顾客需求方面比竞争者快一点，你就能够脱颖而出，战胜对手。想要跑得比老虎快，是企业战略幼稚的表现，追求过高的竞争目标会白白浪费企业的大量资源。

论证11：把几只蜜蜂和苍蝇放进一只平放着的玻璃瓶里，玻璃瓶的瓶底对着光亮处，瓶口对着暗处。结果发现，有目标地朝着光亮拼命扑腾的蜜蜂最终衰竭而死,而无目的地乱窜的苍蝇则溜出瓶颈而逃生。当今企业面临的最大挑战是经营环境的模糊性与不确定性。在高科技企业,哪怕只预测几个月后的技术趋势都是浪费时间的徒劳之举。就像蜜蜂或苍蝇一样,企业经常面临一个像玻璃瓶那样的不可思议的环境。蜜蜂实验告诉我们,在充满不确定性的经营环境中,企业需要的不是朝着既定方向的执著努力,而是在随机试错的过程中寻求生路。在一个经常变化的世界里,混乱的行动比有序的行动好得多。

论证 12:最近的一项研究发现:左撇子比右撇子更有可能在商业活动中取得成功。研究者考察了 1000 名著名的商业管理者的照片,其中有 33% 的管理者用左手写字。左撇子在著名商业管理者中所占的比例是在总体人群中所占比例的 3 倍。在总体人群中,左撇子只占 11%。因此,左撇子应当去谋求商业方面的职业,而从事商业活动的右撇子则应当模仿左撇子的商业行为。

论证 13:目前,国内约有 1000 家专业公关公司。去年,规模最大的十家本土公关公司的年营业收入平均增长 30%,而规模最大的十家外资公关公司的年营业收入平均增长 15%;本土公关公司的利润率平均 20%,外资公司为 15%。十大本土公关公司的平均雇员人数只是十大外资公关公司的 10%。可见,本土公关公司利润水平高、收益能力强、员工的工作效率高,具有明显的优势。

论证 14:最近的一项调查表明,很多青少年需要更多的睡眠。另一项调查表明,我市很多中学生对自己的学习成绩不满意。解决这些问题的途径是改变中学的作息时间,早上 8:30 开始上课,而不是 7:30;并且推迟一小时放学。这种安排会让学生在早上多睡一个小时,从而使他们精力充沛,在考试和课堂中表现得更好。作息时间的改变将会明显提高他们的学习能力。

论证 15:中国公关协会最近的调查显示:去年,中国公关市场营业额比前年增长 25%,达到了 25 亿元;而日本大约为 5 亿美元,人均公关费用是中国的 10 倍多。由此推算,在不远的将来,若中国的人均公关费用达到日本的水平,中国公关市场的营业额将从 25 亿元增长到 300 亿元,平均每家公关公司就有 3000 万左右的营业收入。这意味着一大批本土公关公司将胜过外资公司,成为世界级的公关公司。

论证 16:下文摘自 B 健身中心企业策划书:

去年初夏建成并开放新的游泳池后,健身中心会员的使用率提高了 12%。因此,为了增加我们的会员数量和收入,应当在今后几年里继续添加新的娱乐设施,诸如添加一个多功能的游戏室,一个网球场和一个小型的高尔夫球场。作为本区域唯一提供这一系列健身和娱乐设施的场所,我们将会因此而富有竞争的优势。

论证 17:根据一项对 200 个慈善组织的调查,去年对非赢利团体的捐款上升了将近 25%,但是,并不是所有的组织都获得了同样的增长幅度。红十字组织的增长幅度为 30%,环保组织的增长幅度为 23%,而教育机构所获得的增长幅度仅有 3%。这一调查结果说明有更多的人愿意而且有能力为慈善组织捐款,但是,资助教育并不是大多数捐款者的首选。上述捐款增长比率上的差异一定是由于人们认为教育机构不如其他组织更需要资助的观念而导致的。

论证 18:最近的销量调查显示,临海市的餐馆的海鲜菜肴的消费量比过去两年增加了 30%,但是该市目前还没有专营海鲜菜的餐馆。一次全国性的调查显示,双收入家庭在家做饭的数量比十年前显著减少,而且他们更加关注健康饮食。临海市的大多数家庭都是双收入家庭,所以,在临海市开设一家新的专营海鲜食品的餐馆肯定会非常受欢迎,并且有利可图。

论证 19:G 日报在向 M 地区的蔬菜商推销广告版面时说:"在 G 日报宣传特价蔬菜能帮助你提高销售额。对上个月的一份研究结果表明,M 中心区一家商店的 30 种特价蔬菜在 G 日报做了 4 天广告,每当有特价蔬菜被卖出,职员就问顾客是否读过广告,在被问及的 200 名顾客中,有 2/3 回答是肯定的。而且,在持肯定回答的顾客中有超过一半的人在店里的消费超过了 100 元。"

论证 20:根据一份政府报告,去年 D 市把它的企业所得税的税率降低了 15%;同时,对新迁入 D 市的公司,给它们一定的再安置费和城市建设使用费的优惠。在 18 个月内,便有两家生产制造公司搬迁到了 D 市,这两家公司在 D 市一共雇用了 300 名工人。因此,刺激 B 市经济发展从而降低失业率最快的方法,就是提供税率和其他经济上优惠的政策来鼓励私营企业搬迁到本地。

论证 21:近五年来,在 S 大学毕业的所有学生中,自然科学专业的毕业生在毕业一年内找到固定工作的人数,要多于社会科学专业的毕业生。在最近一次对 S 大学的毕业生的调查中,多数自然科学专业的学生说,S 大学自然科学的声望在他们找工作的过程中起到了相当大的作用。相比之下,找到固定工作的社会科学专业的毕业生则把他们的成功归于自己的能动性。因此,为了保证社会科学专业的毕业生找到固定的工作,S 大学应当聘用一些在社会科学领域获得较高声誉的新教员。

论证 22:下文摘自 M 市政府有关增加教育投入会议的备忘录:

20 年前,M 市二中的毕业生只有一半考上大学;现在有 3/4 的毕业生考上了大学。很明显,在过去的 20 年里,市二中提高了她的教学质量。除去通货膨胀的影响,市政府对二中的财政拨款与 20 年前大致相同,这并没有影响二中教育质量的提高。所以,目前没有必要大幅度地增加对二中的财政拨款。

论证 23:最近的一次研究显示,居住在北美大陆的人患慢性疲劳症和慢性抑郁症的数量,分别为居住在亚洲大陆居民的 9 倍和 31 倍。有趣的是,亚洲人平均每天食用 20 克大豆,而北美人几乎不吃大豆。原来大豆含有一种叫做异黄酮的植物化合物,人们发现它有抗病的功效。因此,北美人应当考虑经常食用大豆,把它作为预防得疲劳症和抑郁症的一种方法。

论证 24:10 年前,方程大学实施了一项改革措施,鼓励学生为所有教师的教学效果评估打分。从那以后,方程大学的教师开始给予学生更高的分数,方程大学的学生成绩平均上升了 30%。未来的雇主显然认为方程大学的成绩贬值了,这一看法被以下事实所证实:近年来,方程大学的毕业生找工作越来越困难,成功就业的比率远没有相邻的根号大学的高。为了让方程大学的毕业生能够顺利地找到好工作,提高他们的就业率,方程大学应当立即取消学生对教师进行评估打分的政策。

论证 25：下文摘自某报纸的社论：

正式改变高速公路限速的行为，不论是提速，还是降速，都是非常危险的。看看邻国近 10 年来每次改变限速时发生的事情：改变限速后的一周内的交通事故比此前的一周内多出 3%，即使在限速被降低的情况下也是如此。这个统计说明改变限速干扰了司机的警戒性。

论证 26：下文摘自某日报的商业版：公司 A 在视频游戏的硬件软件方面有很大的国际市场份额。公司 B 是这些产品的先锋，而且曾经一度是年收入 120 亿元的巨人，但在孩子们厌倦了它的系列产品后崩溃了。因此公司 A 也将失败，特别是考虑到它的产品已经占据了如此多的美国家庭，以致对它的需求已经接近于枯竭了。

论证 27：某管理咨询公司最近公布了一份洋快餐行业在我国发展情况的分析报告。该报告指出：过去 5 年中，洋快餐在大城市中的网点数每年以 40% 的惊人速度增长，而在中国广大的中小城市和乡镇还有广阔的市场成长空间。照此速度发展下去，估计未来 10 年，洋快餐在中国饮食行业的市场占有率将超过 20%，成为中国百姓饮食的重要选择。该公司去年在 100 家洋快餐店内进行的大量问卷调查结果显示，超过 90% 的中国消费者认为食用洋快餐对于个人的营养均衡有帮助。而已经喜爱上洋快餐的未成年人在未来成为更有消费能力的成年群体之后，洋快餐的市场需求会大幅度跃升。该报告据此预测，如果中国式快餐在未来没有较大幅度的发展，洋快餐一定会成为中国饮食行业的霸主。

论证 28：下文摘自某地方报纸的报道：

两年前 N 高中开始在 3 个科学科目中使用交互式计算机指导。这个学校的退学率立刻下降，而且去年的毕业生在大学取得了较理想的成绩。在未来的预算中，校委会应该在能得到的资金中拨出更大的一块用来购买更多的计算机，而且这一地区的所有学校都应该在全部课程中采用交互式计算机指导。

论证 29：下文摘自 N 省城日报教育版的一篇文章：

调查表明，在过去的 10 年内，硕士生在大学里找到教授他们学术专长的工作是非常困难的。那些从 N 省城的大学获得硕士学位的毕业生要找到这类工作尤其困难。但是,在下一个 10 年里,这种情况将会有所好转,寻找学术性工作的硕士生(包括那些在 N 省城的大学获得硕士学位的毕业生)将不会再为工作发愁。最近 3 年全国各大学的招生统计显示,高校招生人数在连续增长。教育部加大对教育投入和鼓励高校扩大招生人数的政策,会刺激各大学在未来 10 年里的招生人数不断增加。我们可以预期:对那些在他们的专业领域想寻找大学教学工作的硕士生来说,就业市场将显著增大。

论证 30:下文摘自 G 银行借贷部的部门经理给总经理的建议备忘录:

我们相信,提高对顾客的服务质量是把我们公司和竞争者区分开并吸引新的客户的最好方法。我们可以通过将平均 6 分钟的出纳队伍等待时间减少为平均 3 分钟来提供更好的服务。通过延长上班时间——在 8 点半而非 9 点开始营业,比现在的营业时间晚一小时关门,我们可以更好地适应顾客们繁忙而紧张的工作日程安排。这些改变会提升我们银行的形象,使我们成为本市对客户最友好的银行,由此超越我们的竞争者。

论证 31:一种治疗失眠的偏方——薰衣草,现在被证明是有效的。在最近的一次实验中,有 30 名患有慢性失眠的志愿者,在测试的三周内,他们在一个受监视的控制室内休息,每晚都睡在由薰衣草填充的枕头上。在第一周,志愿者继续服用他们常用的安眠药,他们睡得很沉,但醒来时很累。在第二周,他没有服用安眠药,结果与上一周相比,他们睡得不那么沉,而且感觉更累。在第三周,他们睡得比前两周时间长,而且睡眠效果很好。这表明薰衣草在短时间里治愈了失眠。

论证 32:一项新的研究报告指出,男性和女性对于疼痛的感受是有显著差别的,医生在开止痛药方的时候应该考虑到这种差别。当研究者把相同剂量的止痛药——卡帕麻醉药,分发给智齿刚被拔除的 28 名男子和 20 名女子的时候,女子报告她们感受到的痛楚要比男子小得多,止痛的时间也比男子的更长。这一研究说明当需要止痛药时,医生应该只给女子服用卡帕麻醉药,而给男子服用其他的止痛药。而且,研究人员应该重新评估所有药品对于男性和女性的效用。

论证 33：下文摘自生产香波的公司的主席备忘录：

一份广泛出版的研究声称 HR2——我们的香波里的一种化合物，长期使用后可能导致脱发。但是，这项研究只包括 500 个样本。更重要的是，过去的时间里我们并未从我们的顾客那里接到投诉，而且一些我们的竞争者在每瓶香波里实际上添加的 HR2 比我们的还要多。因此，我们不必考虑用更贵的替代物替代我们的香波里的 HR2。

论证 34：生产重工业部件的公司领导人发表以下议论：

公司的利润下降和生产的延时是同步发生的。延时的主要原因是购买原料的计划非常糟糕。考虑到负责原料购买的部门经理具有很好的商业、心理学和社会学知识，但是对原料的性质知之甚少的情形，公司应该将该经理调往销售部门而把研究部门的一位科学家调来当采购部经理。

论证 35：下文摘自一家财经管理咨询公司的合伙人的备忘录：

我们从 W 公司的员工那里得知，他的会计部门发现上个月的交易清单出现了 10% 的错误和矛盾，基于这一发现所做出的纠正给公司节省了 10000 元的额外支出。为了帮助我们的客户提高他们的纯利润，我们应该建议每一个客户设立检查所有交易清单错误的机制。这一建议也可以帮助我们通过向 W 公司展示我们的严格的有关交易清单的方法来获得 W 公司的这笔生意。

论证 36：过去的 3 年间，在 B 市大型律师事务所就职的法学院毕业生的数量下降了 20%，而在中小型律师事务所就职的毕业生人数却增加了 30%。尽管大型事务所通常提供较高的薪水，可是许多法学院毕业生却选择在中小型事务所工作，这主要是因为他们能在那儿体验到更大的工作满足感。一项对顶尖法学院一年级学生的调查显示，大多数人认为体验到工作满足感比挣更多的钱更重要。所以，B 市大型律师事务所应当给毕业生提供更多的福利和激励，并减少他们的工作时间。

论证 37：由于公众对滥用毒品的情况越来越关注，权威人士更警惕地防止毒品进入国内。许多贩毒分子已经从贩卖大体积的大麻，和因市场太小而被处罚的风险很高的海洛因转向了可卡因。政府监管的努力是可笑的,它反而导致了非法使用可卡因的增长。

论证38:那些渴望成功的摄影师在选择拍黑白照还是彩色照时,应该记住:彩照更真实,杂志社选用彩照比黑白照片多。而且,很多报纸也开始使用彩照了。由于彩色照片的写真性,大多数照相馆用彩色胶卷比用黑白的更多。另外,市场上彩色胶卷的品种也比黑白的多。显然,拍摄彩照的摄影师比拍摄黑白照的摄影师具有更多的优势。

论证39:下文摘自一位读者给《通俗科学》杂志编辑的信:

消费者确实从农业技术的进步中获利,这是一种流行的荒诞说法。一般而言,获利被认为体现在消费者花在食物上的钱占他们收入的比例越来越小。但是,考虑到人们对食物的需求不会随着他们收入的增长而增长,随着绝对收入的增加,消费者们就可以指望他们花在食物上的钱的比例会下降。而农业技术却据此被认为是让我们的生活变得更好的原因。

论证40:下文摘自C商店(出售各个国家美味食品)经理的备忘录:

当地的酒吧在上个月神奇地发现,连续几天,当它在播放法国手风琴音乐时,卖出的法国酒比意大利酒多。同样,在播放意大利音乐时,卖出的意大利酒比法国酒多。由此看来,当我们集中用一周的时间卖某个特定国家的东西时,只播放来自那个国家的音乐,通过这种方式我们就会像酒吧那样提高我们的利润,而且还可以更加准确地预知我们在何种情况下应当库存些什么。

论证41:莫扎特音乐学校是所有想学音乐的学生的第一选择。首先,莫扎特音乐学校着重强化基本功的训练,学生通常在很小的时候就开始接受这样的训练。其次,学校拥有充足的设备和最先进的专业器具,员工中有全球最著名的音乐教师。最后,许多莫扎特音乐学校的毕业生已经成为全国著名的、收入颇丰的音乐演奏家。

论证42:下文摘自一封写给某地方性报纸编辑的信:

毫无疑问,在大多数地方,15岁的人不可以拥有驾驶执照,但那些年龄较大的司机只要重新申请他们的驾驶执照,就可以一直保留他们的驾驶权。如果年龄较大的司机可以重新申请而无需再通过驾驶测验,那么年满15岁的人也应该可以拥有驾驶执照。因为通常15岁的人都有很好的视力,特别是在晚上。还有较好的眼、手协调能力以及较快的反应能力。当意外发生时他们不会那么手足无措,在不熟悉的环境里也不容易因为迷路而分不清方向,而且他们易于从伤害中很快复原。

论证43:自从我们公司六个月前开始生产、销售一种豪华型灯泡以来,我们经济型灯泡的销量,还有公司利润,都在大幅度下滑。豪华型灯泡的售价比经济型高50%,但是豪华型灯泡比经济型灯泡耐用程度强一倍。为了增加经济型的返购率,提高利润,我们应该停掉豪华型灯泡的业务。

论证44:在过去20年中,机器人在探索外层空间时能出色地完成任务。这表明机器人可以更多地用于工厂,它们工作起来比工人更有效和有利可图。在工厂中使用机器人将会带来很多好处。机器人从不生病,旷工将会减少;机器人不会出错,能保证产品的质量,提高产品的数量;使用机器人还能改变工人的精神面貌,工厂里有许多枯燥无聊的工作,把这类工作交给机器人,工人就可以去做那些更有趣的工作。

论证45:在S市的公立中型综合医院,患者平均逗留的时间是3天;而在该市的公立大型综合医院,患者平均逗留的时间为6天。而且,中型医院患者的治愈率大约是大型医院的两倍。比较而言,中型医院平均为每个患者服务的医务人员多于大型医院的,并且,患者对中型医院医疗服务的投诉也少于对大型医院的投诉。这些数据表明,患者在公立中型综合医院进行治疗比在大型综合医院更加经济,治疗效果更好。

论证46:一项调查显示,越来越多的农民从使用无机化肥和农药转向使用有机肥料和农药,而且为选择有机农业的耕作方式投资购置了农用设备。虽然这种投资不大,但是,使用有机耕作方法的农民,他们的农作物产量却比从前下降了。如果从经济利益上考虑,他们为转变耕作方式而进行的投资是不明智的。所以,他们选择有机农业的原因肯定是为了保护环境。

论证47:下文摘自一本消费者杂志:

日销量最好的两种用来治疗胃酸过多的处方药,一种可以中和胃酸,一种有助于消化,现在都被应用于一些药性温和的非处方药方中。专家已经开出了比促进消化的处方多了 7600 万份的中和胃酸的处方。因此,那些需要一种有效并且药性温和的非处方药来治疗胃酸过多的人,应该选择中和胃酸的药物。

论证 48:下文摘自 A 教育杂志中的一篇社论:

近 15 年来,我国具有高中学历的人的实际收入有大幅度的下降,但是,其中男性大学毕业生的实际收入却稳中有升。为了提高下一代高中毕业生的工资水平,关键的问题是让所有的高中毕业生都能够上大学。所以,我们国家最重要的教育目标就是要建立足够多的大学来接纳所有的中学毕业生。

论证 49:下文摘自《生活》杂志的一篇文章:

两年前,在一年一度的以城市居民的生活质量为标准的城市排名中,E 城排名第 14 位。这个评比结果将使得正在搬往 E 城所在的州的人更有信心认同这个地方。评比结果至少说明这里的教育条件好,住房费用承担得起,人民友好,环境优美而且艺术繁荣。

论证 50:全国的选民都倾向于选举那些在位的官员,张三已经连续两届任我市的市长,选举张三当市长符合全国选民的趋势。在最近的民意调查中,多数回答者说他们相信张三如果继续担任市长,我市的经济将会继续增长。上级领导指派王五担任市长是不合适的,因为王五不同意张三的大多数经济政策,他担任市长会把我市的经济发展引向错误的方向。

部分练习题参考答案

第二章：部分习题参考答案

一、准确概括以下各段论证的主张。

01. 主张是：王选的研发成就是值得人们尊敬的。

03. 主张是：武汉高知人群对图书消费的总体满意度不高。

05. 主张是：重男轻女的观念导致海南出生人口性别比居高不下。

07. 主张是：私有化的制度是建立在拥有私有财产的合法权力的基础上的。

09. 主张是：领导者的功过是不对称的。

二、在以下给出的各项陈述中，哪一对陈述具有矛盾关系？哪一对陈述具有等值关系？哪一对陈述具有蕴涵关系？哪一对陈述不能确定具有这三种关系之一？

02. 等值。04. 不确定。06. 不确定。08. 矛盾。10. 等值。12. 不确定。14. 不确定。16. 不确定。18. 矛盾。20. 等值。

三、在以下给出的各段陈述中，是否存在不一致之处？如果存在不一致之处，请简要说明理由。

01. 不一致之处：两个点球既然已被判罚，就不能说"两个点球是'子无虚有'（应为'子虚乌有'）的"。想表达的意思是：判罚点球的理由是子虚乌有的。

03. 不一致之处："鸡生蛋还是蛋生鸡"与"双方各执一词"不一致。在"鸡生蛋还是蛋生鸡"之中，"鸡"与"蛋"有互相依赖的循环关系；在"双方各执一词"之中，两种不同的观点之间不存在互相依赖的循环关系。

05. 不一致之处：其一，"在杭州抢劫时被判……"——一个人在抢劫时有被当场抓获的可能，没有当场被判刑的可能；其二，"被判劳教3

年"——"劳教"是劳动教养的简称,法庭对罪犯处以一定的刑罚称为"被判刑"。劳动教养不是刑罚,不由法庭判处。由法庭判刑的罪犯接受的是劳动改造(简称"劳改"),不叫劳动教养;其三,"被判劳教3年;去年6月出狱后……"——劳动教养不是服刑,不入狱,无"出狱"一说;我国刑法中有"累犯"而没有"惯犯"的说法,抢劫罪之"累犯"要判三年以上十年以下有期徒刑。

07. 不一致之处:"炙手可热"与"已经呼之欲出"矛盾。"炙手可热"语出杜甫《丽人行》:"炙手可热势绝伦,慎莫近前丞相嗔。"比喻权势气焰之盛。用这个成语形容郭德纲和他的"德云社"的名气之大是不恰当的。

09. 不一致之处:该段论述预设:"获得诺贝尔文学奖的作家几乎不能再写出优秀的作品。"这一预设与事实不一致。

第三章:部分习题参考答案

一、辨析争议的焦点。对给出的问题,选择一个最佳答案,也就是对问题最准确而完整的回答。

01~10:BBCBC　CABCA

第四章:部分习题参考答案

一、辨识论证的主张与理由。对给出的问题,选择一个最佳答案,也就是对问题最准确而完整的回答。

01~10:ACAAA　CCCCB

二、辨识以下各段论证的前提和结论,用树状图形图解论证的结构。

论证01:

P1:每个人的才智和努力的程度有很大的不同。

P2:依据人的才智和努力的程度分配社会财富才能体现公正的原则。

C：任何一个公正的社会都不可能使每个人获得同样的收入。

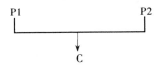

论证 03：

P1：理智清醒的人在作案时认为自己不会被逮捕。

P2：许多犯死罪的人是精神错乱者。

P3：精神错乱者不会意识到自己的行为是犯罪。

C：死刑不能防止人们犯死罪。

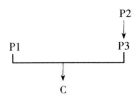

论证 05：

P1：张华的学习成绩在同年级中名列前茅。

P2：他是我校最好的篮球运动员。

P3：他成功地组织了全校的篮球联赛。

P4：他人缘很好。

C：张华这次竞选体育部长会取得成功。

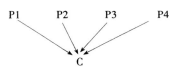

论证 07：

P1：如果一个人偷窃被抓住，就会受到法律的处罚。

P2：如果一个人偷窃没有被抓住，就会受到良心的谴责。

C：偷窃者或者受到法律的处罚，或者受到良心的谴责。

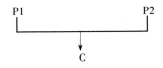

论证 09：

主论证：

P1：教师罢工给许多学生造成破坏性的后果。

P2：作为职业技术工作者的教师应当放弃罢工的权利。

P3：教师罢工不是为了改善教育体系。

C：教师罢工的权利应当被收回。

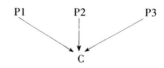

子论证之一：

P4：有些学生在罢工平息之后不再上学并由此而中断学业。

P5：有些学生不能保持学习进步的速度，学习的自信心受到打击。

P6：有些学生的学习成绩受到严重影响，使他们失去了上大学的机会。

P1：教师罢工给许多学生造成破坏性的后果。

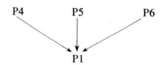

子论证之二：

P7：教师是工人或者是职业技术工作者。

P8：工人应当有罢工的权利。

P9：职业技术工作者不应当有罢工的权利。

P10：教师是职业技术工作者。

P2：作为职业技术工作者的教师应当放弃罢工的权利。

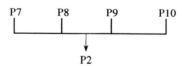

子论证之二的子论证 1：

P11：工人受雇于雇主并接受雇主的培训，工作细节由雇主决定。

P12：工人在获得报酬和工作条件方面需要有效地与雇主交涉。

P8：工人应当有罢工的权利。

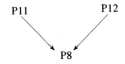

子论证之二的子论证 2：

P13：职业技术工作者对社会尤其是他们直接服务的对象,负有很大的责任和义务,这种责任和义务是衡量他们工作质量的标准。

P14：教师不应当将学生作为他们与学校讨价还价的抵押品。

P9：职业技术工作者不应当有罢工的权利。

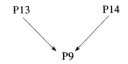

子论证之二的子论证 3：

P15：教师受过职业技术和专业知识的训练。

P16：教师对教学负有很大的责任和义务。

P10：教师是职业技术工作者。

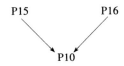

子论证之三：

P17：没有证据能证明教师罢工能改善教育体系。

P18：教师为改善教育体系而罢工的主张,简直是在用善心来掩饰他们的贪欲。

P3：教师罢工不是为了改善教育体系。

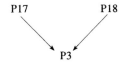

子论证之三的子论证：

P19：如果有证据证明教师罢工是为了改善教育体系，教师应当摆出来。

P20：教师从未提供罢工能改善教育体系的证据。

P17：没有证据能证明教师罢工能改善教育体系。

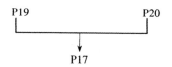

论证09 完整的结构图解如下：

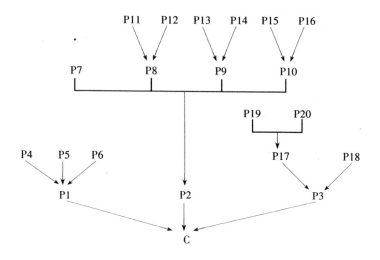

三、评估理由的正当性。对给出的问题，选择一个最佳答案，也就是对问题最准确而完整的回答。

01～10：BCBAC　BBBBC

11～20：ABCBA　CBBAB

第五章：部分习题参考答案

一、在下列语句中，哪些下划线语词是在集合意义上使用的？

01．集合。03．集合。05．集合。07．前一个"我们"在集合意义上使用;后一个在非集合的意义上使用。09. 非集合。

二、下列语句作为定义是否正确?如果不正确,违反了什么规则?

02. 定义过窄。04. 同语反复。06. 循环定义。08. 循环定义。10. 含混不清。

三、下列语句是不是划分?如果是划分,是否符合划分的规则?

01. 是划分,符合划分的规则。

03. 是划分。不正确,"遗漏子项"——"微生物"。

05. 是划分。不正确,犯了"子项相容"或"混淆根据"的错误。

07. 是划分。不正确,"多出子项"——"同胞兄弟姐妹"不属于直系亲属。

09. 是划分。不正确,犯了"子项相容"或"混淆根据"的错误。

五、识别概念运用方面的错误。对给出的问题,选择一个最佳答案,也就是对问题最准确而完整的回答。

01~10:BBABB　CCABB

第六章:部分习题参考答案

三、评估直言三段论。对给出的问题,选择一个最佳答案,也就是对问题最准确而完整的回答。

01~10:CCACA　CABCB

11~20:BBCCA　ACBBC

四、评估假言和选言三段论。对给出的问题,选择一个最佳答案,也就是对问题最准确而完整的回答。

01~10:ABCAB　CCAAC

11~20:BACCB　BAACB

21~30:ABCCB　BCAAC

31~40:AABBB　BCCBA

五、评估论证中对一般原则的运用。对给出的问题,选择一个最佳答案,也就是对问题最准确而完整的回答。

01~10:AAABC　BCBAB

11～20:BBCAB　CABBC

第七章:习题参考答案

一、评估枚举、类比和比喻论证
01～10:BBABC　CCBCC
11～20:BBBCB　CACCC
21～30:ACBCA　ACAAC
31～40:BACAC　ABCCB

二、评估统计论证
01～10:CBAAA　ABAAC
11～20:ABBBA　ACCAB
21～30:CCBCC　BCBAB
31～40:ABCCB　BBBCB

三、评估因果论证
01～10:CAACB　BAABA
11～20:ACCBC　BABCB
21～30:BCBBC　CACCB
31～40:CACCC　CAABB

第八章:批判性写作部分习题参考样文

论证01样文:

中国被邀请参与A350的研发和生产说明了什么

在论证中,作者根据"中国被邀请承担A350飞机5%的设计和制造工作"这一事实,得出三个初步结论:每销售100架A350飞机将有5架由中国制造;中国民用飞机研发与制造能力得到了系统的提升并获得了国际同行的认可;中国在航空器设计与制造领域参与全球竞争并占有一席之地。基于这些初步结论概括出的最终结论是:参与国际合作不仅能带来双赢的结果,而且是提高技术水平和产业国际竞争力的必由之路。该论证从前提到结论的推理有很大的跳跃,不足以令人信服。

首先,由于文中未给出 A350 飞机在空中客车公司生产的飞机总量中所占的比例,以及 A350 飞机在所有航空公司的全部订单中所占的份额等相关信息,A350 项目的启动在民用飞机制造业中是否有经济和技术方面的代表性,这是令人质疑的。

其次,即使 A350 项目的启动在民用飞机制造业中有代表性,中国也只是被邀请承担其中 5% 的设计和制造工作。将这一事实解释为"每销售 100 架 A350 飞机将有 5 架由中国制造",混淆了部分和整体的关系,无论一架飞机 5% 的设计和制造工作中有多高的经济和技术含量,它都不能与整架飞机的设计和制造相提并论。类似地,这一事实不能证明"中国民用飞机研发与制造能力得到了系统的提升",国际同行对 A350 飞机 5% 的设计和制造工作的认可,不等于对中国制造民用飞机的系统能力的认可;"航空器的设计与制造"比"A350 飞机的设计与制造"在技术上的要求要宽广、复杂得多,即使中国能在 A350 飞机的设计与制造中占有一席之地,也不能据此草率地断言中国已经可以在航空器的设计与制造领域占有一席之地。

最后,作者的最终结论与其所提供的前提缺乏相关性。关键词"被邀请参与……,承担……"说明空中客车公司与中国的相关部门之间是雇主和雇员的关系,而不是那种在不同的飞机制造公司之间,按比例投资和进行利润分成的合作伙伴关系,因而,至少在经济方面谈不上"双赢"和"竞争力"的问题。结论所主张的观点可能是正确的,但它没有得到前提的支持。

总之,该论证缺乏确认主要事实的相关信息,对"中国被邀请承担 A350 飞机 5% 的设计和制造工作"这一事实的解释和运用存在"以偏概全"和"轻率概括"的错误,所得出的结论是不可靠的。

论证 04 样文：

为电视而写作，还是为图书而写作

作者基于一项研究的统计数据做出如下推论：电视行业可能比图书出版行业更加有利可图，从而得出结论：想以作家为职业的人应该获得为电视而写作的训练和经验。该论证在以下几个关键方面是有缺陷的。

其一，文中引用的统计数据的可靠性是不确定的。这项研究的对象必须能代表所有看书和看电视的人，否则，不能从研究结果中得出可靠的结论。另外，作者在推论时依赖如下的假设：一个人在日常谈话中提到看电视或看小说的次数，能够准确反映他看了多少电视或者读了多少小说。事实的情况可能不是这样，人们在日常对话中倾向于多次提到相同的电视节目。如果是这样的话，所引用的数据就夸大了提到看电视与看小说之间的比率。

其二，即使作者引用的数据准确地反映了人们看电视与看小说的比率，据此推断电视行业可能比图书出版行业更加有利可图也是很草率的。首先，研究的结果没提到非小说类图书的数据，这类图书可能会构成出版商利润的主要来源。其次，作者没有揭示一个人看电视的次数或时间与那个行业的利润之间有何关联，缺乏电视与图书这两个行业赢利的财务统计，对它们的赢利能力不好做出判断。

其三，即使电视行业确实比图书出版业更加有利可图，为电视行业而写作的作家却未必比为出版业而写作的作家更加有利可图。电视行业比较赚钱可能从另一个侧面说明他付给作家的报酬相对较低。另外，该论证的结论假设：以作家为职业的人需要在这两个行业之间做出非此即彼的选择。事实上，为这两个行业而写作的训练和经验并不矛盾，以作家为职业的人还可以有其他的选择，比如网络和电影等。

总之，论证所依赖的几个假设难以成立。为强化论证，作者必须提供清楚的证据表明研究对象具有代表性，证实他们的会话习惯能准确反映他们在看电视与读书之间的差别，还必须证实这种差别将会导致电视行业及其作家获得更多的经济报酬。

论证 07 样文：

没有证据支持力度的论证

该论证得出结论说：老年人降低骨折危险的最好办法是每天加倍服用维生素 D 和钙的剂量。支持这一结论的根据是对生活在养老院中 75~80 岁的妇女为期三年的一项研究结果。对这一论证缺陷的分析如下：

首先，论证不公正地假设促使妇女骨折发生率低于平均水平的原因是那些超量的维生素 D 和钙，而不是每日轻微的举重锻炼。众所周知，举重锻炼可以加强肌肉的力量，提高身体的协调性和灵活性，这些都有助于减少由于意外跌倒等造成的骨折。完全有可能是举重锻炼而不是那些维生素 D 和钙，起到了降低骨折的作用。

其次，研究中的样本不具有代表性。其一，养老院中 75~80 岁的妇女在老年妇女的总体中未必有代表性。我们知道，在养老院中超过 70 岁的老人，他们的起居、饮食和室外活动都很有规律，不但安排得科学合理，而且通常有专人陪护，普通的老人一般得不到这种特殊待遇。其二，研究对象中没有男性的老人。如果老年妇女的骨折发生率本来就比同龄的男子低，研究结果对结论的支持就相当有限了。

最后，即使每天加倍服用维生素 D 和钙对降低骨折的发生率效果显著，这也不一定是降低骨折发生率的最好办法，除非假定这是唯一的办法，或者有证据证明它优于其他所有的办法。显然，人们通过调节饮食也能做到加倍补充维生素 D 和钙的目的。

总之，这是一则没有证据支持力度的论证。对降低这组妇女骨折发生率的因素，作者必须考虑到其他各种可能的解释，并对它们进行排除。作者还必须提供证据证明这组妇女能够代表一般的老年人。为了更好地评估这个论证，还需要了解其他降低老年人骨折发生率的方法和信息。

论证 10 样文：

不恰当的比喻论证

作者引用一则寓言故事来论证企业经营中的道理,这个比喻论证有许多不恰当之处。分析如下：

其一,在寓言故事中,对老虎来说,不是选择你,就是选择我,这可能有一定的道理。但是,在企业经营中,情况并不是这样。对顾客来说,"不是选择你,就是选择你的竞争者",这种非此即彼的选择并不成立。如果竞争双方的产品不能满足顾客的需要或者存在其他问题,顾客可以延迟消费,对双方都不选择。

其二,在寓言故事中,只要我跑得比你快,就会虎口脱险。可是,这种"优胜劣败"的原则在企业经营中是不适用的。"在满足顾客需求方面比竞争者快一点"只是"脱颖而出,战胜对手"的必要条件,战胜对手还需要在诸如产品质量、服务和价格等多方面取得领先的优势。另外,企业经营中的竞争一般不是以吃掉一方而使另一方得以幸存的方式进行的,只强调战胜对手的竞争常常会造成两败俱伤的局面,在合作的前提下,追求双赢的竞争才是大家公认的竞争方式。

其三,在老虎面前,两个逃生者之间存在竞争关系,老虎与两个逃生者之间同样存在竞争关系。本土企业之间的竞争,好比两个逃生者之间的竞争;本土企业与国外更强大的企业之间的竞争,好比逃生者与老虎的竞争。在本土企业竞争中获胜,仍然有可能被"老虎(国外更强大的企业)吃掉"。所以,"跑得比老虎快"不是"企业战略幼稚的表现",而是战略成熟的表现。

总之,作者在引用这则寓言故事进行论证时,缺乏对寓言故事与企业经营这两者之间在潜在原则上的相似性和一致性方面的分析,所做出的比喻论证是不恰当的。

论证 13 样文：

<h3 style="text-align:center">统计数据的相对性</h3>

该论证基于对 10 家本土公关公司与 10 家外资公关公司在三方面数据的比较，得出结论说："本土公关公司利润水平高、收益能力强、员工的工作效率高，具有明显的优势。"论证对数据的使用存在严重的问题，对目前本土公关公司具有明显优势的判断是不可靠的。

其一，单凭本土公司的利润率比外资公司高，不足以说明其利润水平也比外资公司高。比如，A 公司的资本是 10 万元(基数)，利润率为 20%，其利润水平是 2 万元；B 公司的资本是 100 万元(基数)，利润率为 15%，其利润水平则是 15 万元。利润率是一个相对的量，利润水平则是一个绝对的量，在没提供基数的情况下，二者是不可比较的。

其二，年收入平均增长率(相对量)与收益能力(绝对量)之间也存在同样的情况，在没提供上一年各自总收益的情况下，根据本土公司收入的平均增长率比外资公司高这一点，不能得出其收益能力比外资公司强的结论。

其三，只有在两个公司的规模、总工作量相同，而且双方的员工都能保质保量地完成任务的情况下，才能得出员工少的公司雇员工作效率高的结论。该论证没有提供其他相关数据，仅凭本土公司的雇员占外资公司的 10%，就得出本土公司的雇员工作效率高的结论，这是不充分的。

总之，要完善该论证，作者必须提供与利润水平、收益能力、员工的效率相关的其他数据和信息，并对统计数据在基数、百分比和绝对值三方面的相对变化做出具体的分析。就目前的情况看，论证的结论是站不住脚的。

论证 16 样文：

<h3 style="text-align:center">"轻率概括"与"机械类比"</h3>

该论证所提供的主要理由是：健身中心去年初夏开放新的游泳池

后,会员的使用率提高了12%。根据这个理由,作者认为在今后几年里,通过添加其他新的娱乐设施能够为中心增加更多的会员和收入,并因此而使健身中心富有竞争的优势。这一论证存在以下问题:

首先,作者假设开放新的游泳池是会员使用率提高的主要原因。这一假设虽然有一定的合理性,但并不可靠。比如,健身中心使用率的提高,可能是由于去年夏日天气酷热造成的,也可能是由于经济不景气,使得人们有更多的娱乐时间造成的。文中并没有给出证据排除这些可能的解释。

其次,即使开放新的游泳池是会员使用率提高的主要原因,并因此而增加了会员的数量,仅凭去年的这个样本调查,不能得出未来几年游泳池的开放仍能保持与去年具有相同的效果。比如,其他健身中心也会添加游泳池来吸引会员,在有竞争的情况下,游泳池是否仍会成为吸引会员的亮点?这是令人质疑的。

最后,即使开放新的游泳池在去年并且在未来几年能够增加会员的数量,并不能由此类推建设并开放其他娱乐设施也会具有同样的效果。网球和高尔夫与游泳相比,不是大众普及的娱乐项目,靠它们来达到吸引和增加会员的数量是不现实的,与专业的多功能游戏厅相比,综合健身中心的多功能游戏室未必有竞争优势。如果这一系列娱乐设施不能充分发挥它的效益,即使它是该健身中心独自具有的,也不能成为其具有竞争力的优势资源。

总之,该论证在分析使用率提高的原因时,未提供排除其他可能解释的证据,犯了"轻断因果"的错误;仅凭去年的一个样本调查就对未来几年的情况做出推断,忽视了时间因素的影响,犯了"轻率概括"的错误;在没有确证开放新的游泳池能增加会员数量的前提下,便匆忙把这一性质类推到其他娱乐设施上,而且不考虑其他设施与游泳池的实质差别,这又犯了"机械类比"的错误。

论证 19 样文：

缺乏可比性的数据没有说服力

论证所基于的研究结果只提供了与买特价蔬菜的顾客相关的信息，没有提供任何与不买特价蔬菜的顾客相关的信息，由于该项研究结果缺乏可资比较的统计数据，它不能为"在 G 日报做特价蔬菜宣传有助于提高销售额"这一主张提供有力的支持。

首先，引用买特价蔬菜的顾客有 2/3 读过他们的广告，来证明广告有助于提高销售额的主张，这是苍白无力的。由于调查对象不包括那些没买特价蔬菜的顾客，因而不能排除以下这种可能性：在没买特价蔬菜的顾客中也有 2/3 的顾客读过他们的广告。这种可能性的存在对论证的可靠性构成了严重的威胁。

其次，"持肯定回答的顾客有超过一半的人在店里的消费超过了 100 元"，这一证据的可靠性同样是悬而未决的。持否定回答的那部分顾客有多少人在店里的消费超过了 100 元？没买特价蔬菜的顾客有多少人在店里的消费超过了 100 元？持肯定回答的顾客在店里的平均消费额是多少？该店顾客的平均消费额是多少？"消费超过了 100 元"这个理由的成立，取决于对这些问题的回答。遗憾的是，研究结果并没有提供任何与这些问题相关的信息。

由此可见，只对买特价蔬菜的顾客进行单方面的调查研究，对不买特价蔬菜的顾客不做调查，会使调查结果由于缺乏可比性的基础而丧失论证效力。若要完善这一论证，需要在全面调查的基础上，比较读过与没读过广告对购买特价蔬菜的影响，以及买与不买特价蔬菜对顾客消费额的影响。在充分比较的基础上，才能证明在 G 报做广告是否有效。

论证 22 样文：

是否有必要大幅度增加对二中的拨款

该论证的结论是：目前没必要大幅度地增加对二中的财政拨款。得出这一结论所基于的理由是：近 20 年来大致相同的拨款没有影响二

中教育质量的提高。论证在几个关键问题上存在逻辑缺陷,分析如下:

首先,在没有进行比较的前提下,二中升学率的提高未必意味着教育质量的提高。若使二中升学率的提高成为有说服力的论据,必须将它与同类中学升学率的提高加以比较,以及将二中现在的升学率与目前高中平均的升学率加以比较。没有比较,独立的数据不能说明问题。比如,与20年前相比,现在的情况可能是:参加高考的中学生人数相对减少,而高校招生的数量却在大幅度增加。在这种情况下,同一所中学的教育质量没提高甚至下滑,升学率也仍然可能会提高。

其次,即使升学率的提高有代表性,它也只是评价教育质量的标准之一。其他诸如学生的道德修养、心理素质、技术专长以及适应社会的能力等,都是评价教育质量的重要标准。只根据升学率提高这个单一的标准得出"教育质量提高"(需要根据多方面的标准来评估)这个综合性的结论,这是"以偏概全"的表现。

最后,即使近20年来大致相同的拨款计划没影响教育质量的提高,这一事实并不能证明现在仍然执行大致相同的拨款计划不会影响未来教育质量的提高。现代社会的快速发展对公众受教育水平的要求越来越高,如对中学毕业生在外语、计算机等方面的要求,与20年前不可同日而语。教育质量的提高面临更多、更大的挑战,如增加新的设备、建造多功能的教室、引进或培训新的教师等。满足这些基本的教学要求需要大量的资金,没有大幅度的资金投入势必会导致未来教育质量的滑坡。忽视当前的一些重大变化,机械地执行与往日大致相同的拨款计划,这是不妥当的。

总之,该论证存在诸多的缺陷,作者需要提供与评价教育质量相关的其他信息,还需要对目前教育发展的具体情况做出分析,在此基础上才能判断是否应当大幅度地增加对二中的财政拨款。

论证 25 样文:

悬而未决的论证

作者认为改变高速公路限速会干扰司机的警戒性,并因而会增加高速公路发生事故的危险性。这一主张没有得到充分的统计数据的支持,结论下得过于草率。

首先,文中在援引邻国改变限速的事例时,只提到每当改变限速时,在此后一周内的交通事故比此前一周增多了3%,没有提到在近10年来邻国有多少次改变限速的行为。明确这一点对运用统计数据所做出的推理非常重要,假如近10年来邻国只分别进行过一次提速或降速的改变,尽管在改变之后一周内的交通事故比之前一周增多了3%,它并不能构成有说服力的样本事实。更重要的是,交通事故的发生在一年的52周里,通常并不是均等的,前后两周的交通事故增多或减少3%也许属于正常情况。

其次,即使文中给出的数据能证明改变限速与交通事故两者之间存在联系,但它并不能证明这两者之间存在因果关系。改变限速如果能够干扰司机的警戒性,并由此而导致交通事故的增加,需要假设司机事先对改变限速一无所知。也就是说,司机缺乏警戒性的原因可能是在改变限速前对这一改变的宣传不够,或者司机对这一宣传的注意不够,或者改变限速的路标不够明显等,而不是改变限速本身。如果司机知情而且路标醒目,限速的改变会提高司机的警戒性,而不是麻痹司机的警戒性。在确定因果关系时,应当把由于规则本身制定的不合理而导致的后果,与由于对规则执行的不利而导致的后果区分开,该论证没有排除以下这种可能性:交通事故的增加是由于对改变限速执行不利所造成的。

另外,即使文中给出的数据能证明改变限速与交通事故两者之间有因果联系,仍然需要考查该国与邻国的交通状况是否相似。如果两国的交通状况差别很大,文中依据在邻国发生的情况类推在该国也会发生,就犯了"机械类比"的错误。

总之,由于文中没提供与近10年来邻国改变限速的次数,以及在正常情况下前后两周交通事故增多或减少的统计信息,使得文中给出的数据没有证据效力。在对改变限速与交通事故增加是否有因果关系、该国与邻国的交通状况是否相似这两个关键问题缺乏具体分析的情况下,所得出的结论是不可靠的,所进行的类推是不恰当的。

论证 28 样文：

"轻断因果"与"轻率概括"

该论证存在的主要问题是：在未确证"使用交互式计算机"是"学生的表现转好"（退学率下降、大学成绩不错）的原因的情况下，便假定二者之间的因果关系成立，并用它来支持一个一般性的结论："所有学校都应该在全部课程中采用交互式计算机指导。"

首先，该论证只依据"使用交互式计算机"与"学生的表现转好"在时间上的先后相继就断定二者之间存在因果联系，违背了认识因果联系的准则。原因与结果在时间上通常是前后相继的，但是，在时间上前后相继的两个现象之间不一定有因果联系。如春在夏之前，不能说春是夏之因。要确证二者之间是否有因果联系，需要全面考察与学生表现好转相关的其他因素，如其他教学设备和教学方法的更新、师资水平的提高、更严格的管理、教与学的积极性提高等，都有可能导致学生表现的好转。另外，"使用交互式计算机"与"学生的表现转好"也可能都是另外某些原因导致的结果，如在 N 高中实行了总体的教学改革、国家加大教育投入等。文中没有提出有力的证据证明"学生的表现转好"是由"使用交互式计算机"这个单独因素导致的结果。

其次，即使"使用交互式计算机"是"学生的表现转好"的主要原因，也不能草率地由此推断：所有学校都应该在全部课程中采用交互式计算机指导。某些课程用交互式计算机指导可能会适得其反，如体育和心理咨询之类的课程；某些学校也不一定适合采用交互式计算机指导，它牵涉到师资、设备、资金以及与之相配合的辅助性教学科目等多方面条件。

总之，该论证是建立在"以时间先后为因果"这种"轻断因果"基础上的，并在此基础上草率地得出一个普遍性的结论，犯了"轻率概括"的错误。由于存在这两种错误，论证的结论是不可靠的。

论证 31 样文：

薰衣草能否治愈失眠

该论证的结论认为：薰衣草在短时间里能治愈失眠。作者引用一则为期三周的实验来证实这个结论。在论证中，作者对实验的解释暴露出实验的若干问题，这些问题严重削弱了论证的可靠性。

首先是对失眠的定义问题。对"失眠"这个关键的术语，作者没有给出清晰的界定。如果将失眠定义为无法入睡，那么一个人睡得多香和多久，以及醒来后感觉有多累，都与这个人是否受到失眠的困扰毫无关系。简言之，不对失眠下一个清楚的定义，就无法评估这个论证的力度。

其次是与实验相关的一系列问题。其一，作者没告诉我们那些实验对象在参加这个实验之前的睡眠情况，这使我们无法比较实验对象在枕与不枕薰衣草枕头之间的差别，因而无法判定实验结果是否真的有效。其二，实验中涉及这么一个事实，即实验对象第一周比第二周睡得更香，醒后没有那么累，而这些人在第一周服用了他一直用的安眠药，在第二周却没有服用，这一差别恰好能证明其他药物的疗效，而对证明薰衣草的效用起不到任何作用。其三，在实验的第三周，作者只告诉我们实验对象比前两周睡得更长、更香，没告诉我们实验对象在第三周是否服用了药物。假如他们没服用药物，其睡眠效果也未必是薰衣草枕头的作用。比如，在实验控制下，就如同我们新换个地方睡觉一样，前两周睡得不是很好，适应两周后便习惯了，这可能与薰衣草枕头没有关系。简言之，在没有排除其他可能导致第三周睡眠效果的因素的情况下，便确认是薰衣草枕头起了作用，这是不可靠的。

总之，要证实薰衣草在短时间里对治疗失眠的作用，作者必须证明在参加实验之前，实验对象的失眠症要比实验之后严重得多；实验对象是否有统计学的意义，实验过程中除了薰衣草和安眠药外，其他影响睡眠的因素是否保持不变，与这些问题相关的信息对评估这个论证来说，都是不可缺少的。此外，我们还需要作者对失眠给出一个明确的定义。

论证 34 样文:

解决问题的关键是什么

该论证混淆了"管理能力"与"专业技术"这两个概念,结论所提出的处理方案没有触及问题的要害,不能达到解决问题的目的。

首先,公司的利润下降和生产的延时虽然是同步发生的,但不能仅凭同时发生就断定延时是利润下降的主要原因。一般说来,影响利润的因素是多方面的,生产延时是不是利润下降的原因之一?是不是其中主要的原因?回答这些问题仅凭表面上存在的共时现象是远不够的,尚需做出深入的调查分析。

其次,假如我们认可延时是利润下降的主要原因,而"延时的主要原因是购买原料的计划非常糟糕",既然如此,问题的症结在于"购买原料的计划"上,应当针对这一问题的实质提出相应的解决方案。而文中提出的解决方案:把原料购买部门经理调往销售部门,以及把研究部门的一位科学家调来当采购部经理,都存在严重的问题。分析如下:

制订和实施计划的能力是管理者应具备的主要管理能力之一,它要求管理者有较好的前瞻意识和预见能力,以及应对变化、减少不确定性因素对生产过程的影响的能力等。"购买原料的计划非常糟糕"证明原料购买部门经理的计划能力较低,对于同样对计划能力要求较高的销售部门来说,把原料购买部门经理调往销售部门,可能会引起更严重的问题。

计划能力除了上面提到的一般能力外,还包括与计划内容相关的特殊技能。比如,与购买原料相关的计划,需要了解供应商和各种原料供应的情况,根据生产周期制定原料的订购体系,建立原料出入库的动态管理程序等。至于与原料的物理或化学性质相关的知识,对原料购买计划来说,并不是重要的因素。研究部的科学家可能是个材料专家,他不一定有计划能力,或者说计划能力不是他的专长,由他来当采购部经理也可能会使已经存在的问题变得更糟糕。

总之,该论证提出的解决方案未切中问题的要害,需要围绕如何改善、提高管理者的计划能力问题提出新的解决方案。

论证 37 样文：

似是而非的论证

该论证所提供的论据不但没有证明"政府打击毒品的努力"与"非法使用可卡因的增长"之间有因果联系，反而使这一结论性的主张变得似是而非。

首先，文中没有提供可比较的数据证明"打击毒品的努力"与"非法使用可卡因的增长"之间有因果联系。比如，在政府打击毒品的努力之前，非法使用可卡因的增长速度较快，在行动之后，增长速度减慢，在这种情况下，政府打击毒品的努力就可能是有效的。

其次，文中说：由于公众对毒品的滥用越来越关注，引起了权威人士对非法药物入境的警觉。这就是说，在政府采取打击毒品的努力之前，大麻、海洛因和可卡因的滥用已经很严重，而且它也正是政府采取行动的原因。评估政府的努力是否有效，应当以对各种毒品监管的综合水平为标准，不能单方面强调可卡因的监管效果。如果大麻和海洛因的滥用比行动之前大幅下降，即使非法使用可卡因比行动之前有所增长，也不能说明政府的努力没有效果。

再次，根据文中提供的信息——许多毒品贩子从走私体积较大的大麻和风险高的海洛因转向了走私可卡因。从毒品贩子这个角度看，这恰恰说明政府打击毒品的努力产生了正面的效果，同时还说明对走私可卡因更加难以防范。因而，即使非法使用可卡因比行动之前有所增长，这一事实并不能证明政府的努力产生了负面效果。

总之，该论证的结论若成立还需要提供更多的信息，文中所提供的论据对其结论的否证多于对它的证明。

论证 40 样文：

"轻断因果"与"混淆概念"

该论证根据一个偶然发现的事实，提出了一个大胆的经营建议——集中一周来卖一个国家的食品并播放这个国家的音乐，并预测

这个建议能带来增加利润和准确预知库存的好处。其中存在如下一些问题:

首先,经理根据酒吧在一个月中所发现的个别事实——播放法国音乐,卖出的法国酒较多;播放意大利音乐,卖出的意大利酒较多,概括出播放音乐与卖出的酒有因果联系。这一概括做得太草率了,由于样本事实太少,很有可能出现反面事例,比如,在巴黎以本地法国人为服务对象的酒吧,在播放中国音乐时,卖中国白酒,如二锅头,可能没有人买。

其次,经理不但假设所观察的个别事实反映了酒吧的一般经营模式,而且还进一步假设能将这种一般经营模式推广到食品销售领域。酒吧与食品店虽然有相似之处,比如都属于餐饮业,但也有实质的不同,如二者顾客的消费方式不同,酒吧的顾客当场消费,食品店的顾客则不是这样。所以,即使这种经营模式在酒吧是适用的,在食品店则未必适用。

最后,经理还假设这种经营模式增加了酒吧的收入。这是令人质疑的。例如,在播放法国音乐的日子里,卖了80瓶法国酒和20瓶意大利酒,而在播放意大利音乐的日子里,卖了80瓶意大利酒和20瓶法国酒,结果则是一样的。也就是说,所发现的事实不能证明酒的总销售量会有所增加,采用这种经营模式未必能提高利润。

总之,该论证的结论是建立在诸多未确证的假设基础之上。假定播放音乐与卖酒有因果联系,犯了"轻断因果"的错误;将酒吧的消费特点类推到食品销售领域,这又犯了"机械类比"的错误;在运用数据时,将多卖出某种酒这个相对量等同于总体上多卖出酒这个绝对量,犯了"混淆概念"的错误。

论证43样文:

故步自封,还是开拓进取

该论证基于对经济型灯泡与豪华型灯泡在目前所带来的经济利润的比较,得出停掉豪华型灯泡的业务,专门生产和销售经济型灯泡的结

论,支持这一结论的理由是不全面的。分析如下:

从表面看,由于传统的经济型灯泡的耐用性差,销售经济型灯泡可以增加对这种灯泡的返购率,并因此而提高公司目前的利润。但是,如果公司只是基于这个表面现象而做出集中经营传统的经济型灯泡的选择,放弃开发豪华型灯泡的努力,势必会由于过分追求眼前的利益而伤害到长远的利益。

文中说:"豪华型灯泡的售价比经济型高50%,但是,豪华型灯泡比经济型灯泡耐用程度强一倍。"这说明:对于消费者来说,豪华型灯泡不仅价格便宜,而且还由于省去更换经济型灯泡的时间和麻烦而给消费者带来方便。由此可以预见:这种物美价廉的新型灯泡很快会得到消费者的认可和广泛的使用。

文中还说:自从生产、销售豪华型灯泡以来,经济型灯泡的销量在大幅度下滑。这进一步证实了我们的预见。面对如此有希望的市场前景,公司应该促进豪华型灯泡生产和销售的发展,不应该反其道而行之。如果公司停掉豪华型灯泡的业务,则意味着主动放弃未来的市场竞争份额,这无疑会使公司的长远利益遭受重大的损失。

由此看来,考虑到未来的市场前景,公司应该在降低豪华型灯泡的生产成本和增加它的销量等方面开拓进取。放弃在这些方面的努力,坚守传统经济型灯泡的业务,这种故步自封的做法是不明智的。

论证46 样文:

因果关系的复杂性

作者根据一项调查认为,农民选择有机农业的原因是为了保护环境,而不是为了经济利益。该论证在解释农民选择有机农业的原因时,对经济原因的排除缺乏充分的理由。

首先,"农作物产量比从前下降了"不意味着"有机农业的投资"一定失败了。与无机农业相比,有机农业的产量下降可能是正常现象,人所共知,用尿素通常比用农家肥会使农作物的产量更高。另一方面,有机农业的产品(绿色食品)在市场上的价格通常要比无机农业的产品高得多。综合这两方面考虑，产量下降不一定意味着有机农业投资的失败。

其次，既然"有机农业的产量下降"在经济上是亏是盈，依据文中给出的资料并不能确定，就不能说"如果从经济利益上考虑，他们为转变耕作方式而进行的投资是不明智的"。相反的情形可能是存在的：有机农业的产量虽然下降了，因其产品的价位较高及其销路较好，盈利却增加了。

最后，基于以上两点分析，我们不能排除农民选择有机农业的原因是为了追求经济效益这种可能。文中在假设随着产量下降，农民就一定会亏本的前提下，认定"选择有机农业的原因肯定是为了保护环境"，这是十分牵强的。即使不是经济的原因，也未必就是环保的原因，也可能有其他原因，如长期的无机耕作方式使土壤开始退化，使得农民不得不采取有机耕作方式等。这种"不是 A，就是 B"的论证方式，并没有指明 A 与 B 是与问题相关的仅有的两种可能。

综上所述，文中对现象间因果关系的认识存在简单化的倾向，为了提高结论的可信性，作者需要提供包括有机农业产品与无机农业产品在市场上的行情、农民在环境保护方面的动机和作为等在内的相关信息，以及其他进一步确证结论的证据。

论证 49 样文：

有信心认同 E 城这个地方吗

搬往 E 城所在州的人为什么有信心认同这个地方？因为这里的教育条件好，住房费用承担得起，人民友好，环境优美而且艺术繁荣。何以见得如此？是评比结果告诉我们的。这就是作者的论证思路。其中存在的问题是：

其一，作者没说明城市的哪些特征被用作排名的标准。如果排名所依据的城市特征与作者列举的城市特征是一样的，论证会有一些说服力。但是，假如二者不完全相同，甚至完全不同，就会削弱作者的论点，或者使列举的事实与论点失去相关性。

其二，作者没有说明在排名过程中，每一个特征是怎样被衡量的。例如，在所有参与排名的城市中，E城可能拥有最繁荣的艺术，教育条件较好，住房费用和人民友好一般，环境较差。在这种情况下，排名如果真能反映E城的生活质量，艺术就是影响人们生活的一个相对重要的因素。

其三，作者没有说明参与这次排名的城市一共有多少。参与排名的城市越多，越有说服力，参与排名的城市越少，就越缺乏说服力。比如，如果参与排名的城市有2000个，说明E城的生活质量排在前面；如果参与排名的城市有14个，说明E城的生活质量排在最后。

其四，即使E城的排名有说服力，也还要考虑时间的因素，因为排名是两年前的。一般说来，排名过去10年就没有说服力了。虽然只有两年的时间，却足以使E城的经济发生变化，包括城市的财政政策、经济形势、政治氛围等，任何一个因素的变化都会影响教育质量、艺术繁荣或者购房的花费。

总之，若要根据E城的排名说明问题，必须提供与排名相关的实质性信息，包括排名采用的标准、参与排名的城市数量以及在过去两年中E城是否发生重大变化等。在缺乏这些方面信息的情况下，作者得出的结论是不可靠的。

参考书目

1. Porter, Burton Frederick. *The Voice of Reason: Fundamentals of Critical Thinking.* New York: Oxford University Press, 2002.
2. Jason, Gary. *Critical Thinking: Developing an Effective Worldview.* Belmont, CA: Wadsworth/Thomson Learning, 2001.
3. Reichenbach, Bruce R., *Introduction to Critical Thinking.* New York: McGraw-Hill, 2001.
4. Mckay, Thomas J., *Reasons, Explanations, and Decisions: Guidelines for Critical Thinking.* Belmont, CA: Wadsworth/Thomson Learning, 2000.
5. Rudinow, Joel, and Barry, Vincent E., *Invitation to Critical Thinking.* New York: Holt, 1999.
6. Hughes, William. *Critical Thinking: An Introduction to the Basic Skills.* Toronto: Broadview Press, 1999.
7. Faigley, Lester, and Selzer, Jack. *Good Reasons.* Boston: Allyn & Bacon, 2000.
8. Makau, Josina M., and Marty, Debian L., *Cooperative Argumentation: A Model for Deliberative Community.* Illinois: Waveland Press, 2001.
9. Paul, Richard W., and Elder, Linda. *Critical Thinking: Tools for Taking Charge of Your Professional and Personal Life.* New Jersey: Prentice Hall, 2002.
10. Toulmin, Stephen E., *The Uses of Argument.* Updated Edition, New York: Cambridge University Press, 2003.

11. Copi, Irving M., and Cohen, Carl. *Introduction to Logic.* Eleventh Edition, New Jersey: Prentice Hall, 2002.
12. Copi, Irving M., and Burgess-Jackson, Keith. *Informal Logic.* New York: Macmillan Publishing Company, 1992.
13. Walton, Douglas N., *Informal Logic: A Handbook for Critical Argumentation.* New York: Cambridge University Press, 1999.
14. Huff, Darrell. *How to Lie With Statistics.* New York: W. W. Norton, 1952.
15. Axelrod, Rise B., Cooper, Charles R., and Warriner, Alison M., *Reading Critically, Writing Well: A Reader and Guide.* New York: Bedford/St. Martin's, 2005.
16. *LSAT: The Official TriplePrep* ® (Volume 1, 2, 3, 4). Newtown, PA: Law School Admission Council, Inc. 2000.
17. Stewart, Mark Alan. *GRE CAT Answers to the Real Essay Questions.* New Jersey: Arco, a division of Thomson Learning, 2003.
18. 吴建国主编. GMAT: 美国MBA报考成功方略(写作分册). 北京:北京航空航天大学出版社,1999.
19. 尼尔·布朗,斯图尔特·基利. 走出思维的误区. 张晓辉,王全杰译. 北京:中央编译出版社,1994.
20. 塞尔瓦托·坎纳沃. 跳出思维的陷阱:日常生活中逻辑的威力. 王迅,徐鸣春译. 海口:南海出版公司,2002.
21. 弗朗斯·凡·爱默伦,罗布·荷罗顿道斯特. 论辩 交际 谬误. 施旭译. 北京:北京大学出版社,1991.
22. 霍普·梅. 苏格拉底. 瞿旭彤译. 北京:中华书局,2002.
23. 武宏志,马永侠. 谬误研究. 西安:陕西人民出版社,1996.
24. 陈嘉映. 语言哲学. 北京:北京大学出版社,2003.
25. 刘春杰. 论证逻辑研究. 西宁:青海人民出版社,1999.
26. 金岳霖主编. 形式逻辑. 北京:人民出版社,1979.
27. 诸葛殷同等著. 形式逻辑原理. 北京:人民出版社,1982.
28. 周礼全主编. 逻辑:正确思维和成功交际的理论. 北京:人民出版

社,1994.

29. 《普通逻辑》编写组. 普通逻辑. 上海:上海人民出版社,1993.
30. 宋文坚主编. 逻辑学. 北京:人民出版社,1998.
31. 中国人民大学逻辑教研室编. 逻辑学. 北京:中国人民大学出版社,2002.
32. 陈波. 逻辑学导论. 北京:中国人民大学出版社,2003.
33. 谷振诣. 论证与分析:逻辑的应用. 北京:人民出版社,2000.
34. 龚文庠. 说服学:攻心的学问. 北京:人民出版社,1994.
35. 马正平主编. 高等写作思维训练教程. 北京:中国人民大学出版社,2002.